汽车维修职业技术基础教材

汽车电器设备构造与检修

主　编　胡光辉
副主编　赵进福　孟宝盈
参　编　张　政　龚耀武

机械工业出版社

本书遵循"不求面面俱到、只求实用"的职业教育指导思想，以汽车电器设备岗位专业应用技能为依据，立足于市场主流车型电器设备的构造原理与维修技术来安排本书的内容。本书分为8个项目，内容包括：汽车电器设备检修基础，汽车电源系统及电路，汽车起动系统及电路，汽车点火系统及电路，汽车照明、信号系统及电路，汽车仪表、报警系统及电路，汽车辅助电器系统及电路，汽车空调系统及电路。

本书适合高职高专与汽车相关专业的学生和教师、成人高等教育相关专业学生、汽车修理人员、驾驶员、汽车行业工程技术人员阅读参考。

图书在版编目（CIP）数据

汽车电器设备构造与检修/胡光辉主编. —北京：机械工业出版社，2021.8（2024.4重印）

汽车维修职业技术基础教材

ISBN 978-7-111-69501-1

Ⅰ.①汽⋯ Ⅱ.①胡⋯ Ⅲ.①汽车-电气设备-构造-高等职业教育-教材 ②汽车-电气设备-车辆修理-高等职业教育-教材 Ⅳ.①U472.41

中国版本图书馆CIP数据核字（2021）第220447号

机械工业出版社（北京市百万庄大街22号　邮政编码100037）
策划编辑：王　婕　　责任编辑：王　婕
责任校对：张　征　　封面设计：王　旭
责任印制：单爱军
北京虎彩文化传播有限公司印刷
2024年4月第1版第4次印刷
184mm×260mm・21.25印张・523千字
标准书号：ISBN 978-7-111-69501-1
定价：59.90元

电话服务　　　　　　　　网络服务
客服电话：010-88361066　机　工　官　网：www.cmpbook.com
　　　　　010-88379833　机　工　官　博：weibo.com/cmp1952
　　　　　010-68326294　金　书　　　网：www.golden-book.com
封底无防伪标均为盗版　机工教育服务网：www.cmpedu.com

前言

近年来，职业院校"汽车电器设备构造与检修"的教学由传统的理论与实训一体化教学向更加注重实践教学转变。编者经过广泛的市场调研和论证，遵循"不求面面俱到、只求实用"的职业教育指导思想，以汽车电器设备岗位专业应用技能为依据，立足于市场主流车型电器设备的构造原理与维修技术来安排本书内容。

根据职业教育教学中理论与实践教学比例1:1的要求，针对当前汽车专业教学中学生互动少、训练强度低和缺乏自主完成的工作任务环节等不足，本书安排了大量以学生为主体进行的工作任务训练内容。这些必要的教学进程，让学生以自主参与的方式完成训练任务，促使学生由被动接受变为主动探求，把学生的主动性、能动性放在教学活动的首位，实现汽车职业课程模式的改变。

为了使学生尽快掌握"汽车电器设备构造与检修"的原理和维修技术，本书在编写过程中大量采用了生产厂家出版的维修手册电路，或对原厂电路进行重组，来阐述电路原理、故障诊断等内容，以达到纲举目张、学以致用的教学目的。

本书分为8个项目，内容包括：汽车电器设备检修基础，汽车电源系统及电路，汽车起动系统及电路，汽车点火系统及电路，汽车照明、信号系统及电路，汽车仪表、报警系统及电路，汽车辅助电器系统及电路，汽车空调系统及电路。

本书由胡光辉（编写项目一）任主编，赵进福（编写项目二、三、四）、孟宝盈（编写项目五、六）任副主编，参编还有张政（编写项目七）、龚耀武（编写项目八）。本书在编写过程中参考了许多国内外公开出版与发表的文献，在此向有关作者表示感谢。

限于编者水平，书中难免存在不妥和错误之处，望广大读者批评指正。

编　者

目录 CONTENTS

前言
项目一　汽车电器设备检修基础 ··· 1
　任务一　汽车电器设备组成及特点 ··· 1
　任务二　汽车电器设备检测工量具的使用 ·· 5
　　实训一　汽车电器维修常用工具的使用 ··· 16
　　实训二　汽车电器维修专用测试仪的使用 ·· 19
　任务三　汽车电路图的识读 ··· 21
　　实训三　汽车电路图的识读 ··· 37
　思考与练习 ··· 38

项目二　汽车电源系统及电路 ·· 40
　任务一　汽车蓄电池的结构及选用 ·· 40
　任务二　汽车蓄电池的工作原理及性能检测 ··· 46
　　实训四　汽车蓄电池的性能检测 ·· 50
　任务三　汽车蓄电池的正确使用、维护与充电 ·· 54
　　实训五　汽车蓄电池的充电 ··· 58
　任务四　交流发电机的结构及工作原理 ·· 59
　　实训六　交流发电机的检测与拆装 ··· 66
　任务五　交流发电机的正确使用、维护与检修 ·· 70
　　实训七　交流发电机的检修 ··· 71
　任务六　电压调节器的工作原理及性能检测 ··· 75
　　实训八　电压调节器的性能检测 ·· 81
　任务七　汽车电源系统电路及故障诊断 ·· 83
　　实训九　汽车电源系统故障的诊断 ··· 91
　思考与练习 ··· 93

项目三　汽车起动系统及电路 ·· 98
　任务一　起动机的结构及工作原理 ·· 98
　　实训十　汽车起动机的拆装与检测 ·· 111
　任务二　汽车起动系统电路及故障诊断 ··· 117
　　实训十一　汽车起动系统故障的诊断 ·· 121
　思考与练习 ·· 123

项目四　汽车点火系统及电路 ··· 126
　任务一　汽车点火系统的功用及发展过程 ··· 126
　任务二　电子点火系统电路及故障诊断 ··· 131

实训十二　电子点火系统零部件性能的检测……………………………………………151
　　实训十三　电子点火系统故障的诊断…………………………………………………156
　任务三　微机控制点火系统电路及故障诊断………………………………………………159
　　实训十四　微机控制点火系统故障的诊断……………………………………………178
　思考与练习……………………………………………………………………………………179

项目五　汽车照明、信号系统及电路………………………………………………………184
　任务一　汽车照明系统及控制电路…………………………………………………………184
　　实训十五　前照灯的检测和调整………………………………………………………192
　　实训十六　前照灯不亮的故障诊断……………………………………………………194
　任务二　汽车灯光信号系统及控制电路……………………………………………………196
　　实训十七　转向信号灯故障的诊断……………………………………………………199
　任务三　汽车声音信号系统及控制电路……………………………………………………202
　　实训十八　喇叭不响的故障诊断………………………………………………………204
　思考与练习……………………………………………………………………………………206

项目六　汽车仪表、报警系统及电路………………………………………………………209
　任务一　汽车仪表及控制电路………………………………………………………………209
　　实训十九　汽车仪表的检测和调整……………………………………………………221
　任务二　汽车报警及控制电路………………………………………………………………223
　　实训二十　汽车报警电路故障的诊断…………………………………………………227
　思考与练习……………………………………………………………………………………229

项目七　汽车辅助电器系统及电路…………………………………………………………232
　任务一　电动风扇及控制电路………………………………………………………………232
　　实训二十一　电动风扇电路故障的诊断………………………………………………236
　任务二　风窗清洁装置及控制电路…………………………………………………………237
　　实训二十二　风窗清洁装置电路故障的诊断…………………………………………245
　任务三　电动车窗及控制电路………………………………………………………………248
　　实训二十三　电动车窗电路故障的诊断………………………………………………253
　任务四　电动座椅及控制电路………………………………………………………………255
　　实训二十四　电动座椅电路故障的诊断………………………………………………258
　任务五　电动后视镜及控制电路……………………………………………………………259
　　实训二十五　电动后视镜电路故障的诊断……………………………………………263
　任务六　防盗装置及控制电路………………………………………………………………264
　　实训二十六　防盗装置电路故障的诊断………………………………………………269
　思考与练习……………………………………………………………………………………270

项目八　汽车空调系统及电路………………………………………………………………273
　任务一　汽车空调系统概述…………………………………………………………………273
　　实训二十七　汽车空调系统的在车认识………………………………………………277
　任务二　汽车空调制冷系统…………………………………………………………………279
　　实训二十八　汽车空调压缩机的拆装…………………………………………………290

任务三　汽车空调采暖、通风、配气与空气净化系统 ……………………………… 293
　　任务四　汽车空调控制系统及电路 ………………………………………………… 300
　　　实训二十九　汽车空调系统电路故障的诊断 …………………………………… 308
　　任务五　汽车空调系统的维护 ……………………………………………………… 311
　　　实训三十　汽车空调制冷剂的加注 ……………………………………………… 316
　　任务六　汽车空调系统故障的诊断 ………………………………………………… 320
　　　实训三十一　汽车空调制冷系统故障的诊断 …………………………………… 324
　　思考与练习 …………………………………………………………………………… 328
参考文献 ……………………………………………………………………………… 331

项目一

汽车电器设备检修基础

教学目标

1. 了解汽车电器设备的组成、特点及作用。
2. 了解汽车电器设备的特点。
3. 了解汽车电器设备检测常用工具、仪器的使用方法。

能力目标

1. 掌握汽车电器维修图册的使用方法。
2. 掌握汽车电器维修常用工具的使用方法。
3. 掌握汽车电器维修常用仪表和专用仪表的使用方法。

任务一 汽车电器设备组成及特点

任务目标

1. 了解汽车电器设备的组成、作用。
2. 了解汽车电器设备的特点。

一、汽车电器设备的组成

汽车电器是汽车上的重要组成部分，其性能的好坏直接影响汽车的动力性，经济性、安全性、舒适性及环保性能等指标。

现代汽车电器设备的种类和数量都很多，按功用不同分为三大部分，即电源系统、用电设备、配电装置和全车电路。

1. 电源系统

汽车电源系统的功能主要是发电、储电、供电。汽车电源系统包括两个部分：蓄电池、发电机及调节器。当发动机不工作或转速低于发电机发电转速时，由蓄电池供电；当发动机超过某一转速时，发电机在向用电设备供电的同时，也给蓄电池充电（储电）。调节器的作用是在发电机发电时保持其输出电压的稳定。

（1）蓄电池

蓄电池为可逆的直流电源。汽车上广泛使用的是铅酸蓄电池，它与发动机并联，向用电设备供电。当发动机在熄火状态时，蓄电池向电控单元、音响等用电设备供电；当发动机起动时，蓄电池向起动机和点火系统供电；当用电负荷较大时，蓄电池协助发动机向用电设备供电；当用电负荷较小时，蓄电池将发动机发出的多余电能储存起来。

（2）发电机及调节器

发电机是汽车上的主要电源，它在正常工作时，对除起动机以外的所有用电设备供电，并向蓄电池充电，以补充蓄电池在使用中消耗的电能。

调节器用于调节发电机输出的电压，使之保持稳定。

2. 用电设备

用电设备主要有以下几个系统。

（1）起动系统

起动系统包括直流电动机、传动机构和控制装置，其作用是起动发动机。

（2）点火系统

点火系统的作用是产生电火花，点燃汽油机气缸中的可燃混合气。它有传统点火系统、电子点火系统和微机控制点火系统之分。

传统点火系统包括蓄电池、点火开关、点火线圈和附加电阻、分电器（断电器、配电器、容电器、点火提前调节装置）、火花塞、高压导线等。

电子点火系统包括蓄电池、点火开关、点火线圈、信号发生器、点火控制器、点火器、火花塞、高压导线等。

微机控制点火系统包括蓄电池、点火开关、传感器（包括曲轴位置传感器、凸轮轴位置传感器等）、发动机控制计算机、执行器（包括点火线圈、点火控制器、火花塞等）。

（3）照明系统

照明系统的作用是为车辆夜间安全行驶、工作等提供车外或车内照明，主要有前照灯、雾灯、顶灯、仪表灯等。

（4）信号系统

信号系统的作用是为车辆提供安全行车所必需的信号，包括音响信号和灯光信号两类。

（5）仪表及报警系统

仪表及报警系统用来监测发动机及汽车的工作情况，使驾驶员能够通过仪表及报警装置，及时发现汽车各总成运行的各种参数和异常情况，确保汽车正常运行。它主要包括车速里程表、发动机转速表、冷却液温度表、燃油表、电压（电流）表、机油压力表、气压表，以及各种警告灯、蜂鸣器等。

（6）辅助电器设备

辅助电器设备主要为驾乘人员提供安全保障、舒适、娱乐等方面的需求。辅助电器设备包括电动风扇、车窗清洁装置（刮水器、洗涤器、除霜装置）、电动车窗、电动座椅、电动后视镜、汽车防盗装置、汽车空调、汽车音像系统等。辅助电器设备有日益增多的趋势，车辆的豪华程度越高，辅助电器设备就越多。

（7）汽车电子控制系统

汽车电子控制系统主要指利用微机控制的各个系统，包括电控燃油喷射系统、电控点火系统、电控自动变速系统、制动防抱死系统、电控悬架系统、自动巡航系统、安全气囊等。电控系统的采用可以使汽车上的各个系统均处于最佳工作状态，达到提高汽车动力性、经济性、安全性、舒适性，降低汽车污染排放的目的。

3. 配电装置和全车电路

（1）配电装置

配电装置主要包括电路开关、保险装置（熔断器、易熔线、断路器）、中央配电盒、继电器、线束、插接器及导线等。配电装置的作用是利用上述元器件将汽车的电源系统和用电设备有机的连接起来。

配电装置是多功能电子控制器件，是整车电器、电子线路的控制枢纽。配电装置能实现集中供电、减少接线回路、简化线束、减少插接件、节省空间、减轻整车质量等，不同车型的配电装置数量及布置形式也不同。

目前很多汽车采用多配电器形式，例如大众新宝来汽车配电装置有熔丝架 AS、BS、CS 及继电器盒。装备 CFBA、CLSA、CEA、BWH 等发动机的汽车上，在蓄电池上面设有熔丝架 SA 和 SB，在仪表板左侧设有熔丝架 SC，继电器架在仪表左下方。

将全车的熔断器、断路器、继电器集中为一体，称为中央配电盒（也称中央线路板）。

例如桑塔纳轿车的配电装置只有一个中央配电盒，如图 1-1 所示，反面上标有线束和导线插接位置的代号及接点的数字号，主要线束的插接件代号有 A、B、C、D、E、G、H、L、K、M、N、P、R，其中 P 插座为电源插座，R、K、M 均为空位插座。

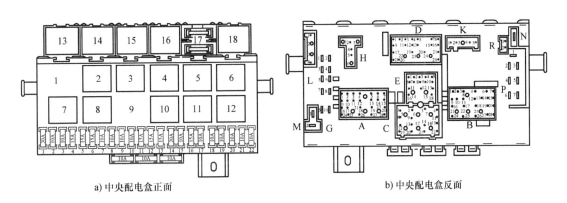

图 1-1 桑塔纳轿车中央配电盒

A—用于连接仪表板线束　B—用于连接仪表板线束　C—用于连接发动机舱左边线束
D—用于连接车辆后部线束　E—用于连接发动机舱右边线束　G、N—用于连接单个线束
H—用于连接空调系统线束　K、M、R—空位　L—用于连接喇叭/双音喇叭线束　P—用于连接电源

（2）全车电路

全车电路是将各电器部件的图形符号通过线条连接在一起的关系图。其主要用于表达各电器系统的工作原理及电器部件之间的关系，同时还可以表示各种电器部件、线束等在车上的具体位置。电路图可分为电路线路图（电器连接图、线路布置图、电路接线图）、电路原理图（全车电路原理图、分系统局部电路原理图、电器内部原理图、电路原理框图）、电器定位图（元器件定位图、线束图）。

综上所述，电器设备的组成如图 1-2 所示。

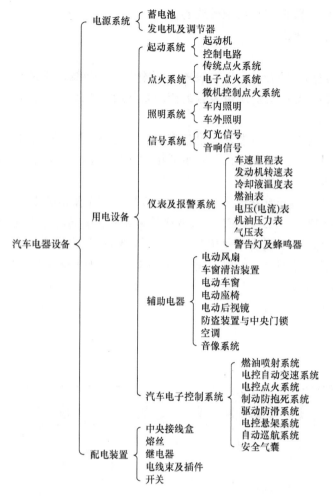

图 1-2 汽车电器设备的组成

二、汽车电器设备的特点

1. 低压电源

汽车电器设备系统的额定电压有 12V 和 24V 两种。目前汽油发动机普遍采用 12V，而柴油发动机则多采用 24V。

2. 直流电源

汽车上的电源之一是蓄电池，系直流电源，汽车起动系统采用的是直流串励式电动机，必须由蓄电池供电，且蓄电池放电后必须用直流电对其进行充电，同时直流电易于存储，因此汽车上采用直流电。

3. 单线制

用电设备与电源相连需要用两根导线才能形成回路，一根为相线，另一根为零线。汽车上所有用电设备都是并联的，从理论上讲需要有一根共用的相线和一根共用的零线。汽车的底盘和发动机都是金属制造的，具有良好的导电性，可以将其作为共用零线使用。电源到用电设备就只需用一根导线连接，称为单线制。

由于单线制导线用量少,且线路清晰,安装方便,因此广为现代汽车所采用。

4. 负极搭铁

采用单线制时,蓄电池的一个电极须接至车架上,称"搭铁"。若蓄电池的负极接车架就称"负极搭铁",反之则称"正极搭铁"。负极搭铁对车架或车身的化学腐蚀较轻,对无线电干扰较小。根据我国相关标准的规定,汽车电系规定为负极搭铁。

任务二　汽车电器设备检测工量具的使用

任务目标

1. 掌握测试灯、跨接线、万用表、故障诊断仪的使用方法。
2. 掌握开关、继电器等元件的检测方法。

一、汽车电器设备检修常用检测工具

1. 跨接线

简单的跨接线就是一段多股导线,它的两端分别接有鳄鱼夹或不同形式的插头,具有多种样式。工具箱内必须有多种形式的跨接线,以用于特定位置的测量,如图1-3所示。

图1-3　多种样式跨接线

跨接线虽然比较简单,却是非常实用的工具,它只起一个旁通电路的作用。若某一电器部件不工作,首先将跨接线连接在被试部件接线点"-"与车身搭铁之间,此时部件工作说明部件搭铁线路断路;若搭铁电路很好,就将跨接线连接在蓄电池"+"极与被试部件的电源接线柱之间,此时部件工作,说明部件电源电路有故障(断路或短路),若部件仍不工作,说明部件有故障。

使用注意事项:

1)用跨接线将电源电压加至试验部件之前,必须先确认被试部件的电源电压是否应为12V。如有的喷油器电源电压为4V,若加上12V电压就可能使喷油器损坏。

2)跨接线不可错误连接在试验部件"+"插头与搭铁之间。

2. 测试灯

测试灯由12V试灯、导线、各种型号端头组成,如图1-4所示。它主要是用来检查系统电源电路是否给电器部件提供电源。

将12V测试灯一端搭铁,另一端接电器部件电源插头。若灯亮,说明电器部件的电源

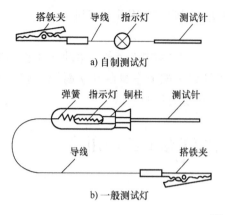
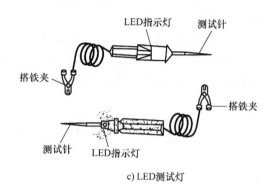

图 1-4 测试灯

电路无故障；若灯不亮，再接去向电源方向的第二个接线点；若灯亮，则故障在第一接点与第二接点之间，电路出现的是断路故障；若灯仍不亮，则再去接第三接点，依此类推，直到灯亮为止。故障在最后被测插头与上一个被测接点间的电路上，大多为断路故障。

3. 自带电源测试灯

如图 1-5 所示，自带电源测试灯与 12V 测试灯类似，它只是在手柄内加装两节 1.5V 干电池，它用来检查电器电路断路和短路故障。

（1）断路检查

首先断开与电器部件相连接的电源电路，将测试灯一端搭铁，另一端接电路各接点（从电路首端开始）。若灯不亮，则断路出现在被测点与搭铁之间；若灯亮，断路则出现在此时被测点与上一个被测点之间。

（2）短路检查

首先断开电器部件电路的电源线和搭铁线，测试灯一端搭铁，另一端与其余电器部件电路相连接。若灯亮，表示有短路故障（搭铁）存在，然后逐步将电路中插接器脱开，开关打开，拆除部件等，直到灯灭为止，则短路出现在最后开路部件与上一个开路部件之间。

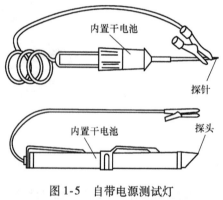

图 1-5 自带电源测试灯

使用注意事项：不可用测试灯检查汽车电子控制系统，除非维修手册中有特殊说明，方可进行。

二、汽车电器设备检修常用电工仪表

1. 电流表

电流表是用来测量电路中电流大小的一种仪表，通常用符号 A 表示，按测量电流性质的不同，可分为直流、交流两种。

使用时，必须将电流表直接串联在所测电路中，尤其在测量直流电流时，要注意电流表的极性，以免损坏仪表。

在测量交流电流时，对于 500V 以下低压系统，当测量值小于 50A 时，可将交流电流表直接串联在电路中进行测量；若当电流较大时，则必须与电流互感器配合使用，才可测量。

在一些精度较高的仪表的刻度标尺板下，还装有一块弧形镜片，它的作用就在于消除使用者的"视觉"误差。

2. 电压表

电压表是测量电路中电压高低的一种仪表，通常用符号 V 表示，其特点是内阻较大。按测量电流性质的不同，可分为直流、交流两种。测量时应将电压表与被测电路并联。

3. 指针式万用表

万用表是检测汽车电器常用的一种多功能、多量程的电工测量仪表。可用来测直流电压、直流电流、交流电压和电阻。有的万用表还可测量交流电流等。它由表头、测量线路和量程开关三大部分组成。在电工测量中常用的指针式万用表有 MF14、MF30、MF64、MF500 等。下面以 MF500 指针式万用表为例（图 1-6）说明其使用方法。

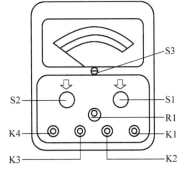

图 1-6　MF500 指针式万用表面板

（1）操作方法

1）使用之前须调整归零器 S3 使指针准确地指示在标度尺的"0"位上。

2）直流电压测量：将测试短表笔分别插在插口 K1 和 K2 内，转换旋钮开关 S1 旋至"⊻"位置、旋钮开关 S2 旋至所要测量直流电压的相应量程位置，再将测试长表笔跨接在被测电路两端，当不能预计被测直流电压大小时，可将开关旋钮旋在最大量程的位置，然后根据指示值之大约数值，再选择适当的量程位置，使指针得到最大的偏转度。测量直流电压时，当指针向相反方向偏转，只需将测试表笔的"+"、"-"极互换即可。

3）交流电压测量：将旋钮开关 S1 旋至"⊻"位置，旋钮开关 S2 旋至所要测量交流电压值相应的量程位置上，测量方法与直流电压测量相似。

4）直流电流测量：将旋钮开关 S2 旋至"⊿"位置，旋钮开关 S1 旋至需要测量直流电流值相应的量程位置上，然后将测试表笔串接在被测电路中，就可测量出被测电路中的直流电流值。

5）电阻测量：将旋钮开关 S2 旋到"Ω"位置，旋钮开关 S1 旋到相应量程内，先将两测试表笔短路，使指针向满刻度偏转，然后调节电位器 R1 使指针指示在欧姆标度"0"位置，再将测试表笔对未知电阻的阻值进行测量。为了提高测试精度，指针所指示被测电阻的值应尽可能指示在刻度中间一段，即全刻度起始的 20%~80% 弧度范围内。在 Ω×1、Ω×10、Ω×100、Ω×1k 量程所用直流工作电源系 1.5V 二号电池一节，Ω×10k 量程所用直流工作电源系 9V 层叠电池一节，它们在工作时的端电压应符合表 1-1 中的数值。

表 1-1　MF500 指针式万用表内置电池标准电压

电池标准电压	工作时端电压范围
1.5V	1.35~1.65V
9.0V	8.1~9.9V

当短路测试表笔调节电位器 R1 不能使指针指示到欧姆零位时，表示电池电压不足，需

更换新电池,以防止因电池腐蚀而影响其他零件。更换电池时,应注意电池极性,并与电池夹保持接触良好。万用表长期不用时,应将电池取出。

6)音频电平测量:测量方法与测量交流电压相似,将测量表笔插在 K1、K4 插口内,转换旋钮开关 S1、S2 分别放在"⊻"和相应的交流电压量程位置。音频电平刻度根据 0dB=1mW,600Ω 输送标准而设计。标度尺指示值从 -10~+22dB,当被测量大于 +22dB 时,应在 50V 或 250V 量程下进行测量,指示值应符合表 1-2 所示数值进行修正。

表 1-2　MF500 指针式万用表音频量程范围

量限	按电平刻度增加值	电平的范围
50	14	+4~+36dB
250	28	+18~+50dB

(2)使用注意事项

1)万用表在测试时,严禁旋转开关。

2)当被测元件不能确定其数值时,应将量程转换开关旋到最大量程位置上,做初步检测后再选择适当的量程,使指针得到最大的偏转。

3)测量直流电流时,万用表应该与被测电路串联,禁止将仪表直接跨接在被测电路的两端,以防止万用表过载而损坏。

4)测量电路中的电阻时,应将被测电路的电源断开,如果电路中有电容器,应先放电后测量,切勿在电路带电情况下测量电阻。

5)万用表在携带时或每次使用后,最好将旋钮开关 S2 旋至"·"位置,使测量机构两极接成短路,S1 旋至"·"位置,使表内部电路呈开路状态,防止因误置开关位置进行测量而损坏仪表。

6)为了确保安全,测量交流和直流 2500V 量程时,应将测试表笔一端固定在电路搭铁上,将测试表笔的另一端去接触被测高压电源,测试过程中应严格执行高压操作规程,双手必须带高压绝缘橡胶手套,地板上应铺置高压绝缘橡胶板,测试时应谨慎从事。

7)万用表应经常保持清洁和干燥,以免影响准确度和造成损坏。

4. 数字式万用表

数字仪表是一种新型仪表,具有测量精度高、灵敏度高、速度快及数字显示等特点。20 世纪 80 年代后,随着单片 CMOS A/D 转换器的广泛应用,新型袖珍式数字万用表也迅速得到普及,并在许多情况下正逐步取代指针式万用表。下面以 UR89 系列数字式万用表(图 1-7)为例,说明其使用方法。

(1)操作方法

1)直流电压测量。

① 旋转"功能/量程开关"到"V⎓"档位范围,选择合适的量程。

② 红色表笔插入 VΩ 插孔,黑色表笔插入 COM 插孔。将表笔并联接到被测电压源两端,仪表在显示电压读数的同时会指示出红表笔一端的极性。

2)交流电压的测量。

① 旋转"功能/量程开关"到"V~"档位范围,选择合适的量程。

② 红色表笔插入 VΩ 插孔,黑色表笔插入 COM 插孔,将表笔并联接到被测电压源

两端）。

3）直流电流测量。

① 拔出表笔，旋转"功能/量程开关"到"A⎓"档位范围，选择合适的量程。

② 红色表笔插入 mA 插孔或 10A 插孔，黑色表笔插入 COM 插孔。将表笔串联接入被测电流源，仪表显示电流读数的同时会指示出红表笔一端的极性。

4）交流电流测量。

① 拔出表笔，旋转"功能/量程开关"到"A～"档位范围，选择合适的量程。

② 红色表笔插入 mA 插孔或 10A 插孔，黑色表笔插入 COM 插孔。测试表笔串联接入被测电流源。

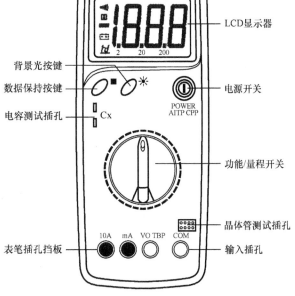

图 1-7　UR89 系列数字式万用表

5）电阻测量。

① 拔出表笔，旋转"功能/量程开关"到"Ω"档位范围，选择合适的量程。

② 红色表笔插入 VΩ 插孔，黑色表笔插入 COM 插孔，将测试表笔并联接到被测电阻两端。

6）电容测量。

① 旋转"功能/量程开关"到"F"档位范围，选择合适的量程。

② 红色表笔插入 VΩ 插孔，黑色表笔插入 COM 插孔，将测试表笔并联接到被测电容的两端。

7）频率测量。

① 旋转"功能/量程开关"到"Hz"档。

② 红色表笔插入 VΩ 插孔，黑色表笔插入 COM 插孔，将表笔并联接到被测信号源两端。

8）温度测量。

① 旋转"功能/量程开关"到"TEMP"档，将热电偶的红色插头插入 VΩ 插孔，黑色插头插入 COM 插孔。

② 热电偶测量端置于测温点，从仪表显示屏上读取温度值，读数为摄氏度（℃）。

9）二极管测试。

① 旋转"功能/量程开关"到"⊶"档。

② 红色表笔插入 VΩ 插孔，黑色表笔插入 COM 插孔，将表笔跨接于被测二极管两端，仪表显示二极管正向压降，单位"伏特"；当二极管反接时显示超量程。

10）线路通断蜂鸣声快速检测。

① 旋转"功能/量程开关"到蜂鸣档。

② 红色表笔插入 VΩ 插孔，黑色表笔插入 COM 插孔，将测试表笔跨接在待测线路的两端。

③ 被测线路电阻值小于约30Ω时,仪表会发出蜂鸣声响作为提示。

11) 数据保持功能。

按下数据保持键,显示屏出现"H"符号,此时测量的数据被锁定,便于读数、记录。再按该键即可复位,"H"符号消失,仪表恢复测量状态。

12) 夜间使用时可以按动背景光按键,液晶显示器会发出绿色背景光,使测量数据更清晰,数秒钟背景光会自动消失。

(2) 使用注意事项

1) 使用时注意功能档位和量程的选择。

2) 在更换功能档位时,应先将表笔取出,再进行选择。

三、汽车电器设备检修专用测试仪表

1. 汽车专用数字式万用表

汽车专用数字式万用表如图1-8所示,它在普通数字式万用表的基础上增加了一些特殊功能,可以对汽车某些特殊参数进行检测。

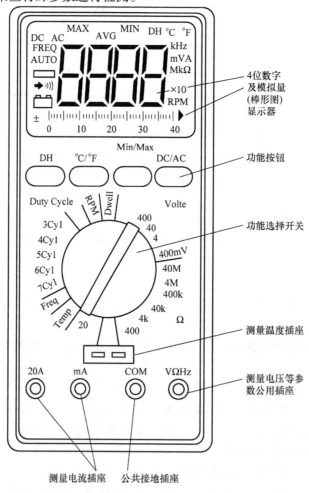

图1-8 汽车专用数字式万用表

(1) 汽车专用万用表主要技术参数

① 直流电压：400mV~400V（±0.5%），1000V（±1%）。

② 直流电流：400mA（±1%），20A（±2%）。

③ 交流电压：400mV~400V（±1.2%），750V（±1.5%）。

④ 交流电流：400mA（±1.5%），20A（±2.5%）。

⑤ 电阻：400Ω（11%），4kΩ~4MΩ（±1%），40MΩ（±2%）。

⑥ 频率：4kHz~4MHz（±0.05%），最小输入频率10Hz。

⑦ 音频：电路通、断音频信号测试。

⑧ 二极管的检测：±（1% dgt）。

⑨ 温度的检测：-18~300℃（±3%），301~110℃（±3%）。

⑩ 转速：150~3999r/min（±0.3%），4000~10000r/min（±0.6%）。

⑪ 闭合角：（±0.5℃）。

⑫ 频宽比：（±0.2%）。

(2) 特殊参数测量方法

1）信号频率检测：将功能选择开关转至频率档（Freq），公用接地插座（COM）的测试线接地，（VΩHz）插座的测试线接被测的信号线，此时在显示器上即可读取被测信号的频率。

2）温度检测：将功能选择开关置于温度档（Temp），把温度探针插入温度检测插座，按动测量温度选择钮℃/℉，再把温度探针接触被测物体的表面，显示器即显示出所测的温度。

3）闭合角检测：将功能选择开关转至相应发动机气缸的闭合角测量位置（Dwell），公用接地插座（COM）的测试线接地，测试插座（VΩHz）的测试线接点火线圈负极"-"接线柱，在发动机运转时显示器即能显示出点火线圈初级电流增长的时间（即导通角）。

4）占空比检测：将功能选择开关转至占空比测量位置（Duty Cycle），公用接地插座（COM）的测试线接地，测试插座（VΩHz）的测试线接被测的信号线，显示器即显示出被测电路一个工作循环（周期）中脉冲信号所保持时间的相对百分数（即占空比）。

5）转速的测量：将功能选择开关置于转速档（RPM），将测量转速的专用插头插入公用接地插座（COM）和测试插座（VΩHz），再将感应式转速传感器的夹子夹到某一缸的高压分线上，在发动机工作时显示器即显示出发动机的转速。

6）起动机起动电流的检测：将功能选择开关置于400mV档（1mV相当于1A），把霍尔效应式电流传感器的夹子夹在蓄电池的电源线上，按动"最小最大"按钮（Min/Max），拆除点火线并转动发动机曲轴2~3s，显示器即能显示出起动电流。

7）氧传感器的检测：首先拆下氧传感器线束，用一跨接线将此线束与氧传感器相接。然后将功能选择开关置于4V档，按动DC/AC按钮并置于DC状态，再按"Min/Max"按钮，使COM插座的测试线搭铁、VΩHz插座的测试线与氧传感器的跨接线相连。让发动机运转至快怠速（约2000r/min），此时氧传感器的工作温度可达360℃以上。排气浓时，氧传感器的输出电压约为0.8V；排气稀时，输出电压在0.1~0.2V。注意：当氧传感器的工作温度低于360℃时，无电压信号输出。

8）喷油器喷油脉宽的测量：先将功能选择开关转至占空比（Duty Cycle）位置，测量出喷油器喷油的占空比（%）后，再将功能选择开关置于频率档（Freq），测量出喷油器的工作频率（Hz）。按照下列公式即可计算出喷油器喷油的脉冲宽度（即喷油时间，s）：

$$喷油脉宽 = 占空比/工作频率$$

2. 汽车专用示波器

汽车专用示波器是汽车修理技术人员快速判断汽车电子设备故障专用的有力工具。汽车专用示波器按功能分有专用型示波器：如美国艾克强袖珍型MODEL575双通道示波器/万用表、美国OTC VISION四通道示波器。多功能型的示波器：如美国福禄克公司的F98，它将双通道示波器、发动机分析仪、运行记录器和数字万用表组合成一体；国产的有深圳元征科技股份有限公司的ADC2000汽车诊断电控单元，它有解码、示波器、万用表和发动机分析等功能。

实耐宝公司的VANTAGE - MT2400为波形显示、数字万用表和诊断数据库三合一的多功能型综合检测分析仪，如图1-9所示。

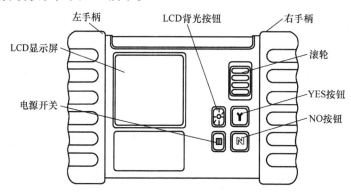

图1-9 VANTAGE - MT2400的外观图

（1）仪器简介

① 综合检测分析仪有一个用于显示数据的液晶显示屏和四个按钮、一个滚轮。四个按钮分别是显示屏幕背景灯的开关按钮、电源开关按钮、用于确定选项的Y按钮、用于否定或后退一步的N按钮。

② 调整显示屏亮度的方法，按下显示屏背景灯按钮，慢慢滚动滚轮直至满意为止。转动滚轮，屏幕上的光标移动，可选择所需选项；Y键用于激活选单确定选项，N键用于放弃选择或退出选项。按下电源开关，可打开VANTAGE - MT2400仪器；关闭时，按下电源开关，保持至仪器关闭为止；也可在常规设置中，设置为一段时间未操作时，仪器自动关闭。

③ 该仪器具有五个测试通道接口和一个串行打印机接口，其中两个测试通道CH3和CH4可通过一个9脚的mini - DIN插接器，连接压力表和KV级模块系统，如图1-10所示。

图1-10 VANTAGE - MT2400测试接口说明

依据通道的选择，该仪器可读出以下内容：直流电流、直流电压、交流电压、电阻、频率、脉宽、压力、真空度、转速、次级电压、循环频率等数值，还可测试其连续性及二极管压降。

④ 诊断数据库资料。可提供传感器、动作执行元件、控制信号的测试以及制造商和各系统的信息，如一般元件的工作原理、技术参数、插头位置、正常波形显示等。

单击按钮或者测试帮助信息结束时，追踪到最大/最小值，此时蜂鸣器会发出响声。

该仪器使用两节电池，有熔断丝以保护内部线路，机壳侧面有熔断丝、电池、记忆卡及更换说明。

（2）使用方法

① 元件测试设置。打开 VANTAGE—MT2400 仪表时，屏幕上会显示版权及主选单，如图 1-11 所示。

② 从主选单通过滚轮选择元件测试项，确定后仪器将会列出所选车型：克莱斯勒、福特、通用、吉普、奥迪、宝马、本田、现代、马自达等。

③ 滚动滚轮选择待测车型（例如奥迪），按确定键进入所选车系（奥迪）测试系统（若要改变车系可按 N 键返回车系选择显示）。

主选单
元件测试性能特征及优越性
万用表常规设置
波形显示怎样……
存储屏幕A～Z的索引
使用者测试
用户设定

图 1-11　屏幕显示的主选单

④ 选择燃油喷射系统，按确定键进入生产年款选择、发动机型式选择；选好后按确定键返回主选单。

⑤ 选择元件测试性能特征及优越性，按确定键进入元件选项：凸轮轴位置传感器、冷却液温度传感器、活性炭罐电磁阀、燃油压力传感器、进气温度传感器、点火控制模式、喷油器、爆燃传感器、空气流量传感器、氧传感器、转速传感器、节气门阀控制模式、故障码电路、旧术语、缩写应用、依普通项目列出元件单。

⑥ 选择凸轮轴位置传感器，按确定键进入该项目：原理、位置、连接、测试。

依次选择上述项目，仪器将提示传感器的原理、位置、线路连接及测试，例如：当选择测试项目时，仪器会自动进入万用表功能，显示数据测试。旋转滚轮，并按下 Y 键，可选定所需选单；按下 N 键，可实现万用表和测试帮助信息的切换；退出测试功能并返回到元件测试选择选单时，首先应转动滚轮，使屏幕正文进入测试帮助处按下 N 键并放开。

⑦ 其他传感器的测试与上述类似。

⑧ 如果在主选单中选择万用表功能，则按确定键进入万用表使用模式。此模式下可做独立的万用表使用，在全屏幕显示时有四种主要检测模式：图形、数字、双重显示和单独显示。在半屏幕显示时可做兼有元件测试功能的万用表使用，有五种测试模式：数字、图形、双重显示、全屏显示和单独显示。

⑨ 在万用表状态下的图形模式中，可显示测试波形；与示波器类似，X 轴为时间坐标轴，Y 轴为测试上限，上限、下限可通过将光标移动到屏幕的适当位置，转动转轮选择的值来改变。

⑩ 双重显示方式能显示两个波形，可同时比较两组读数；两组波形或一组读数、一组波形。

⑪ 在主选单上可选择操作设定，它可以改变仪器的操作功能，操作者设定包括：断电定时设定；背光定时设定；对比度调节；英制—米制切换；最大/最小值声响报警；打印机/波特率设定；转速夹选择。

（3）使用注意事项

在操作 MT2400 前，要先阅读以下安全操作说明，避免损坏 MT2400 主机或损坏其他附件，因此，为了确保人身及仪器的安全，请遵守以下操作规则。

① 在更换电池、熔丝、数据资料卡之前，一定要拔掉所有测试表笔，并关掉仪器电源。

② 若仪器两端的黑色橡胶保护套没有安装好，不可操作仪器。

③ 测试电流或电压不可超过仪器规定的最大测试值。

④ 任何测试输入端和搭铁端均不可加载 250V 以上的交直流信号。

⑤ 不可用 MT2400 的电流测试端测试交流信号，测试直流信号的电压不可高于 32V。

⑥ 更换的熔丝必须符合规格：10A，32V。

⑦ 测试 60V 以上的直流信号或 24V 以上的交流信号要特别小心。

⑧ 不可在 RS-232 接口与任何测试口加载 250V 以上的电压。

⑨ 不可在含有可燃性或爆炸性气体的环境使用 MT2400。

⑩ 测量电压值时必须保证电流测试孔不插任何测试笔。

⑪ 在转换测试功能前一定先将表笔从当前的测试电路中拆除，先拆除红色或蓝色表笔，后拆除黑色表笔。

⑫ 在量取电阻值时，一定将要测试的元件从电路中断开（或拆除）。

⑬ 起动发动机进行测试前，要将变速杆放在空档（手动档）或 P 位（自动档），拉紧驻车制动，抱死驱动轮。

3. 电眼睛 X-431 诊断仪

电眼睛 X-431 是元征公司生产的、目前使用较为广泛的一种汽车专用故障诊断设备，其主机如图 1-12 所示。

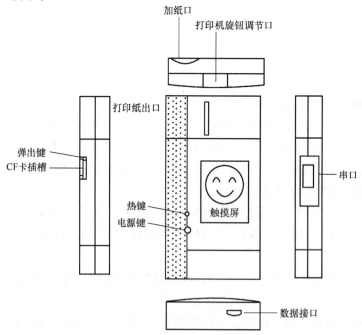

图 1-12 电眼睛 X-431 诊断仪主机示意图

（1）操作方法

1）X-431的开/关机。接通主机电源，按下X-431正面下方的POWER ON按键，系统启动；按住POWER ON键片刻即可关闭主机。

操作界面说明：

［开始］（Start）按钮：单击后弹出开始菜单，X-431 LCD显示器（触摸屏）操作界面如图1-13所示。

［活动任务栏］：可显示和切换正在执行的程序。

［背光灯］：点亮或关闭背光。

［软键盘］：弹出软键盘，有三种输入方式可供选择：笔画输入法、英文输入法、拼音输入法。

2）测试的基本步骤。

① 选择测试插头。在进行测试时，测试插头的一端与电眼睛X-431主电缆线相连，另一端与汽车电控系统诊断座相连。诊断座、插头的规格很多，根据车系和年代的不同而异，甚至同一种车系的不同车型，其诊断座型式也可能有所不同，因此应根据具体车型正确选择诊断测试插头。

② 连接电眼睛X-431故障诊断仪。完成测试准备工作并选择好测试插头后，即可连接电眼睛X-431。

a. 将电眼睛测试主线一端插入电眼睛X-431输入插口内，另一端与测试插头相连接。

b. 将测试插头的一端插入汽车电控系统诊断座内。

c. 将双钳电源线的红色鳄鱼夹接蓄电池的正极接线柱，黑色鳄鱼夹接蓄电池的负极接线柱，以获取电源。如果诊断座是不带电源的，则还需将汽车点烟器取下，并将点烟器线插入点烟器内，如图1-14和图1-15所示。

图1-13 X-431 LCD显示器（触摸屏）操作界面

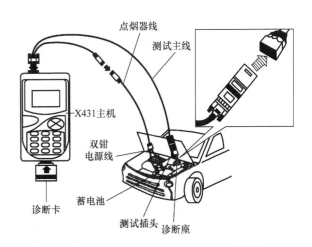

图1-14 X-431从蓄电池获取电源接线图

d. 仪器通电后将进行自检，如果屏幕显示系统正常，则可以开始进行测试。

e. 在屏幕左下角单击开始菜单后，将弹出一个子菜单，可选测试项目。

f. 根据屏幕提示进行车型、年款、发动机型号等各项选择。

g. 选择测试项目（如读取故障码或读取数据流等）。

h. 根据屏幕提示进行各项操作。

（2）使用注意事项

1）连接电眼睛 X-431 时，应先关闭点火开关；断开时，应先退出系统后再关闭点火开关。

2）仪器的使用必须在通风良好的环境下，并且操作场所严禁烟火。

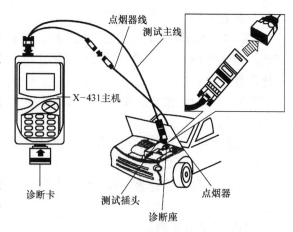

图 1-15　X-431 从点烟器获得电源接线图

实训一　汽车电器维修常用工具的使用

一、实训目的

1）掌握万用表的使用方法。

2）掌握测试灯的使用方法。

二、设备器材

1）万用表 4 只。

2）测试灯 4 套。

3）各种开关、继电器若干。

4）汽车电器台架或汽车 4 辆。

三、教学组织

学生分 4 个小组，在教师指导下完成工作任务单的内容。

四、任务工作单

1. 用万用表检测开关、继电器

（1）用万用表检测开关

灯光开关及插接器如图 1-16 所示，用万用表导通档或电阻档检测灯光开关在不同档位时，各端子导通状态，并将结果填入表 1-3。

图 1-16　灯光开关及插接器

表1-3 灯光开关检测结果

开关档位	测试端子	规定状态	实际测量状态
OFF	10－11、12－13	不导通	
TAIL	10－13	导通	
HEAD	10－13、11－12	导通	
HEAD	11－12	导通	

（2）用万用表检测继电器

继电器如图1-17所示。用万用表导通档和电阻档检测继电器线圈、触点的状态。

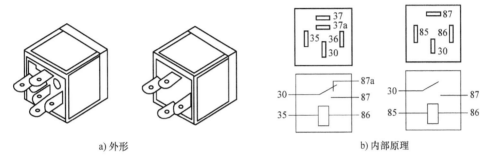

a) 外形　　　　　　　　　　b) 内部原理

图1-17　继电器外形及内部结构图

① 用万用表检测继电器在不通电情况下各端子之间的导通状态，并将结果填入表1-4。

表1-4　继电器检测结果

测试端子	状态	电阻值

② 用万用表检测继电器在线圈通电情况下，触点两端子导通状态。

将继电器线圈两端子连接到蓄电池正、负极两端，用万用表电阻档（或导通档）检测继电器触点两端子之间的电阻值，应为"0"。

2. 用万用表检测电路故障

（1）检测断路故障

用万用表检测电路断路故障的电路如图1-18所示。

① 将万用表调整到电压档，将负极表笔搭铁，并确认良好。

② 接通控制被检测电路的电源开关。

③ 用万用表正极表笔沿电路逐点检测各连接点。断路故障发生在万用表有电源电压与无电源电压之间的电路。

（2）检测短路故障

用万用表检测电路短路故障如图1-19所示。

① 将初步认为有短路故障的电路各连接点都断开。

② 将万用表调整到电阻档，负极表笔搭铁，并确认良好。

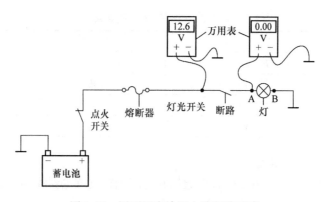

图 1-18　用万用表检测电路断路故障

③ 用万用表的正极表笔沿电路逐点检测各连接点，短路故障发生在万用表读数为 0Ω 的一段电路上。

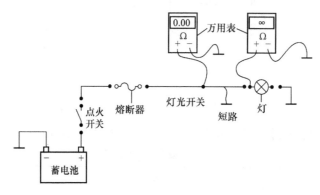

图 1-19　用万用表检测电路短路故障

3. 用自带电源测试灯检测电路故障

（1）检测断路故障

方法一：电路如图 1-20 所示。

① 将测试灯一端搭铁，并确认良好。

② 接通控制被检测电路的电源开关。

③ 用测试灯的另一端，沿电路逐点检测各连接点。断路故障发生在测试灯亮与不亮之间的电路。

方法二：电路如图 1-21 所示。

用测试灯的两端沿电路逐段检测两个相邻的连接点。断路故障发生在测试灯亮与不亮之间的电路。

（2）检测短路故障

用测试灯检测电路短路故障的电路如图 1-22 所示。

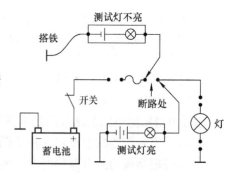

图 1-20　用测试灯检测电路断路故障（一）

① 将初步认为有短路故障的电路各连接点都断开。

② 用测试灯沿电路逐点检测各连接点，短路故障发生在测试灯亮的一段电路上。

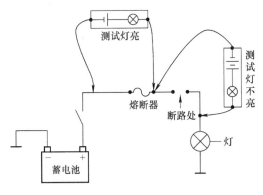
图1-21 用测试灯检测电路断路故障（二）

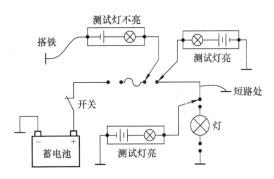
图1-22 用测试灯检测电路短路故障

（3）检测开关等电器元件断路故障

用测试灯检测开关（或元件）断路故障的电路如图1-23所示。

① 将要检测的开关从电路中拆卸下来。

② 将被检测的开关接通到某一档位。

③ 用测试灯检测开关接通时，相对应接线柱之间的导通情况。若测试灯亮，说明开关良好；若测试灯不亮，说明开关内部断路，应更换。

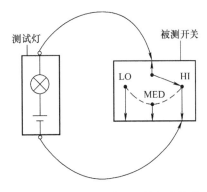
图1-23 用测试灯检测元件断路故障

实训二　汽车电器维修专用测试仪的使用

一、实训目的

掌握专用测试仪的使用方法。

二、设备器材

1) 汽车电器维修专用测试仪4套。
2) 汽车电器台架或汽车4辆。

三、教学组织

学生分4个小组，在教师指导下完成工作任务单的内容。

四、任务工作单

用专用仪器检测汽车故障（以金德K80为例）。

1. 连接仪器

K80多功能诊断仪如图1-24所示。在测试车辆时，根据被测试车型和该测试车的诊断座形式选择合适的测试插头，用测试延长线将金德 K80 与测试插头连接起来并连接到测试车的诊断座；如果诊断座不提供电源，则断开测试延长线，选择点烟器插头或者蓄电池插头，连接电源延长线并接到 DC 12V 电源端口，然后接上测试延长线，连接方法如图 1-25 所示。

2. 仪器自检

仪器自检。按［POWER］键，K80 将进行自检，自检结束后按［ENTER］键，如果用户没有对仪器进行注册，仪器的使用次数是有限制的，此时屏幕会显示一段提示信息，提示用户及时注册并显示该仪器还能使用次数，按［ENTER］键进入开机等待画面，等待 20s 或者直接按［ENTER］键进入主菜单界面，如图 1-26 所示，一共有四个功能选项：汽车检测、示波器、辅助功能、升级系统。

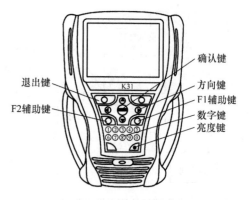

图 1-24　K80 多功能诊断仪

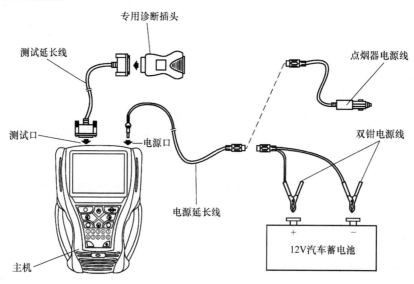

图 1-25　K80 测试连接方法

下面以汽车检测为例说明其使用方法。

3. 检测

按上下方向键可以选择功能，然后按［ENTER］键，就可以进入下一级菜单。

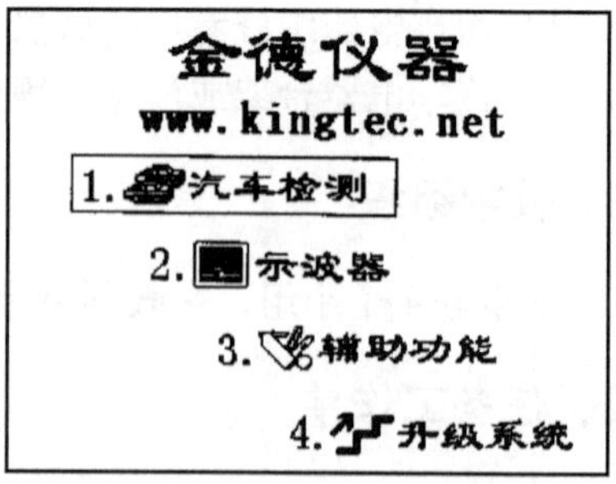

① 选择"汽车检测"功能，按［ENTER］键进入，显示屏显示如图 1-27 所示，一共有四个功能选项：故障诊断、设备自检、测试演示、音响解码。

② 故障测试。"故障测试"功能主要是对欧、亚、美的主流车型电控系统进行故障诊断，视具体车型有读故障码、清除故障码、数据流、执行元件动作测试等诊

图 1-26　K80 主菜单画面

断方法。

选择"故障测试"功能按［ENTER］键可进入车系选择菜单，如图1-28所示，共有中国车系、日本车系、韩国车系、欧洲车系、美国车系再加上标准OBDⅡ模式可以选择。

③ 设备自检。"设备自检"功能是金德仪器的特色功能，通过设备自检可以对设备的硬件诊断，按上、下方向键选择"设备自检"，按［ENTER］键进入，有两项功能可以选择：端口功能测试和端口数据读取。

进行设备自检的连接有两种方式：一种是主机自检；一种是主机带测试延长线自检。前者可以测试主机硬件是否有故障，如果无故障，可以采用后一种方式，检测测试延长线是否有故障。

④ 测试演示。如果对故障测试的基本步骤不是很清楚，可以通过"测试演示"功能了解本设备对车辆进行诊断的操作步骤。按［ENTER］键进入，会有一个宝马的测试演示程序，您只要按照屏幕提示按键就可以了，按［ENTER］键返回上级菜单。

⑤ 音响解码。进入汽车检测的主功能界面，按上下方向键选择"音响解码"，按确认键，屏幕显示如图1-27所示。按上下方向键选择，确认键进入，利用此项功能，可以方便快捷地查看常见车型的音响密码输入方法和汽车音响常用知识及应用技巧。

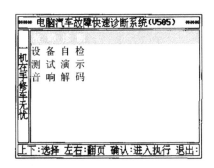

图1-27 选择"汽车检测"显示

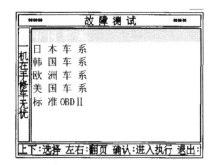

图1-28 选择"故障测试"显示

任务三 汽车电路图的识读

任务目标

1. 了解汽车电路图册特点。
2. 掌握汽车电路图的识读方法。

一、汽车电路图册

为便于对汽车电器设备进行维护和修理，汽车生产厂都编制了汽车电路图册，图册对汽车电器的维修至关重要。

1. 汽车电路图册简介

目前汽车电路图册有二种：一种是某种车型出厂时编制的图（手）册，如图1-29所示；一种是某种车型经过改型出厂时编制的图册，如图1-30所示。

图1-29 北京现代轿车电路维修手册

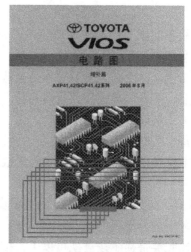
图1-30 丰田威驰轿车电路维修手册

为方便电路图册的使用，图册中主要包含如何使用本手册、电路图（按系统编排）、部件位置图、插接器图、线束布置图、总电路图等内容，如图1-31、图1-32所示。

图1-31 北京现代轿车电路维修手册主要内容

图1-32 丰田威驰轿车电路维修手册主要内容

（1）如何使用本手册

在"如何使用本手册"这部分内容中主要包含手册中电路图的图例、插接器的图例、电器的符号示例、汽车电器设备故障诊断的一般方法示例等。

（2）电路图

由于汽车电器设备较多，电路复杂，不管是哪种车型的电路图都是按各系统来编制，以方便查询及进行修理。当某个部分的电路图在一个页面排不下时会紧接着排在下一个页面，相同的导线会以相同的字母标示。

（3）部件位置图

部件位置图用来标识汽车电器部件的具体位置，方便维修时查找。部件位置图有用图片表示部件具体位置的，如图1-33所示；也有与线束绘制在一起来表示部件的具体位置的，如图 1-34 所示。

（4）插接器图

汽车电器系统导线较多，为方便插接和区别各电器系统，采用了大量的插接器。插接器图用来表示不同的插接器外形，并标注导线端子等，以方便查找。

（5）线束布置图

汽车电器元件都由导线连接，这些分散的导线往往都做成一股股线束。为了表明这些线束的走向，方便维修，汽车维修手册上都配有线束图，如图 1-34 所示。

图 1-33 悦动轿车部件位置图

G 电路图

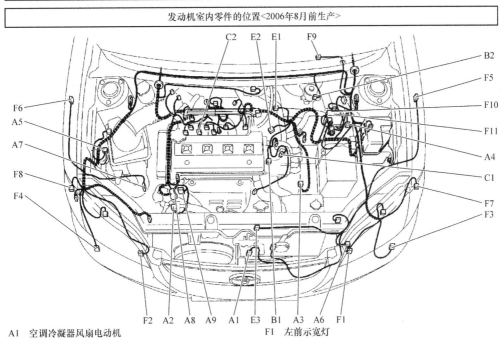

A1 空调冷凝器风扇电动机	F1 左前示宽灯
A2 空调电磁离合器	F2 右前示宽灯
A3 驻车档/空档位置开关	F3 左前雾灯
A4 左前ABS转速传感器	F4 右前雾灯
A5 右前ABS转速传感器	F5 左前侧转向信号灯
A6 左前气囊传感器	F6 右前侧转向信号灯
A7 右前气囊传感器	F7 左前转向信号灯
A8 交流发电机	F8 右前转向信号灯
A9 交流发电机	F9 前刮水器电动机
B1 倒车灯开关	F10 熔断器盒
B2 制动液液位警告开关	F11 熔断器盒
C1 凸轮轴位置传感器、点火线圈和分电器	
C2 曲轴位置传感器	
E1 ECT电磁阀	
E2 EFI冷却液温度传感器	
E3 发动机舱盖灯开关	

图 1-34 丰田轿车部件位置和线束图

（6）总电路图

由各系统的电路汇集成一起就组成了总电路图。总电路通常将电源、起动等部分的电路放在前面，其余按各系统依次排列。

2. 汽车电路图册的运用

下面以悦动轿车的前照灯电路为例，说明图册的运用。

查阅悦动轿车电路图册的目录，找到前照灯电路图 SD921-1，如图 1-35 所示。

从图中看出悦动轿车前照灯电路由电源、前照灯远光继电器、前照灯近光继电器、组合开关、车身控制模块（BCM）、左右前照灯、前照灯远光指示灯等组成。

电源通过安装在室内接线盒当中的 10A 前照灯熔丝提供，其安装位置可查找部件位置图 38（见悦动轿车电路图册）。

前照灯远、近光继电器安装在发动机室盒内，其安装位置可查找部件位置图 10（见悦动轿车电路图册），如图 1-36 所示。

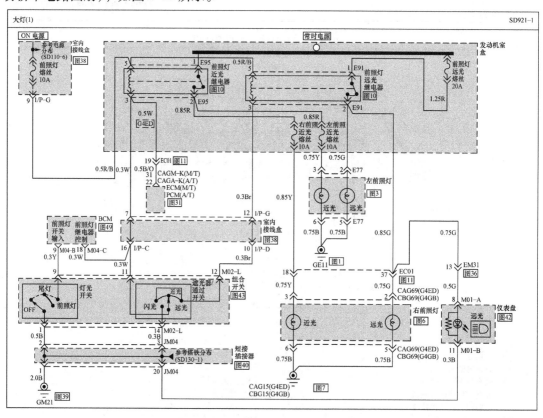

图 1-35 悦动轿车前照灯系统电路图

组合开关安装在转向盘下方，由插接器 M02-L 与之连接，具体位置可查找部件位置图 43（见悦动轿车电路图册）。

车身控制模块 BCM 安装在副驾驶侧仪表板下，由插接器 M04-B 和 M04-C 与之插接，具体位置可查找部件位置图 49（见悦动轿车电路图册）。

左前照灯由 E77 插接器与之连接，具体位置可查找部件位置图 3（见悦动轿车电路图册）。

右前照灯由 CAG69 或 CBG69 插接器与之连接，具体位置可查找部件位置图 6（见悦动轿车电路图册)。

远光指示灯安装在仪表板上，由 M01-A 或 M01-B 插接器与之连接，具体位置可查找部件位置图 42（见悦动轿车电路图册）。

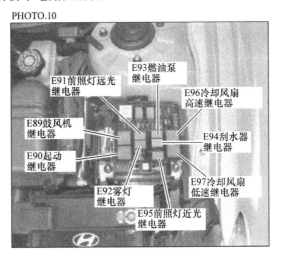

图 1-36　前照灯远、近光继电器位置图

二、汽车电路图的识读

目前德国大众、日本丰田、美国通用、法国雪铁龙、韩国现代等车型在我国较多，而各大汽车公司所生产车辆资料中的汽车电路图都有各自成熟的表达方法，为方便读者阅读理解这些汽车电路图，我们以这几类车型为例叙述其电路符号含义及特点。

1. 大众车系汽车电路图的识读

（1）大众车系汽车电路图的特点

1）用不同的线条表示不同的连接电路。电路图的连接导线用粗实线表示，并都标明导线的颜色和截面积，内部插接（非导线插接）用细实线表示。

2）用符号和代号表示电器元件。在电路图中，各个电器元件都用规定的符号画出，一些符号形象地表示了该电器元件的作用和原理。每个电器元件用字母或字母和数字组成的代号标注。

3）汽车电器系统线路铰接点和搭铁点清晰。在电路图中标示出线路各个铰接点和搭铁点代号，并在图注中说明铰接点和搭铁点的确切位置。

大众车系电路图的这些特点给按图查寻汽车电路故障提供了方便，但分析工作原理则要比汽车电路原理图复杂一些。

（2）大众车系汽车电路图标注说明

1）线路代号。线路代号表示在中央配电器盒的内部线路，"30" 为常相线，来自蓄电池正极的电源线，在发动机处于熄火状态或停车时均有电，为停车灯、制动灯、警告灯、顶灯、冷却风扇等供电；"15" 点火开关在点火或起动位置时与 "30" 电源线接通，为小功率用电器电源线；"X" 点火开关在点火或起动位置时与 "30" 电源线接通，为大功率用电器电源线；"31" 表示搭铁线；如图 1-37 所示中的 "C" 则表示是中央线路板中的内部线。

2）继电器插接器端子代号。继电器插接器插接端子的端子号及接线端子标记。"2/30"中的"2"表示该插接端子位于继电器插接器上的 2 号端子，"30"表示插接该接脚的接线端子为 30。

3）继电器的位置编号。用方框黑底白字的数字表示该继电器在中央配电器盒中的位置。"2"表示该继电器在中央配电器盒中的 2 号位置。该继电器的名称和作用，可通过元件代号了解到。

4）线路插接编号。为方便读图，大众汽车公司采用了断线代号法。其方法是：如某一条电路的上半段在电路号码为 66 的位置上，而下半段在电路号码为 61 的位置上，则在上半段电路终止处画一小方框，内标 61，说明下半段电路应在电路号码为 61 的位置上；在下半段电路开始处的电路号码为 61 位置上也画一小方框，内标 66，说明上半段电路应在电路号码为 66 的位置上。通过数字将上、下两半段电路联系在一起。接续的导线可能在本页图中，也可能在另页图中。

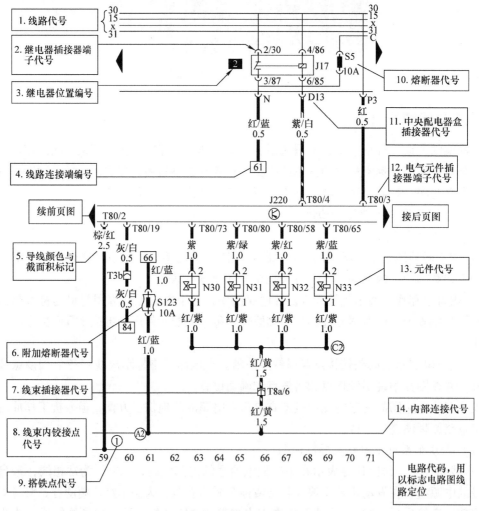

图 1-37 大众车系电路图表示方法

5）导线颜色与截面积标记。导线的颜色通常用代码标记，各代码的含义：ws 白色；sw 黑色；ro 红色；br 棕色；gn 绿色；bl 蓝色；gr 灰色；ge 黄色；li 紫色。

一些大众汽车的中文图书资料中，电路图导线的颜色直接用汉字标记。双色线的两种颜色用"/"分隔。比如："棕/红"，表示导线的底色是棕色，条纹为红色。颜色标记上方或下方的数字表示导线的截面积，单位为 mm²。

6）附加熔断器代号。"S123"是表示在中央配电器盒上的第 123 号 10A 熔断器。

7）线束插接器代号。相插接的两线束插接器的端子数和插接的端子号，可从维修手册中的图注或元件说明表中查到该代号所代表的插接器所插接的线束。如图 1-37 中的"T8a/6"，T8a 是插接发动机线束和发动机右线束的线束插接器，该插接线路为 8 端子插接器的 6 号端子。

8）线束内铰接点代号。表示线路在此处有一个铰接点，铰接点所在的线束可从图注中查得，如图 1-37 中的"A2"表示正极接线，在发动机线束内。

9）搭铁点代号。表示该搭铁点的位置，可以从图注或说明表中查得搭铁点在车身上的具体位置。如图 1-37 所示中的"①"表示搭铁点在发动机 ECU 旁的车身上。

10）熔断器代号。表示熔断器的作用、位置及额定电流等。如图 1-37 中的"S5"，"S"表示熔断器，"5"表示该熔断器在熔断器盒的 5 号位置；"10A"则表示该熔断器的额定电流为 10A。

11）中央配电器盒插接器代号。表示中央配电器盒中的多端子或单端子插接器、端子号和导线的位置。如图 1-37 中的"D13"表示该导线由 D 插接器的 13 号端子插接。

12）电器元件插接器代号。表示电器元件插接器的端子数、插接的端子号等。如图 1-37 中的"T80/3"表示该元件插接线束的插接器有 80 个端子，该导线插接的是 3 号端子。

13）电器元件代号。大众车系电路图中的元件均用字母和数字组成的代号表示，并通过图注或列表说明各元件代号所代表的电器元件。

14）内部插接代号。表示该导线与其他页电路图中标注相同字母的内部插接是相连的。

2. 丰田车系汽车电路图的识读

丰田车系汽车的丰田皇冠（CROWN）、雷克萨斯（LEXUSS）、凯美瑞（CAMRY）等车型在我国拥有一定的数量，国内生产的夏利 2000、威驰、威乐、威姿、花冠等轿车在国内也有一定的市场占有率。这些车型的中文维修资料都源自丰田公司原厂资料，其电器与电子控制系统电路图通常都保留了丰田原厂资料汽车电路图的绘图风格。丰田车系电路图的表示方法如图 1-38 所示。

（1）丰田车系汽车电路图的特点

1）电路图中的电器元件用文字标注。丰田汽车电路图中各个电器元件通常用文字直接标注，识图比较方便。

2）整车电路图各系统电路标示明确。丰田汽车整车电路图中的各系统电路按长度方向逐个布置，并在电路图的上方标出各系统电路的区域和代表该电路系统的符号及文字说明，使电路的阅读比较清晰、方便。

3）线路搭铁点标示明确。电路图中不仅绘出了搭铁点，并标注该搭铁点代号与文字说明，读者从电路图中了解线路搭铁点直观明了。

4）元件插接端子标示清楚。插接端子较多的电器元件，各电路插接端子通常用字母组成的符号标示。一些电路图中，有的还直接标出线路插接器的端子排列和各端子的使用情况，给识图和电路故障查寻提供方便。

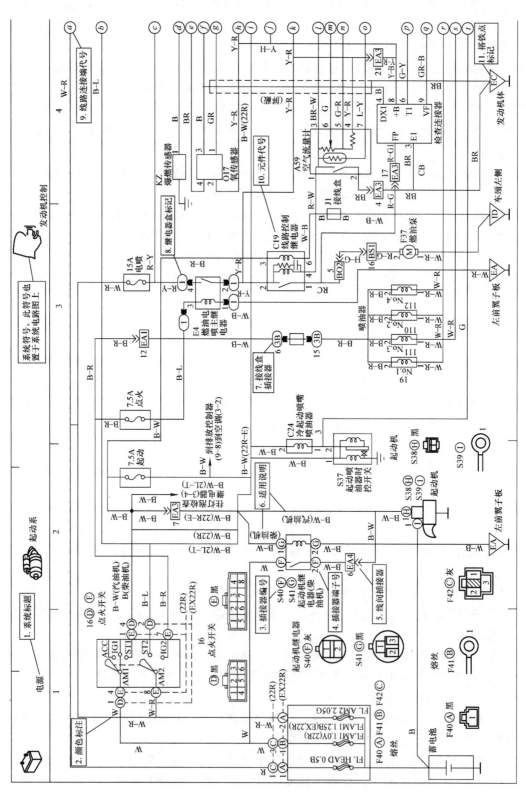

图 1-38 丰田车系电路图表示方法

(2) 丰田车系汽车电路图标注说明

1) 系统标题。在电路图上方用刻线划分区域内,用文字和系统符号表示下方电路系统的名称。

2) 导线颜色标注。导线颜色用代码标注在该线路的旁边,各颜色代码见表1-5。双色线用代表两种颜色的代码中间加"-"表示。如:"W-R"表示导线的底色是白色,条纹为红色。

表1-5 丰田车系汽车电路图导线颜色代码

颜色代码	导线颜色	颜色代码	导线颜色	颜色代码	导线颜色
B	黑色	LG	浅绿	W	白色
L	蓝色	V	紫色	GR	灰色
R	红色	G	绿色	P	粉红
BR	棕色	O	橙色	Y	黄色

3) 插接器编号。表示与电器元件连接的插接器,例图中S40和S41表示与起动继电器连接的插接器。插接器的端子排列情况列于图中的某个位置,或在其他图中表示。通常还标有插接器的颜色,其中未标注的为乳白色。

4) 插接器端子编号。用数字表示插接器端子号,可从插接器端子排列图中找到该端子的具体位置。插座各端子的编号从左到右排列,插头端子的编号则相反。

5) 线间插接器标记。用符号"✈"表示导线与导线之间用插接器连接。线框中间的字母和数字"EA4"为插接器代号,线框外的数字表示连接该导线的插接器端子号。

插接器代号中的第一个字母表示了插接器的位置。E指发动机室,I为仪表盘及周围区域,B为车身及周围区域。

6) 适用说明。用"( )"中的文字说明该线路、电器元件或连接所适用的发动机、车型或技术条件。

7) 接线盒标记。用带黑影的"✈"符号表示导线从接线盒插接,圆线框中间的数字和字母"3B"为插接器代号,其中数字"3"表示该插接器位于3号接线盒,圆线框外的数字"6"表示该导线连接插接器的6号端子。

8) 继电器盒标记。用带黑影的"✈"符号表示导线从继电器盒插接,圆线框中间的数字表示继电器盒号码,"1"表示该继电器位于1号位置,圆线框外的数字表示继电器端子号。

9) 线路连接端代号。用圆圈内的字母表示该线路与下一页标有相同字母的导线相连接。

10) 元件代号。用字母或字母加数字表示电器元件,通常在该元件代号旁注有元件的中文名称,无中文注释的,可根据元件代号从相关的表中查得该元件代号所代表的元件。

11) 搭铁点标记。用符号"▽"表示搭铁点位置,符号中间的字母为搭铁点代号,代号中的第一个字母表示了搭铁点位置:E指发动机室,I为仪表板及周围区域,B为车身及周围区域。电路图中通常在搭铁标记旁用中文说明了搭铁点的具体位置。

3. 通用车系汽车电路图的识读

上海通用汽车公司成立后,通用车系在我国的保有量则迅速上升。目前通用车系汽车的别克、君威、凯越、雪佛兰等车型在我国占有一定的比例。通用车系汽车电路图的表示方法如图1-39所示。

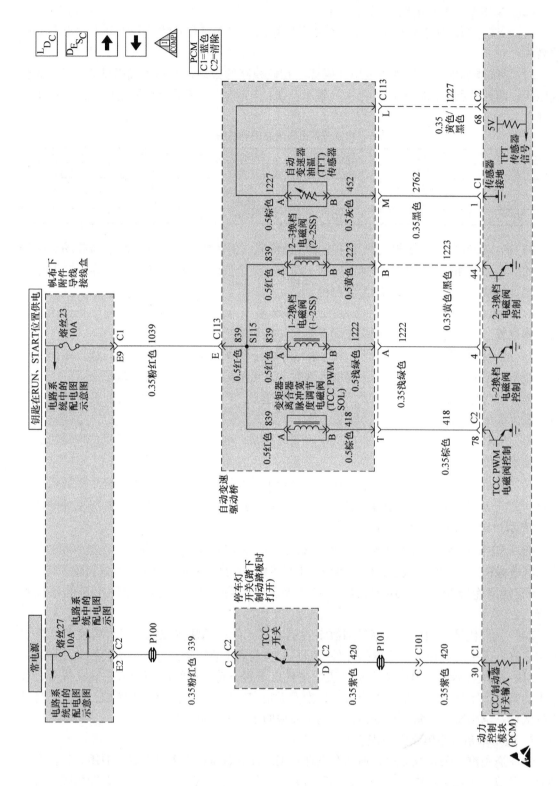

图 1-39 通用车系汽车电路图表示方法

(1) 通用车系汽车电路图的特点

美国通用车系汽车电路图与前述几种车系的汽车电路图相比有明显的区别,具有如下的特点。

1) 电路图中标有特殊的提示符号。在通用车系电路图中,通常标有特殊的提示符,给汽车检修人员起某种提醒作用。通用车系汽车电路图提示符号如图1-40所示,各特殊提示符的含义如下:

a) 静电敏感符号　　b) 安全气囊符号　　c) 故障诊断符号　　d) 注意事项符号

图1-40　通用车系汽车电路图中的特殊符号

a. 静电敏感符号。用于提醒检修人员该系统含有对静电放电敏感的部件,在进行检修操作时应注意:在检修操作前通过触摸金属搭铁点,以除去身体上的静电;检修操作中不要用手触摸裸露的端子,也不要用工具接触裸露的端子;若无必要,不要将零件从保护盒中取出;除非是故障诊断需要,否则不要随意将零部件或插接器跨接或搭铁;打开零部件保护性包装之前应先将其搭铁。

b. 安全气囊符号。用于提醒检修人员该系统为安全气囊系统或与安全气囊系统相关,在检修时应注意:在检修操作前要进行安全气囊系统的检查;检修操作时,先要使安全气囊解除功能,并在完成检修操作后,恢复安全气囊功能;在车辆交与用户前要进行安全气囊诊断系统的检查。

c. 故障诊断符号。用于提醒读者该电路在车载诊断(OBD Ⅱ)范围内,当该电路出现故障时,故障指示灯就会亮。

d. 注意事项符号。用于提醒检修人员还有其他附加系统维修的信息。

2) 电路图中标有电源接通说明。通用车系汽车电路图其电源通常是从该电路的熔断器起,并在黑框中直接用文字说明在什么样的情况下该电路接通电源。

3) 电路图中标有电路编号。通用车系的电路图中,各导线除了标明颜色和截面积外,通常还标有该电路的编码,通过电路编码可以知道该电路在汽车上的位置,以方便读图和故障查寻。

(2) 通用车系汽车电路图标注说明

1) 电源接通说明。在电路图上方用黑框表示,框内文字说明框下熔断器在什么情况下发热(电源接通)。电路图电源接通说明框的文字标注和电源接通说明见表1-6。

表1-6　通用车系汽车电路图电源接通说明

电源接通标注	电源接通说明
RUN 或 START 接通	该电路在点火开关处于点火(RUN)或起动(START)时与电源接通
所有时间接通	该电路插接常接电源
RUN 接通	该电路在点火开关处于点火(RUN)位置时与电源接通
START 接通	该电路在点火开关处于起动(START)位置时与电源接通
ACC 和 RUN	该电路在点火开关处于点火(RUN)或接通部分用电设备(ACC)位置时与电源接通

2)电路配电盒中元件位置。如图 1-39 所示,"27"和"23"分别表示熔断器在"机罩下附件导线接线盒"中的所处位置,10A 表示熔断器的额定电流。

3)电路配电盒(接线盒)。虚线框表示没有完全表示出配电盒全部,只是配电盒中的一部分。

4)接线盒插接器连接标注。表示导线由发动机机罩下熔丝接线盒的 C2 连接插接器的 E2 插脚(端子)引出[连接插接器编号"C2"写在右侧,插脚(端子)编号"E2"写在左侧]。该标注表示 339 号电路从 C2 插头的 E2 号端子引出。

5)密封圈代号。P100 表示贯穿式密封圈,其中"P"表示密封圈,"100"为其代号。

6)电路(导线)标注。表示该电路导线的横截面面积、颜色和电路编号。其中,左边数字表示导线横截面面积,右边数字为电路编号,中间标注导线的颜色。图中的"0.35 粉红色"表示导线横截面面积为 $0.35mm^2$,颜色为粉红色。数字"339"是车辆位置分区代码,表示该线束位置在乘客室。在一些通用车系的电路图中,用颜色代码标注导线颜色,各种颜色的代码见表 1-7。

表 1-7 通用车系汽车电路图导线颜色代码

颜色代码	导线颜色	颜色代码	导线颜色	颜色代码	导线颜色
BLK	黑色	DK BLU	深蓝	WHT	白色
BLU	蓝色	LT BLU	浅蓝	GRY	灰色
RER	红色	PPL	紫色	YEL	黄色
PNK	粉红	GRN	绿色	BRN	棕色
DK GRN	深绿	ORN	橙色	TAN	深棕
LT GRN	浅绿	CLR	无色		

7)元件标注。表示 TCC(液力变矩器中的锁止离合器控制)开关,图中表示 TCC 开关处于接通状态,其开关信号经过 P101 和 C101,由动力控制模块(PCM)中的 C1 插头 30 号插脚进入 PCM 中。

8)线间插接器标注。用符号"⌒"表示导线与导线,导线与接线盒之间用插接器连接。右侧"C101"表示线束插接器代号,左侧"C"表示直列型插接器的 C 插头。

9)输出电阻器。表示把 TCC 和制动灯开关的信号以一定电压信号的形式输出给动力控制模块(PCM)的内部控制电路。

10)敏感标注。表示动力控制模块(PCM)是对静电敏感的部件。

11)搭铁点标注。表示动力模块内部搭铁。

12)自动变速器内部的 TCC 锁止电磁阀标注。此电磁阀控制液力变矩器内部锁止离合器的结合。它在点火开关处于点火或起动位置时,通过 23 号 10A 的熔丝供电。

13)内部元器件标注。表示带晶体管半导体器件控制的集成电路。这里为动力控制单元(PCM)内部集成的控制电路,控制电磁阀驱动电路,通过 PCM 搭铁。

14)输出电阻。PCM 提供 5V 稳压通过内部串接电阻与自动变速器油温传感器(TFT)连接,同时将自动变速器油温传感器(NTC 型电阻)信号传给 PCM。

15)插接器端子标注。表示动力控制模块(PCM)的 C2 连接插头的 68 插脚。

16)同一插接器标注。用虚线表示 4、44、1 插脚均属于 C1 连接插接器。

17）自动变速器内部的自动变速器油温传感器。它是一个随温度增加阻值减小的 NTC（负温度系数，PTC 正温度系数电压）型电阻。

18）电路省略标注。用文字注明了连接的电路，那些电路与本电路不一致，故而省略。图中表示导线通往发动机罩下附件熔丝接线盒的其他电路，与目前所显示的电气系统没有关系，是一种省略的画法。

19）元件标注。用文字直接注明部件的名称及所处的位置。该熔丝接线盒位于发动机舱盖下左侧（从车的前面看）。

20）主要部件列表图标。图中的图标用于链接"主要电气部件列表"。

21）说明与操作图标。图中的图标用于链接"特定系统的说明与操作"。

22）下页示意图图标。图中的图标用于进入子系统的下一个示意图。

23）前一页示意图图标。图中的图标用于进入子系统的前一页示意图。

24）车载诊断（OBDⅡ）图标。

4. 雪铁龙车系汽车电路图的识读

我国二汽与法国雪铁龙汽车公司合资的神龙汽车公司生产了富康系列、爱丽舍、毕加索、赛纳等多种轿车，这些汽车的中文维修资料中，其电路图都沿用法国雪铁龙汽车公司的规定画法。雪铁龙车系汽车电路图的表示方法如图 1-41 所示。

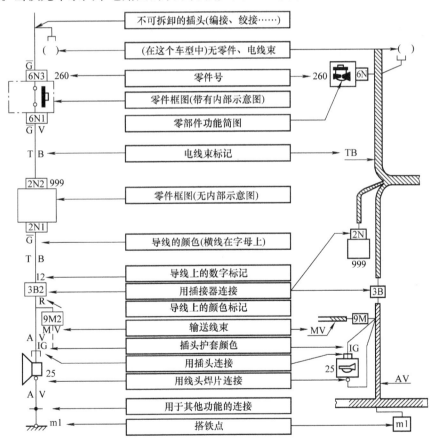

图 1-41 雪铁龙车系汽车电路图表示方法

（1）雪铁龙车系汽车电路图的特点

法国雪铁龙车系电路图也表示了电器线路的实际插接关系，其特点如下：

1）电路原理图与线路布置图标识相同。

雪铁龙车系维修资料通常同时提供汽车电路原理图和汽车电器线路布置图，并在两种图上采用相同的标识，以方便对图查寻线路和电器部件的位置。

2）原理图标识导线颜色和所在的线束。

在汽车电路原理图中，不仅用颜色代码标识了各插接导线的颜色，并将该插接导线所在的线束也用代码标识出来，以方便线路故障查寻和维修。

3）汽车电路图标识插接器及插头护套的颜色。

为方便线路查寻，雪铁龙车系汽车线路各插接器及插头护套采用不同的颜色。在汽车电路原理图和线路布置图中都用颜色代码标识出各线路插接器和插头护套的颜色。

4）线路搭铁点位置明确。

在原理图中，线路搭铁点用搭铁代码表示，而在汽车线路布置图中则直观地画出了搭铁点的大致位置，并标示相应的搭铁代码。

（2）雪铁龙车系汽车电路图标注说明

1）零件号。雪铁龙车系电路原理图和线路布置图中各电器元件均用数字编号，可通过图注或零件清单表查得该数字所表示的部件。

2）电线束标记。在电路图中各导线都标明其所在电线束的代号，给寻找线路的方位和走向提供方便。各线束代号见表1-8。

表1-8 雪铁龙车系汽车电路图线束代号

线束代号	线束名称	线束代号	线束名称	线束代号	线束名称
AV	前部	MT	发动机（和电控喷油系）	PP	乘员侧门
CN	蓄电池负极电缆	MV	电动风扇	RD	右后部
CP	蓄电池正极电缆	PB	仪表板	RG	左后部
EF	行李舱照明灯	PC	驾驶员侧门	RL	侧转向灯
FR	尾灯	PD	右后门	UD	左制动片磨损指示器
GC	空调	PG	左后门	UG	右制动片磨损指示器
HB	驾驶室	PL	顶灯		

3）导线颜色标记。电路图中用字母代码标明了各导线的颜色，导线的颜色代码见表1-9。

导线代码标注在该电路的左边，双色线则将表示两种颜色的代码分别标注在该电路的两侧，左侧代码表示导线底色，右侧代码表示条纹颜色。有的导线颜色代码字母上方加了一横杠，用于区别线束代码。

表1-9 雪铁龙车系汽车电路图导线颜色代码

颜色代码	导线颜色	颜色代码	导线颜色	颜色代码	导线颜色
N	黑色	J	柠檬黄	B	白色
M	栗色	V	翠绿	G	灰色
R	大红	Bl	湖蓝	Lc	透明
Ro	粉红	Mv	深紫		
Or	橙色	Vi	紫罗兰		

4）插接器标记。雪铁龙车系汽车电路中各种插接器在电路图中均用线框表示，通过标注字母和数字来表示插接器的类型或颜色、插接器的端子数和该端子的位置等。不同类型的插接器其表示方法如图1-42所示。

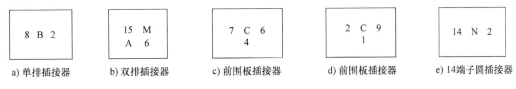

图1-42 雪铁龙车系汽车电路插接器表示方法

① 单排插接器。插接器只有一排插脚或插孔，插接器及各端子在电路图中的表示示例如图1-42a所示，标注说明如下：

左边的数字表示该插接器端子数，此例"8"表示该插脚器有8个端子；中间的字母表示颜色，此例"B"表示该插接器为白色；右边的数字表示第几号端子，此例"2"，表示是该插接器中的第2号端子。

② 双排插接器。插接器有两排插脚或插孔，插接器及各端子在电路图中的表示示例如图1-42b所示，标注说明如下：

上排数字表示端子数，此例"15"表示该插接器有15个端子；上排字母表示颜色，此例"M"表示该插接器为栗色；下排字母表示列数，此例"A"表示是该插接器中的A列；下排数字表示第几号端子，此例"6"表示是A列的第6号端子。

③ 前围板插接器。前围板插接器位于风窗玻璃左下侧的车身内，用于前部线束和仪表板线束的插接，它共有62个插孔，如图1-43所示，由八个7端子接线板和三个2端子接线板与之插接。前围板插接器及各端子在电路图中的表示示例如图1-42c、图1-42d所示。

图1-42c说明如下：

上排左边数字表示端子数，此例"7"表示该插接器有7个端子；上排中间字母"C"表示是前围板插接器；上排右边数字表示组数，此例"6"表示是第6组插接器；下排数字表示第几号端子，此例"4"表示是该插接器的第4号端子。

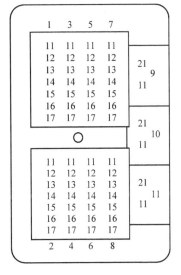

图1-43 62端子插接器排列图

图1-42d说明如下：

上排左边数字表示端子数，此例"2"表示该插脚器有2个端子；上排中间字母"C"表示是前围板插接器；上排右边数字组数，此例"9"表示是第9组插接器；下排数字表示第几号端子，此例"1"表示是该插接器的第1号端子。

④ 14端子圆插接器。该插接器位于发动机罩下左侧的熔断器盒内，用于前部AV线束与发动机MT线束的插接，呈黑色，插接器及各端子在电路图的表示方法如图1-42e所示，说明如下：

左边的数字 14 表示 14 端子插接器；中间的字母 N 表示插接器为黑色；右边的数字表示第几号端子，此例"2"表示是该插接器中的第 2 号端子。

5. 现代车系汽车电路图的识读

现代车系电路如图 1-44 所示。

（1）现代车系汽车电路图的特点

1）电路图电源在上、搭铁在下，所有元件在中间，易于读图。

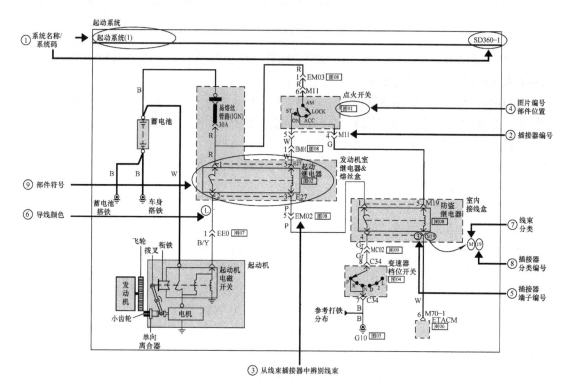

图 1-44　现代车系电路图表示方法

2）原理图依据工作原理绘制，易于电路分析。

3）导线标注颜色、规格。

4）元件旁边标注部件名称、位置信息，查找方便。

（2）现代车系汽车电路图标注说明

1）系统名称/系统代码标记。在每一页电路图的左上角表示本页电路所属系统，右上角表示电路系统代码。

2）元件插接器编号标记。元件与导线相连接时采用不同的插接器，M11 为插接器编号。其编号方法如图 1-45 所示。

3）线束插接器标记。线束与线束之间的插接器。

4）部件位置图片编号标记。为方便维修，现代车系电路维修手册中有部件位置图，用图片这种直观的形式表明各部件的位置，如前所述。

5）插接器端子编号标记。用于表示插接器的接线端子。这里表示"M19"插接器的"3"号接线端子。

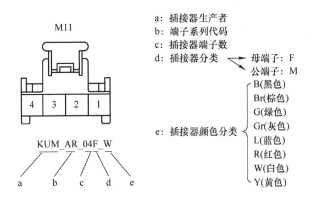

图1-45 现代车系插接器表示方法

6) 导线颜色标记。电路图中用字母代码标明了各导线的颜色,导线的颜色代码见表1-10。

表1-10 现代车系电路图导线颜色代码

颜色代码	导线颜色	颜色代码	导线颜色	颜色代码	导线颜色
B	黑色	Lg	浅绿色	W	白色
Br	棕色	T	褐色	Y	黄色
G	绿色	O	橙色	Ll	浅蓝色
Gr	灰色	P	粉色		
L	蓝色	R	红色		

7) 线束分类标记。

根据线束位置的不同,现代车系将线束分为几类,其代码见表1-11。

表1-11 现代车系电路图线束代号

线束代号	线束名称	位置
E	发动机、蓄电池线束	发动机、前端模块、蓄电池
M	主线束	室内、仪表盘罩下部和底板
F	底板、倒车警告线束	底板、行李舱盖
C	控制、喷油器延伸、点火延伸、MTM延伸线束	发动机室、室内
R	天窗线束	天窗
D	车门线束	车门

8) 线束编号标记。表示线束编号。"19"表示第19束主线束。
9) 部件符号。现代车系电路图中,部分元件会采用符号来表示,同时这些符号框图当中会绘制出电路的原理图,以方便分析电路工作原理。

实训三　汽车电路图的识读

一、实训目的

1) 掌握汽车电路图的识读方法。

2）对照电路图在实车上查找相应部件。

二、设备器材

1）多台各类型实验汽车。
2）由教师准备或学生自己准备与本学校实训室车型相同的汽车电路图。

三、教学组织

学生分 4 个小组，在教师指导下完成工作任务单的内容。

四、任务工作单

1）根据电路图，分组讲述电路图原理。
2）学生根据电路图对照识别各组成部分并查找各元件。

思考与练习

一、单选题

1. 点火开关、点火线圈、分电器总成、火花塞等零部件归属于（　　）。
   A. 起动系统　　　　B. 点火系统　　　　C. 舒适系统　　　　D. 信号系统
2. 直流电动机、传动机构和控制装置等属于（　　）。
   A. 起动系统　　　　B. 点火系统　　　　C. 舒适系统　　　　D. 信号系统
3. 电动刮水器、电动座椅、空调装置、中控门锁及电动后视镜等属于（　　）。
   A. 起动系统　　　　B. 点火系统　　　　C. 舒适系统　　　　D. 信号系统
4. 喇叭、蜂鸣器、闪光器及各种行车信号标识灯等属于（　　）。
   A. 起动系统　　　　B. 点火系统　　　　C. 舒适系统　　　　D. 信号系统
5. 在下列装置中不属于电子控制系统的是（　　）。
   A. 手动车窗　　　　B. 制动防抱死　　　C. 电子点火　　　　D. 电控燃油喷射

二、多选题

1. 汽车电器的特点有（　　）。
   A. 单线制　　　　　B. 直流　　　　　　C. 低压　　　　　　D. 负极搭铁
2. 汽车电器设备按功用不同分为（　　）。
   A. 电源　　　　　　B. 全车线束　　　　C. 用电设备　　　　D. 配电装置
3. 测试灯可用来查找汽车电路（　　）的故障。
   A. 断路　　　　　　B. 错乱　　　　　　C. 短路　　　　　　D. 搭铁不良
4. 用万用表可测量电路中的（　　）。
   A. 电感　　　　　　B. 电压　　　　　　C. 电流　　　　　　D. 电阻
5. 测试灯由一个 12W 的灯泡和引线组成，根据结构原理不同分为（　　）。
   A. 笔针式　　　　　B. 鱼钳式　　　　　C. 有源式　　　　　D. 普通式

三、判断题

1. 当用万用表电阻档测量熔断器的两端阻值时,显示"0"时说明熔断器是坏的。
（　）

2. 汽车电器设备采用单线制可节省导线,使电路简化、清晰,便于安装与检修。
（　）

3. 信号系统是用来显示发动机和汽车行驶中有关装置的工作状况。（　）

四、问答题

1. 简述汽车电器各组成部分的作用。
2. 简述汽车电器的特点。
3. 如何用测试灯检测电路短路、断路故障?
4. 简述开关的检查方法。

• 项目二

汽车电源系统及电路

教学目标

1. 了解汽车蓄电池的结构、工作原理及特性。
2. 了解交流发电机的结构、工作原理及特性。
3. 了解电压调节器的类型及工作原理。
4. 了解汽车电源系统电路的特点。

能力目标

1. 掌握汽车蓄电池的选用、充电及维护方法。
2. 掌握交流发电机的拆装及性能检测方法。
3. 掌握调节器的性能检测方法。
4. 掌握汽车电源系统电路故障的诊断方法。

任务一 汽车蓄电池的结构及选用

任务目标

1. 了解汽车蓄电池的结构、型号。
2. 掌握汽车蓄电池的选用方法。

一、蓄电池的结构

蓄电池由正极板、负极板、隔板、电解液、外壳、蓄电池盖、极桩等组成,如图2-1所示。

1. 极板

极板是蓄电池的核心,在蓄电池充、放电过程中,电能与化学能的转换就是通过正、负极板上的活性物质与电解液中的硫酸进行电化学反应来实现的。

蓄电池极板分正极板和负极板,由栅架和活性物质组成。活性物质填充在铅锑合金铸成的栅架上,正极板上的活性物质是褐色的二氧化铅(PbO_2),负极板上的活性物质是青灰色海绵状铅(Pb)。目前,国产蓄电池极板厚度为1.6~2.4mm。

为了增大蓄电池的容量,通常将多片正、负极板分别并联,用横板焊接。安装时,正负极板相互嵌合，中间插入隔板，组成正、负极板组，如图2-1所示。同时，横板上铸有极桩，以便连接各个单体电池。

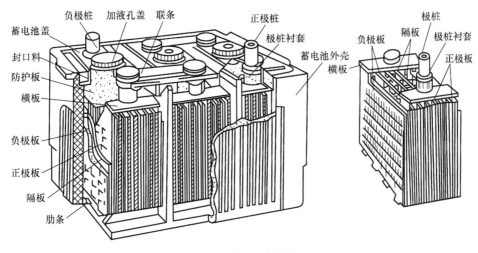

图2-1 蓄电池的结构

在每个单体电池中，负极板的数量总比正极板多一片。例如东风EQ1090汽车所用的6-Q-105型蓄电池，每单体中正极板为7片，负极板为8片。这是因为正极板在进行电化学反应时比负极板强烈，且正极板上的活性物质比较疏松，为防止正极板放电不均匀造成极板拱曲而使活性物质脱落，因此在制造时使正极板处于负极板之间。

2. 隔板

为避免正、负两个极板彼此接触而导致短路，正负极板间用绝缘的隔板隔开。隔板具有多孔性，以利于电解液渗透，减小蓄电池内阻。此外，其化学稳定性要好，具有耐酸和抗氧化性。

常用隔板的材料有木质、微孔橡胶、微孔塑料（聚氯乙烯、酚醛树脂）、玻璃纤维等，隔板厚度为1mm左右。

木质隔板价格便宜，但耐酸性能差，已很少使用。微孔橡胶隔板性能好、寿命长，但生产工艺复杂、成本较高，故尚未推广使用。微孔塑料隔板孔径小、多孔率高、薄而软，生产效率高、成本低，因此目前被广泛使用。

隔板安装时，带槽的一面面向正极板，且沟槽必须与外壳底部垂直。因为正极板在充、放电过程中化学反应剧烈，沟槽既能使电解液上下流通，也能使气泡沿槽上升，还能使脱落的活性物质沿槽下沉。

3. 电解液

电解液的作用是与极板上的活性物质发生电化学反应，进行电能和化学能的相互转换。它是用密度为$1.84g/cm^3$的化学纯硫酸和密度为$1.00g/cm^3$的蒸馏水按一定比例配制而成的。

电解液的密度一般为$1.23\sim1.30g/cm^3$，使用时密度应根据地区、气候条件和制造厂的要求而定，见表2-1。

表 2-1　适应不同气温的电解液密度　　　　　　　　　（单位：g/cm³）

地区气候条件	完全充足电的蓄电池在25℃时的密度		地区气候条件	完全充足电的蓄电池在25℃时的密度	
	冬季	夏季		冬季	夏季
冬季温度低于-40℃	1.30	1.26	冬季温度高于-20℃	1.26	1.23
冬季温度高于-40℃	1.28	1.24	冬季温度高于0℃	1.23	1.23
冬季温度高于-30℃	1.27	1.24			

使用中应注意，电解液的腐蚀性极强，溅到皮肤上或眼睛里会受伤。如果皮肤接触了电解液，要立即用苏打水冲洗；若电解液溅到眼睛里，应立即用凉水或医用眼睛冲洗器冲洗，然后送医院进行处置。

4. 外壳

蓄电池外壳用于盛放电解液和极板组，大都采用强度高并且韧性、耐酸、耐热性好于硬橡胶的聚丙烯塑料外壳，其制作工艺简单、生产效率高、外形美观、成本低、透明且便于观察液面高度。

一组蓄电池正负极板产生的电动势为2V，为获得6V或12V电动势，蓄电池需要将3组或6组极板串联起来，因此在制造蓄电池外壳时，将整个壳体制成3个或6个互不相通的单格，安装3组或6组极板，形成6V或12V的蓄电池。

采用普通隔板的蓄电池为防止极板上的活性物质脱落后造成短路，在每个单格的底部有凸起的肋条以搁置极板组，肋条间的空隙用来积存脱落下来的活性物质。采用袋式隔板的蓄电池单格底部无肋条。

5. 蓄电池盖

蓄电池盖用来封闭蓄电池，有硬质橡胶盖和聚丙烯塑料盖两种。硬质橡胶盖用于每个单体一个电池盖的蓄电池，聚丙烯塑料盖用于整体式蓄电池。整体式蓄电池盖一般都只留一对极桩孔（和与单体数相等的注液口），可拆修性较单体蓄电池盖差。蓄电池盖应与外壳配合严密，使各单体完全隔开。

6. 联条

联条用于连接蓄电池各单体，采用纯铅制作。传统联条安装在蓄电池外壳之外，不仅浪费材料、容易损坏，还导致蓄电池自放电，因此这种连接方式正被穿壁式联条所取代。采用穿壁式联条连接单体电池时，所用联条尺寸很小，并设在蓄电池内部，如图2-2所示。

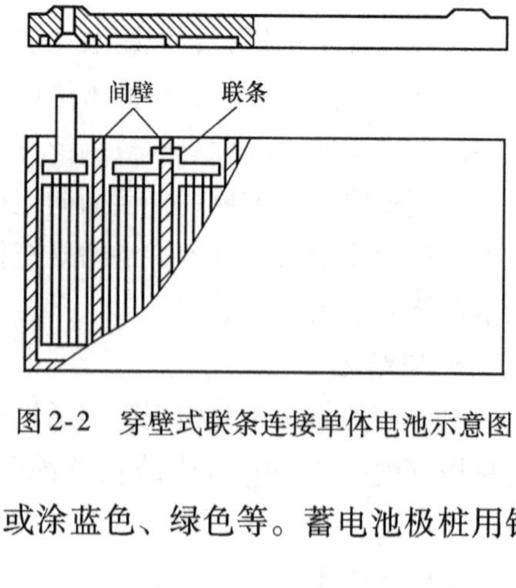

7. 极桩

蓄电池各单体电池串联后，两端的正负极桩穿出电池盖，用于连接外电路。

图2-2　穿壁式联条连接单体电池示意图

正极桩标"+"号或涂红色，负极桩标"-"号或涂蓝色、绿色等。蓄电池极桩用铅锑合金浇铸。

8. 防护板

防护板通常由一片布满小孔的 1mm 厚橡胶板或塑料板制成，盖在极板组的上面，保护极板不被碰伤，并防止落入异物使极板短路。

9. 加液孔盖

为方便加注电解液，普通铅蓄电池设有加液孔盖。加液孔盖上有通气孔，便于排出蓄电池内因化学反应产生的 H_2 和 O_2，以免发生事故。免维护蓄电池没有加液孔盖，而是在内部安装有催化装置，不但可以避免水蒸气的溢出，还可以减少水的消耗。

10. 封口料

普通铅蓄电池在外壳与蓄电池盖之间的缝隙里填有易熔的封口料。其作用是密封间隙，防止电解液溢出。封口料必须耐酸、耐高温、耐寒、具有黏性，软化点应高于100℃，在 −60℃ 时也不开裂。聚丙烯塑料外壳与整体式盖之间可以直接加热熔合，不必使用封口料。

二、蓄电池的型号和选用

1. 国产蓄电池的型号和规格

按照 JB/T 2599—2012《铅酸蓄电池名称、型号编制与命名方法》的规定，国产铅酸蓄电池的型号共分为 3 段 5 部分，其排列及含义如下。

I	II	III		
1.串联的单体电池数	2.电池类型	3.电池特征	4.额定容量	5.特殊性能

第一部分表示串联的单体蓄电池数，用阿拉伯数字表示，其额定电压为这个数字的 2 倍。3 表示 3 个单体，额定电压为 6V；6 表示 6 个单体，额定电压为 12V。

第二部分表示蓄电池的类型，用汉语拼音字母表示。Q 表示起动用蓄电池；M 表示摩托车用蓄电池。

第三部分表示蓄电池特征，用汉语拼音字母表示（无字为干封普通极板铅酸蓄电池）。有两种特征时，顺序将两个代号并列标示，各代号含义见表2-2。

表 2-2 铅酸蓄电池特征代号

序号	蓄电池特征	型号	汉字	及拼音或英语字头
1	密封式	M	密	mi
2	免维护	W	维	wei
3	干式荷电	A	干	gan
4	湿式荷电	H	湿	shi
5	微型阀控式	WF	微阀	wei fa
6	排气式	P	排	pai
7	胶体式	J	胶	jiao
8	卷绕式	JR	卷绕	juan rao
9	阀控式	F	阀	fa

第四部分表示蓄电池的额定容量，我国目前规定采用 20h 放电率的额定容量，不带容量单位。

第五部分表示蓄电池的特殊性能，用汉语拼音字母表示。G 表示高起动率；S 表示塑料槽；D 表示低温起动性好。

目前部分国产起动型铅酸蓄电池的型号和规格见表 2-3。

表 2-3 起动型铅酸蓄电池的型号和规格

类型	蓄电池型号	单体电池数	额定电压/V	20h 率放电额定容量/A·h	最大外形尺寸/mm			参考质量/kg		单体电池极板数
					长	宽	高	有电解液	无电解液	
第一类	3-Q-75	3	6	75	197	178	250	17	14	11
	3-Q-90			90	224	178	250	20	15	13
	3-Q-105			105	251	178	250	23	18	15
	3-Q-120			120	278	178	250	25	20	17
	3-Q-135			135	305	178	250	27	22	19
	3-Q-150			150	332	178	250	29	24	21
	3-Q-195			195	413	178	250	41	34	27
第二类	6-Q-60	6	12	60	319	178	250	25	21	9
	6-Q-75			75	373	178	250	33	27	11
	6-Q-90			90	427	178	250	39	31	13
	6-Q-105			105	485	178	250	47	37	15
第三类	6-Q-120	6	12	120	517	198	250	52	41	17
	6-Q-135			135	517	216	250	58	46	19
	6-Q-150			150	517	234	250	63	50	21
	6-Q-165			165	517	252	250	67	54	23
	6-Q-195			195	517	288	250	75	61	27
第四类	6-Q-40G	6	12	40	212	172	250	75	61	—
	6-Q-60G			60	279	172	250	75	61	—
	6-Q-80G			80	346	172	250	75	61	—

2. 进口蓄电池的型号

从不同国家进口的蓄电池均根据进口国标准生产，这些标准有 LEC 国际（国际标准）、BS（VBS 系列英国标准）、DIN（PZS 系列德国标准）、JIS（日本标准）、BCI（美国标准）等。下面举几例说明进口蓄电池的型号及其含义。

（1）日本蓄电池

1）NS40ZL。

1979 年，日本标准蓄电池型号的第一部分采用日本 Nippon 的首字母 N；采用日本 JIS 标准。

在第二部分中，S 表示小型化，即实际容量小于标称容量（40A·h），为 36A·h。

在第三部分中，Z 表示同一尺寸下具有较好的起动放电性能；S 表示极桩端子比同容量蓄电池要粗，如 NS60SL。

在第四部分中，L 表示正极桩在左端；R 表示正极桩在右端，如 NS70R。

2）38B20L（相当于 NS40ZL）。

这是 1982 年以后采用的新代号。

38 表示蓄电池的性能参数。数字越大，表示蓄电池可以存储的电量就越多。

B 表示蓄电池的宽度和高度代号。蓄电池的宽度和高度组合是由 8 个字母中的一个表示的（A~H），字母越接近 H，表示蓄电池的宽度和高度值越大。

20 表示蓄电池的长度约为 20cm。

L 表示正极端子的位置，从远离蓄电池极桩看过去，正极端子在右端的标 R，正极端子在左端的标 L。

3）汤浅 NXP100—12 蓄电池。

NXP 表示汤浅 NXP 系列蓄电池。

100 表示 10h 放电至单体电池电压至 1.8V 的额定容量为 100A·h。

12 表示蓄电池额定电压为 12V。

4）汤浅 NP100—12 蓄电池。

NP 表示汤浅 NP 系列蓄电池。

100 表示 10h 放电至单体电池电压至 1.8V 的额定容量为 100A·h。

12 表示蓄电池额定电压为 12V。

（2）德国 DIN 标准蓄电池

以 544—34 蓄电池为例，说明如下。

首字符 5 表示蓄电池额定容量在 100A·h 以下；首字符 6 表示蓄电池容量在 100~200A·h；首字符 7 表示蓄电池额定容量在 200A·h 以上。例如 544—34 蓄电池额定容量为 44A·h；610—17MF 蓄电池额定容量为 110A·h；700—27 蓄电池额定容量为 200A·h。容量后两位数字表示蓄电池尺寸组号。MF 表示免维护型。

（3）美国 BCI 标准蓄电池

以 58—430（12V 430A 80min）蓄电池为例，说明如下。

58 表示蓄电池尺寸组号；430 表示冷起动电流为 430A；80min 表示蓄电池储备容量为 80min。

美国标准的蓄电池也可以这样表示：78—600，78 表示蓄电池尺寸组号，600 表示冷起动电流为 600A。

3. 汽车蓄电池的选用

汽车蓄电池的选择必须符合电压相同、体质相同、正负极桩大小和位置相同，容量相等或大于就行了。具体选用内容如下：

1）选型号。蓄电池型号必须与原车使用的型号一致，容量选小或者选大了都是不可取的。容量选择比原车小，会导致在使用过程中蓄电池过充电，容量选择比原车大，又会导致在使用过程中蓄电池经常充不满电。上述两种情况均会使蓄电池早期损坏。同时在选择蓄电池时还要注意蓄电池正负极桩的位置和极桩大小，相同型号的蓄电池为满足不同的车型，其正负极位置和极桩大小是不同的。

2）选品牌。蓄电池的品牌很多，一般应选择市场上口碑比较好的品牌，如风帆，骆驼，博世等。有很多汽车厂家生产的车辆出厂时就用这些品牌。知名品牌的品质会比较可靠，让人放心。

3）选性价比。蓄电池种类繁多，品质售价差异很大，货比三家，价格比最高才是首选。

4）选服务。应该弄清楚生产厂家有没有完善的售后服务实力。这样才会买得放心，用得称心。

任务二　汽车蓄电池的工作原理及性能检测

任务目标

1. 了解汽车蓄电池的工作原理、工作特性。
2. 掌握汽车蓄电池性能检测设备的使用和检测方法。

一、蓄电池的工作原理

蓄电池的工作原理就是化学能和电能的相互转化。放电时将化学能转换为电能供用电设备使用；充电时将电能转换为化学能储存起来。在充足电的状态下，蓄电池的正极板是二氧化铅（PbO_2），负极板是海绵状纯铅（Pb），电解液是稍浓的硫酸（H_2SO_4）水溶液；完全放电后，正负两个极板均变为硫酸铅（$PbSO_4$），电解液变为稀的硫酸溶液。

1. 蓄电池的放电

将蓄电池与电路上的负载接通时，在电动势的作用下，电流 I_f 从正极经过负载流往负极（电子从蓄电池负极经外电路流向正极），使正极电位降低，负极电位升高，破坏了原有的平衡。放电时的化学反应过程如图2-3所示。

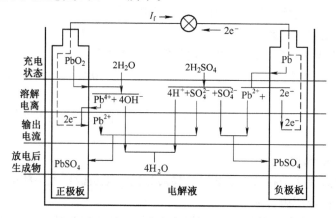

图2-3　蓄电池的放电过程

如果电路不中断，化学反应将不断进行，使正极板上的 PbO_2 和负极板上的 Pb 都逐渐转变为 $PbSO_4$，电解液中 H_2SO_4 逐渐减少而水逐渐增多，电解液相对密度减小。

放电的化学反应式如下：

$$PbO_2 + 2H_2SO_4 + Pb \rightarrow 2PbSO_4 + 2H_2O$$

理论上，放电过程应进行到极板上的活性物质全部变为硫酸铅为止。而实际上是不可能的，因为电解液不能渗透到活性物质的最内层。使用中，所谓放完电的蓄电池实际上只有20%~30%的活性物质变成了硫酸铅，因此采用薄型极板，增加多孔率，提高极板活性物质的利用率是蓄电池工业的发展方向。

2. 蓄电池的充电

充电时将蓄电池的正负极与直流电源的正负极对应相接,当电源电压高于蓄电池的电动势时,在电源力的作用下,电流从蓄电池正极流入,负极流出(电源驱使电子从蓄电池正极经外电路流向负极)。这时,正负极板上发生的化学反应与放电过程正好相反,充电时的化学反应过程,如图2-4所示。

充电的化学反应式如下:

$$2PbSO_4 + 2H_2O \rightarrow PbO_2 + 2H_2SO_4 + Pb$$

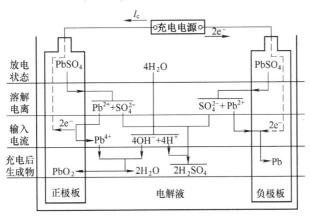

图2-4 蓄电池的充电过程

由此可见,在充电过程中,正负极板上的$PbSO_4$将逐渐恢复为PbO_2和Pb,电解液中H_2SO_4逐渐增多而水逐渐减少,电解液相对密度增大。

由蓄电池充放电时的化学反应过程,可以得出如下几点结论。

1)蓄电池在放电时,电解液中的硫酸逐渐减少,水逐渐增多,电解液密度减小;蓄电池在充电时,电解液中的硫酸逐渐增多,而水逐渐减少,电解液密度增大。因此,可以通过测量电解液密度的方法定性地判断蓄电池充放电程度。

2)在充放电时,电解液密度发生变化,主要是正极板的活性物质发生化学反应的结果,因此要求正极板处的电解液流动性要好。在装配蓄电池时,应将隔板有沟槽的一面对着正极板,以便电解液流通。

3)蓄电池放电终了时,极板上尚有70%~80%的活性物质没有起作用。因此,要减轻铅蓄电池的质量,提高供电能力,应该充分提高极板活性物质的利用率,在结构上提高极板的多孔性,减小极板的厚度。

二、蓄电池的工作特性

蓄电池的工作特性是指蓄电池的静止电动势、电动势、端电压、电解液密度随充放电时间的变化规律。

1. 蓄电池的静止电动势

蓄电池的静止电动势是指蓄电池内部工作物质的运动处于静止(不充电、不放电)正负极板的电位差(即开路电压),其大小取决于电解液的相对密度和温度。

电动势是非静电力把单位正电荷从电源的负极,经过电源内部移到电源正极所做的功

($E = W/q$)。

蓄电池完全静止状态下,静止电动势与电动势都可以用万用表测量得到且相等。但在充放电状态下,静止电动势理论上随电解液密度和温度变化而变化,电动势则遵循欧姆定律。

静止电动势的大小取决于电解液的密度和温度,在电解液密度为 $1.050 \sim 1.300 \text{g/cm}^3$ 时,静止电动势可用式(2-1)计算。

$$E_j = 0.84 + \rho_{25℃} \tag{2-1}$$

式中 E_j——蓄电池的静止电动势,单位为 V;

$\rho_{25℃}$——25℃时电解液的密度,单位为 g/cm^3。

如果测量电解液密度时的电解液温度不是标准温度25℃,则需要用式(2-2)进行换算。

$$\rho_{25℃} = \rho_t + \beta(t - 25) \tag{2-2}$$

式中 ρ_t——实测的电解液密度,单位为 g/cm^3;

t——测量时的电解液温度,单位为℃;

β——密度温度系数,取 $\beta = 0.00075$。

2. 蓄电池的放电特性

蓄电池的放电特性是指恒电流放电时,蓄电池端电压 U_f、电动势 E 和电解液密度 $\rho_{25℃}$ 随放电时间变化的规律。完全充足电的蓄电池以 20h 放电率恒流放电的特性曲线如图2-5所示。

因为是恒(定电)流放电,单位时间内消耗的硫酸量相同,所以,电解液的密度 $\rho_{25℃}$ 呈直线下降,静止电动势 E_j 也直线下降。一般电解液密度每下降 0.04g/cm^3,蓄电池放电量约为额定容量的25%。

从放电特性曲线可以看出,蓄电池单格端电压的变化规律可分为四个阶段。

第一阶段是开始放电阶段(2.11~2.0V)。这一阶段,蓄电池端电压 U_f 从 2.11V 迅速下降,这是由于放电之初极板孔隙内的 H_2SO_4 迅速消耗,密度迅速下降的缘故。

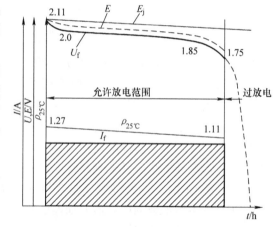

图2-5 蓄电池的放电特性

第二阶段是相对稳定阶段(2.0~1.85V)。这一阶段,极板孔隙外的电解液向极板孔隙内渗透速度加快,当渗透速度与化学反应速度达到相对平衡时,极板孔隙内的电解液密度的变化速率趋于一致,端电压将随整个容器内电解液密度的降低而缓慢下降到1.85V。

第三阶段是迅速下降阶段(1.85~1.75V)。这时由于放电接近终了,化学反应渗入到极板内层,而放电时生成的硫酸铅较原来的活性物质的体积大(是 PbO_2 的1.86倍,是 Pb 的2.68倍),硫酸铅聚集在极板孔隙内,缩小了孔隙的截面积,使电解液渗入困难,因而极板孔隙内消耗的硫酸难以补充,孔隙内的电解液密度便迅速下降,端电压也随之急剧下降。

第四阶段是过度放电阶段(<1.75V)。单体蓄电池的端电压下降至一定值时(20h放

电率降至1.75V），再继续放电即为过度放电。过度放电对蓄电池十分有害，易使极板损坏。此时如果切断电源，让蓄电池"休息"一下，由于极板孔隙中的电解液和容器中的电解液相互渗透，趋于平衡，蓄电池的端电压将会有所回升。

由此可见，蓄电池在放电终了有如下特征。

1）单体电压放电至终止电压（以20h放电率放电，单体电压降至1.75V）。

2）电解液密度降至最小许可值（约为1.11g/cm³）。

蓄电池允许的放电终止电压与放电电流有关，放电电流越大，则放完电所用的时间越短，而允许的放电终止电压越低。

3. 蓄电池的充电特性

蓄电池的充电特性是指恒流充电时，蓄电池充电电压U_c、电动势E及电解液密度$\rho_{25℃}$等随充电时间变化的规律。蓄电池以20h充电率恒电流充电时的特性曲线如图2-6所示。

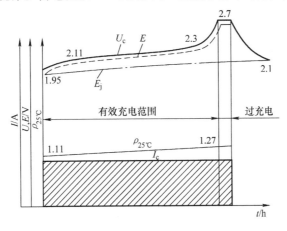

图2-6 蓄电池的充电特性

因为采用恒（定电）流充电，单位时间内生成的硫酸量相同，所以，电解液的密度$\rho_{25℃}$呈直线上升，静止电动势也随之上升。

从充电特性曲线可以看出，蓄电池单格端电压的变化规律也可分为四个阶段。

第一阶段是开始充电阶段（1.95~2.11V）。开始接通充电电源时，极板孔隙内表层迅速生成硫酸，使孔隙中电解液的密度增大，因此，单体蓄电池端电压迅速上升。

第二阶段是稳定上升阶段（2.11~2.3V）。单体蓄电池端电压上升到2.11V以后，孔隙内硫酸向外扩散，继续充电至孔隙内产生硫酸的速度和渗透的速度达到平衡时，蓄电池的端电压就不再上升，而是随着整个容器内电解液密度的上升而相应提高。

第三阶段是迅速上升阶段（2.3~2.7V）。单体蓄电池电压达到2.3~2.4V时，极板外层的活性物质基本都恢复为PbO_2和Pb了，继续通电，则使电解液中的水电解，产生H_2和O_2，以气泡形式出现，形成"沸腾"现象。由于产生的H_2以离子状态H^+集结在溶液中负极板处，来不及立即全部变成气泡放出，使得溶液与极板之间产生约0.33V的附加电压，因而使得单体蓄电池端电压U上升至2.7V左右。

第四阶段是过充电阶段（≥2.7V）。单体蓄电池端电压U上升至2.7V时应切断电源，停止充电，否则将会造成"过充电"。长时间过充电易加速极板活性物质的脱落，使极板过早损坏，因此必须避免。

在实际使用中，为保证将蓄电池充足电，往往在出现"沸腾"之后，再继续充电 2~3h，注意测量端电压和电解液密度，如果不再增加，才停止充电。充电停止后由于充电电流为零，端电压迅速回落，极板孔隙内电解液和容器中的电解液密度趋于平衡，因而蓄电池端电压又降至 2.11V 左右。

可见，蓄电池在充电终了时（充足电）有如下特征。
1）蓄电池内产生大量气泡，即出现"沸腾"现象。
2）端电压上升至最大值，且 2h 内不再增加。
3）电解液密度上升至最大值，且 2~3h 内不再增加。

实训四　汽车蓄电池的性能检测

一、实训目的

1）掌握蓄电池性能检测的方法。
2）掌握蓄电池检测仪器的使用方法。

二、设备器材

1）各种类型的蓄电池 4 只。
2）检测工具、万用表、高率放电计 4 套。

三、教学组织

学生分 4 个小组，在教师指导下完成工作任务单的内容。

四、任务工作单

1. 蓄电池技术状况的检测

检测蓄电池的技术状况可分为外观的检查、电解液液面高度的检测、电解液密度的检测、端电压的检测及放电程度的检测。

（1）蓄电池外观的检查
1）蓄电池的型号及含义。
2）蓄电池外壳污损程度及裂纹的检查。
3）蓄电池正负极桩松动、腐蚀程度的检查。
4）蓄电池加液孔盖（普通铅蓄电池）畅通情况、单格小盖密封胶干裂情况的检查。
5）蓄电池放电程度（有观察窗的蓄电池）的检查。

（2）蓄电池电解液液面高度的检测

根据蓄电池结构的不同，蓄电池电解液液面高度的检测可采用三种方法，在具体使用时根据蓄电池的结构形式而定。

1）玻璃管检测法。玻璃管检测法如图 2-7a 所示。
① 旋下单体蓄电池小盖，将一根带刻度的空心玻璃管插入蓄电池电解液直到接触极板的上平面处。

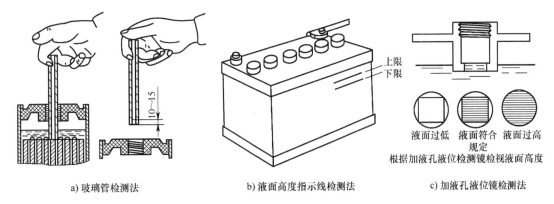

a) 玻璃管检测法　　　　　b) 液面高度指示线检测法　　　c) 加液孔液位镜检测法

图 2-7　电解液液面高度的检测

② 用大拇指按紧玻璃管上端，使管口密封。

③ 提起玻璃管（不离开取液口），观察玻璃管内的液面高度，此高度即为蓄电池电解液液面高出极板的高度。标准值为 10～15mm，过低应补充蒸馏水，使之符合标准。

2）液面高度指示线检测法。通过观察液面高度指示线可以检测电解液的液面高度，如图 2-7b 所示。

对于使用透明塑料壳体的蓄电池，为检查电解液液面高度，在壳体壁上刻有两条高度指示线。正常液面高度应介于两线之间，低于下线则为液面过低，应加入蒸馏水补充。

3）液位镜检测法。如图 2-7c 所示，部分进口小汽车在电解液加液孔内侧的标准液面位置处开有检视液面高度的方孔。观察液面在方孔下面为液面过低；正好与方孔平齐时为标准；液面满过方孔而充满加液口底部以上为过多。

当发现电解液液面低于标准值时，应及时补充蒸馏水。除确知液面降低是由电解液溅出所致外，不允许补充电解液（或硫酸溶液）。这是因为电解液液面正常降低是由电解液中的蒸馏水电解和蒸发所致。要特别注意不能加注冷开水、自来水、河水及其他质地的水，因为加注这些水会造成蓄电池自放电的故障。

(3) 蓄电池电解液密度的检测

1）打开蓄电池的加液孔盖。

2）把密度计下端的橡皮管伸入单体电池的加液口内，如图 2-8 所示。

3）用手捏一下橡皮球，再慢慢松开，将电解液吸到玻璃管中。注意控制吸入时电解液不要过多或过少，以便将密度计浮子浮起而不会顶住为宜。

4）使管内的浮子浮在玻璃管中央（不要相互接触），读出密度计的读数。要求读数时，使密度计刻度线与眼睛平齐。

5）将测得的密度值换算为标准温度 25℃ 时的密度，采用式（2-2）校正。

6）将所测量的密度值与上次充电终了的电解液密度值进行对比，根据密度下降的程度来判断蓄电池的放电程度。

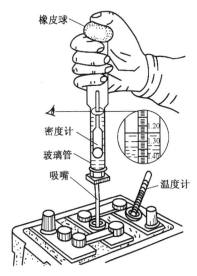

图 2-8　检测蓄电池密度

蓄电池技术状况检测记录见表2-4。

表2-4 蓄电池技术状况检测记录表

项目	单体蓄电池数					
	1	2	3	4	5	6
液面的高度/mm						
电解液的密度/(g/cm³)						
单体电池端电压/V						
蓄电池外观、极桩等情况						

2. 蓄电池放电性能的检测

（1）用高率放电计检测蓄电池放电性能

高率放电计如图2-9所示，用高率放电计可以检测以下项目。

1）检测蓄电池电动势。

① 拆下高率放电计前端的放电电阻。

② 将放电叉的两触针紧压在单体蓄电池（或蓄电池）的正、负极桩上。

③ 读取高率放电计指针指示的蓄电池的电动势。

2）检测蓄电池正、负极。

① 拆下高率放电计前端的放电电阻。

② 将放电叉的两触针紧压在单体蓄电池（或蓄电池）的正、负极桩上。

③ 观察放电计指针偏转方向（或放电计指示灯点亮的位置），指针偏转（或指示灯亮）的一端为蓄电池正极。

3）在模拟发动机起动时大电流放电的条件下，检测蓄电池端电压下降情况，判断蓄电池性能，如图2-10所示。

① 装好高率放电计前端的放电电阻，将放电叉的两触针紧压在单体蓄电池（或蓄电池）的正、负极桩上。

② 测量5s，观察高率放电计指针指示的电压值，记录电压值。重复三次，计算出平均值。

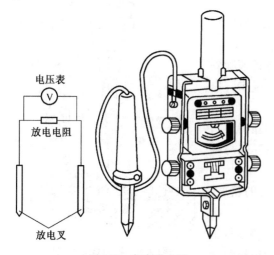

图2-9 高率放电计

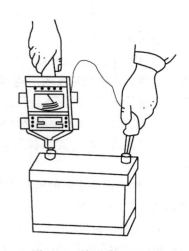

图2-10 检测蓄电池电压

a. 若高率放电计指针稳定在 10～12V 之间（绿色区域），说明蓄电池存电量充足，不需要充电。

b. 若高率放电计指针稳定在 9～10V 之间（黄色区域），说明蓄电池存电量不足，需要补充充电。

c. 若高率放电计指针稳定在 9V 以下（红色区域），说明蓄电池严重亏电，需要立即充电，才能使用。

d. 若高率放电计无电压指示，说明内部有短路、断路或严重硫化故障。

e. 若高率放电计指示 9V，且 5s 内电压迅速下降，表示有故障。

上述测量不能连续进行，必须间隔 1min 后才可以再次检测，以防蓄电池连续大电流放电损坏。

单体蓄电池电压与放电程度的关系见表 2-5。

表 2-5 单体蓄电池电压与放电程度对照表

放 电 程 度	充足电	25%	55%	75%	100%
蓄电池开路端电压/V	≥12.6	12.4	12.2	12	≤11.7
放电计指示电压/V	10～12	10～12	10～12	9～10	9～10

（2）用专用检测仪检测蓄电池性能

1）对于奥迪轿车应使用蓄电池检测仪检查蓄电池放电程度。该检测仪也是一种大功率、大量程的高率放电计，检测方法如图 2-11 所示。

将蓄电池检测仪连接到蓄电池的正极桩和负极桩上。当负载电流近似为 110A 时，必须达到最低电压 9.6V；如果在测量过程中（最后 5～10s），电压降到规定值以下，则说明蓄电池已过度放电或出现故障（桑塔纳轿车的蓄电池检测方法相同）。

2）对于切诺基吉普车，检查蓄电池的放电程度可使用两种方法，即检测电解液密度换算放电程度法和大负荷放电测试端电压法。

（3）用大负荷放电测试蓄电池端性能

使用 SVAT-40 型检测仪（图 2-12）测试蓄电池端电压的方法如下。

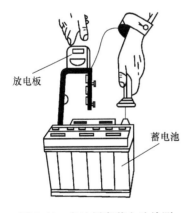

图 2-11 奥迪轿车蓄电池检测

图 2-12 SVAT-40 型检测仪

将电阻旋钮旋至 OFF（断开）档，选择器旋钮旋至 AMP（安培）档，顺时针方向旋转负载旋钮,直至仪表显示所需电流值,保持15s后,旋转选择器旋钮至VOLTS(伏特)档,观察电压数值。若电解液温度在21℃以上,电压高于9.6V,说明蓄电池良好;若电压低于9.6V,说明蓄电池亏电或存在故障。

通过以上各项检测,可以判断蓄电池的技术状况是由充电不足引起还是蓄电池本身有故障或维护不当造成。

在检测蓄电池技术状况时要注意以下几点。

1)在模拟发动机起动时大电流放电条件下检测蓄电池端电压时,时间不得超过5s,以免长时间大电流放电损坏蓄电池。不要用手摸放电电阻,以免烫伤。

2)蓄电池电解液具有强腐蚀性,不要溅到衣物、皮肤上或眼睛里,一旦溅到衣物、皮肤上或眼睛里应立即用大量清水清洗。接触过电解液的仪器使用后应用清水冲洗、晾干后再收藏。

3)检测时不要将金属落入蓄电池内部,以免蓄电池短路。

任务三 汽车蓄电池的正确使用、维护与充电

任务目标

1. 了解汽车蓄电池的使用、维护内容。
2. 了解汽车蓄电池的充电方法、设备。
3. 掌握汽车蓄电池的充电操作方法。

一、蓄电池的正确使用和维护

普通蓄电池的使用寿命一般为1~2年,要想延长其使用寿命,就应掌握正确的使用、维护方法,经常保持蓄电池技术状况良好,发现问题及时处理。

1. 蓄电池的正确使用

1)大电流放电时间不宜过长,使用起动机,每次的时间不超过5s,相邻两次起动之间应间隔15s。

2)充电电压不能过高,当充电电压升高10%~12%时,蓄电池的寿命将会缩短2/3左右。

3)尽量避免蓄电池过放电和长期处于亏电状态下工作,放完电的蓄电池应在24h内充电。

4)冬季使用蓄电池要特别注意保持其处于充足电状态,以免电解液密度降低而结冰。在不结冰的前提下,尽可能采用密度偏低的电解液。若液面过低,需添加蒸馏水时只能在充电前进行,尽可能地使水和电解液混合。冷车起动前,注意发动机和蓄电池的预热。

2. 蓄电池的维护

为了使蓄电池经常处于完好的技术状态,对正在使用的蓄电池,应做好以下维护工作。

1)保持蓄电池外部的清洁。经常清除蓄电池上的灰尘、泥土和极桩、电线头上的氧化物。

2)经常检查蓄电池在车上安装是否牢靠,极桩是否松动,接线是否紧固。

3)经常检查蓄电池的放电程度。如低于规定标准,要立即进行补充充电。

4）定期检查或调整各单体电池内电解液的液面高度，并疏通加液孔盖上的通气孔。

5）及时根据季节，调整电解液密度。

二、蓄电池的充电方法

蓄电池的充电方法有常规充电法和快速充电法两种。常规充电方法有定电压充电和定电流充电两种。

1. 定电压充电

在充电过程中，加在蓄电池两端的充电电压保持恒定不变的充电方法，称为定电压充电。

汽车上的蓄电池与发电机为并联，这时对蓄电池的充电即定电压充电。其特点是充电开始，充电电流很大，随着蓄电池电动势的不断提高，充电电流逐渐减小。充电终了，充电电流将自动减小到零，因而不需要人照管。同时，因为定电压法充电速度快，4～5h内蓄电池就可获得本身容量的90%～95%，与定电流充电相比时间大大缩短，所以特别适合对不同容量的蓄电池进行补充充电。定电压充电主要缺点是不能调整充电电流，因而不能保证蓄电池彻底充足电；不适合初充电和去硫化充电。

采用定电压充电时，被充蓄电池常采用并联连接法，如图2-13所示。要求各并联支路的单格电压总数相等，但各蓄电池的型号、容量以及放电程度则可不同。

但要注意，并联蓄电池的数目必须按充电设备的最大输出电流来决定。定电压充电电源的电压调整为蓄电池的总单体数乘以2.5（V）为宜。

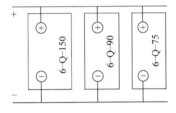

图2-13 蓄电池并联充电连接图

2. 定电流充电

蓄电池在充电过程中，其充电电流保持恒定不变的充电方法，称为定电流充电。在该充电过程中，随着蓄电池电动势的逐步升高，应提高充电电压，以保证充电电流不变。当单体电池电压升到2.4V（电解液开始冒气泡）时，将充电电流减小一半后保持恒定，直到蓄电池完全充足。

在充电工作间使用充电机对蓄电池进行充电时，常采用这种定电流充电法。因为它具有较大适用性，可任意选择和调整电流，适用于各种不同条件（新蓄电池的初充电、使用中的蓄电池补充充电、去硫化充电等）下的蓄电池充电。其主要缺点是充电时间长，需经常人工调节充电电压以保证充电电流的恒定。

定电流充电时，被充蓄电池常采用串联法，如图2-14所示，即把同容量的蓄电池串联起来接入充电电源。

连接后，由于充电时每个单体电池充足电需要提供2.7～2.8V电压，故可按下列公式计算出串联的单体蓄电池总数和电池只数，即

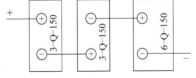

图2-14 蓄电池串联充电连接图

单体蓄电池总数 = 充电机的额定电压(V)/2.7(V)

蓄电池的总数 = 单体蓄电池总数/(6V单体蓄电池总数 + 12V单体蓄电池总数)

如果被充蓄电池的容量大小不等，可按如图2-15所示的混联方法连接蓄电池，所有各串联支路的蓄电池，其容量最好相同，否则电流必须按容量最小的蓄电池来选定，而容量

大的蓄电池则不容易充足或充得太慢。

3. 脉冲快速充电法

充电初期采用大电流，使电池在较短的时间内达到额定容量的60%左右，当单体电压上升到2.4V，电解液开始分解冒出气泡时，由于控制电路作用，停止大电流充电，进入脉冲充电期。

脉冲期，先停充24～40ms，接着再放电或反充，使电极反向通过一个较大的脉冲电流，以消除浓差极化和极板孔隙形成的气泡，然后停放25ms。最后按脉冲期循环充电直到充足。

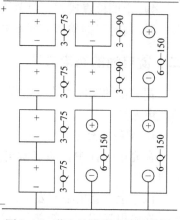

图2-15 蓄电池混联充电连接图

该充电方法的显著特点是充电速度快，即充电时间大大缩短，补充充电仅需几小时左右。采用这种方法充电的缺点是由于充电速度快，虽然析出的气体总量减少，但出气率高，对极板活性物质的冲刷力强，故易使活性物质脱落，因而对极板的使用寿命有一定影响。下列蓄电池不能进行快速脉冲充电。

1）未经使用的新蓄电池。
2）液面高度不正确的蓄电池。
3）各单体电解液密度不均匀的蓄电池，各单体电压差大于0.2V。
4）电解液混浊并带褐色（极板活性物质脱落）的蓄电池。
5）极板硫化的蓄电池。
6）充电时电解液温度超过50℃的蓄电池。

对于新蓄电池、经修理的蓄电池或使用一段时间后的蓄电池，由于各种原因，其容量达不到要求，这时要对蓄电池进行充电。

三、蓄电池的充电设备

1. 硅整流充电机

目前使用较多的有GCA系列硅整流充电设备，供汽车运输部门、修理厂、维修站及蓄电池充电站作为蓄电池补充电能用的直流电源。硅整流充电机的外形如图2-16所示，它具有操作简单、体积小、重量轻、维护方便、整流效率高、寿命长等优点。

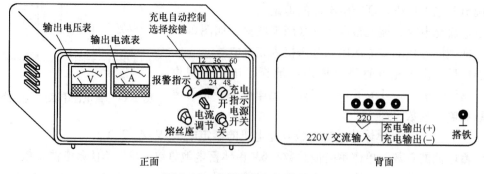

图2-16 硅整流充电机外形图

2. 快速充电机

用常规的方法完成一次初充电需 60~70h，完成一次补充充电需 20h 左右，由于充电时间很长，给使用带来很大不便。快速充电机采用自动控制电路对蓄电池进行脉冲快速充电，可提高充电效率，蓄电池补充充电只需 1~2h。

脉冲快速充电机的优点是充电时间短、空气污染小、节电省能等。因此，在蓄电池集中、充电频繁或应急使用部门，其优点更显突出。

蓄电池脉冲快速充电前，应先检查电解液的密度，并根据其全充电状态时的密度值，计算蓄电池的剩余容量，以确定初充电时间，可参照表 2-6 来预测初充电时间，并将充电设备上的定时器调到相应时间上。多数快速充电机设备都装有温度传感器，将其插入蓄电池的加液孔中，当电解液温度超过 50℃ 时设备会自动停止充电。

表 2-6　快速充电时间与电解液密度的关系

电解液密度/(g/cm³)	剩余容量	补充充电时间/min
全充电密度：1.260	100%	0
高于 1.225	75% 以上	10
1.225~1.200	50%	15
1.200~1.175		30
1.175~1.15		45
低于 1.15	25% 以下	60

3. 充电电源

这种设备既可用于充电，也可作为起动电源使用。ASC-1500A 充电电源如图 2-17 所示，通过连接背面两组接线柱可对不同电压的蓄电池进行充电（12V 或 24V），在汽车蓄电池电压不足时可作为起动电源起动发动机。充电电源具有操作简单、输出电流大、充电效率高、寿命长等优点。

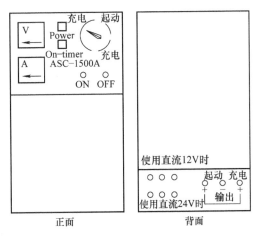

图 2-17　充电电源

实训五　汽车蓄电池的充电

一、实训目的

1）掌握蓄电池充电的方法。
2）掌握蓄电池充电设备的使用方法。

二、设备器材

1）各种类型的蓄电池 4 只。
2）检测工具、万用表、高率放电计 4 套。

三、教学组织

学生分 4 个小组，在教师指导下完成工作任务单的内容。

四、任务工作单

1. 蓄电池的初充电

新蓄电池或修复后的蓄电池（更换极板）在使用之前的首次充电为初充电。具体操作步骤如下：

1）检查蓄电池外壳有无破裂，拧下加液孔盖的螺塞，检查通气孔是否畅通。
2）根据不同季节和气温选择电解液密度，将适当密度且温度低于 30℃ 的电解液从加液孔处缓缓加入蓄电池内，液面要高出极板上沿 10~15mm。
3）蓄电池加入电解液后，要静置 3~6h，让电解液充分浸渍极板。电解液充分渗透到极板内部后电解液有所减少，液面下降，应再加入电解液把液面调整到规定值。待蓄电池内温度低于 30℃ 时，将充电机与蓄电池相连，准备充电。
4）新蓄电池在储存中可能有一部分极板硫化，充电时容易过热，因此初充电选用的电流较小，充电分两个阶段进行。

第一阶段的充电电流约为蓄电池额定容量的 1/15，充电至电解液中有气泡析出，蓄电池单格端电压达到 2.4V。

第二阶段充电电流约为蓄电池额定容量的 1/30。

充电过程中，应经常测量电解液的密度和温度。充电初期可能会出现密度降低的情况，不需要调整它，当液面高度低于规定值时，用相同密度的电解液调至规定值。如果充电时电解液的温度上升到 40℃，则应停止充电或将充电电流减半。如果温度继续上升到 45℃，则应停止充电，采用水冷或风冷的办法进行人工降温，待温度降至 35℃ 以下时再继续充电。整个初充电大约需 60h，初充电过程中，如减少充电电流，则应适当延长充电时间。

5）初充电接近终了时，如果电解液密度不符合规定，应用蒸馏水或密度为 $1.40g/cm^3$ 的稀硫酸进行调整，再充电 2h，直至单体蓄电池端电压上升到最大值，并在 2~3h 内不再增加。当电解液密度上升到最大值，也在 2~3h 内不再增加，并产生大量气泡，电解液呈"沸腾"状态时，蓄电池已充满电，应切断电源，以免过充电。

6）新蓄电池充满电后，应以 20h 放电率放电，如 3-Q-90 型蓄电池以 4.5A 电流连续放电至单体电压 1.75V，然后按补充充电的电流值充足，再以 20h 放电率放电。如果第二次放电时蓄电池容量不小于额定容量的 90%，则可进行一次最后的充电，便可送出使用。

放电的方法如下：

使充足电的蓄电池休息 1～2h，放电时的连接线路图如图 2-18 所示，调整可变电阻（或水阻）以蓄电池额定容量的 1/20 连续放电。放电开始后每隔 2h 测量一次单体电压，当单体电压降至 1.85V 时，每隔 20min 测一次电压，当单体电压降到 1.75V 时应立即停止放电。另外，也可以用车用灯泡作为负载进行放电。

2. 蓄电池的补充充电

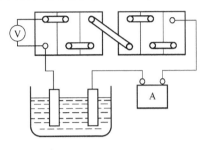

图 2-18 蓄电池的放电

蓄电池在使用中，如果出现下列情况：起动机运转无力，灯光比平时暗淡，冬季放电超过 25%，夏季放电超过 50%，储存不用已近 1 个月的普通蓄电池，都必须进行补充充电。另外，由于汽车上使用的蓄电池进行的是定电压充电，不可能使蓄电池充足电，为了有效防止硫化，最好 2～3 个月进行一次补充充电。补充充电的具体步骤如下：

1）从汽车上拆下蓄电池，清除蓄电池盖上的脏污，疏通加液孔盖上的通气小孔，清除极桩和导线插头上的氧化物。

2）旋下加液孔盖，检查电解液的液面高度，如果高度不符合规定要求，应添加蒸馏水，但如果确定是电解液逸出导致液面下降，则应用密度为 1.40g/cm^3 的稀硫酸调配，使电解液液面高出极板上缘 10～15mm。

3）用高率放电计检查各单体的放电情况，要求蓄电池的各单体电池电压基本一致。

4）将蓄电池与充电机相连。补充充电也分两个阶段：第一阶段的充电电流约为蓄电池额定容量的 1/10，充电至单体电压为 2.3～2.4V；第二阶段的充电电流约为蓄电池额定容量的 1/20，充电至单体电压为 2.5～2.7V，电解液密度达到规定值，并且在 2～3h 内基本不变，蓄电池内产生大量气泡，电解液呈"沸腾"状态，此时电池电已充足，时间约为 15h。

5）将加液孔盖拧紧，擦净蓄电池表面，便可使用。

任务四　交流发电机的结构及工作原理

任务目标

1. 了解交流发电机的结构、工作原理。
2. 掌握交流发电机的拆装方法。

一、交流发电机的功用和类型

交流发电机是汽车的主要电源之一，它与电压调节器互相配合工作，其主要任务是对除起动机以外的所有用电设备供电，并向汽车上的蓄电池充电。

交流发电机按总体结构形式可分为普通式（发电机与电压调节器独立安装）、整体式（电压调节器安装在发电机内部）、带真空泵式、无刷式、永磁式等；按励磁绕组的搭铁方式可分为内搭铁式和外搭铁式两种；按整流器的形式可分为 6 管整流、8 管整流、9 管整流、

11 管整流等。

根据国标 QC/T 73—1993《汽车电气设备产品型号编制方法》的规定,我国交流发电机的型号如下。

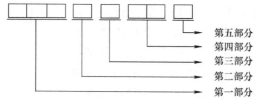

第一部分为产品代号。交流发电机的产品代号有 JF、JFZ、JFB、JFW 四种,分别表示交流发电机、整体式交流发电机、带真空泵交流发电机和无刷交流发电机。

第二部分为电压等级代号。其用 1 位阿拉伯数字表示,1 代表 12V;2 代表 24V;6 代表 6V。

第三部分为电流等级代号。其用 1 位阿拉伯数字表示,含义见表 2-7。

表 2-7 车用交流发电机的电流等级代号

电流等级代号	1	2	3	4	5	6	7	8	9
电流/A	≤19	20~29	30~39	40~49	50~59	60~69	70~79	80~89	≥90

第四部分为设计序号。按产品的先后顺序,用阿拉伯数字表示。

第五部分为变型代号。交流发电机以调整臂的位置作为变型代号。从驱动端看,Y 代表右边;Z 代表左边;没有变型代号则表示无调整臂或调整臂处于中间位置;若发电机被驱动的旋转方向为逆时针旋转方向,则最后一个字母为 N。

二、交流发电机的结构

汽车上的交流发电机大多采用三相同步交流发电机,其结构按类型的不同而异,普通式与整体式车用交流发电机在结构上大同小异,而与无刷式、永磁式有较大的差异。下面以整体式交流发电机为例说明其结构。

整体式交流发电机主要由定子、转子、电刷、整流器、前后端盖、风扇及带轮等组成(电压调节器装在交流发电机后端的防护罩内,但不是交流发电机的组成部分)。

1. 定子总成

定子总成用来产生和输出三相交流电,又叫电枢,由定子铁心和定子绕组组成,如图 2-19 所示。

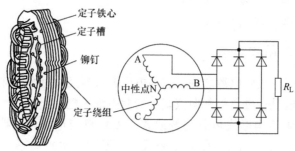

图 2-19 定子总成

定子铁心由相互绝缘的内圆带槽的圆环形硅钢片叠成。定子槽内嵌有三相对称绕组,三相绕组大多数采用"Y"形(星形)联结,也有用"△"形(三角形)联结的。

要产生对称三相交流电,A、B、C三相绕组每两相之间必须在空间上相距120°(电角度);交流发电机两磁极(N与S极之间的极距)在空间上相距180°(电角度),即相距/极距=120°/180°=2/3。换言之,只要满足上述(相距/极距=2/3)要求,即可产生对称三相交流电。

一般的交流发电机,定子上嵌线的槽数为36个,磁极对数为6对(即12个磁极),相当于每个磁极对应36/12=3个槽,即极距=3个槽。由前述原理可知,要产生三相交流电,相距(即A、B、C三相绕组的首边距离)应等于2个槽,即相距/极距=2槽/3槽=2/3。也即两个绕组(两相)之间的首端距离应为2个槽,或等于$2+3n$个槽(n为极距倍数1,2,3,…)。同一相绕组线圈的首端和末端的距离应为1个极距,即3个槽。

按图2-20所示的规律绕制定子绕组即可达到上述要求。图2-21所示为某一交流发电机定子绕组的展开图。

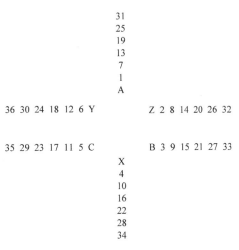

图2-20 定子绕组绕线规律图

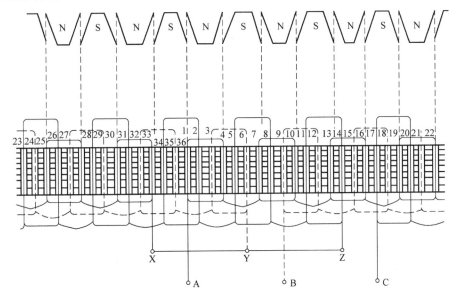

图2-21 交流发电机定子绕组展开图

2. 转子总成

转子总成又称励磁绕组(也称磁场绕组、磁场线圈),作用是用来产生磁场。由两块爪(鸟嘴)形磁极、磁场绕组、集电环及轴等组成,如图2-22所示。

两块爪形磁极被压装在转子轴上,且内腔装有磁轭,并绕有励磁绕组。绕组两端的引线

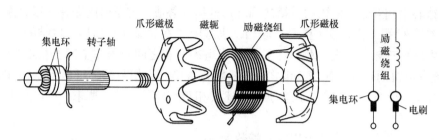

图 2-22 转子总成

分别焊在与轴绝缘的两个集电环上。两个电刷装在与后端盖绝缘的电刷盒内，通过弹簧力使其与集电环保持接触。发电机工作时，两电刷与直流电源连通，可为磁场绕组提供定向电流并产生轴向磁通，使两块爪形磁极被分别磁化为 N 极和 S 极，从而形成犬牙交错的 6 对磁极，并沿圆周方向均匀分布。转子旋转时，磁力线便会不断切割安装在定子铁心上的绕组，产生周期个数等于磁极对数的交流电动势。

3. 整流器

整流器的作用是将定子绕组输出的三相交流电，通过三相桥式整流变成直流电输出。整流器由正整流板和负整流板组成，如图 2-23 所示。

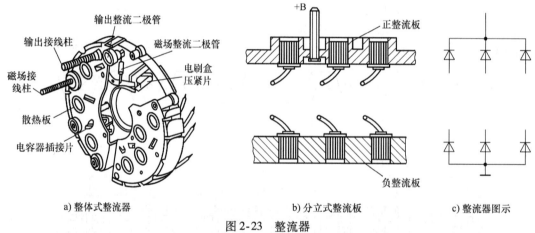

a) 整体式整流器　　　　b) 分立式整流板　　　　c) 整流器图示

图 2-23 整流器

交流发电机的整流器大多由 6 只硅二极管组成。引出线为正极、外壳为负极的二极管称为正极管，管壳底上有红色标记；引出线为负极、外壳为正极的二极管称为负极管，管壳底上标注有黑色标记。

安装二极管的板子称为整流板（也称元件板），通常用铝合金制成以利于散热。现代汽车用交流发电机都有两块整流板，安装 3 只正二极管的整流板（装在外侧）称为正整流板，安装 3 只负二极管的整流板（装在内侧）称为负整流板（也有个别发电机将 3 只负二极管安装在后端盖上），两块板相互绝缘地安装在一起，它与后端盖用尼龙或其他绝缘材料制成的垫片隔离开且固定在后端盖上。

安装在正整流板上并与之绝缘的 3 个接线柱分别固定正、负极管子的引线和来自三相绕组某一相的端头。与正整流板连接在一起的螺栓引至后端盖外部作为发电机的电源输出端，并标记为"B"（"+"、"A"或"电枢"）。

4. 前后端盖

前后端盖是交流发电机的安装基础，用来固定定子、支承转子总成并封闭内部构造，由铝合金制成，具有轻便、阻磁（减少漏磁）、散热性能好等特征。

5. 电刷与电刷盒

电刷的作用是通过集电环给励磁绕组提供电流。电刷装在电刷盒内，通过弹簧与集电环紧密接触，如图 2-24 所示。

发电机的类型不同，电刷盒的安装位置也有所不同。有的安装在发电机的后端盖上（外装式），这种结构便于电刷的维护与更换；有的与整流器安装在一起（内装式），维护或更换电刷时，需要将发电机后端盖上的防护罩拆下。

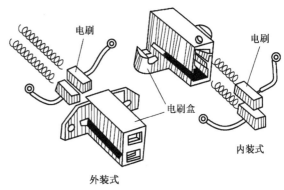

图 2-24 电刷与电刷盒

6. 带轮和风扇

发电机由发动机通过其前端装的带轮带动。在带轮后面装有风扇，靠风扇的离心作用给发电机强制通风。前后端盖用 3~4 个螺栓与定子紧固在一起。

三、交流发电机的工作原理

1. 交流电动势的产生

交流发电机电动势的产生原理如图 2-25 所示。

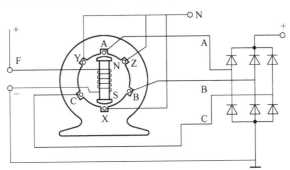

图 2-25 电动势产生原理图

交流发电机定子的三相绕组（AX、BY、CZ）按在空间上相差 120° 的规律排列在发电机的定子槽内。当磁场绕组接通直流电源时即被励磁，转子的爪形磁极被磁化为数对 N 极和 S 极。其磁力线由 N 极出发，穿过转子与定子之间很小的气隙进入定子铁心，最后又通过气隙回到 S 极。

当转子旋转时，磁力线切割定子绕组，在三相绕组中产生频率相同、幅值相等、相位相差 120° 电角度的正弦电动势 e_A、e_B、e_C，如图 2-26a 所示，其波形如图 2-26b 所示。

发电机每相绕组所产生的电动势的有效值（单位：V）为

$$E_\Phi = 4.44 K f N \Phi = C n \Phi \tag{2-3}$$

式中　K——定子绕组系数，一般小于1；
　　　f——感应电动势的频率，单位为 Hz；$f = Pn/60$（P 为磁极对数，n 为转速）；
　　　N——每相绕组的匝数；
　　　Φ——磁极的磁通，单位为 Wb；
　　　C——$4.44KNP/60$。

由此可见，交流发电机的输出电压与频率、定子绕组的匝数及励磁绕组的磁通量成正比，一个交流发电机制成后 K、P、N 等均不变化，则发电机输出电压只与其转速、励磁绕组的磁通量有关。

2. 整流过程

以6个整流二极管构成的三相桥式整流电路为例，如图2-26a 所示。3只负二极管 VD_2、VD_4、VD_6 的正极并联接在负极板上搭铁，3只正二极管 VD_1、VD_3、VD_5 的负极并联接在正极板上输出。每个时刻有两只二极管同时导通，同时导通的两只二极管总是将发电机的电压加在负荷的两端。

当 $t=0$ 时，C 相电位最高，而 B 相电位最低，所对应的二极管 VD_5、VD_4 处于正向导通。电流从 C 相绕组出发，经 VD_5→负载 R_L→VD_4→B 相绕组构成回路。由于二极管的内阻很小，所以此时发电机的输出电压可视为 B、C 相绕组之间的线电压。

在 $t_1 \sim t_2$ 时间内，A 相电位最高，而 B 相电位最低，故对应的 VD_1、VD_4 处于正向导通。同理，交流发动机的输出电压可视为 A、B 相绕组之间的线电压。

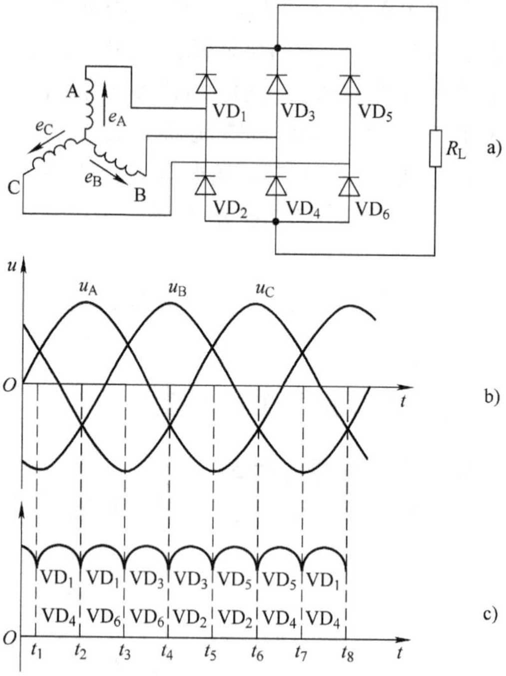

图 2-26　三相桥式整流电路的整流过程

在 $t_2 \sim t_3$ 时间内，A 相电位最高，而 C 相电位最低，故 VD_1、VD_6 处于正向导通。同理，交流发动机的输出电压可视为 A、C 相绕组之间的线电压。

依此类推，周而复始，在负载上便可获得一个比较平稳的直流脉动电压，如图2-26c 所示。交流发动机输出的电压的平均值为

$$U_{av} = 2.34 U_\phi \tag{2-4}$$

式中　U_{av}——输出直流电压的平均值，单位为 V；
　　　U_ϕ——发电机相电压的有效值，单位为 V。

除了部分交流发电机采用6只整流二极管构成的三相桥式整流电路外，还有部分交流发电机采用了8管、9管，甚至是11管构成的整流电路，其整流过程基本相似。

3. 励磁方式

为了使交流发电机在低速时具有良好的发电性能，在发电机开始发电时，采用他励方式，即由蓄电池提供励磁电流，增强磁场，使输出电压随发电机转速迅速上升。当发电机输

出电压高于蓄电池电压（发电机的转速达到1000r/min左右）时，励磁电流便由发电机自身供给，这种励磁方式称为自励。由此可见，汽车交流发电机在输出电压建立前后分别采用了他励和自励两种不同的励磁方式。

交流发电机励磁电流的控制形式有两种，一种是控制励磁电流的相线，其搭铁可以通过发电机本体直接搭铁，我们通常称这种控制方式为内搭铁（或内搭铁交流发电机），如图2-27a所示；另一种控制方式是控制励磁电流的搭铁，我们通常称这种控制方式为外搭铁（或外搭铁交流发电机），如图2-27b所示。

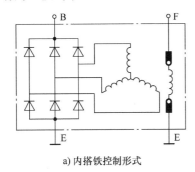
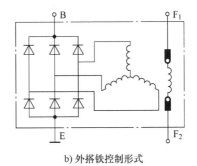

a) 内搭铁控制形式　　　　　　b) 外搭铁控制形式

图2-27　励磁电流的控制形式

四、交流发电机的工作特性

交流发电机的工作特性是指交流发电机转速（n）、输出电压（U）与输出电流（I）三者之间的关系。工作特性包括输出特性、空载特性和外特性，其中以输出特性最为重要。

1. 输出特性

输出特性也称负载特性或输出电流特性，是指交流发电机输出电压保持一定时，发电机的输出电流与转速之间的关系。

在实际工作中，通常是测试交流发电机输出电压为14V（标称电压12V；标称电压为24V时，输出电压为28V），输出电流为额定电流时，满载转速是否符合技术要求。

输出特性$I=f(n)$曲线如图2-28所示。

2. 空载特性

空载特性是指无负荷时，发电机输出电压与转速的变化规律。

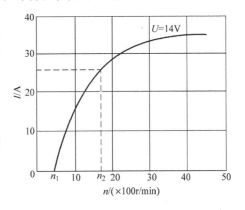

图2-28　交流发电机的输出特性

在实际工作中，通常是测试交流发电机输出额定电压14V（标称电压12V；标称电压为24V时，输出电压为28V）时，空载转速是否符合要求。

空载特性$U=f(n)$曲线如图2-29所示。

3. 外特性

外特性是指发电机转速保持一定时，发电机的输出电压与输出电流的关系。

在进行不同恒定转速的试验后，可以绘出一组相似的$U=f(I)$外特性曲线，如图2-30

所示。

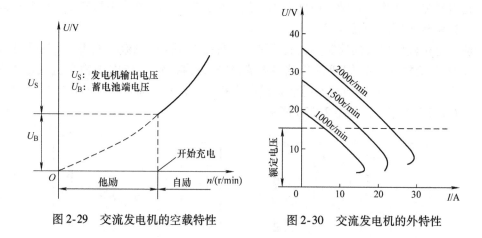

图 2-29 交流发电机的空载特性　　图 2-30 交流发电机的外特性

实训六　交流发电机的检测与拆装

一、实训目的

1）掌握交流发电机的就车检测方法。
2）掌握交流发电机解体前的检测方法。
3）掌握交流发电机的拆装方法及解体后的检测方法。

二、设备器材

1）各种类型的交流发电机 4 台。
2）拆装专用工具、万用表 4 套。

三、教学组织

学生分 4 个小组，在教师指导下完成工作任务单的内容。

四、任务工作单

1. 交流发电机性能的就车检测

（1）检查蓄电池和电源系统连接电路

1）检查蓄电池应处于充满状态。若不符合要求，应对蓄电池进行充电，使其达到技术要求。

2）检查蓄电池极桩与导线连接处、交流发电机输出端子 B 与导线连接处等应无锈蚀、松动。

（2）连接交流发电机性能检测电路

发动机熄火，按如图 2-31 所示连接电压表和电流表。电流表（+）接发电机 B 端子，电流表（-）接导线 B 端子；电压表（+）接发电机 B 端

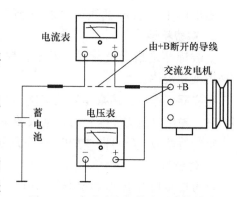

图 2-31 交流发电机就车试验接线图

子，电压表（-）搭铁。

(3) 交流发电机无负载性能的检测

1) 将所有用电设备开关拧至 OFF。

2) 起动发动机，并使转速达到 2000r/min。

3) 电流表读数应在 10A 以下。

4) 电压表读数应在 13.8~14.8V。

(4) 交流发电机负载性能的检测

1) 将发动机转速升高至 2000r/min。

2) 将前照灯及其他用电设备开关拧到 ON。

3) 电流表读数应在 30A 以上。

4) 电压表读数应在 13.8~14.8V。

2. 交流发电机解体前的检测

交流发电机解体前的检测是在交流发电机解体前进行的，目的是为了初步判断交流发电机内部故障的部位。

交流发电机的外部接柱如图 2-32 所示。常用交流发电机各接柱之间的压降可参照表 2-8。

(1) 检测交流发电机 B 端子与 E 端子之间的压降值

用万用表电压档检测交流发电机 B 端子（输出接柱）与 E 端子（搭铁）之间的压降值，并将实际测量值填入表 2-9。万用表红表笔（万用表内部电池"-"极）接发电机 B 接柱，黑表笔（万用表内部电池"+"极）接发电机外壳。

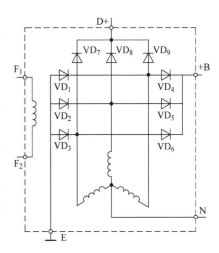

图 2-32 交流发电机的外部接柱

表 2-8 常用交流发电机各接柱之间压降标准值　　（单位：mV）

交流发电机型号		F 与 E 间	B 与 E 间		N 与 E 间	
			正向	反向	正向	反向
有刷	JF11、JF13、JF15、JF21	5~6	800~1000	截止	400~500	截止
	JF12、JF22、JF23、JF25	19.5~21				
无刷	JFW14	3.5~3.8				
	JFW28	15~16				

表 2-9 交流发电机各接柱之间压降检测记录表　　（单位：mV）

发电机型号	F 与 E 之间的压降值	B 与 E 之间的压降值		N 与 E 之间的压降值	
		正向	反向	正向	反向

(2) 检测交流发电机 F 端子与 E 端子之间的压降值

用万用表电压档检测交流发电机 F 端子（磁场，或外搭铁发电机的 F_1）与 E 端子（搭铁，或外搭铁发电机的 F_2）之间的压降值，将实际测量值填入表 2-9。转动转子后再次测量，压降值不变。

(3) 检测交流发电机 N 端子与 E 端子之间的压降值

用万用表电压档检测交流发电机 N 端子（中性点）与 E 端子之间的压降值，将实际测量值填入表 2-9。

(4) 检测交流发电机 D+端子与 E 端子之间的压降值

用万用表电压档检测交流发电机 D+端子（励磁端子）与 E 端子之间的正反向压降值，测量结果应与上述操作（1）、（3）的检测结果一致。若 3 个检测结果相差较大，则说明某一组二极管或电枢绕组有断路或短路故障。

3. 交流发电机的拆装

以东风 EQ1091E 型载货汽车用 JFZ132E 型交流发电机为例说明交流发电机的拆装步骤。

（1）拆卸交流发电机

1) 拆下固定电刷组件的两个固定螺钉，取下电刷组件，如图 2-33 所示。

2) 拆下连接前后端盖的紧固螺栓，如图 2-34 所示，将其分解为与转子结合的前端盖和与定子连接的后端盖两大部分。

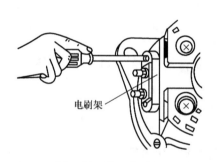

图 2-33　拆下电刷架

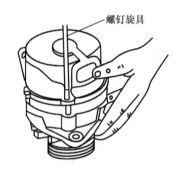

图 2-34　拆下连接前后端盖的螺栓

3) 拆下带轮。将转子夹紧在台虎钳上，拆下带轮紧固螺母（图 2-35）后，可依次取下带轮、风扇、半圆键、定位套。

4) 分离前端盖与转子，若装配过紧，可用木锤轻敲或用拉器拉开。

5) 拆下后端盖外的防护罩。拆掉如图 2-36 所示的后端盖上的 3 个螺钉（其中螺钉 3 兼作"－"极接线柱），即可将防护罩取下。

对于整体式发电机，先拧下 B 端子上的固定螺母并取下绝缘套管；再拧下后防尘盖上的 3 个带垫片的固定螺母，取下后防护罩。然后拆下电刷组件的两个固定螺钉和调节器的 3 个固定螺钉，取下电刷组件和内置式电压调节器总成。最后拧下整流器二极管与定子绕组引线端子的连接螺钉，取下整体式整流器总成。

6) 拆下定子绕组与整流器的连接螺钉。拆下定子上 4 个接线端（三相绕组首端及中性点）在散热板上的连接螺母，如图 2-37 所示，使定子绕组与后端盖分离。

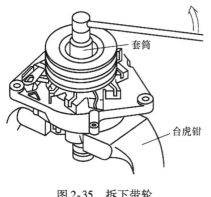

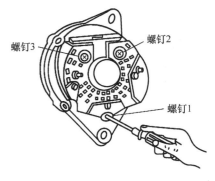

图 2-35 拆下带轮　　　　　　　　　　图 2-36 拆下后端盖防护罩

7）拆下整流器与后端盖的连接螺钉。拆下后端盖上紧固整流器总成的螺钉，取下整流器总成，如图 2-38 所示。

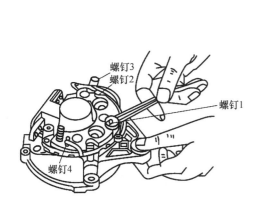

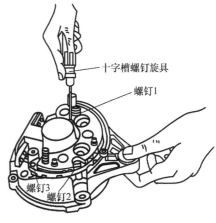

图 2-37 拆下定子绕组与整流器的连接螺钉　　图 2-38 拆下整流器与后端盖的连接螺钉

8）零部件的清洗。机械部分可用煤油或清洗液清洗，电器部分如绕组、散热板及全封闭轴承等表面的尘土脏污宜用干净的棉纱擦拭去除。

在拆卸交流发电机时，要注意以下几点：

1）发电机的拆卸要按照工艺要求进行，禁止生敲硬拆而损坏机件。拆卸的零件要按照规范清洗并顺序摆放。对于有问题的零件和复杂部位的拆卸顺序及连接方法，必要时要有详细记录。

2）分离前后端盖时，不能单独将后端盖分离开来，否则会扯断定子绕组与整流器之间的连线（即三相绕组的端头）。

3）在一般情况下，不必分解 V 带轮、风扇和前端盖等部件。

（2）组装交流发电机

1）组装交流发电机各零部件之前，先将轴承填充规定型号的润滑脂（1～3 号复合钙钠基润滑脂或 2 号低温润滑脂），填充量以轴承空间的 2/3 为宜。若过量则易溢出，溅到集电环上会导致电刷与集电环接触不良。

2）将前端盖、风扇、半圆键和带轮依次装到转子轴上，并用螺母紧固。

3）将整流板、带绕组的定子依次装入后端盖。

4）将两端盖装合在一起（注意两端盖的相互位置），并按要求拧紧连接螺栓。

5）装好后端盖防护罩。

6）装好电刷组件。

7）装复完毕后，用手转动驱动带轮，检查转动是否灵活自如；再用万用表检测各接线端子间的电阻值是否符合要求。如无异常，即可进行简单的发动试验。

任务五　交流发电机的正确使用、维护与检修

任务目标

1. 了解交流发电机的正确使用和维护内容。
2. 掌握交流发电机的检修方法。

一、交流发电机的正确使用

1）汽车交流发电机均为负极搭铁，蓄电池搭铁极性必须与发电机一致。否则蓄电池将正向加在整流二极管上使二极管烧坏。

2）发电机运转时，不能短接交流发电机的 B 端子、E 端子（即采用搭铁试火的方法）来检查发电机是否发电，否则容易烧坏整流二极管。

3）发现发电机不发电或充电电流很小时，应及时找出原因并排除故障。如果继续运转，故障会扩大。例如，一个二极管短路后，会导致其他两个二极管和定子绕组被烧坏。

4）当整流器的 6 个整流二极管与定子绕组连接时，禁止使用 220V 交流电源检查发电机的绝缘情况，否则将会损坏二极管。

5）交流发电机在与调节器配用时，电压等级必须一致。否则充电系统不能正常工作。对于外搭铁型发电机和外搭铁型调节器，磁场电流是由电源正极经点火开关、励磁绕组、调节器"磁场"端子 F 流入调节器，再经调节器内部大功率晶体管（NPN 型晶体管）后，从调节器"搭铁"端子流回电源负极。对于内搭铁型发电机与内搭铁型调节器，磁场电流则是由电源正极经点火开关，从调节器"＋"端子流入，先经内部大功率晶体管（PNP 型晶体管），从调节器"磁场"端子 F 流出，再经发电机磁场绕组、搭铁回到电源负极。

由此可见，内搭铁型调节器只能与内搭铁型发电机配用；外搭铁型调节器只能与外搭铁型发电机配用。

6）汽车停驶时应断开点火开关，以免蓄电池长时间向励磁绕组放电。在汽车上，一旦接通电源，调节器的大功率管就始终处于导通状态，汽车停驶时大功率管始终导通（夜间停驶也是如此），而且此时磁场电流接近最大值，不仅会使电子调节器使用寿命大大缩短，而且还会导致蓄电池亏电。试验证明，当调节器不受开关控制而直接与充足电的蓄电池连通时，使用 5~7 天，蓄电池便不能起动发动机，调节器的使用寿命也只有 100 天左右。

二、交流发电机的维护

汽车每行驶 3 万 km,应将交流发电机从车上拆下检修一次,主要检查电刷和轴承磨损情况。新电刷高度为 14mm,磨损至 7~8mm 时,应当换用新电刷;轴承若有显著松动,应换用新轴承。汽车每行驶 1.5 万 km,应当进行以下检查。

1. 检查 V 带外观

目视 V 带有无裂纹和破损现象,若有则应换用新 V 带。V 带安装情况应当符合如图 2-39a 所示的要求,如果安装情况如图 2-39b 所示,则应换用新 V 带。

2. 检查 V 带挠度

检查时,在两个 V 带轮之间 V 带的中央部位施加 100N 压力,此时 V 带的挠度应符合规定指标。新 V 带一般为 5~7mm,旧 V 带(即装车随发动机转动过 5min 或 5min 以上的 V 带)一般为 10~14mm。具体指标以车型手册规定为准,挠度不符合规定应予调整。

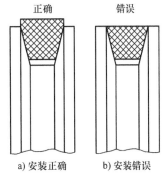

图 2-39 发电机 V 带的安装

3. 检查导线连接

一是各导线的连接部位必须正确;二是发电机 B 端子必须加垫弹簧垫圈;三是对于采用线束插接器连接的发电机,其插头与插座必须用锁紧卡簧锁紧,不得有松动现象。

4. 检查有无噪声

检查时,逐渐提高发动机转速,同时监听发电机有无异常响声。若有异常响声,则需拆下发电机分解检修。

实训七 交流发电机的检修

一、实训目的

1) 掌握交流发电机各零件的检测方法。
2) 掌握交流发电机各零件的维修方法。

二、设备器材

1) 各种类型的交流发电机 4 台。
2) 拆装专用工具、检测仪表、万用表 4 套。

三、教学组织

学生分 4 个小组,在教师指导下完成工作任务单的内容。

四、任务工作单

1. 转子的检测与维修

1) 转子绕组短路、断路的检查。用万用表的低电阻档检测两集电环之间的电阻,应符合技术标准。若阻值为"∞",则说明断路;若阻值过小,则说明短路。一般阻值为 3.5~

6Ω，如图2-40所示。

若转子绕组短路处发生在两集电环之间，可采用清除集电环间引起短路的杂物的方法进行处理；若短路处发生在绕组线圈中，则应拆解转子，重新进行绕制。若转子绕组断路处发生在绕组与集电环的连接部位，可进行重新焊接；若发生的绕组内部，则应重新进行绕制。

2）转子绕组搭铁的检查。检查转子绕组搭铁即检查转子绕组与铁心（或转子轴）之间的绝缘情况。用万用表导通档检测两集电环与铁心（或转子轴）之间的导通情况。若万用表指示值为"0"且发出响声，说明有搭铁故障，正常应为"∞"，如图2-41所示。

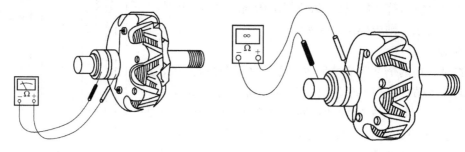

图2-40 转子绕组短路、断路的检查　　　图2-41 转子绕组搭铁的检查

若转子绕组发生搭铁故障，应拆解转子，重新进行绕制。

3）集电环的检查。集电环表面应平整光滑，无明显烧损，否则应用"00"号纱布打磨。两集电环间隙处应无积物。集电环圆度误差不超过0.025mm，厚度不小于1.5mm。集电环厚度小于1.5mm时，应将旧集电环在车床上车除，重新镶嵌集电环，焊接绕组抽头。

4）转子轴弯曲的检查。用百分表检查转子轴的直线度，应不超过0.05mm（径向圆跳动公差不超过0.1mm），否则应予以校正。爪形磁极在转子轴上应固定牢靠、间距相等，如图2-42所示。

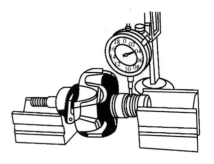

图2-42 转子轴弯曲的检查

2. 定子的检测与维修

1）定子绕组短路、断路的检查。用万用表的低电阻档检测定子绕组的3个接线端两两之间的电阻值。正常值时电阻值小于1Ω且相等。若电阻值为"∞"，说明断路；电阻值为"0"，说明短路，如图2-43所示。

定子绕组发生短路时，应重新进行绕制。若定子绕组断路处发生在引出线处，可进行焊接处理；若发生在绕组内部，则应重新绕制。

2）定子绕组搭铁的检查。检查定子绕组搭铁即检查定子绕组与定子铁心之间的绝缘情况。用万用表导通档测定子绕组接线端与定子铁心之间的电阻值，若电阻值过小（且万用表发出响声），说明有绝缘不良故障。正常应指示"∞"，如图2-44所示。

若定子绕组搭铁发生在引出线与铁心之间，可将引出线与铁心分开，对定子绕组进行浸漆处理，消除搭铁现象；若定子绕组搭铁发生在绕组与铁心之间，则应重新绕制。

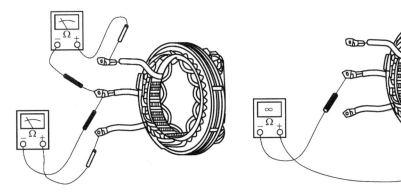

图 2-43 定子绕组短路、断路的检查　　图 2-44 定子绕组搭铁检查

3. 整流器的检测与维修

目前交流发电机采用的整流器有两种：一种是分立式的，6 只整流二极管分两组，其中一组装在元件板上，称为正极管（引出线为二极管的正极），另一组装在后端盖上，称为负极管（引出线为二极管的负极）；一种是整体式的，一般为 8 只二极管，分成两组（每组 4 只）分别安装在两块（分别为正、负）铜质整流板上，由树脂胶合在一起。

（1）分立式整流器的检修

检测二极管时，先将万用表的两只表笔分别接在被测二极管的两极上检测一次，然后交换两只表笔的位置再检测一次，如图 2-45 所示。

若两次测得的电阻值为一大（100kΩ 以上）一小（8～10kΩ），说明该二极管良好；若两次测得的电阻值均为"∞"，则说明该二极管断路；若两次测得的电阻值均为"0"，则被测二极管短路。

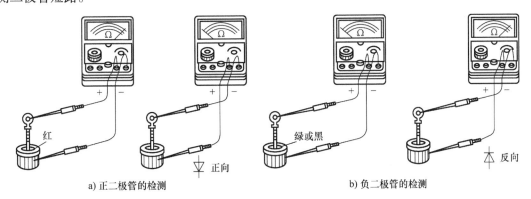

a) 正二极管的检测　　　　　　　　b) 负二极管的检测

图 2-45 分立式整流器的检测

目前，汽车常用分立式整流器二极管的安装方式有焊接式和压装式两种。对于焊接式安装的二极管整流器，只要有 1 只二极管短路或断路，该二极管所在的正整流板总成或负整流板总成就需换用新品；对于压装式安装的二极管整流器，当 1 只二极管短路或断路后，只需要更换故障二极管即可。更换时应注意二极管与安装孔之间的过盈量和二极管的极性。

（2）整体式整流器的检修

1）正二极管的检测。先将万用表（$R \times 1$kΩ 档）的正极表笔接正整流板，负极表笔分别接 3 只正二极管的引出电极，如图 2-46a 所示，均应导通。若不导通，说明被测正极管断路，应更换整流器与电刷组件总成。然后调换两表笔进行测试，如图 2-46b 所示，此时应不导通，若导通，也应更换整流器与电刷组件总成。

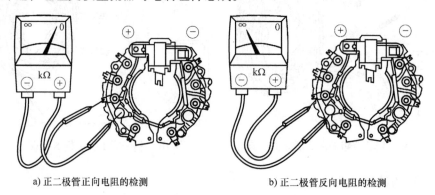

a) 正二极管正向电阻的检测　　　　b) 正二极管反向电阻的检测

图 2-46　整体式整流器正二极管的检测

2）负二极管的检测。先将万用表（$R \times 1k\Omega$ 档）的负极表笔接负整流板，正极表笔分别接 3 只负二极管的引出电极，如图 2-47a 所示，均应导通。若不导通，说明被测负二极管断路，应更换整流器与电刷组件总成。然后调换两表笔进行测试，如图 2-47b 所示，此时应不导通，若导通，也应更换整流器与电刷组件总成。

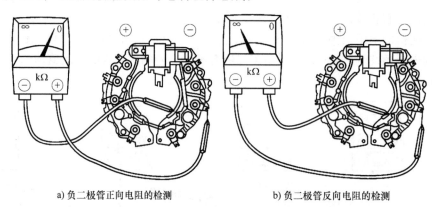

a) 负二极管正向电阻的检测　　　　b) 负二极管反向电阻的检测

图 2-47　整体式整流器负二极管的检测

3）其他二极管的检测。其他二极管的检测方法与上述方法相同，重要的是找准被测二极管的位置和与其正负极相连接的位置。

4. 电刷组件的检修

电刷表面不得有油污，且应在电刷盒中活动自如，电刷磨损不得超过原高度的 1/2（标准长度为 10.5mm）；当电刷从电刷盒中露出 2mm 时，电刷弹簧力一般为 2～3N；电刷盒应无烧损、破裂或变形。当电刷磨损后高度小于或等于 7mm 时应进行更换。

5. 转子轴承的检修

对于发电机轴前、后的轴承，应检查其轴向和经向磨损量。磨损量未超过标准时，在组装发电机之前应将轴承内填充规定型号和数量的润滑脂（1～3 号复合钙基润滑脂或 2 号低温润滑脂），填充量以空间的 2/3 为宜；磨损量超过标准时，应更换相同型号的轴承。

任务六 电压调节器的工作原理及性能检测

任务目标

1. 了解电压调节器的类型、工作原理。
2. 掌握电压调节器性能的检测方法。

一、电压调节器的功用和分类

1. 电压调节器的功用

电压调节器的功用是使交流发电机的输出电压保持稳定。

交流发电机每相输出的电压为 $E_\Phi = Cn\Phi$。即交流发电机输出的电压与发电机的转速和励磁绕组产生的磁场强度成正比。转速越高、磁场越强，则输出的电压越高；反之，则越低。若要使交流发电机输出稳定的电压，必须稳定其转速和磁场强度。即或在其转速升高时，减小磁场强度；或在其转速降低时，增大磁场强度。由于交流发电机由发动机带动旋转，而发动机在汽车行驶时转速变化范围很大（600～5000r/min），因此要稳定交流发电机的输出电压，电压调节器必须在发电机转速升高时，减小进入励磁绕组中的电流，减小磁场强度；在发电机转速降低时，增大进入励磁绕组中的电流，增大磁场强度。

2. 电压调节器的分类

电压调节器可分为机械式和电子式两大类。

机械式根据触点个数可分为单触点式和双触点式；根据是否与其他继电器联动可分为单联式、双联式、三联式。

电子式根据电子元件的种类可分为晶体管式、集成电路式和晶闸管式；根据搭铁形式可分为内搭铁式和外搭铁式；根据安装位置分可为内置式和外置式。

3. 电压调节器的型号

电压调节器的型号编制如下。

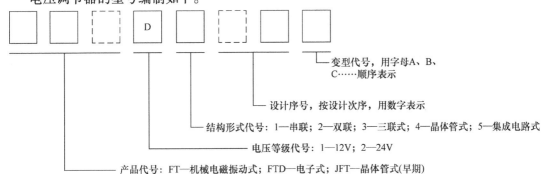

例如，FT126C 表示 12V 的双联机械电磁振动式调节器，第六次设计，第三次变形；FTD152 表示 12V 集成电路调节器，第二次设计。

二、电压调节器的工作原理

如前所述，由于发电机转速是随发动机转速而变化的，要稳定发电机输出电压只能通过改变发电机的磁场强度大小来实现。而磁场强度的大小是由励磁绕组中电流的大小来决定的,因此,发电机的电压调节一般是通过调节励磁电流的大小来实现的。目前机械式电压调节器已被淘汰,下面通过分析晶体管电压调节器、集成电路电压调节器来了解电压调节的过程。

1. 晶体管电压调节器的工作原理

晶体管电压调节器有内、外搭铁型式之分,分别与内、外搭铁型式的发电机配套使用。目前,国内外生产的晶体管调节器一般都是由 2~4 只晶体管,1~2 只稳压管,一些电阻、电容、二极管等组成,再由印制电路板连接成电路,然后用轻而薄的铝合金外壳将其封闭。与机械式电压调节器相比,它具有体积小、重量轻、调节反应敏捷、无触点烧蚀、使用寿命长等优点。

(1) 内搭铁式晶体管电压调节器

内搭铁式晶体管电压调节器的电路原理图如图 2-48 所示。电路由 3 只电阻 R_1、R_2、R_3,2 只晶体管 VT_1、VT_2,1 只稳压管 VS 和 1 只二极管 VD 组成。

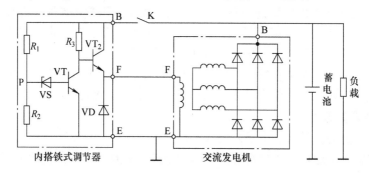

图 2-48 内搭铁式晶体管电压调节器的电路原理图

电阻 R_1 和 R_2 串联组成一个分压器,接在发电机输出端 B 与搭铁端 E 之间,直接检测发电机的输出电压 U_B,分压电阻 R_2 两端的电压 U_P 为

$$U_P = \frac{R_2}{R_1 + R_2} U_B \tag{2-5}$$

由式 (2-5) 可见,当发电机输出电压 U_B 升高时,分压电阻 R_2 上的电压 U_P 也升高;反之 U_B 下降,U_P 也下降。也就是说电阻 R_2 两端的电压可完全反映发电机输出电压 U_B 的变化。

电路设计思路:当发电机输出电压 U_B 升高到调节电压上限时,分压电阻 R_2 两端的电压 U_P 加在稳压管 VS 和 VT_1 的基极上,恰好能使稳压管 VS 反向击穿,为 VT_1 提供基极电流,使 VT_1 导通;当发电机输出电压 U_B 下降到调节电压下限时,U_P 不能使稳压管 VS 反向击穿,而使 VT_1 无基极电流而截止。

电路工作原理如下:

1) 他励。闭合点火开关 K,发动机不转动时,发电机不发电,蓄电池电压加在分压器 R_1、R_2 上,因 U_P 较低不能使稳压管 VS 反向击穿,VT_1 截止。此时,由于 R_3 的分压作用,VT_2 导通,发电机励磁电路接通(他励完成),由蓄电池供给励磁电流。电路:蓄电池正极→点火开关 K→调节器 B 接柱→晶体管 VT_2→调节器 F 接柱→发电机 F 接柱→励磁绕组→发电机 E 接柱→搭铁→蓄电池负极。随着发动机的起动,发电机转速升高,发电机他励发电，电压上升。

2）自励。当发电机电压升高到稍高于蓄电池电压时（发电机转速大约在900r/min时），发电机自励发电并开始对蓄电池充电，如果此时发电机输出电压U_B小于调节器调节电压上限，VT_1继续截止，VT_2继续导通，但此时的励磁电流由发电机供给。电路：发电机正极→点火开关K→调节器B接柱→晶体管VT_2→调节器F接柱→发电机F接柱→励磁绕组→发电机E接柱→搭铁。由于励磁电路一直导通，发电机电压随转速升高迅速升高。

3）电压调节。当发电机电压升高到等于调节上限时，电压调节器开始对电压进行调节。此时电阻R_1、R_2上的分压U_P达到VS击穿电压，VS导通，VT_1导通，VT_2截止，发电机励磁绕组电路被切断，由于励磁绕组电路被断路，磁通下降，发电机输出电压下降。发电机电压下降到等于电压调节下限时，电阻R_1、R_2分压减小，U_P下降到VS截止电压，VS截止，VT_1截止，VT_2重新导通，励磁绕组电路重新被接通，发电机电压上升。如此周而复始，发电机输出电压U_B被控制在一定范围内。

(2) 外搭铁式晶体管电压调节器

外搭铁式晶体管电压调节器的电路原理图如图2-49所示。

该电路的特点是励磁绕组连接在电压调节器的B和F之间，与内搭铁式晶体管调节器显著不同，电路工作原理和结构与前述内搭铁式晶体管调节器类似，故不再赘述。

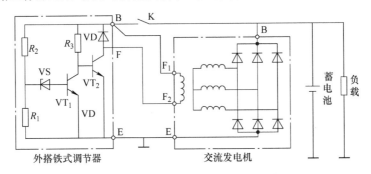

图2-49 外搭铁式晶体管电压调节器的电路原理图

综上所述，不管是内搭铁式或是外搭铁式晶体管电压调节器，都是利用晶体管的开关特性，来控制发电机的励磁电流，使发电机的输出电压保持恒定。

2. 集成电路电压调节器的工作原理

集成电路电压调节器又称IC电压调节器。其电压调节原理与分立元器件的晶体管电压调节器一样。所不同的是，在集成电路电压调节器上，所有的晶体管都集成在一块基片上，实现了调节器的小型化，并可将其装在发电机内部，减少了外部线路，缩小了整个充电系统的体积。

集成电路调节器可分为全集成电路调节器和混合集成电路调节器。目前国内外生产的集成电路调节器的结构大多采用混合式，即由混合电路加集成电路组成，并没有完全集成化，一般由一个集成块、一只晶体管、一只稳压管、一只续流二极管、几只电阻等部分构成。例如，上海桑塔纳轿车采用的电压调节器应用了混合电路加集成电路技术，集成电路和保护电阻共同贴在一块陶瓷基片上，封装在一个金属盒中，并和电刷架连成一体，便于安装和维修。

（1）集成电路电压调节器的电压检测方法

集成电路电压调节器常采用两种电压检测方式来控制交流发电机的输出电压。集成电路调节器通过直接检测发电机的输出电压来控制发电机输出电压，称为发电机电压检测法；如果用连接导线通过检测蓄电池的端电压来调节发电机的输出电压，称为蓄电池电压检测法。

1）发电机电压检测法。如图 2-50 所示，加在分压器 R_1 和 R_2 上的电压是励磁二极管 VD_L 输出端 L 的电压 U_L，U_L 和发电机 B 端的电压 U_B 相等，检测点 P 的电压为

$$U_P = \frac{R_2}{R_1 + R_2} U_L = \frac{R_2}{R_1 + R_2} U_B$$

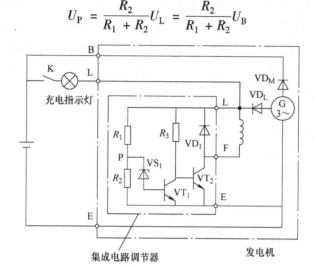

图 2-50　发电机电压检测法原理电路

由于检测点 P 加到稳压管 VS_1 两端的反向电压与发电机的端电压 U_B 成正比，所以该方法称为发电机电压检测法。

2）蓄电池电压检测法。如图 2-51 所示，加在分压器 R_1 和 R_2 上的电压为蓄电池端电压，由于通过检测点 P 加到稳压管上的反向电压与蓄电池端电压成正比，检测点 P 的电压为

$$U_P = \frac{R_2}{R_1 + R_2} U_{蓄}$$

由于检测点 P 加到稳压管 VS_1 两端的反向电压与蓄电池电压 $U_{蓄}$ 成正比，该方法称为蓄电池电压检测法。

在这两种基本线路中，前者发电机的引出线可以少一根，但是发电机 B 到蓄电池的接线柱之间的电压降较大时，蓄电池的充电电压将会降低，使蓄电池充电不足，因此一般大功率发电机宜采用蓄电池电压检测法。

采用蓄电池电压检测法时，如 B 至蓄电池之间或 S 至蓄电池之间断线时，调节器便不能检测出发电机的端电压，发电机便会失控。为了克服这一缺点，有些内装集成电路调节器的发电机采取了一定的控制措施。图 2-52 所示为实际采用的蓄电池电压检测法的线路，在这个线路中，在调节器的分压器与发电机 B 点之间增加了一个电阻 R_4 和一个二极管 VD_2，这样，当 B 点与蓄电池正极之间或 S 点与蓄电池正极之间出现断路时，由于 R_4 的存在，仍能检测出发电机的端电压 U_B，使调节器正常工作，可以防止发电机电压过高的现象发生。

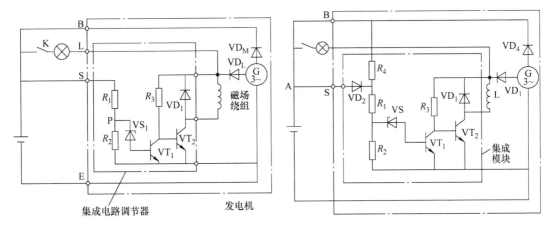

图 2-51 蓄电池电压检测法原理电路　　图 2-52 具有保护作用的蓄电池电压检测法原理电路

(2) 集成电路电压调节器实例

目前，最常见的集成电路电压调节器有三接柱式和四接柱式两种，其代表产品为夏利轿车和丰田轿车所采用，下面就以这两种车为例，说明其工作原理。

1) 夏利轿车发电机内装集成电路调节器。夏利轿车发电机用内装集成电路调节器及充电系统电路如图 2-53a 所示，该发电机调节器外部接脚位置如图 2-53b 所示。混合集成电路调节器装于发电机内部，构成整体式交流发电机。发电机（搭铁通过本身机体实现）对外仅有 3 个接线柱，分别为 B、IG、L。

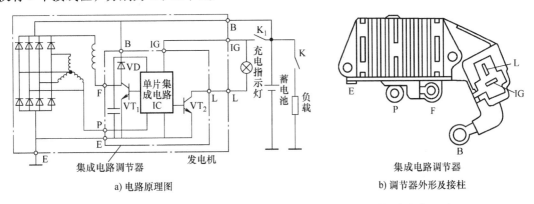

a) 电路原理图　　b) 调节器外形及接柱

图 2-53 夏利轿车充电系统电路原理和集成电路调节器外部接脚位置图

调节器工作过程如下：

① 当点火开关接通，发电机电压低于蓄电池电压时，蓄电池电压便经点火开关 K_1，整体式交流发电机的 IG 端加到集成块 IC 上，IC 内部电路根据发电机相插头 P 接线柱端检测出的电压信号，控制 VT_1、VT_2 导通，接通励磁电路和充电指示灯电路。

励磁电流的电路：蓄电池正极→发电机 B 端子→励磁绕组→IC 调节器 F 端子→VT_1→E 端子→搭铁→蓄电池负极。

充电指示灯电路：蓄电池正极→点火开关 K_1→充电指示灯→发电机和调节器 L 端子→VT_2→E 端子→搭铁→蓄电池负极。此时充电指示灯点亮，指示蓄电池放电。

② 当发电机电压上升到蓄电池电压时,发电机三相绕组连接的 P 端电压信号使 IC 控制 VT_2 截止,充电指示灯熄灭,表明发电机开始自励发电,并可向蓄电池充电和向用电设备供电。

③ 当发电机电压上升至调节电压时,P 端电压信号使 IC 控制 VT_1 截止,励磁电流被切断,发电机电压下降,当下降到调节电压以下时,IC 又控制 VT_1 导通,励磁电路又接通,发电机电压又升高,当电压高至调节电压时,IC 调节器重复上述工作过程。VT_1 循环导通与截止,励磁电路循环接通与切断,将发电机电压控制在某一稳定值(13.3~16.3V)。

④ 当励磁绕组断路、励磁电路断路或发动机停转,使发电机不发电时,P 端电压为零,集成块 IC 得到该信号后,便控制 VT_2 导通,充电指示灯电路接通,指示灯点亮,从而告知驾驶员充电系统有故障。

2) 丰田轿车发电机内装集成电路调节器。丰田轿车发电机用内装集成电路调节器及充电系统电路如图 2-54a 所示,其外部接脚位置如图 2-54b 所示。混合集成电路调节器装于发电机内部,构成整体式交流发电机。发电机(搭铁通过本身机体实现)对外有 4 个接线柱,分别为 B、S、IG、L。

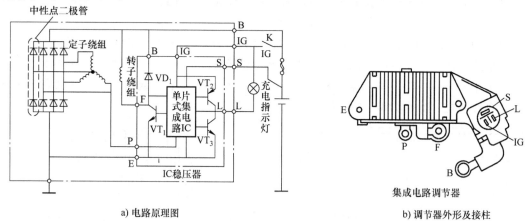

a) 电路原理图   b) 调节器外形及接柱

图 2-54 丰田轿车充电系统电路原理和集成电路调节器外部接脚位置图

调节器工作过程如下:

① 点火开关接通,发动机停机时,蓄电池电压加在 IG 端子上,IC(单片式集成电路)稳压器检测到这一电压,使 VT_1 处于交替断—通状态,蓄电池经 B 端子为励磁绕组提供励磁电流,使励磁电流为 0.2A。

励磁电流的电路:蓄电池正极→发电机 B 端子→励磁绕组→IC 调节器 F 端子→VT_1→E 端子→搭铁→蓄电池负极。

由于发电机尚未发电,P 点电压为零,IC 检测到这一情况,使 VT_3 接通,VT_2 断开,充电指示灯亮。

充电指示灯电路:蓄电池正极→点火开关 K→充电指示灯→发电机和调节器 L 端子→VT_3→E 端子→搭铁→蓄电池负极。此时充电指示灯亮,指示蓄电池放电。

② 交流发电机发电,电压低于调节电压时,P 点电压上升,IC 将 VT_1 由交替断—通变为持续接通,为励磁绕组提供充足的励磁电流。P 点电压上升,IC 使 VT_3 断开,VT_2 接通,充电指示灯熄灭。

③ 交流发电机发电,电压达到调节电压时,IC 检测到 S 端子电压达到标准电压时,使 VT_1 断开,励磁电流被切断,发电机电压下降,S 端子电压降低至低于标准时,IC 又检测到这一变化,使 VT_1 导通,如此交替,控制 S 端电压处于标准值。这时由于 P 点电压高,IC 仍使 VT_3 断开,VT_2 接通,充电指示灯熄灭。

④ S 端子断路,发电机转动时,如 IC 检测到 S 端断路(没有输入),则使 VT_1 处于接通—断开状态,以保持输出端 B 的电压在 13.3~16.3V。IC 检测到 S 端子电压过低时,使 VT_3 接通,VT_2 断开,充电指示灯亮。

⑤ B 端子断路时,当 B 端子断路一段时间,S 端子电压尚未降到最低点(13V)时,IC 又检测到 P 点电压,使 VT_1 处于接通—断开状态,将 B 端子电压保持在 20V,防止输出电压不正常升高,保护交流发电机和 IC 稳压器。当 S 端子电压降到最低点(13V)时,IC 检测到这一情况,使 VT_3 接通,VT_2 断开,充电指示灯亮。

⑥ 转子励磁绕组断路时,发电机会停止发电,P 点电压变为零。当停止发电,且 P 点电压为零时,IC 检测到这一状态,使 VT_3 接通,VT_2 断开,充电指示灯亮。

实训八　电压调节器的性能检测

一、实训目的

1) 掌握晶体管电压调节器性能的检测方法。
2) 掌握集成电路电压调节器性能的检测方法。

二、设备器材

1) 各种类型的电压调节器 8 个。
2) 可调直流电压调节电源、蓄电池、试灯、万用表 4 套。

三、教学组织

学生分 4 个小组,在教师指导下完成工作任务单的内容。

四、任务工作单

1. 晶体管电压调节器性能的检测

晶体管电压调节器性能检测主要包括搭铁类型、电压调节点的检测。

(1) 晶体管电压调节器类型的识别

晶体管电压调节器有内、外搭铁式之分,使用时应与发电机配套使用。在不清楚其搭铁形式的情况下,可采用如下方法加以识别。

对 12V 电源系统采用的调节器,用一个 12V 蓄电池和 1 个 12V、2W 的小灯泡按如图 2-55 所示连接好线路。

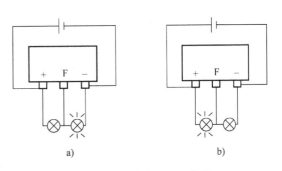

图 2-55　晶体管电压调节器搭铁形式的识别接线图

若灯泡接在接线柱 F 与"－"(E)之间发亮,而接在接线柱"＋"(B)与 F 之间不亮,说明该调节器为内搭铁式,如图 2-55a 所示;若灯泡接在接线柱"＋"(B)与 F 之间发亮,而接在接线柱 F 与"－"(E)之间不亮,说明该调节器为外搭铁式,如图 2-55b 所示。

若调节器有 4 个引出端(D＋、B、F、D－),试验时,可将 D＋与 B 连接在一起,再按上述方法识别;若调节器有 5 个引出端(D＋、B、F、D－、L),则将 L 端子悬空(不接线),并将 D＋与 B 连接在一起,再按上述方法识别。

(2) 晶体管电压调节器的性能检测

1) 内搭铁式晶体管电压调节器的性能检测。将可调直流电源与调节器按如图 2-56a 所示的线路接好,逐渐提高电源输出电压。当电压达到 6V 左右时,指示灯点亮。继续提高电源电压,当电压达到 13.5～14.5V 时,指示灯应熄灭,熄灯时的电压即为调节器的调节电压。逐渐降低电源电压,当电压下降 0.5V 时指示灯应重新点亮。将试验实测值填入表 2-10。若指示灯在电压达 6V 时不亮,或电压超过规定值后,指示灯仍不熄灭,则说明该调节器有故障。

表 2-10 晶体管电压调节器检测记录表

电压调节器型号	类型判别结果(内、外搭铁)	指示灯熄灭时的电压/V	指示灯重新点亮时的电压/V

2) 外搭铁式晶体管电压调节器的性能检测。外搭铁式晶体管电压调节器的测试方法与内搭铁式晶体管电压调节器一样,但应按如图 2-56b 所示连接好可调直流电源与晶体管电压调节器。

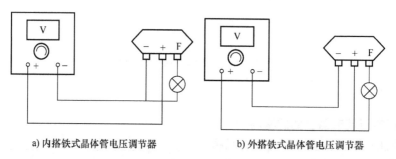

a) 内搭铁式晶体管电压调节器   b) 外搭铁式晶体管电压调节器

图 2-56 晶体管式调节器性能测试接线图

2. 集成电路电压调节器的性能检测

集成电路电压调节器性能检测主要包括电压调节点、各接脚功能的检测等。

集成电路电压调节器一般为内装式,检测前应先将其从发电机内拆下,并弄清楚集成电路电压调节器各引线含义,以防实验时弄错电源极性。

目前采用的集成电路电压调节器大部分都是 3 接柱式和 4 接柱式。下面以这两种电压调节器的检测为例说明检测方法,其他类型的电压调节器性能可参照进行检测。

(1) 3 接柱式集成电路电压调节器的检测

1) 3 接柱集成电路电压调节器进行检测时，按如图 2-57 所示进行电路连接。

2) 检测时，在调节器接线柱 B 与接线柱 E 之间接一个 0～16V 的可调直流电源，接线柱 B 与接线柱 F 之间接一只 12V、4W 的直流灯泡（替代交流发电机磁场绕组），接线柱 L 与接线柱 IG 之间接一只 12V、4W 的仪表灯泡（替代充电指示灯），并在接线柱 IG 与接线柱 B 之间接一只开关 K_1。当开关 K_1 闭合时，试灯 1、2 应点亮。

3) 在接线柱 P 与接线柱 E 之间接一个 6V 蓄电池（模拟交流发电机发电时的相电压）和一只开关 K_2，当开关 K_2 闭合时试灯 1 应熄灭，当开关 K_2 断开时试灯 1 应点亮。

4) 调节可调直流电源，当电压升高到 15.0～15.5V 以上时试灯 2 应熄灭，当电压下降到 13.5V 以下时试灯 2 又应点亮。

若检测结果不符合上述要求，表明集成电路电压调节器损坏。

(2) 4 接柱式集成电路电压调节器的检测

1) 检测 4 接柱集成电路电压调节器时，按如图 2-58 所示方法进行线路连接。

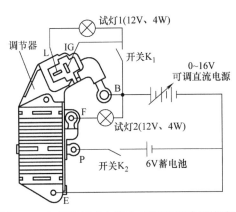
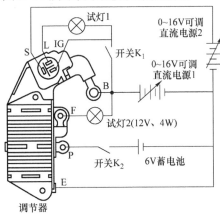

图 2-57　3 接柱集成电路电压调节器检测接线图　　图 2-58　4 接柱集成电路电压调节器检测接线图

2) 检测时，在调节器接线柱 B、接线柱 S 与接线柱 E 之间各接一个 0～16V 的可调直流电源，接线柱 B 与接线柱 F 之间接一个 12V、4W 的直流灯泡（代替交流发电机磁场绕组），接线柱 L 与接线柱 IG 之间接一个 12V、4W（代替充电指示灯）的仪表灯泡，并在接线柱 IG 与接线柱 B 之间接一只开关 K_1。当开关 K_1 闭合时，试灯 1、2 应点亮。

3) 在接线柱 P 与接线柱 E 之间接一个 6V 蓄电池和一只开关 K_2，当开关 K_2 闭合时试灯 2 应熄灭，当开关 K_2 断开时试灯 2 应点亮。

4) 调节可调直流电源 1，当电压升高到 15.0～15.5V 以上时试灯 2 应熄灭，当电压下降到 13.5V 以下时试灯 2 又应点亮。

5) 调节可调直流电源 2，当电压下降到 13.5V 以下时试灯 1 又应点亮。

若检测结果不符合上述要求，表明集成电路电压调节器损坏。

任务七　汽车电源系统电路及故障诊断

任务目标

1. 了解汽车电源系统电路的基本形式及工作原理。

2. 掌握汽车电源系统电路故障的诊断方法。

一、汽车电源系统电路的一般形式

目前汽车电源系统电路按电压调节器的安装位置有外装电压调节器式和内装电压调节器式两种。外装电压调节器式的电源电路有两种形式（图2-59）：一种是内搭铁式；另一种是外搭铁式。内装电压调节器式的电源电路有三种形式，即2接柱式、3接柱式和4接柱式，如图2-60所示。

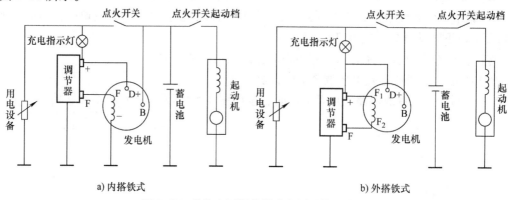

图 2-59　外装电压调节器式电源系统电路图

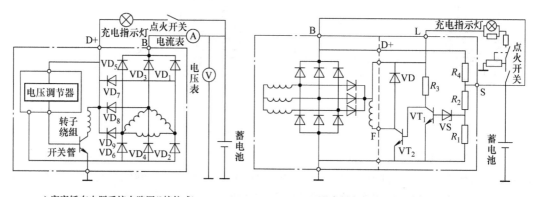

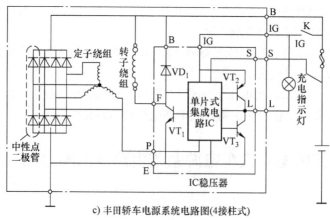

c) 丰田轿车电源系统电路图(4接柱式)

图 2-60　内装电压调节器式电源系统电路图

不论电源系统电路采取何种形式,我们都可以将电路分为两部分:第一部分称为主电路;第二部分称为控制电路。

主电路是交流发电机对蓄电池进行充电的电路,其连接路线是:蓄电池正极→熔断器→电流表(有些车没有)→发电机输出端。如果这一部分电路良好,只要蓄电池与车辆主电路连接好,在发电机输出端(通常标注"+""B""A")即可测得蓄电池电压。若不能测得蓄电池电压,说明主电路有故障。

控制电路是指为交流发电机励磁绕组提供励磁电流的电路,这一部分电路由点火开关控制,如图2-60所示,通常电源经点火开关后接到发电机端子D+、L、IG或调节器端子"+"等。如果这一部分电路良好,点火开关闭合时,应能在这些端子上测得蓄电池电压。若不能测得蓄电池电压,说明控制电路有故障。

二、典型电源系统电路

1. 丰田轿车电源系统电路

如图2-61所示为丰田威驰汽车电源系统电路图。该车采用的是整体式内装集成电路电压调节器(蓄电池电压检测法)交流发电机,其与外部电路连接说明如下。

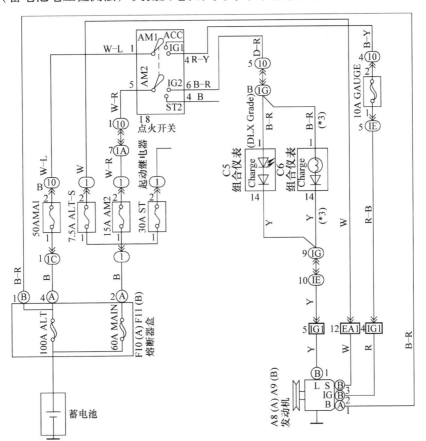

图2-61 丰田威驰汽车电源系统电路图

主电路:交流发电机上的插接器Ⓐ为交流发电机的输出端子B,经100A的熔断器与蓄电池正极连接。

控制电路有三条：

一条是交流发电机上插接器Ⓑ的 3 号端子 S，经 7.5A 和 60A 两个熔断器与蓄电池正极连接，为蓄电池端电压检测电路。

一条是交流发电机上插接器Ⓑ的 2 号端子 IG，经 10A 的熔断器与点火开关的 IG1 端子连接，为集成电路电压调节器提供工作电压。

还有一条是充电指示灯控制电路：交流发电机上插接器Ⓑ的 1 号端子 L，经充电指示灯与点火开关的 IG2 端子连接。

2. 桑塔纳轿车电源系统电路

桑塔纳轿车采用内装集成电路电压调节器（发电机电压检测法），其电源系统电路如图 2-62 所示。

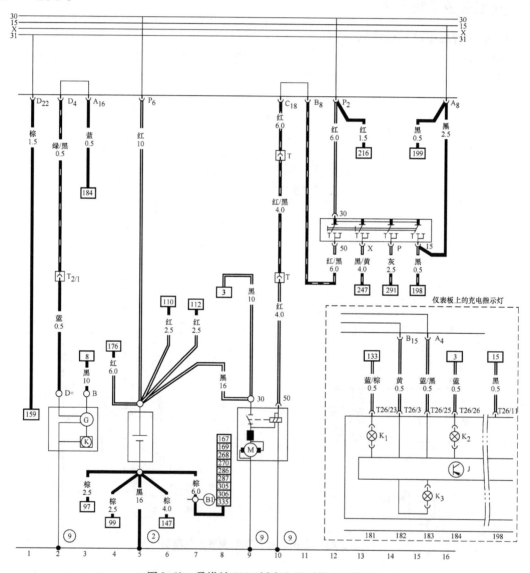

图 2-62 桑塔纳 2000 轿车电源系统电路简图

桑塔纳轿车交流发电机采用9只二极管。其中3只正二极管与3只负二极管组成一个三相桥式整流电路作为发电机输出,3只励磁二极管与3只负二极管也组成一个三相桥式整流电路,给励磁绕组提供励磁电流。

主电路:发电机上有插接器B用黑色导线经起动机30端子与蓄电池正极连接。

控制电路:点火开关15号端子接仪表板T26插接器11号端子、经仪表盘印制电路上的电阻R_1、R_2(图中未画出)和充电指示灯K_2由仪表板T26插接器26号端子出来,再经中央配电盒A插座的16号端子及中央配电盒内部线路、D插座的4号端子、单端子插接器$T_{2/1}$,接发电机D+。这一电路在发电机未发电时对励磁绕组供电,并点亮充电指示灯。发电机发电后由于D+输出电压与蓄电池电压相同,充电指示灯熄灭。

3. 凯越轿车电源系统电路

如图2-63所示为凯越汽车电源系统电路图,该车采用的也是内装集成电路调节器整体式交流发电机(发电机电压检测法)。

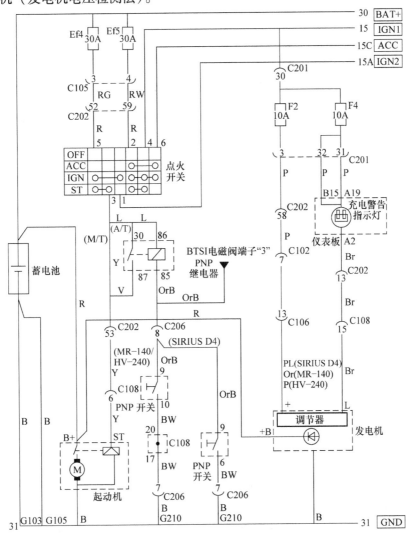

图2-63 凯越汽车电源系统电路图

主电路：交流发电机 B 端子经起动机 B+端子与蓄电池正极连接。

控制电路：蓄电池正极→Ef5 30A 熔断器→C105 插接器→C202 插接器→点火开关 2 号端子→点火开关 4 号端子→C201 插接器→F2 10A 熔断器→C202 插接器→C102 插接器→C106 插接器→发电机+端子。

充电指示灯电路：蓄电池正极→Ef5 30A 熔断器→C105 插接器→C202 插接器→点火开关 2 号端子→点火开关 4 号端子→C201 插接器→F4 10A 熔断器→C201 插接器→充电警告指示灯→C202 插接器→C108 插接器→发电机 L 端子。

三、外装电压调节器电源系统的故障诊断

外装电压调节器电源电路的常见故障有不充电、充电电流过小、充电电流过大等。引起故障的原因可能是风扇传动带打滑，发电机故障，调节器故障，充电系各连接线路故障以及蓄电池、充电指示灯、点火开关等有故障。电源系统有故障时，应及时诊断并排除，绝不能勉强行驶，以免造成更大损失。

1. 不充电故障的诊断与排除

1）故障现象：汽车发动机在中等转速时，充电指示灯不熄灭。

2）故障所在部位及原因：故障所在部位及原因见表 2-11。

表 2-11 外装电压调节器电源系统不充电故障部位及原因

故障部位		故障原因	排除方法
风扇传动带		过松或断裂	更换
充电指示灯		损坏	更换
发电机	定子绕组	断路或搭铁	建议更换发电机总成
	励磁绕组	断路或搭铁	建议更换发电机总成
	整流器	二极管烧坏、脱焊	脱焊的可以补焊，或更换整流器总成
	集电环或电刷	集电环严重烧蚀、脏污或有裂纹，电刷过度磨损、卡滞	可通过焊接、机加工修复，或更换电刷
调节器		晶体管调节器损坏	更换调节器总成
外部线路		断路或接线柱松脱	接通电路、拧紧接线柱

3）故障诊断与排除方法：故障诊断与排除可按图 2-64 所示顺序进行。

2. 充电电流过小故障的诊断与排除

1）故障现象：若将发动机转速由低速逐渐升高至中速时，打开前照灯，其灯光暗淡或喇叭音量小；蓄电池经常存电不足。

2）故障部位及原因：故障所在部位及原因见表 2-12。

3）故障诊断与排除方法：故障诊断与排除可按如图 2-65 所示顺序进行。

3. 充电电流过大故障的诊断与排除

1）故障现象：蓄电池电解液消耗过快且有气味；灯泡及熔丝易烧坏；点火线圈过热，分电器触点易烧蚀。

2）故障部位及原因。

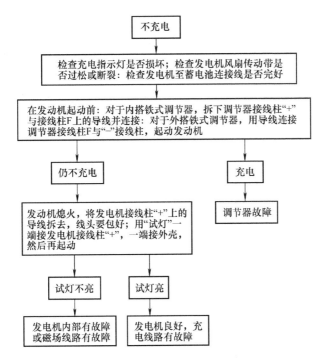

图 2-64 外装电压调节器电源系统不充电故障的诊断与排除

表 2-12 外装电压调节器电源系统充电电流过小故障部位及原因

故障部位		故障原因	排除方法
风扇传动带		张紧不够	按要求张紧
发电机	定子绕组	匝间短路	建议更换发电机总成
	励磁绕组	匝间短路	建议更换发电机总成
	整流器	个别二极管损坏	对于压装（静配合）的二极管可以个别更换，否则更换整流器总成
	集电环或电刷	集电环轻度烧蚀、脏污，电刷磨损不均、接触不良	可用细砂纸打磨集电环，更换电刷及电刷弹簧
调节器		机械式调节器触点接触不良，或调节器调节电压过低	更换调节器总成
外部线路		接线柱松动或接触不良	拧紧接线柱

① 电压调节器调节电压过高或失控；机械式调节器低速触点烧蚀。

② 发电机接线柱 B 和磁场接线柱短路。

③ 蓄电池亏电太多，蓄电池内部短路。

3）故障诊断与排除方法：故障诊断与排除可按图 2-66 所示顺序进行。

四、内装电压调节器电源系统的故障诊断

内装电压调节器电源系统的常见故障有不充电或充电电流过小两种。以桑塔纳 2000 轿车为例（图 2-62），说明内装电压调节器电源系统故障的判断方法。

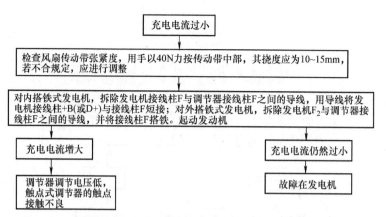

图 2-65　外装电压调节器电源系统充电电流过小故障的诊断与排除

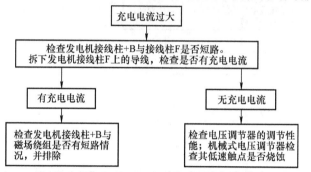

图 2-66　外装电压调节器电源系统充电电流过大故障的诊断与排除

1) 不充电故障的诊断与排除。故障诊断与排除可按图 2-67 所示顺序进行。

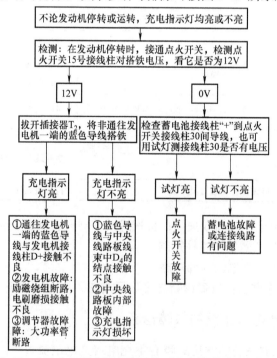

图 2-67　内装电压调节器电源系统不充电故障的诊断与排除

2）充电电流过小的故障诊断与排除。故障诊断与排除可按图2-68所示顺序进行。

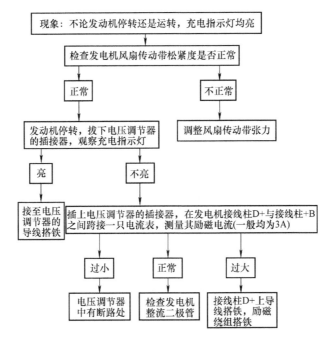

图2-68 整体式交流发电机电源系统充电电流过小故障的诊断与排除

实训九 汽车电源系统故障的诊断

一、实训目的

掌握汽车电源系统电路故障的诊断方法。

二、设备器材

1）试验车4台。
2）试灯、万用表、辅料等4套。

三、教学组织

学生分4个小组，在教师指导下完成工作任务单的内容。

四、任务工作单

电源系统不充电故障的检测与排除
1. 检查充电指示灯电路
1）接通点火开关，观察充电指示灯是否点亮，若不亮，应检查充电指示灯电路。主要检查充电指示灯是否烧毁；充电指示灯电路是否断路。
2）起动发动机，观察充电指示灯是否熄灭，若不熄灭，则进行下一步检查。
2. 检查发电机传动带挠度
检查交流发电机传动带是否过松造成打滑，正常情况下，在大拇指的压力下交流发电机传动带，应有 10~15mm 的挠度。若不正常，应进行调整；若正常，则进行下一步检查。

3. 检查充电系统主电路

用万用表直流电压挡测量交流发电机接线柱 B 的电压是否等于蓄电池电压。若无蓄电池电压，则应检查蓄电池正极至交流发电机接线柱 B 之间的连接电路；若有蓄电池电压，则进行下一步检查。

4. 判断不充电故障是由发电机还是调节器引起的

用直接励磁法检查不充电故障是由交流发电机、调节器，还是电路引起的。方法是：拔下交流发电机处的连接插头，用导线将交流发电机的接线柱 B 与接线柱 F 跨接（直接励磁法）。起动发动机，用万用表电压挡检查交流发电机接线柱 B 与搭铁之间的电压。若交流发电机不发电，则电源系统不充电故障是由交流发电机引起的，应拆检交流发电机；若交流发电机发电，应进行下一步检查，检查连接电压调节器的导线和调节器本身是否有故障。

5. 检查连接电压调节器的导线

拔下发电机处的连接插头，在插头处进行检测。

（1）外置式电压调节器（有3个接柱，分别是 +、F、-）的检测

1）接通点火开关，用万用表电压挡分别进行检测，其中有一个接线柱（"+"）应有蓄电池电压。若任何接线柱都无蓄电池电压，则应检查蓄电池正极—点火开关—调节器接线柱"+"的电路是否有断路处；若有蓄电池电压，进行下一步检查。

2）断开点火开关，用万用表电阻挡检查另两个接柱与搭铁之间的电阻值。其中有一个接线柱（"-"）与搭铁之间的电阻值为"0"。若不正常，则应检查调节器接线柱"-"与搭铁之间的电路是否有断路处；若正常，应检查调节器"F"与发电机"F"之间的电路是否有断路处。

3）若上述检查均正常，则进行第6步的检查。

（2）两接柱内置式电压调节器（分别是"IG"和"L"）的检测

1）接通点火开关，用万用表电压挡分别进行检测，其中有一个接线柱（IG）应有蓄电池电压。若不正常，应检查蓄电池正极—点火开关—调节器接线柱 IG 的电路是否有断路处；若正常，进行下一步检查。

2）接通点火开关，用万用表电压挡进行检测时，另一个接线柱（L）也有蓄电池电压，并且在检测时，充电指示灯点亮。若不正常，应检查点火开关—充电指示灯—调节器接线柱 L 的电路是否有断路处；若正常，进行第6步的检查。

（3）三接柱内置式电压调节器（分别是 S、IG、L）的检测

1）断开点火开关，用万用表电压挡分别进行检测，其中有一个接线柱（S）应有蓄电池电压。若不正常，应检查蓄电池正极—调节器"S"之间的电路是否有断路处；若正常，进行下一步检查。

2）接通点火开关，用万用表电压挡检测另两个接线柱，其中有一个接线柱（IG）应有蓄电池电压。若不正常，应检查蓄电池正极—点火开关—调节器接线柱 IG 的电路是否有断路处；若正常，进行下一步检查。

3）接通点火开关，用万用表电压挡进行检测时，另一个接线柱（L）也有蓄电池电压，并且在检测时，充电指示灯点亮。若不正常，应检查点火开关—充电指示灯—调节器接线柱 L 的电路是否有断路处；若正常，则进行第6步的检查。

6. 检查电压调节器（若为整体式交流发电机则应拆解）

将连接电压调节的插接件拔出。把可调直流电源的正、负极用导线分别与电压调节器的正、负极接柱相连，对于内搭铁式电压调节器，在其磁场接柱与负极接柱之间接一灯泡（对于外搭铁式调节器，在其正极接线柱与磁场接线柱之间接一灯泡）。调节直流电源电压，灯泡应点亮；当电压从12V逐渐升高至14V时，灯泡应熄灭，否则说明调节器损坏。若不正常，更换电压调节器；若正常，则进行下一步检查。

7. 检测交流发电机磁场接线柱与搭铁之间的电阻

测量交流发电机磁场接线柱与搭铁（内搭铁发电机）或两磁场接线柱之间的电阻，应为3～5Ω，若不正常，应拆检交流发电机，检查交流发电机定子绕组、整流器是否损坏。

思考与练习

一、单选题

1. 蓄电池与发电机两者在汽车上的连接方法是（　　）。
   A. 串联连接　　　B. 并联连接　　　C. 各自独立　　　D. 以上都不对
2. 蓄电池充足电时，正极板上的活性物质是（　　）。
   A. 硫酸　　　　　B. 纯铅　　　　　C. 二氧化铅　　　D. 硫酸铅
3. 铅蓄电池的电解液密度一般为（　　）。
   A. 1.11～1.12g/cm³　　　　　　　　B. 1.15～1.24g/cm³
   C. 1.24～1.30g/cm³　　　　　　　　D. 1.30～1.34g/cm³
4. 有一蓄电池型号为6-QA-75，其中A表示（　　）。
   A. 干式荷电池　　B. 薄型极板　　　C. 低温起动性好　D. 起动型蓄电池
5. 汽车蓄电池在放电时，是（　　）。
   A. 电能转变为化学能　　　　　　　B. 化学能转变为电能
   C. 电能转变为机械能　　　　　　　D. 机械能转变为电能
6. 温度为15℃时，单体电池的静止电动势E_j与电解液密度的关系可用公式表示为（　　）。
   A. $E_j = 0.84 - \gamma_{15℃}$　　　　　　B. $E_j = 0.84 + \gamma_{15℃}$
   C. $E_j = 0.84 + \gamma_{25℃}$　　　　　　D. $E_j = 0.84 - \gamma_{25℃}$
7. 铅蓄电池的密度温度系数为（　　）。
   A. 0.00075　　　B. 0.0075　　　　C. 0.075　　　　D. 0.75
8. 蓄电池内部产生气体最多的时候是（　　）。
   A. 加注电解液时　B. 放电时　　　　C. 充电时　　　　D. 过充电时
9. 蓄电池内部发生化学反应时，则（　　）。
   A. 会产生氧气　　　　　　　　　　B. 会产生氢气
   C. 会同时产生氧气和氢气　　　　　D. 既不产生氧气也不产生氢气
10. 铅酸蓄电池以20h放电率放电时，当放电终了，其单体电池电压应是（　　）。
    A. 1.85V　　　　B. 1.75V　　　　C. 1.65V　　　　D. 1.55V
11. 蓄电池放电终了时，电解液密度的最低允许值为（　　）。

A. 1.24　　　　B. 1.70　　　　C. 1.75　　　　D. 1.11

12. 在配制蓄电池电解液时，必须将（　　）。
   A. 工业硫酸徐徐倒入蒸馏水中
   B. 纯净的化学硫酸徐徐倒入自来水中
   C. 蒸馏水徐徐倒入纯净的化学硫酸中
   D. 纯净的化学硫酸徐徐倒入蒸馏水中

13. 用高率放电计测量蓄电池各单体电池时，说明该蓄电池技术状态尚属良好的电压（能在5s内保持稳定）是（　　）。
   A. 1.2V 以上　　B. 1.3V 以上　　C. 1.5V 以上　　D. 1.6V 以上

14. 蓄电池电解液的液面应高出极板（　　）。
   A. 5～10mm　　B. 10～15mm　　C. 15～20mm　　D. 20～25mm

15. 电解液液面高度低于规定标准时，应补加（　　）。
   A. 电解液　　　B. 稀硫酸　　　C. 蒸馏水　　　D. 自来水

16. 起动机每次连续起动的时间不能超过（　　）。
   A. 2s　　　　　B. 5s　　　　　C. 10s　　　　　D. 15s

17. 蓄电池放电时，端电压逐渐（　　）。
   A. 上升　　　　B. 平衡状态　　C. 下降　　　　D. 不变

18. 蓄电池的额定容量有关的是（　　）。
   A. 单格数　　　B. 电解液数量　C. 单格内极板片数　D. 温度

19. 十一管整流的交流发电机负二极管的个数是（　　）。
   A. 3　　　　　B. 6　　　　　C. 9

20. 交流发电机的励磁方式是（　　）。
   A. 他励　　　　B. 自励　　　　C. 他励和自励

21. 电压调节器为了达到控制交流发电机输出电压的目的，主要控制发电机的（　　）。
   A. 转速　　　　B. 励磁电流　　C. 整流二极管

22. 外搭铁式电压调节器控制的是励磁绕组的（　　）。
   A. 火线　　　　B. 搭铁　　　　C. 电流方向

23. 从交流发电机在汽车上的实际功用来说，它是汽车上的（　　）。
   A. 主要电源　　B. 次要电源　　C. 充电电源　　D. 照明电源

24. 交流发电机中产生磁场的元件是（　　）。
   A. 定子　　　　B. 转子　　　　C. 整流器　　　D. 端盖

25. 发电机后端盖装有两个电刷架，用两个螺旋弹簧压住电刷，使其能可靠接触转子上的两个（　　）。
   A. 接线柱　　　B. 集电环　　　C. 轴头　　　　D. 轴承

26. 内搭铁式交流发电机从电刷引出的两个接线柱，分别是F和E，它们均固定在后端盖上，与后端盖的绝缘情况是（　　）。
   A. 接线柱F与后端盖绝缘，接线柱E与后端盖不绝缘
   B. 接线柱F与后端盖不绝缘，接线柱E与后端盖绝缘
   C. 两接线柱E和F与后端盖都绝缘

D. 两接线柱 E 和 F 与后端盖都不绝缘
27. 交流发电机采用的整流电路是（　　）。
A. 单相半波　　　B. 单相桥式　　　C. 三相半波　　　D. 三相桥式
28. 交流发电机的调节器不需要限流器的原因是（　　）。
A. 电压调节器本身具有单向导电性
B. 二极管具有限流作用
C. 定子绕组的阻抗随转速的增大而增大
D. 转子绕组的阻抗随转速的增大而增大
29. 改变交流发电机输出电压大小的部件是（　　）。
A. 硅二极管　　　B. 转子　　　C. 定子　　　D. 调节器
30. 汽车上交流发电机配装了调节器后，具有（　　）。
A. 限制自身最大输出电流的性能
B. 限制自身最大输出电压的性能
C. 同时限制最大输出电流和最大输出电压的性能
D. 控制励磁电流保持恒定不变的性能
31. 发电机正常工作后，其充电指示灯熄灭，这时灯两端应（　　）。
A. 电压相等　　　B. 电位相等　　　C. 电位差相等　　　D. 电动势相等
32. 检测电刷时，若发现电刷磨损应调换，其高度应为（　　）。
A. 5～6mm　　　B. 7～8mm　　　C. 9～10mm　　　D. 10～11mm
33. 发电机转子绕组断路、短路，可用万用表检查。若是转子绕组良好，则电阻值必定符合规定；若是转子绕组有短路，则电阻值比规定值（　　）。
A. 小　　　B. 大　　　C. 略小　　　D. 略大
34. 若要检查硅二极管是否断路或短路时。则需用（　　）。
A. 兆欧表　　　B. 万用表　　　C. 百分表　　　D. 其他表

二、多选题

1. 在下列蓄电池中，属于汽车用铅酸蓄电池的有（　　）。
A. 胶体蓄电池　　B. 镍碱蓄电池　　C. 免维护蓄电池　　D. 干荷蓄电池
2. 蓄电池的容量大小标志着蓄电池对外供电能力的大小，其影响因素有（　　）。
A. 放电电流　　B. 电解液的温度　　C. 电解液的密度　　D. 极板的构造
3. 新型蓄电池联条的连接方式有（　　）。
A. 穿壁式　　　B. 跨越式　　　C. 龙门式　　　D. 外露式
4. 在发动机起动时，蓄电池给起动机提供强大的起动电流，同时给（　　）供电。
A. 防盗系统　　B. 点火系统　　C. 燃油喷射系统　　D. 发电机
5. 下列零件中属于交流发电机结构的有（　　）。
A. 转子　　　B. 电刷组件　　　C. 单向离合器　　　D. 整流板
6. 充电系统不充电的故障原因有（　　）。
A. 交流发电机故障　B. 调节器故障　C. 电路连接松动　D. 发电机传动带过紧
7. 交流发电机的工作特性包括（　　）。
A. 满载特性　　　B. 外特性　　　C. 输出特性　　　D. 空载特性

8. 交流发电机常见故障包括（　　）。
A. 发电电压过高　　　B. 输出电路过大　　　C. 不发电　　　D. 发电电压不足

三、判断题
1. 汽车发动机热起动时，起动机（起动电动机）由发电机供电。（　　）
2. 隔板的主要作用是防止正、负极板短路。（　　）
3. 在单体电池中正极板比负极板多一片。（　　）
4. 放电电流越大，则蓄电池的容量也越大。（　　）
5. 电解液密度越大，则蓄电池的容量越大。（　　）
6. 传统蓄电池消耗水的途径是蒸发和水的电解。（　　）
7. 配制电解液时，应将蒸馏水缓慢地倒入硫酸中。（　　）
8. 初充电的特点是充电电流较大，充电时间较短。（　　）
9. 对蓄电池进行定电流充电时，蓄电池采用并联连接。（　　）
10. 对蓄电池进行充电必须用交流电源。（　　）
11. 根据蓄电池电解液密度的变化，可以判断其放电程度。（　　）
12. 为了防止蓄电池的接线柱氧化，通常可在接线柱上涂一层油漆。（　　）
13. 蓄电池电解液不足，在无蒸馏水时，可暂用自来水代替。（　　）
14. 蓄电池在使用中应注意密封，防止漏气和泄漏电解液。（　　）
15. 冬季起动发动机，若一次起动不了，可延长起动时间，直到起动了为止。（　　）
16. 交流发电机元件板上压装的二极管是正管子。（　　）
17. 交流发电机后端盖上压装的三个硅二极管是负管子。（　　）
18. 充电指示灯亮就表示起动蓄电池处于放电状态。（　　）
19. 发电机严禁采用短接接线柱试火的方法检查故障。（　　）
20. 交流发电机的中性点是没有电压的。（　　）
21. 所有电压调节器是通过改变交流发电机的励磁电流来实现电压调节的。（　　）
22. 内外搭铁式的电压调节器在使用中可以互换。（　　）
23. 外搭铁式的电压调节器控制的是励磁绕组的相线。（　　）

四、问答题
1. 汽车电源系统由几部分组成？
2. 蓄电池的作用是什么？
3. 试写出充放电过程中的化学反应式。
4. 蓄电池充电终了的标志是什么？
5. 蓄电池放电终了的标志是什么？
6. 什么是蓄电池的容量？其影响因素有哪些？
7. 蓄电池充电方法有几种？各有何特点？
8. 蓄电池使用中应注意什么问题？
9. 交流发电机有何功用？
10. 交流发电机由哪几部分组成？各起什么作用？

11. 简述交流发电机的工作原理。
12. 何谓交流发电机的输出特性、空载特性与外特性？了解这些特性有何指导意义？
13. 交流发电机的中性点输出有何作用？
14. 试分析外搭铁晶体管电压调节器的工作原理，并说明各主要电子元件的作用。
15. 交流发电机与电压调节器在使用中应注意哪些事项？

项目三

汽车起动系统及电路

教学目标

1. 了解起动系统的功用。
2. 了解汽车起动机的结构、工作原理及特性。
3. 了解汽车起动电路的工作过程及特点。

能力目标

1. 掌握起动机的控制过程及控制电路。
2. 掌握起动机的拆装、检测及维护方法。
3. 掌握汽车起动系统电路故障的诊断方法。

任务一　起动机的结构及工作原理

任务目标

1. 了解起动系统的功用。
2. 了解起动机的结构、工作原理。
3. 掌握起动机的拆装方法。

一、起动系统的功用

1. 起动系统的功用

汽车起动系统主要由电源（蓄电池）、起动机和控制电路组成。其功用是起动发动机，发动机起动之后，起动系统便立即停止工作。

根据有无起动附加继电器，其起动系统的外部电路连接方式有两种，如图3-1所示。

起动系统电路连接特点：蓄电池与起动机串联，蓄电池正极与起动机的其中一个主接触柱（或称端子30）直接相连，并在起动时由起动机电磁开关的接触盘将电流直接送入起动机内部，通常将其称为起动系统主电路；起动机电磁开关由点火开关直接控制，如图3-1a所示，或由点火开关通过起动附加继电器控制，如图3-1b所示，通常将这一部分电路称为起动系统控制电路。

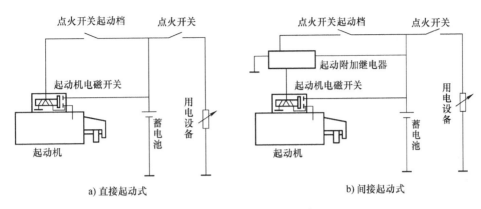

图 3-1 汽车起动系统电路

2. 起动机的类型

汽车用起动机一般由直流电动机、传动机构和操纵机构三部分组成。在各种起动机的三个组成部分中,电动机部分有励磁式和永磁式两种(图 3-2),但一般没有本质的差别。而起动机的传动机构和操纵机构则有很大差异,因此起动机主要是按传动机构和操纵机构的不同来分类的。

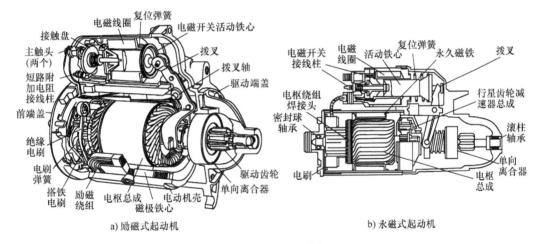

图 3-2 起动机总成

(1) 按操纵机构分类

1) 直接操纵式起动机。它是由脚踏或手拉杆联动机构直接控制起动机的主电路开关来接通或切断主电路的,也称机械式起动机。这种方式虽然结构简单,但操作不便,目前已基本被淘汰。

2) 电磁操纵式起动机。它是由起动按钮或点火开关控制起动附加继电器,再由起动附加继电器控制起动机的主开关来接通或切断主电路的,也称电磁控制式起动机。这种方式可实现远距离控制,操作方便,目前被广泛采用。

(2) 按传动机构的啮合方式分类

1) 惯性啮合式起动机。起动机旋转时,其啮合小齿轮靠惯性力自动啮入飞轮齿圈。起动后,小齿轮又借惯性力自动与飞轮齿圈脱离。这种啮合机构结构简单,但不能传递较大的转矩，而且可靠性较差，所以目前已很少采用。

2）强制啮合式起动机。起动时靠人力或电磁力拉动杠杆强制小齿轮啮入飞轮齿圈。这种啮合机构结构简单，动作可靠，操作方便，目前普遍采用这种结构。

3）电枢移动式起动机。起动时靠起动机磁极磁通产生的吸力使电枢沿轴向移动而使驱动小齿轮啮入飞轮齿圈，起动后再由复位弹簧使电枢回位，让驱动小齿轮退出飞轮齿圈。这种啮合机构多用于大功率的柴油发动机上。

4）减速式起动机。减速式起动机的结构特点是在电枢和驱动齿轮之间装有一级减速齿轮（一般减速比为3～4），它的优点是可采用小型高速低转矩的电动机，使起动机的体积减小、质量减轻，并便于安装；提高了起动机的起动转矩，有利于发动机的起动；减速齿轮的结构简单、效率高，保证了良好的机械性能，同时拆装维修方便。

减速式起动机减速机构根据结构可分为外啮合式、内啮合式和行星齿轮啮合式三种类型。

外啮合式减速机构有两种。一种是单级式的，如图3-3a所示；另一种是双级式的，如图3-3b所示。双级式的在电枢轴主动齿轮和被动轮之间利用中间（惰）轮作减速传动，且起动机电磁开关铁心与驱动小齿轮同轴心，直接推动驱动小齿轮进入啮合，无需拨叉，一般用在小功率的起动机上。

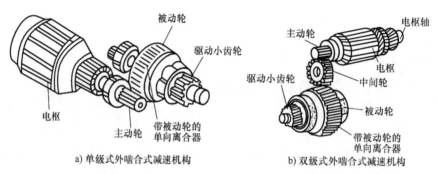

a) 单级式外啮合式减速机构　　b) 双级式外啮合式减速机构

图3-3　外啮合式减速机构

内啮合式减速机构如图3-4所示，具有传动中心距小，减速比大的特点，可有较大的减速比，故适用于较大功率的起动机。

行星齿轮式减速机构如图3-5所示，具有结构紧凑，传动比大，效率高等优点。由于输

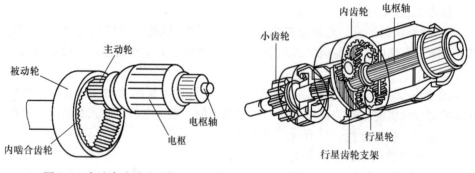

图3-4　内啮合式减速机构　　　　图3-5　行星齿轮式减速机构

出轴与电枢轴同心、同旋向，电枢轴无径向载荷，可使整机尺寸减小。此外，由于行星齿轮啮合式减速起动机的轴向位置结构与普通起动机相同，因此配件可通用。

3. 起动机的型号

根据我国行业标准 QC/T 73—1993《汽车电器设备产品型号编制方法》的规定，起动机的型号由以下 5 部分组成。

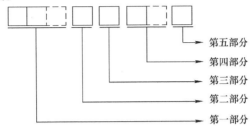

第一部分为产品代号。起动机的产品代号 QD、QDJ、QDY 分别表示起动机、减速起动机及永磁起动机。

第二部分为电压等级代号。1 代表 12V，2 代表 24V，3 代表 6V。

第三部分为功率等级代号。"1"代表 0~1kW，"2"代表 1~2kW……"9"代表 8~9kW。

第四部分为设计序号。

第五部分为变形代号。

例如，QD27E 表示额定电压为 24V、功率为 6~7kW、第五次设计的起动机。

二、起动机的结构及工作原理

起动机一般由串励直流电动机、传动机构和操纵机构三个部分组成，如图 3-6 所示。

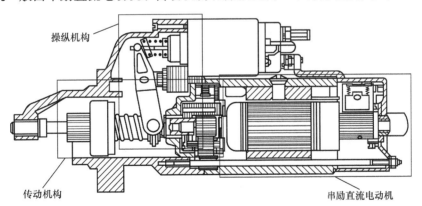

图 3-6 起动机总体构造

1. 串励直流电动机的结构

电动机的作用是将蓄电池输入的电能转换为机械能，产生电磁转矩。

串励直流电动机由电枢、磁极、电刷、壳体等主要部件构成。

（1）电枢

电枢用来产生起动转矩，是直流电动机的旋转部分，主要由电枢轴、电枢铁心、电枢绕组、换向器等组成，如图 3-7 所示。

电枢轴上开有螺旋花键槽，中部装有由硅钢片组成的外圈带嵌线槽的电枢铁心，前后两端的轴颈支承在起动机前后端盖的滑动轴承中。

为了获得足够的转矩，通过电枢绕组的电流一般很大（汽油机为 200～600A，柴油机可达 1000A），电枢绕组采用较粗的矩形裸铜线嵌入电枢铁心制成。

换向器由铜质换向片和云母片叠压而成，且云母片的高度略低于铜质换向片的高度，为了避免电刷磨损的粉末落入换向片之间造成短路，起动机换向片间云母的高度一般不能过低，如图 3-8 所示。电枢绕组各线圈的端头均焊接在换向器片上，蓄电池的电流通过电刷、换向器传递给电枢绕组，并适时地改变电枢绕组中电流的流向。

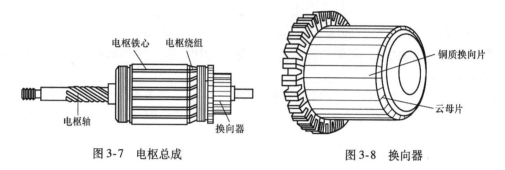

图 3-7　电枢总成　　　　图 3-8　换向器

(2) 磁极

磁极用来产生磁场，一般是由四块低碳钢板制成，其内端部扩大为极掌形。每个磁极上绕有励磁绕组，两对磁极相对交错安装在起动机壳体的内壁上。磁极与转子铁心形成的励磁回路如图 3-9 所示。四个励磁绕组可互相串联后再与电枢绕组串联，也可两两串联后并联再与电枢绕组串联，如图 3-10 所示。

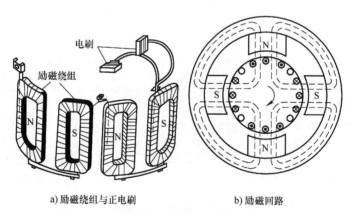

a) 励磁绕组与正电刷　　b) 励磁回路

图 3-9　励磁绕组与励磁回路

(3) 电刷架与壳体

电刷架安装在起动机后端盖上，一般为框式结构，如图 3-11 所示。其中正极刷架与后端盖绝缘，负极刷架通过后端盖直接搭铁。电刷置于电刷架中，正电刷与励磁绕组的末端相连，负电刷通过负极刷架搭铁。为增强电刷的导电性能，电刷由铜粉与石墨粉压制而成，呈

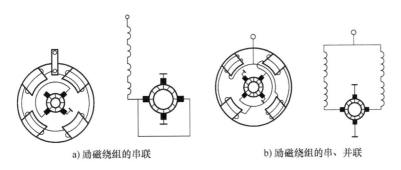

a) 励磁绕组的串联　　　　　　　b) 励磁绕组的串、并联

图 3-10　励磁绕组的接法

棕黑色。刷架上装有弹性较好的盘形弹簧，将电刷压紧在换向片上。

起动机壳体的后端有四个检查窗口，中部有一个与壳体绝缘的电流输入接线柱，并在内部与励磁绕组的一端相连。端盖分前、后两个，前端盖由灰铸铁浇制而成，后端盖由钢板压制而成。前后端盖的中心孔中均压装有青铜石墨轴承套或铁基含油轴承套，外围有两个或四个组装螺孔。前端盖上有拨叉座，盖口有凸缘和安装螺孔，还有拧紧中间轴承板的螺钉孔。

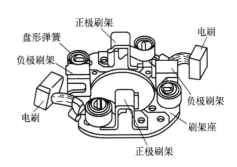

图 3-11　电刷架

2. 直流电动机的工作原理

图 3-12 是直流电动机的工作原理图。电动机工作时，电流通过电刷和换向器流入电枢绕组。如图 3-12a 所示，换向片 A 与正电刷接触，换向片 B 与负电刷接触，绕组中的电流方向为 a→b→c→d，根据通电导体在磁场中受电磁力的原理（左手定则），绕组 ab 边、cd 边均受到电磁力 F 的作用，由此产生逆时针方向的电磁转矩 M 使电枢转动；当电枢转动至换向片 A 与负电刷接触，换向片 B 与正电刷接触时，电流改由 d→c→b→a（换向器适时地改变了电枢绕组中的电流方向），如图 3-12b 所示，但电磁转矩的方向仍保持不变，使电枢按逆时针方向继续转动。

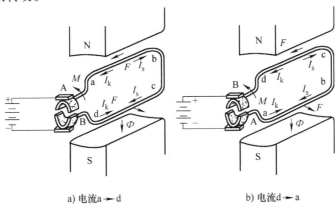

a) 电流 a→d　　　　　　　　b) 电流 d→a

图 3-12　直流电动机的工作原理

上例仅举了电枢绕组中一匝线圈的工作过程,实际上,直流电动机为了产生足够大且转速稳定的电磁转矩,其电枢上绕有很多组线圈,换向器的铜片也随其相应增加。

根据安培定律,可以推导出直流电动机通电后所产生的电磁转矩 M 与磁极的磁通量 Φ 及电枢电流 I_s 成正比。

3. 起动机的工作特性

起动机的工作特性是指起动机输出转矩、输出功率、转速、电流之间的相互关系。起动机的工作特性有转矩特性、转速特性和功率特性。起动机的工作特性取决于直流电动机的特性,而直流串励电动机特性的特点是起动转矩大,机械特性软。

(1) 转矩特性

转矩特性是指起动机起动过程中输出转矩与电枢电流之间的关系。对于直流串励电动机,因为其磁场电流 I_j 与电枢电流 I_s 相等,并且磁路未饱和时,磁通 Φ 与电枢电流成正比,即 $\Phi = C_1 I_s$,所以串励直流电动机的转矩可表示为

$$M = C_m I_s \Phi = C_m C_1 I_s^2$$

可见,在磁路未饱和的情况下,直流串励电动机的电磁转矩 M 与电枢电流 I_s 的平方成正比,如图 3-13 所示。

实际工作中,是检测起动机在全制动条件下,其输出转矩与输入电流是否符合规定要求,来考查起动机转矩特性。在起动发动机的瞬间,由于发动机的阻力矩很大,发动机处于完全制动状态下,转速为零,反电动势也为零。此时电枢电流将达到最大值,电动机产生最大转矩,从而使起动机易于起动发动机。这也是汽车上多采用直流串励电动机的主要原因。

(2) 转速特性

转速特性是指直流电动机转速与电枢电流之间的关系。直流串励电动机转速 n 与电枢电流 I_s 的关系式为

$$n = \frac{U - I_s \sum R - \Delta U_{ds}}{C_m \Phi}$$

式中　U——加在起动机上的端电压;

　　　I_s——电枢电流;

　　　ΣR——包括电枢、励磁绕组电阻;

　　　ΔU_{ds}——电刷接触电压降。

相对而言,直流串励电动机在磁路未饱和时,由于 Φ 不为常数,当 I_s 增加,即电磁转矩增大时,由于 Φ 与 $I_s\Sigma R$ 同时随之增加。因此,电枢转速 n 随 I_s 的增大而下降较快,因此说直流串励电动机具有较软的机械特性,如图 3-14 所示。

实际工作中,是检测起动机在空载条件下,其转速与输入电流是否符合规定要求,来考查起动机转速特性。

结合转矩特性曲线可以看出,直流串励电动机具有轻载(输出转矩小,输入电流小)转速高、重载(输出转矩大,输入电流大)转速低的特点。重载转速低,可以保证电动机在起动时(重载)不会超出限定值而烧毁,使起动安全可靠。这也是车用起动机采用串励直流电动机的又一原因。但由于其轻载或空载时转速很高,容易造成"飞散"事故,故对于功率较大的串励直流电动机,不允许在轻载或空载下长时间运行。

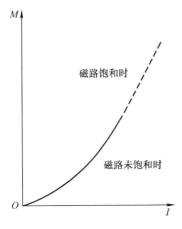

图 3-13 直流串励电动机转矩特性

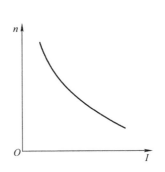

图 3-14 直流串励电动机转速特性

(3) 功率特性

起动机的输出功率由电动机电枢转矩 M 和电枢的转速 n 来确定，即

$$P = \frac{Mn}{9550}$$

由此可以得出起动机的功率特性曲线，如图 3-15 所示。

从特性曲线可以看出，在完全制动状态（$n=0$）和空载（$M=0$）时，起动机的功率等于零；电枢电流接近制动电流的一半时，电动机输出功率最大。由于起动机起动时间很短，起动机可以最大功率运转，因此将其最大功率作为额定功率。

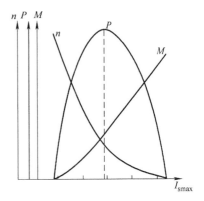

图 3-15 直流串励电动机功率特性

起动机功率必须保证发动机能够迅速可靠地起动。若功率不够将会增加起动次数，缩短蓄电池的使用寿命，增加燃料消耗及低温下发动机零件的磨损。起动发动机所必须的功率，取决于发动机的最低起动转速和起动阻力矩，即

$$P = \frac{M_Q n_Q}{9550}$$

式中　M_Q——发动机的起动阻力矩，单位为 N·m；

　　　n_Q——发动机最低起动转速，单位为 r/min。

发动机的起动阻力矩是指在最低起动转速时的发动机的阻力矩。最低起动转速是指保证发动机可靠起动的最低转速。一般汽油机最低起动转速是 50~70r/min，柴油机是 100~200r/min。

起动机所需功率（kW）一般为

汽油机：$P = (0.184 \sim 0.21)L$

柴油机：$P = (0.736 \sim 1.05)L$

式中　L——发动机的排量。

在实际应用中，影响起动机功率的因素较多，必须对起动机进行正确保养。影响因素主

要如下：

① 接触电阻和导线电阻的影响。电刷与换向器接触不良、电刷弹簧弹力减弱以及导线与蓄电池接线柱连接不牢，都会使电阻增加；导线过长以及导线截面积过小所造成较大的电压降。由于起动机工作时电流特别大，这些都会使起动机功率减小。因此必须保证电刷与换向器接触良好，导线插头牢固，并尽可能缩短蓄电池到起动机的导线、蓄电池搭铁线的长度，并选用截面积足够大的导线，以保证起动机的正常工作。

② 蓄电池容量的影响。蓄电池容量越小，其内阻越大，内阻消耗的电压降也越大，从而供给起动机的电压降低，也会使起动机功率减小。

③ 温度的影响。当温度降低时，由于蓄电池电解液黏度增大，内阻增加，加上蓄电池容量和端电压也会因温度低而下降，起动机功率将会显著降低。

三、传动机构的结构及工作原理

传动机构是起动机的主要组成部件，由单向离合器和减速机构组成（有的起动机不具有减速机构）。其作用是在起动发电机时将电动机的转矩传递给发动机的飞轮齿圈，使发动机迅速起动；发动机起动完成后又能自动打滑，防止起动机不被发动机飞轮反拖，保护起动机不致"飞散"损坏。

传动机构采用的单向离合器有滚柱式单向离合器、摩擦片式单向离合器等几种。

1. 滚柱式单向离合器

滚柱式单向离合器是目前国内外汽车起动机中使用最多的一种。其结构如图3-16所示。其中，驱动齿轮采用40号中碳钢经加工淬火而成，与外壳连成一体。外壳内装有十字块，十字块与外壳之间形成了4个楔形槽，槽内装有4套滚柱及弹簧。十字块与花键套固定连接，底壳与外壳相互折合密封。花键套筒的外面装有缓冲弹簧、拨环及卡环。单向离合器总成利用花键套与起动机轴上的花键形成动配合，可以做轴向移动和随轴转动。

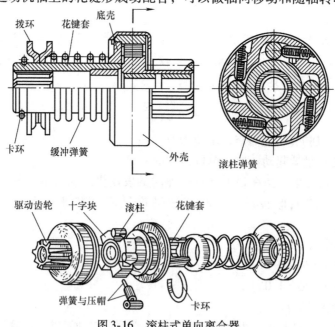

图3-16 滚柱式单向离合器

滚柱式单向离合器的工作原理如图 3-17 所示。起动发动机时,拨叉将单向离合器总成沿电枢花键轴推出,使驱动齿轮啮入发动机飞轮齿圈(此时发动机处于静止状态)。这时电动机电枢旋转,通过轴上的花键带动花键套(十字块)随电动机电枢一起旋转,促使 4 个滚柱进入楔形槽的窄端,将十字块与外壳挤紧。于是电动机电枢的转矩就通过轴上的花键、花键套、十字块经滚柱传给外壳(驱动齿轮),从而达到驱动发动机飞轮齿圈旋转、起动发动机运转的目的,如图 3-17a 所示。

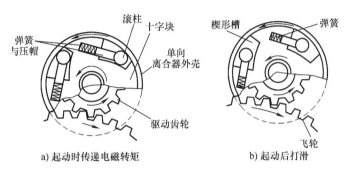

图 3-17 滚柱式单向离合器的工作原理图

当发动机起动后,飞轮齿圈的转速高于驱动齿轮,即外壳的转速高于十字块,外壳与滚柱的摩擦力使滚柱进入楔形槽的宽端而自由滚动,从而切断了发动机传给起动机的动力传递。这时,驱动齿轮(外壳)随飞轮齿圈作高速旋转,而起动机空转(起动电路并未及时断开),如图 3-17b 所示。这种单向离合器的打滑功能防止了起动机电枢超速"飞散"的危险。起动完毕,由于拨叉复位弹簧的作用,经拨环使单向离合器退回,驱动齿轮完全脱离飞轮齿圈。

滚柱式离合器具有结构简单、坚固耐用、体积小、质量轻、工作可靠等优点,因此得到广泛采用。其不足是不能用于大功率起动机上。

2. 摩擦片式单向离合器

摩擦片式单向离合器的驱动齿轮与外接合鼓做成一个整体,其结构如图 3-18 所示。在外接合鼓的内壁有 4 道轴向槽沟,装有钢质从动摩擦片。在传动套筒的一端表面亦有 3 条螺旋花键,与内接合鼓内的 3 条螺旋花键配合。内接合鼓的外表面也有 4 条轴向槽沟,装有钢或青铜制造的主动摩擦片。主动摩擦片和从动摩擦片彼此相间地排列组装。内接合鼓的外面装有缓冲弹簧,端部固装着拨环。

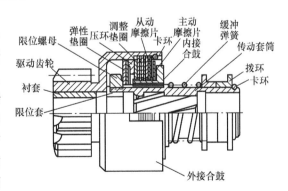

图 3-18 摩擦片式单向离合器构造

摩擦片式单向离合器的工作原理如图 3-19 所示。发动机起动时,如图 3-19a 所示,拨叉推动拨环使内接合鼓沿 3 条螺旋花键向外移动,由于螺旋花键的作用,主动和从动摩擦片被相互压紧,产生了摩擦力。当驱动齿轮啮入飞轮齿圈后,电动机的转矩使主、从动摩擦片压得更紧，摩擦力更大，起动机的转矩通过摩擦传给飞轮齿圈，驱动飞轮齿圈（曲轴）旋转。发动机起动后，如图3-19b所示，驱动齿轮被飞轮齿圈带动高速旋转，从动摩擦片到主动摩擦片的摩擦力带动内花键毂转动，使内花键毂与螺旋花键旋松，于是主动和被动摩擦片之间的摩擦力消失而打滑，防止了电枢超速"飞散"的危险。

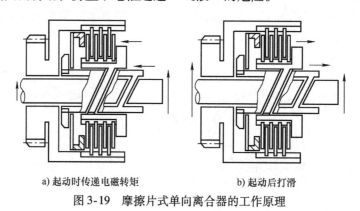

a) 起动时传递电磁转矩　　b) 起动后打滑

图 3-19　摩擦片式单向离合器的工作原理

摩擦片式单向离合器具有传递大转矩，防止超载损坏起动机的优点，多用在大功率起动机上。但由于摩擦片容易磨损而影响起动性能，需要经常检查、调整或更换摩擦片。

四、操纵机构的结构及工作原理

操纵机构的作用是通过控制起动机电磁开关及杠杆机构（或其他某种装置），来实现起动机传动机构与飞轮齿圈的啮合与分离，并接通和断开直流电动机与蓄电池之间的主电路。

目前汽车起动机采用的操纵机构主要有直接控制的电磁开关、附加继电器控制的电磁开关两种。

操纵机构（或称为控制机构）主要由起动机电磁开关、拨叉、拨环等组成，如图3-20所示。操纵机构的作用，一是控制起动机主电路的通断；二是在主电路接通之前使驱动齿轮与飞轮齿圈啮合。起动机电磁开关有两种控制方式：一种是由点火开关直接控制；另一种是由点火开关通过起动附加继电器控制。

1. 直接控制式电磁开关

直接控制式电磁开关控制电路如图3-20所示。这种电路的控制电路有两条（回路1和回路2），主电路有一条（回路3）。整个起动过程可分为如下三个阶段。

（1）起动时

将点火开关拨到起动档。在点火开关拨到起动档的一瞬间，接通了两条回路，实现了两个动作。

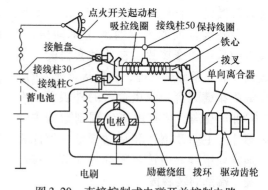

图 3-20　直接控制式电磁开关控制电路

回路1：蓄电池正极→点火开关→接线柱50→吸拉线圈→接线柱C→起动机励磁绕组→电刷→电枢绕组→电刷→搭铁→蓄电池负极。

回路1的接通导致了动作1：流经励磁绕组与电枢绕组中的小电流使起动机缓慢转动，

以保证驱动齿轮被强制啮入飞轮齿圈时不与其发生碰齿现象，而顺利啮入。

回路2：蓄电池正极→点火开关→接线柱50→保持线圈→搭铁→蓄电池负极。

回路2的接通导致了动作2：磁场铁心在吸拉线圈和保位线圈所产生的磁场（这时两线圈所产生的磁场方向相同）的共同作用下，向左移动，并同时通过拨叉推动起动机驱动齿轮向右移动，与飞轮齿圈啮合。

（2）起动中

由于上述回路2的作用，铁心会向左移动，最终使接触盘与电磁开关上的接线柱30和接线柱C接触，即接通起动机主电路。此时，实现两个动作，即短路回路1，接通回路3。

动作3：由于铁心左移，接触盘与电磁开关上的接线柱30和接线柱C接触。

短路了回路1：由于上述动作，吸拉线圈的两端均被加上了蓄电池的端电压而被短路，吸拉线圈磁场力消失，铁心仅依靠回路2的保位线圈所产生的磁场，继续保持接触盘将接线柱30和接线柱C接通。

接通了回路3：蓄电池正极→接线柱30→接触盘→接线柱C→起动机励磁绕组→电刷→电枢绕组→电刷→搭铁→蓄电池负极。

动作4：回路3中流经励磁绕组和电枢绕组中的大电流使起动机产生大转矩，经起动机的传动机构驱动飞轮齿圈使曲轴旋转，起动发动机。

（3）起动后

发动机起动后，松开点火开关，接线柱50断电，由于机械惯性，在松开点火开关的瞬间内，接触盘仍使接线柱30和接线柱C接通，瞬间构成一个新的回路：蓄电池正极→接线柱30→接触盘→吸拉线圈→保持线圈→搭铁→蓄电池负极。此时，由于吸拉线圈与保持线圈产生相反方向的磁场（绕组中电流方向相反）而使有效磁场大大削弱，铁心因失去磁场力而在复位弹簧的作用下迅速复位，接触盘与接线柱30和接线柱C分开，回路3被断开，同时驱动齿轮通过拨叉被拉回原位，起动完毕。

在上述的三条回路中，一般将回路1和回路2看作一条回路，即起动系统的开关电路（在没有起动继电器的控制电路中，也可以看作控制电路）；而回路3则被称为起动系统的主电路。

传统点火系统中，在接线柱30和接线柱C之间还有一旁通接线柱，是用来在起动时短路点火线圈的附加电阻，从而改善起动时的点火性能。目前，汽车较多采用电子点火，点火系统已不再设置附加电阻，在这种类型的车上，起动机电磁开关也没有旁通接线柱。

2. 起动附加继电器控制的电磁开关

如图3-21所示是带有起动附加继电器控制的电磁开关电路。与如图3-20所示的控制电路相比，多了一条点火开关控制起动附加继电器磁场线圈的控制回路。也就是说，这种电路的控制电路有三条，主电路有一条。

控制回路1：蓄电池正极→点火开关起动档→起动附加继电器线圈→搭铁→蓄电池负极。

控制回路2：蓄电池正极→起动附加继电器固定触点→活动触点→磁轭→接线柱50→吸拉线圈→接线柱C→励磁绕组→电刷→电枢绕组→电刷→搭铁→蓄电池负极。

控制回路3：蓄电池正极→起动附加继电器固定触点→活动触点→磁轭→接线柱50→保持线圈→搭铁→蓄电池负极。

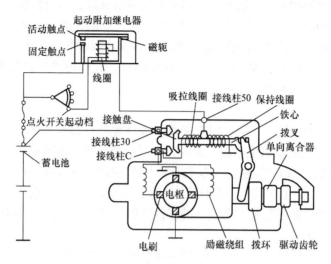

图 3-21 带起动附加继电器的起动系控制电路

主电路：蓄电池正极→接线柱 30→接触盘→接线柱 C→励磁绕组→电刷→电枢绕组→电刷→搭铁→蓄电池负极。

将点火开关旋至起动档起动发动机时，起动附加继电器线圈通电，吸下衔铁使触点闭合，接通了起动机电磁开关回路，起动机投入工作。发动机起动后，松开点火开关，点火开关自动转回到正常工作档位，起动附加继电器线圈断电而触点被断开，起动机电磁开关回路也随即断开，起动机停止工作。

利用起动附加继电器来控制起动机电磁开关回路，能减小通过点火开关起动触点的电流，避免了点火开关的烧蚀，延长了点火开关的使用寿命。

五、起动机的使用与调整

1. 起动机的正确使用

使用起动机时，应注意以下事项。

① 起动机每次起动时间不超过 5s，再次起动时应间隔 15s，使蓄电池得以恢复。如果连续 3~5 次无法起动，则应在检查与排除故障的基础上再行起动。

② 在冬季或低温情况下起动时，应采取相应的措施，例如对蓄电池预热确保蓄电池有充足的起动容量，对手摇发动机进行预润滑等。

③ 发动机起动后，必须立即切断起动机控制电路，使起动机停止工作。

此外，起动机外部应经常保持清洁，各连接导线，特别是与蓄电池相连接的导线，应保证连接牢固可靠；汽车在进行二级维护时，应检查与清洁换向器，清除换向器表面的炭粉和脏污；汽车起动系统修理时，应检查测试电刷的磨损程度以及电刷弹簧的压力（均应在规定范围之内）。

2. 起动机的调整

起动机的调整包括电枢轴轴向间隙的调整、驱动齿轮端面与起动机安装凸缘之间距离的调整、电磁开关接通时刻的调整。

(1) 电枢轴轴向间隙的调整

如图 3-22 所示，在电枢轴的电刷端盖外侧用调整垫片调整电枢轴的轴向间隙，其间隙应为 0.1~0.3mm，然后装上挡圈。

(2) 驱动齿轮端面与起动机安装凸缘之间距离的调整

驱动齿轮端面与起动机安装凸缘之间距离的调整如图 3-23 所示，使活动铁心回到极限位置，让拨叉靠在限位螺钉上。此时驱动齿轮端面与起动机安装凸缘之间的距离应为32.5~34mm。若不符合要求，应适当拧入或旋出限位螺钉进行调整。

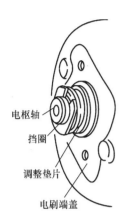

图 3-22 电枢轴轴向间隙的调整

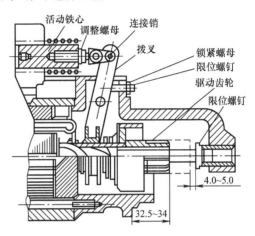

图 3-23 驱动齿轮极限位置的调整

3. 电磁开关接通时刻的调整

如图 3-23 所示，将电磁开关的活动铁心推至使其开关刚好接通的位置，并保持稳定。测量驱动齿轮与止推垫圈端面之间的间隙值，一般其间隙值为 4.0~5.0mm，若不符合，可拆下连接销，适当拧入或旋出拨叉与活动铁心的连接螺杆进行调整，直至合格为止。

实训十 汽车起动机的拆装与检测

一、实训目的

1) 掌握起动机的拆装方法。
2) 掌握起动机各部件的检测方法。

二、设备器材

1) 各种类型的起动机 4 只。
2) 拆装工具、万用表、百分表、V 形架、游标卡尺、电枢检测仪 4 套。

三、教学组织

学生分 4 个小组，在教师指导下完成工作任务单的内容。

四、任务工作单

1. 拆装起动机

以 321 型起动机为例说明起动机的拆装步骤。

（1）解体起动机

1）拆防护带和衬垫。用螺钉旋具旋下防尘箍（护圈）的紧固螺钉，并取下防尘箍和密封纸垫圈。

2）用十字槽螺钉旋具通过壳体的检视窗口旋下四个电刷的接线螺钉，再用铁丝钩拉起电刷弹簧，并把电刷从电刷架内抽出。

3）用十字槽螺钉旋具旋下电磁开关活动铁心护罩上的四个紧固螺钉，取下护罩。仔细研究传动机构的构造，并用手反复推压活动铁心，观察与思考传动机构的结构特点、工作原理及作用，调整部位及结构。

4）用钳子将传动叉上端的铰接销钉上的开口锁销取下，再抽出铰接销钉。

5）用呆扳手旋下穿心螺钉，用锤子轻击后端盖边缘，并将后端盖取下。仔细研究后端盖的构造，并观察与思考后端盖总成的装配关系、结构特点、电刷的作用及工作情况，电刷压力不足会引起何种不良后果？为什么？

6）将电枢轴前端限位环上的开口锁销用钳子取下，沿轴向向内滑动限位环，并取出两个半圆锁环。仔细研究其构造，并观察与思考锁环和限位环的结构特点及作用。

7）用锤子轻击传动端壳，并将传动端壳连同传动机构从电枢的花键轴上抽出；再把电枢从定子腔内抽出，仔细研究传动端壳与定子壳体和传动机构的装配关系及其结构特点。

8）用套筒扳手拆下传动叉中间铰接销钉螺母，用锤子轻击销钉并将其抽出，再把传动叉从传动端壳后端面向下抽出，并取出驱动小齿轮啮合器总成。

9）用呆扳手拆下电磁开关接柱的接线和连接片，再用十字槽螺钉旋具旋下电磁开关后盖板上的螺钉，并将后盖板和密封垫取下。仔细研究电磁开关的构造，并观察与思考电磁开关的结构特点、工作原理、接线关系和各元件的作用。

（2）组装起动机

1）将离合器和拨叉装入后端盖内。

2）装入中间轴承支撑板。

3）将电枢轴插入后端盖内。

4）装上电动机外壳和前端盖，并用长螺栓结合紧。

5）装电刷和防尘罩。

6）装起动机电磁开关。

起动机组装后应转动灵活，各摩擦部位涂润滑油予以润滑，电枢轴的轴向间隙应符合标准。

2. 维修起动机

（1）检修励磁绕组

励磁绕组的常见故障有插头脱焊，以及绕组匝间短路、断路或搭铁等。对于插头脱焊和绕组断路故障，解体后可直接看到；对于绕组匝间短路，必须通电检测或在汽车电器试验台上用电枢诊断仪检测；对于绕组搭铁，可用万用表的高阻值挡测量绕组端子与外壳之间的电阻值,应为"∞"。

1)断路故障检修。用万用表电阻 $R\times1$ 量程档测量起动机接线柱到绝缘电刷之间的电阻 R,如图3-24所示。阻值应接近 0Ω。如果测得的数值为"∞",说明励磁绕组断路。若励磁绕组在绕组相互连接处断路,可重新进行锡焊;若在绕组中间断裂,则应重新绕制。

2)短路故障检修。可采用测试励磁绕组磁力的方法检测励磁绕组是否有匝间短路的故障,如图3-25所示。用蓄电池2V直流电源正极接起动机接线柱,负极接绝缘电刷。将一字槽螺钉旋具放在每个磁极上,检查磁极对旋具的吸力,应相同。若某磁极吸力弱,则初步判断为匝间短路。再进一步进行检测,将励磁绕组套在铁棒上,放入电枢感应仪进行检查,如图3-26所示。感应仪通电几分钟后,如果励磁绕组发热,则表明匝间有短路故障。如果匝间短路,可拆除外表面的纱带,剔除烧坏的绝缘纸,重新镶嵌新的绝缘纸,再用纱带包扎浸漆烘干即可。

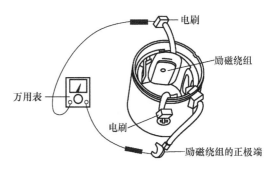

图3-24 励磁绕组断路故障的检测

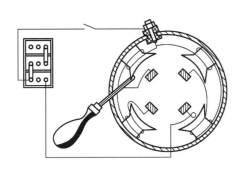

图3-25 励磁绕组短路故障的检测

图3-26 励磁绕组匝间短路的检测

3)搭铁故障检修。用万用表电阻 $R\times10k\Omega$ 量程档测量起动机接线柱与起动机外壳之间的阻值,如图3-27所示。测得的数值应为"∞";否则说明励磁绕组存在搭铁故障。如果绕组中存在搭铁故障,需用新纱带将其重新包扎,并浸漆烘干即可。

(2)检修电枢绕组

电枢绕组的常见故障有断路、匝间短路或搭铁等。可用万用表高阻值档检测电枢绕组是否搭铁。电枢绕组短路的检测应在专用实验台上进行。

1)断路故障检修。用万用表电阻的最小量程档测量任意两个换向器片之间的电阻值,应为"0",如图3-28所示。如果存在阻值,则应更换电枢总成,或重新焊接电枢绕组和换向器片。

2)短路故障检修。用汽车电器万能试验台上的电枢感应仪检测电枢绕组短路故障,电路如图3-29a所示。

检测时,将电枢放在电枢感应仪上,手握薄钢锯条与铁心平行,如图3-29b所示,缓慢转动电枢并观察钢锯条的状态。如果钢锯条发生振动或被吸向铁心,则电枢绕组在此位置短路，需要更换。

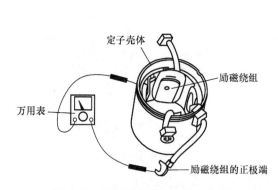

图3-27 励磁绕组搭铁故障的检测

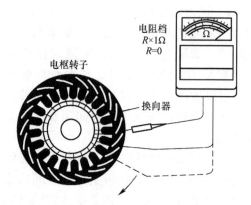

图3-28 电枢绕组断路故障的检测

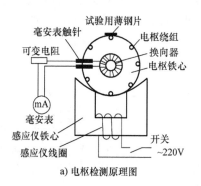

a) 电枢检测原理图

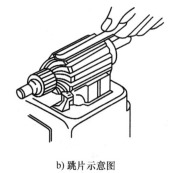

b) 跳片示意图

图3-29 电枢绕组短路故障的检测

3) 搭铁故障检修。用万用表电阻 $R \times 10k\Omega$ 量程档进行测量。将一支表笔接到电枢铁心上，另一支表笔接到换向器的任一换向片上，如图3-30所示。电阻应为"∞"。如果相互连通，电阻为"0"，则该电枢绕组必须重新绕制或更换。

（3）检修换向器

换向器故障多为表面烧蚀、脏污、云母片突出等。

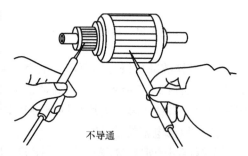

图3-30 电枢绕组搭铁故障的检测

1) 换向器圆度的检测。换向器圆度的检测方法如图3-31所示。用百分表检测换向器表面的径面圆跳动量，不得大于极限值0.03mm。对于轻微烧蚀，用"00"号砂纸打磨即可。严重烧蚀或失圆（径向圆跳动>0.05mm）时应进行机加工，但加工后换向器铜片厚度不得少于2mm。

2) 换向器最小直径的检测。换向器最小直径的检测如图3-32所示。检测数值不得小于使用极限值，否则应更换电枢。

3）换向器磨损的检测。换向器磨损的检测如图 3-33 所示。对于云母层过高，切口过窄、过浅或呈 V 形断面等情况均应更换。检修时，若换向器铜片间槽的深度小于 0.2mm，就需用锯片将云母片割低至规定的深度。

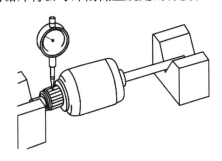

图 3-31 换向器圆度的检测

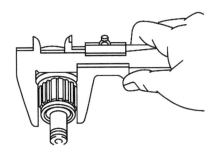

图 3-32 换向器最小直径的检测

（4）检修电枢轴

电枢轴的常见故障是弯曲变形。电枢轴弯曲变形的检测如图 3-34 所示。将电枢轴用 V 形架支承，用百分表检查电枢轴的径向圆跳动量。电枢轴径向圆跳动应不大于 0.15mm，否则应用冷压校正或更换电枢。

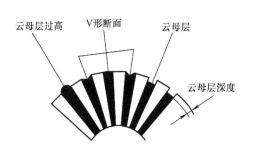

图 3-33 检测换向器云母层的深度和形状

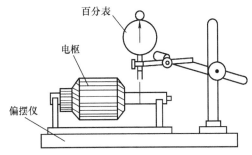

图 3-34 电枢轴弯曲变形的检测

（5）检修电刷与刷架

1）电刷高度的检测。电刷高度的检测如图 3-35 所示，电刷磨损后的高度不应小于电刷原高度的 2/3，一般不小于 10mm，电刷在架内活动自如，电刷与换向器的接触面不小于 75%，并且要求电刷在电刷架内无卡滞现象，否则应进行修磨或更换。

2）电刷架的检测。用万用表的导通档位检测两绝缘电刷架与电刷架座盖之间的电阻值，阻值应为"∞"，否则说明绝缘体损坏；用相同方法检测两搭铁电刷架与电刷架座盖，阻值应为"0"，否则说明电刷架松动，搭铁不良。

3）电刷弹簧的检测。用弹簧秤检查弹簧的弹力，如图 3-36 所示，应为 11.76~14.7N，若过小，则应更换。

（6）检修单向离合器

单向离合器的常见故障是打滑、驱动齿轮损坏等。

检测时可首先检查驱动齿轮和花键以及飞轮齿圈有无磨损或损坏，在确保无损坏的情况下，握住单向离合器的外座圈，转动驱动齿轮，应能自由转动；反转时应锁住，否则应更换单向离合器。

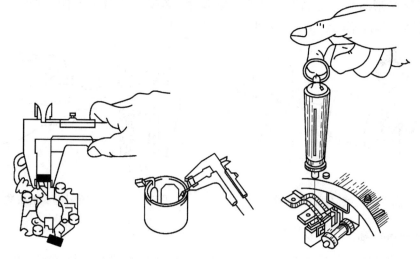

图3-35 电刷高度的检测　　　图3-36 电刷弹簧弹力的检测

具体可以用扭力扳手来检测。将单向离合器夹紧在台虎钳上，向单向离合器压紧方向旋转，如图3-37所示。如果打滑时的转矩小于规定值，说明单向离合器打滑，应予以更换。对于摩擦片式单向离合器，如果转矩偏小，可以通过调整压环前的弱性垫圈厚度使其达到使用要求。

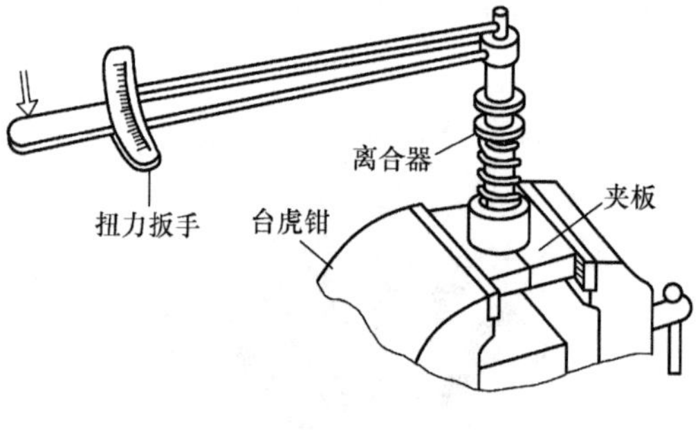

（7）检修电磁开关

1）接触盘表面和触点表面的检修。接触盘及触点表面有轻微烧蚀，可以用锉刀或砂布修整。复位弹簧过弱应予以更换。

图3-37 单向离合器转矩的检测

2）保持线圈和吸拉线圈电阻值的检测。用万用表 $R \times 1$ 档按如图3-38a所示的方法测量保持线圈，其电阻值约为 1Ω，若电阻为"∞"，说明保持线圈已断路；按如图3-38b所示的方法测量吸拉线圈，其电阻值约为 0.5Ω，若电阻为"∞"，说明吸拉线圈断路，应重新绕制或更换。

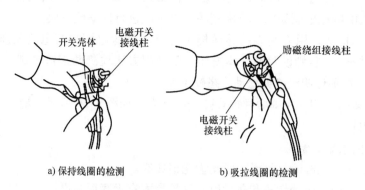

a）保持线圈的检测　　　b）吸拉线圈的检测

图3-38 起动机电磁开关线圈电阻值的检测

部分起动机电磁线圈的标准电阻值见表3-1。

表3-1 起动机电磁开关线圈的电阻值

起动机型号	保持线圈/Ω	吸拉线圈/Ω
QD1211	0.88 ± 0.1	0.27 ± 0.05
QD124F	0.97 ± 0.1	0.6 ± 0.05
QD124A	1.29 ± 0.12	0.33 ± 0.03

任务二 汽车起动系统电路及故障诊断

任务目标

1. 了解汽车起动系统电路的基本形式及工作原理。
2. 掌握汽车起动系统电路故障的诊断方法。

一、起动系统电路的一般形式

目前，起动系统电路有两种形式。一种是不带起动附加继电器的起动系统电路，如图3-39所示；另一种是带起动附加继电器的起动系统电路，如图3-40所示。

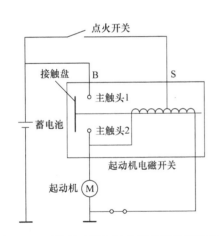

图3-39 不带起动附加继电器的起动系统电路

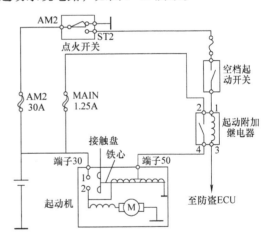

图3-40 带起动附加继电器的起动系统电路

不论带或不带起动附加继电器，我们都可将起动电路分为两个部分。一部分是主电路，另一部分为控制电路。

主电路是在起动机工作时为起动机励磁绕组和电枢绕组提供电能（流）的电路。其电路连接路线是：蓄电池正极→主触头1→起动机电磁开关内部的接触盘→主触头2→起动机（励磁绕组→电枢绕组）→起动机外壳→搭铁→蓄电池负极。

控制电路的作用是控制起动机电磁开关动作，一方面使起动机主电路接通；另一方面使起动机小齿轮与发动机飞轮齿圈啮合，达到使起动机带动发动机飞轮齿圈转动的目的。不带起动附加继电器的起动控制电路是通过点火开关直接控制起动机电磁开关工作，因为起动机电磁开关在工作时电流较大,容易使点火开关损坏,所以现在的汽车已很少采用。带起动附加继电器的起动控制电路通过控制起动附加继电器内的电磁线圈,使继电器内部的常开触点闭合从而接通起动电磁开关电路,使起动电磁开关工作。

上述两种电路在发动机起动后,如果不小心将点火开关再转动到起动位置,起动电路会被接通而造成打齿现象(这是因为发动机工作时,起动机小齿轮试图与飞轮齿圈啮合,由于转速不同而造成的)。因此,有些车辆采用了组合继电器。

二、典型起动系统电路

1. CA1091型汽车起动电路

解放 CA1091 型汽车起动电路如图 3-41 所示。

该起动电路最大的特点就是带有组合(起动)继电器,具有起动保护作用。即发动机在运行状态下,如果因误操作而将点火开关转到起动档,起动机不会工作,这样避免了飞轮在高速运转时,起动机驱动齿轮的啮入(因线速度不一致,很难啮入)而造成打齿的现象。

组合继电器中的起动继电器的线圈 L_1 受另外一个继电器的常闭触点 K_2 的控制。发动机运转时,发电机中性点的电压加在组合继电器的线圈 L_2 上,吸开常闭触点 K_2,使起动继电器的线圈 L_1 处于断路状态,即使此时将点火开关转到起动档,因 L_1 中没有电流,不会将触点 K_1 闭合,起动机无法工作,起到了保护作用。

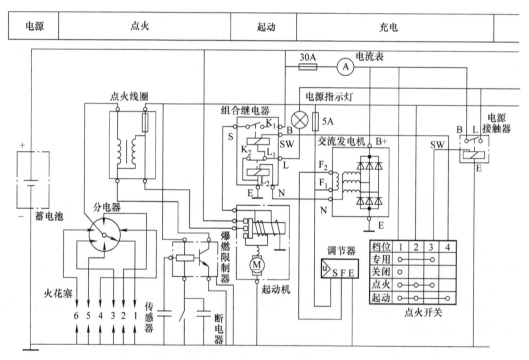

图 3-41 CA1091 型汽车起动电路

2. 丰田轿车起动电路

丰田威驰轿车的起动电路如图 3-42 所示。

该起动电路带起动附加继电器。点火开关转到起动档(ST2)时,蓄电池正极经 60A 熔断器→15A 熔断器→点火开关→ST（起动）继电器线圈→搭铁→蓄电池负极，使 ST 继电器线圈通电，常开触点闭合，接通起动机电磁开关电路：蓄电池正极→60A 熔断器→30A 熔断器→ST（起动）继电器触点→起动机电磁开关（内部电路）→搭铁→蓄电池负极，使起动机动作。

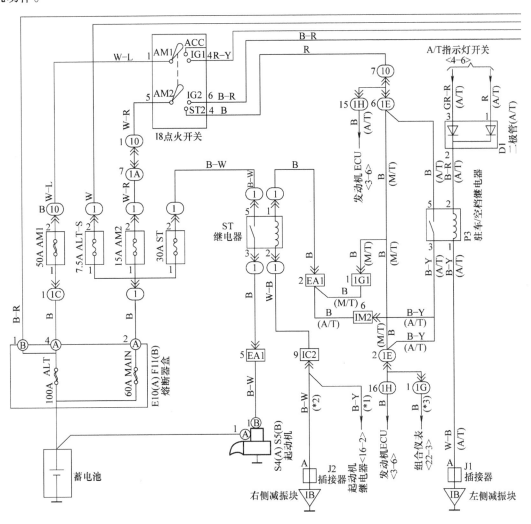

图 3-42 丰田威驰轿车的起动电路

如果轿车配置自动变速器，起动继电器线圈绕组还受到驻车/空档继电器的控制，即只有变速器的变速杆处于驻车/空档位置时，才能起动发动机。此外，当点火开关旋转到起动位置时，从点火开关的 ST2 端子还给发动机 ECU 及组合仪表提供一个信号，用作与起动有关的其他控制或指示。

3. 上海帕萨特 B5 起动电路

上海帕萨特 B5 起动电路如图 3-43 所示。

该起动电路采用直接控制式。图中起动机 B 的端子 30 与蓄电池的正极直接相连，起动机电磁开关的控制端子 50 与点火开关端子 50b 相连。点火开关的端子 30 是常电源，与蓄电

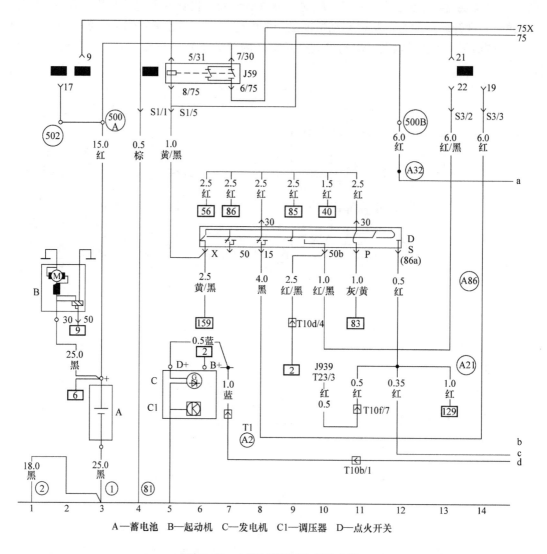

图 3-43 上海帕萨特 B5 起动电路

池的正极相连。当点火开关旋到起动位置时,蓄电池正极经点火开关→点火开关端子 50b→起动机端子 50 送入起动机电磁开关(内部电路)→搭铁→蓄电池负极,直接为起动机电磁开关供电。电磁开关工作,接通起动机的主电路,起动机工作。

三、起动系统的故障诊断与排除

起动系统的常见故障主要有:起动机不工作(不转);起动机运转无力;起动机驱动齿轮可与飞轮齿圈啮合但起动机不转;起动机空转;起动完毕后起动机不停转等。具体故障现象、故障原因、排除方法见表 3-2。

表3-2 起动系统常见故障、故障原因及排除方法

故障现象	故障部位	故障原因	排除方法
起动机不转	蓄电池	蓄电池严重亏电；蓄电池内部短路或硫化	检查充电系统，排除不充电或充电电流过小的故障；修理或更换
	线路	蓄电池至起动机之间连接导线不良、连接松动、接线柱氧化或积污，蓄电池搭铁不良	检查导线，必要时更换；清洁接线柱及接点，并紧固
	点火开关	点火开关起动档损坏	更换
	起动继电器	继电器触点氧化、线圈短路或断路	清洁触点、修理或更换
	驻车/空档继电器	变速器变速杆未处于驻车档或空档；继电器触点氧化、线圈短路或断路	①将变速杆拨至驻车档或空档 ②清洁触点、修理或更换
	起动机	电磁开关损坏，接触盘触点氧化，电刷磨损或弹簧损坏，换向器氧化与电刷接触不良，电枢或励磁绕组断路	检查并找出故障部位，修复，必要时更换
起动机运转无力，发动机不能起动	蓄电池	充电不足；蓄电池故障	①检查充电系统并充电 ②修理或更换
	线路	蓄电池至起动机之间接线松动或接触不良	紧固并清理连接点
	起动机	电磁开关接触盘触点氧化，电刷磨损，弹簧不良 换向器氧化与电刷接触不良；电枢或励磁绕组短路或接触不良	①清洁触点，检查弹簧张力和电刷长度，必要时更换 ②用细砂纸打磨换向器 ③检查电枢或励磁绕组，必要时更换
起动机驱动齿轮可与飞轮齿圈啮合但起动机不转	蓄电池	蓄电池严重亏电	检查充电系统，排除不充电或充电电流过小的故障
	起动机	电磁开关接触盘、触点氧化，电刷磨损；弹簧损坏；换向器氧化与电刷接触不良；电枢、励磁绕组短路、断路	①清洁接触盘和触点；更换电刷 ②更换弹簧 ③清洁换向器 ④检查电枢和励磁绕组，修理或更换
起动机空转	起动机	接触盘接触时间过早；单向离合器打滑	①检查调整 ②更换
起动完毕后起动机不停转	起动机	电磁开关接触盘与触点烧结；传动叉弹簧损坏	①修理接触盘及触点 ②更换传动叉弹簧
	起动继电器	触点烧结	修理或更换继电器
	点火开关	损坏	更换

实训十一 汽车起动系统故障的诊断

一、实训目的

掌握汽车起动系统电路故障的诊断方法。

二、设备器材

1）试验车 4 台。
2）试灯、万用表、辅料等 4 套。

三、教学组织

学生分 4 个小组，在教师指导下完成工作任务单的内容。

四、任务工作单

起动系统起动机不转故障的检测与排除，以带起动附加继电器的起动系统电路为例。

1. 检查蓄电池储电状况

起动发动机的同时，接通前照灯或喇叭，观察灯光亮度，听喇叭声响是否正常，如变弱，则检查蓄电池是否亏电和线路连接是否松动。

2. 检查起动机

用一字旋具短接起动机端子 30 和端子 C，观察火花强弱和起动机工作状况。

若短接时无火花，起动机不转，说明励磁绕组、电枢绕组或电刷引线等有断路故障，应拆下起动机检修。

若短接时有强烈火花而起动机不转，说明起动机内部有短路或搭铁故障，应拆下起动机检修。

若短接时起动机正常运转，进行下一步检查。

3. 检查起动机电磁开关

用导线短接起动机电磁开关端子 50 和端子 30，观察起动机电磁开关和起动机工作状况。

若起动机电磁开关吸合正常，起动机不转，说明接触盘与端子 30 和端子 C 接触不良，应拆修起动机电磁开关。

若起动机电磁开关发出"哒、哒……"的吸合声，起动机不转，说明起动机电磁开关内部吸拉线圈或保位线圈断路、短路或接触不良，应拆修起动机电磁开关。

若起动机电磁开关正常吸合，起动机运转，说明起动机和起动机电磁开关良好，进行下一步检查。

4. 检查起动附加继电器

检查点火开关拨到起动档时，起动附加继电器是否有吸合的声音。

若有吸合的声音，起动机不转动，而短接起动附加继电器接线柱 S 与接线柱 B 时起动机转动，则故障原因为起动附加继电器触点接触不良或烧蚀。

若无吸合的声音，而短接起动附加继电器接线柱 S 与接线柱 SW 时起动机转动，则故障原因为点火开关损坏或点火开关至起动附加继电器的导线断路。

若无吸合的声音，而将起动附加继电器搭铁接线柱直接与车体连接时，起动机正常运转，则故障原因为起动附加继电器搭铁不良。

若上述检查正常，进行下一步检查。

5. 检查蓄电池至点火开关电路

排除电磁开关端子50至蓄电池正极之间线路或点火开关故障时，可用12V/2W试灯逐段进行诊断排除。将试灯的一个引线电极搭铁，另一个引线电极接点火开关端子30，若试灯不亮，说明蓄电池正极至点火开关间的线路断路；若试灯点亮，说明该段线路良好，继续下述检查。

6. 检查点火开关

将试灯引线电极接点火开关端子30，点火开关转到起动位置，若试灯不亮，说明点火开关故障，应换用新品；若试灯点亮，说明点火开关良好，故障发生在点火开关端子30至起动机端子50之间，逐段检查即可排除。

思考与练习

一、单选题

1. 汽车发动机在起动时，曲轴的最初转动是（　　）。
  A. 有一个外力转动了发动机飞轮而引起的
  B. 借助于气缸内的可燃混合气燃烧和膨胀做功来实现的
  C. 借助于活塞与连杆的惯性运动来实现的
  D. 由起动电动机通过传动带传动直接带动的

2. 为了获得足够的转矩，通过电枢绕组的电流很大，一般汽油机的起动电流为（　　）。
  A. 20~60A　　　B. 100~200A　　　C. 200~600A　　　D. 2000~6000A

3. 起动机在起动瞬间，则（　　）。
  A. 转速最大　　　B. 转矩最大　　　C. 反电动势最大　　　D. 功率最大

4. 起动机在全制动时的输出功率（　　）。
  A. 最大　　　B. 中等　　　C. 较大　　　D. 为零

5. 在将起动机传动叉压到极限位置时，驱动小齿轮与止推垫圈之间必须保持适当的间隙，这个间隙一般为（　　）。
  A. 2~3mm　　　B. 3~4mm　　　C. 4~5mm　　　D. 5~6mm

6. 起动机在汽车的起动过程中是（　　）。
  A. 先接通起动电源，然后让起动机驱动齿轮与发动机飞轮齿圈相啮合
  B. 先让起动机驱动齿轮与发动机飞轮齿圈相啮合，然后接通起动电源
  C. 在接通起动电源的同时，让起动机驱动齿轮与发动机飞轮齿圈相啮合
  D. 以上都不对

7. 当起动附加继电器线圈通过电流时，铁心被磁化而吸合触点，致使吸拉线圈和保位线圈之间的电路被（　　）。
  A. 断开　　　B. 接通　　　C. 隔离　　　D. 以上都不对

8. 起动机电刷的高度若不符合要求，则应予以更换。一般电刷高度不应低于标准高度的（　　）。
  A. 1/2　　　B. 2/3　　　C. 1/4　　　D. 1/5

9. 发动机起动运转无力，其主要原因在（　　）。

A. 蓄电池与起动机 B. 起动机与点火系
C. 蓄电池与供油系 D. 蓄电池与点火系

二、多选题

1. 关于起动机换向器，下列描述正确的是（ ）。
A. 相邻两个换向片之间是绝缘的
B. 测量相邻两个换向片之间的电阻值应为无穷大
C. 测量相邻两个换向片之间的电阻值应很小
D. 测量任意两个换向片之间的电阻值都很小

2. 当起动发动机时，起动机内发出周期性的敲击声且无法转动，可能的原因是（ ）。
A. 电磁开关内保持线圈短路 B. 电磁开关内保持线圈断路
C. 蓄电池亏电 D. A 和 C 的情况都存在

3. 在起动机中，单向离合器的作用是（ ）。
A. 单向传递转矩 B. 防止起动机过载
C. 防止起动后发动机反拖起动机 D. 以上说法都对

4. 常见的单向离合器有（ ）。
A. 双扭曲簧式 B. 扭簧式 C. 摩擦片式 D. 滚柱式

5. 电磁开关试验等检查项目主要包括（ ）。
A. 铁心复位 B. 吸拉线圈 C. 励磁线圈 D. 保持线圈

三、判断题

1. 起动机励磁绕组的一端接在电源接线柱上，另一端与两个绝缘电刷相连。（ ）
2. 直流串励式电动机中"串励"的含义是四个励磁绕组相串联。（ ）
3. 起动机的电磁转矩与电流的平方成反比。（ ）
4. 起动机转速越高，流过起动机的电流越大。（ ）
5. 直流串励式电动机在重载时转速低而转矩大的特性，可保证起动安全、可靠。（ ）
6. 对功率较大的起动机可在轻载或空载下运行。（ ）
7. 直流串励式电动机的工作特性指转矩、转速、功率与电流之间的关系。（ ）
8. 驱动小齿轮与止推垫圈之间的间隙大小视不同的起动机型号而稍有出入。（ ）
9. 起动机驱动齿轮与飞轮不啮合并有撞击声，这是起动机开关闭合过晚的缘故（驱动齿轮与飞轮还未啮合），起动机就已转动了。（ ）
10. 判断起动机电磁开关中吸拉线圈和保持线圈是否已损坏，应以通电情况下看其能否有力地吸动活动铁心为准。（ ）
11. 在起动过程中，电磁开关内的保持线圈被短路，由吸拉线圈维持起动状态。（ ）
12. 起动机的传动装置只能单向传递转矩。（ ）
13. 单向滚柱式啮合器的外壳与十字块之间的间隙是宽窄不等的。（ ）
14. 减速起动机中的减速装置可以起到减速增矩的作用。（ ）
15. 起动机开关断开而停止工作时，继电器的触点张开，保持线圈的电路便改道，经吸拉线圈、电动机开关回到蓄电池的正极。（ ）

四、问答题

1. 起动机由哪三大部分组成?各部分的作用是什么?
2. 汽车上为何采用直流串励式电动机?
3. 改变蓄电池的搭铁极性,起动机的旋转方向是否改变?为什么?
4. 电磁开关的作用是什么?吸拉线圈和保持线圈分别起什么作用?
5. 单向离合器有何作用?简述滚柱式单向离合器的工作原理。
6. 简述带起动附加继电器的起动控制电路的工作过程。
7. 影响起动机运转无力的因素有哪些?并做出分析。
8. 在使用起动机时应注意哪些事项?
9. 起动机需要进行哪些调整?
10. 拆装起动机时应注意哪些问题?
11. 起动系常见的故障有哪些?

项目四

汽车点火系统及电路

教学目标

1. 了解点火系统的功用。
2. 了解汽车各种点火系统的组成、零部件的结构及工作原理。
3. 了解汽车各种点火系统电路的工作原理。

能力目标

1. 掌握点火系统各零部件的性能及检测方法。
2. 掌握汽车点火系统电路故障的诊断方法。

任务一 汽车点火系统的功用及发展过程

任务目标

1. 了解点火系统的功用。
2. 了解各种点火系统的基本组成、工作原理。

一、汽车点火系统的功用及类型

1. 汽车点火系统的功用

点火系统的功用是适时地为汽油发动机气缸内已压缩的可燃混合气提供足够能量的电火花,同时满足可燃混合气充分燃烧及发动机工作稳定的性能要求,使发动机能及时、迅速地做功,实现从热能到机械能的转变。

2. 汽车点火系统的类型

汽车上采用的点火系统有三种类型:传统点火系统、电子点火系统(晶体管点火系统)、微机控制点火系统。目前传统点火系统已被淘汰。

传统点火系统主要由电源(蓄电池)、点火开关、点火线圈(附加电阻)、分电器(包括断电器、配电器、容器、点火提前角调节机构)、火花塞等组成。

电子点火系统主要由电源(蓄电池)、点火开关、点火线圈、分电器(包括配电器、点火提前角调节机构)、信号发生器、点火控制器(或称点火模块、电子点火器)、火花塞等组成。

微机控制点火系统主要由电源（蓄电池）、点火开关、传感器、电子控制单元（或称电控单元、ECU）、执行器（点火线圈、点火控制器、火花塞）等组成。

二、对汽车点火系统的要求

汽车点火系统应根据发动机各种工况的要求，适时地提供能量足够的电火花。具体要求如下：

1. 适时性要求

适时性要求包括以下三个方面。

1）一缸点火时刻准确。一缸点火时刻（俗称大火）准确是指发动机一缸达到压缩行程上止点时，点火系统应准确提供适当点火提前角的点燃可燃混合气的电火花。

2）点火顺序准确。点火顺序（俗称小火）准确是指点火系统应能提供符合发动机气缸做功顺序的电火花。例如，某台6缸发动机的做功顺序为1-5-3-6-2-4，点火顺序也应该为1-5-3-6-2-4。

3）点火提前角准确。研究表明为使发动机产生最大功率，可燃混合气点燃后应使气缸内的最高压力出现在上止点（做功行程）后12°~15°。因此，为保证发动机在不同工况条件下产生最大功率，必须适时调整点火提前角。

2. 点火能量要求

点火能量要求包括以下两个方面。

1）足够高的击穿火花塞电极间隙的电压。使火花塞电极之间产生火花的电压称为击穿电压。发动机正常工作时击穿电压一般均在15kV以上；发动机在满载低速时击穿电压为8~10kV；起动时需19kV。考虑各种不利因素的影响，通常点火系统的设计电压为30kV。

2）电火花应具有足够的点火能量。正常工作情况下，可靠点燃可燃混合气的点火能量为50~80mJ，起动时需要100mJ左右的点火能量。

三、点火系统对发动机工况的影响

1. 点火电压对发动机工况的影响

点火系统所能产生的最高次级电压随发动机转速变化的规律称为点火系统的工作特性，研究表明，点火系统产生的最高次级电压理论计算公式为

$$U_{2max} = \frac{U_B}{R}(1 - e^{-\frac{R120\tau_b}{LnZ}})\sqrt{\frac{L}{C_1\left(\frac{N_1}{N_2}\right)^2 + C_2}} \tag{4-1}$$

式中 U_B——点火系统电源电压；

         R——点火系统一次回路的电阻；

         L——点火线圈初级绕组的电感；

         n——发动机转速；

         Z——发动机气缸数；

         C_1——分电器上的电容；

         C_2——分布电容；

         τ_b——触点的相对闭合时间（触点闭合时间与触点开、闭一次的周期之比）；

         N_1/N_2——点火线圈初次级绕组匝数比。

由式（4-1）可知，次级电压的最大值 U_{2max} 随发动机转速的升高而降低。从图4-1 所示可以看出，在发动机转速为 1000r/min 左右，次级电压 U_{2max} 达到最高值，随着发动机转速的升高，次级电压将下降到某一限值 U_1（保证能可靠点燃可燃混合气的最低电压），超过此限值，发动机将不能稳定地工作。

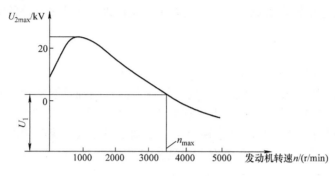

图 4-1　点火系统的工作特性

式（4-1）表明，次级电压的主要影响因素如下：

（1）发动机气缸数

从最高次级电压理论计算公式（4-1）可知，次级电压的最大值将随发动机气缸数的增加而降低。这是因为发动机的气缸数越多，点火信号发生器转子每转一周，通过点火控制器接通点火线圈初级绕组的时间越短。初级绕组通电时间越短，内部储存的能量越小，切断时产生次级电压的最大值越低。

（2）火花塞积炭

积炭具有导电性，它覆盖在火花塞绝缘体的表面及电极的周围，使火花塞电极间的有效间隙减小，降低了火花塞间隙的击穿电压，U_{2max} 还没有升到足够高就因火花塞的击穿而降下。当积炭严重时，由于漏电严重，火花塞甚至不能跳火，发动机不能正常工作。

当火花塞由于积炭严重而不能跳火或跳火过弱时，可用"吊火"的方法临时补救。即拔出分缸高压线使它与火花塞接线柱之间保留 3~4mm 的间隙（称附加间隙），使次级电压上升过程中不发生泄漏。当次级电压上升到足够高后，附加间隙和火花塞间隙同时被击穿。但是"吊火"法是增加了点火线圈的负担，只能短时使用。因此在积炭严重时，应及时清除，消除积炭的影响。

（3）电容值的大小

从 U_{2max} 的理论计算公式（4-1）可知，U_{2max} 随电容 C_1 和 C_2 的减小而增大。当 $C_1=0$ 时，U_{2max} 最大，但实际上 C_1 太小，就不能很好地起到吸收点火线圈初级绕组自感电动势的作用，触点断开时的电火花将会增大，从而使 U_{2max} 降低。C_1 过大时，触点火花虽小，但电容充放电的周期较长，磁场下降速率减慢，也会使 U_{2max} 降低。一般 C_1 值在 0.15~0.35μF 之间为宜。分布电容 C_2 应越小越好，但 C_2 不可减小到零，因为次级绕组、配电器、高压线和火花塞本身都具有一定的电容，所以受结构限制不可能过小，一般为 40~70pF。

（4）点火线圈温度

当点火线圈过热时，由于初级绕组的电阻增大，使初级电流减小，次级电压下降。

2. 点火提前角对发动机工况的影响

点火提前角（点火正时）是指从火花塞电极间跳火开始，到活塞运行至上止点时的一段时间内曲轴转过的角度。在汽油机中，当可燃混合气在上止点开始被点燃后，其最大爆发力发生在上止点后约 12°～15°位置，这时可燃混合气燃烧的热能才能最有效地转化为做功爆发力，如图 4-2 所示中 A 线所示。但可燃混合气点燃时，并不能立刻产生最大爆发力，存在一个相对固定时长的燃烧过程。由于发动机转速及负荷均为变化值，为保证气缸做功的最大爆发力，始终保持在上止点后 12°～15°位置，点火提前角（点火时刻）应该根据发动机转速及负荷情况进行适时调整，如若不能正确调整点火提前角，则会如图 4-2 所示中的 B、C 线所示，最高压力下降，发动机功率降低。

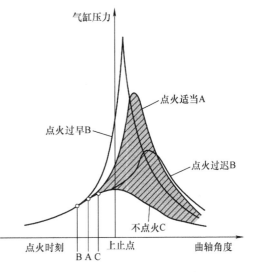

图 4-2　点火提前角对发动机性能的影响

（1）发动机负荷

当发动机转速一定时，随着负荷的加大，节气门开度加大，进入气缸的可燃混合气量增多，压缩终了时的压力和温度增高。同时，残余废气在气缸内所占的比例减小，混合气燃烧速度加快。因此，点火提前角应随负荷的增大而适当减小。反之，点火提前角则应随发动机负荷减小而适当增大。

点火提前角随负荷调整时，考虑到发动机最大燃烧爆发力发生在上止点后 12°～15°位置，低负荷时最佳点火提前角设定在上止点前 20°。随着发动机负荷的增加，空气密度增加，火焰的传播速度加快，为了使发动机高负荷时最大燃烧爆发力产生在上止点后 12°～15°的位置，点火提前角必须减小。发动机怠速时，点火提前角必须小或为零，以防止不稳定燃烧。综上所述，点火提前角应随负荷的加大而逐渐减小

（2）发动机转速

当发动机节气门开度一定时，随着转速增高，燃烧过程所占曲轴转角增大，这时应适当加大点火提前角。因此，点火提前角应随转速增高适当加大。假设发动机的转速提高到 2000r/min，如果实际点火时刻不因发动机的转速变化而固定不变，这时燃烧所占的曲轴转角比 1000r/min 时增加，则发动机的最大燃烧爆发力将产生在上止点后 15°之后。因此，为了在 2000r/min 时使最大燃烧爆发力产生于上止点后 12°～15°的位置，点火正时必须进一步提前。基于上述原因，点火提前角随发动机转速的提高应逐渐减小。

（3）汽油的辛烷值

点火提前角还与汽油的抗爆性能有关。爆燃是由燃烧室中的空气燃油混合气自燃（炽热点火）导致的。点火被提前时，更易于产生爆燃。过度爆燃会对发动机性能产生负影响，比如燃油消耗率差，动力下降。相反，轻微的爆燃可以改善燃油消耗率和动力性。使用辛烷值高，抗爆性能好的汽油，点火提前角应加大；反之，则应较小。

四、点火系统的发展过程

汽车点火系统按其发展过程可分为传统点火系统、电子点火系统、微机控制点火系统。

1. 传统点火系统

这种类型的点火系统基本构造如图 4-3 所示。在该系统中是通过机械触点来控制点火线圈初级电流，并采用机械离心装置和真空装置来控制点火提前角的。这种系统中点火线圈的初级电流受断电器触点的周期性控制，离心式点火提前装置和真空式点火提前装置控制点火正时，分电器把次级绕组产生的高压分配到火花塞。

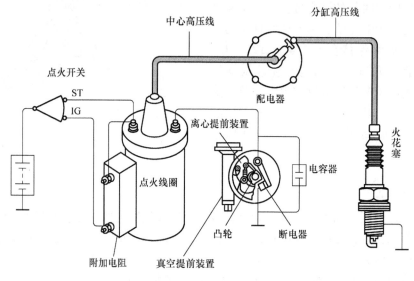

图 4-3 传统点火系统

由于断电器触点式点火系统采用机械开关控制装置，控制精度差、高速性能不佳，已被电子点火系统和微机控制点火系统所取代。

2. 电子点火系统

电子控制点火系统通过晶体管的开关作用，替代机械触点控制点火线圈中初级绕组电路的通断，使点火线圈产生高压电。在这种点火系统中，点火控制器中的晶体管根据信号发生器产生的电信号周期性地控制初级电流的通断。而其点火正时控制装置与断电器触点式相同，如图 4-4 所示。

3. 微机控制点火系统

微机控制点火系统也称电控点火系统，如图 4-5 所示。该系统取消了分电器，由发动机控制单元控制点火控制器，点火控制器控制点火线圈直接向火花塞提供高压电。发动机各种工况的点火数据由微机内的储存器提供。在这种点火系统中，离心式点火提前装置和真空式点火提前装置已不再使用，而是由发动机电控单元（ECU）中的电控点火提前（ESA）功能控制点火提前角。

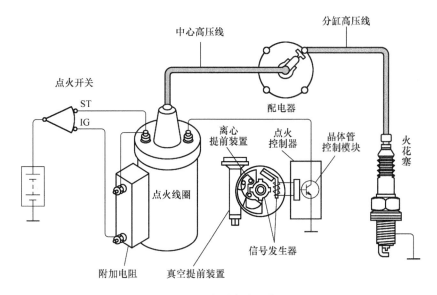

图 4-4 电子点火系统

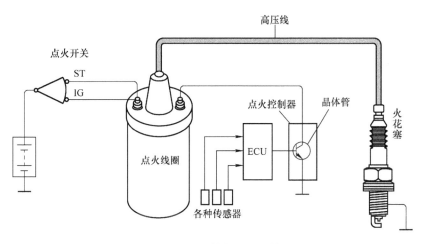

图 4-5 微机控制点火系统

任务二 电子点火系统电路及故障诊断

任务目标

1. 了解电子点火系统的组成、分类和工作原理。
2. 了解电子点火系统各部件的工作原理。
3. 掌握电子点火系统各部件的性能检测方法。
4. 掌握电子点火系统故障的诊断方法。

一、电子点火系统的组成、分类和工作原理

1. 电子点火系统的组成

由于传统点火系统的次级高压受发动机气缸数、火花塞积炭、机械触点等因素的影响，越来越不适应现代发动机对转速、功率、废气排放的要求，目前多数发动机采用电子点火系统和微机控制点火系统。

电子点火系如图4-6所示，主要包括以下几个部分。

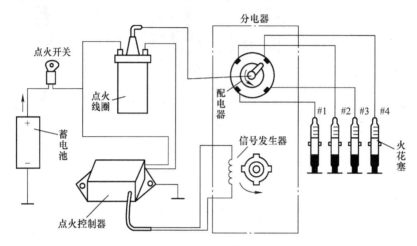

图4-6 电子点火系统的组成

（1）电源

由蓄电池或发电机供给点火系统工作所需的电能。

（2）点火开关

点火开关工作在Ⅰ档或Ⅱ档时为点火线圈一次电路提供电源。

（3）点火线圈

点火线圈将电源提供的12V低压电变成15~20kV的高压电。

（4）信号发生器

信号发生器为点火控制器提供点火控制信号。

（5）点火控制器

点火控制器根据信号发生器发出的点火控制信号，接通或切断点火线圈初级绕组，使点火线圈次级绕组产生高压电。

（6）分电器

分电器由配电器、点火提前角调节机构等组成。

① 配电器：将点火线圈产生的高压电按气缸的工作顺序送至各缸火花塞。

② 点火提前角调节机构：随发动机负荷、转速、汽油辛烷值的变化改变点火提前角。

（7）火花塞

火花塞产生电火花，点燃气缸内的可燃混合气。

2. 电子点火系统的分类

电子点火系统按有无触点，可分为有触点式和无触点式，有触点式电子点火系统目前已

基本被淘汰。按储能方式的不同，电子点火系统可分为电感储能式（以点火线圈作为储能元件）和电容储能式（以电容作为储能元件）。电感储能式电子点火系统具有结构简单，成本低，发动机低速点火性能好等优点，在普通汽油发动机上得以广泛应用；电容储能式点火系统仅应用在高速发动机上。按信号发生器的性质不同，电子点火系统又可分为磁感应式、霍尔效应式和光电式三种。

3. 电子点火系统的工作原理

电子点火系统的工作原理如图 4-7 所示。信号发生器转动时，周围磁场发生变化，传感器中产生电压信号，经点火控制器的放大、整形后控制末级大功率晶体管的导通与截止，使点火线圈初级绕组中的电流发生变化，次级绕组中感应出高压电。通过配电器送到各气缸。

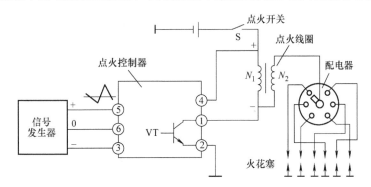

图 4-7　电子点火系统的工作原理

二、电子点火系统的主要元件

电子点火系统的主要元件有点火线圈、分电器（配电器、点火提前角调节机构）、信号发生器、点火控制器、火花塞。

1. 点火线圈

点火线圈由初级绕组、次级绕组、铁心等组成。按磁路的结构形式不同，点火线圈可分为开磁路式点火线圈和闭磁路式点火线圈；按外部接线柱多少可分为四接线柱式和三接线柱式。

（1）开磁路式点火线圈

如图 4-8 所示是一种常见的开磁路式点火线圈，有三接线柱式（不带附加电阻）和四接线柱式之分。

点火线圈的中心是用硅钢片叠成的铁心，在铁心外面套上绝缘的纸板套管，纸质套管上绕有直径为 0.06～0.10mm、11000～23000 匝的次级绕组；次级绕组外面绕有直径为 0.5～1.0mm、230～370 匝的初级绕组。初级绕组在次级绕组的外面，以利于散热。初级绕组和外壳之间装有导磁钢套以减少漏磁，底部有瓷质绝缘支座，上部有绝缘盖，外壳内充满沥青或变压器油等绝缘物，以加强绝缘并防止潮气侵入。

四接线柱式与三接线柱式点火线圈的区别在于四接线柱式带附加电阻，而三接线柱式不带附加电阻。四接线柱式点火线圈的绝缘盖上有中心高压线和"−""开关""+开关"4个接线柱，分别接分电器盖中心孔、断电器、起动机附加电阻短路接线柱、点火开关"IG"

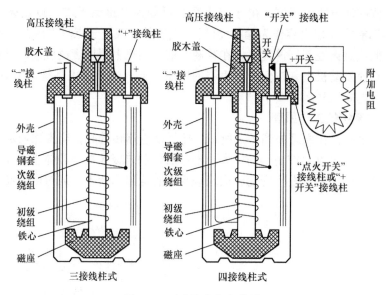

图 4-8 开磁路式点火线圈

接线柱或 15 接线柱。附加电阻接在标有"开关"和"+开关"的两接线柱上，与点火线圈的初级绕组串联。

（2）闭磁路式点火线圈

闭磁路式点火线圈的结构如图 4-9 所示，有"口"字形和"日"字形之分。与开磁路式点火线圈不同的是铁心内绕有初级绕组，而次级绕组绕在初级绕组外面。绕组在铁心中形成的磁通通过铁心形成闭合磁路，故称为闭磁路式点火线圈。

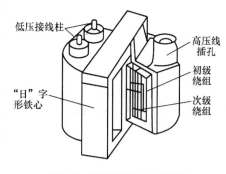

图 4-9 闭磁路式点火线圈

与开磁路式点火线圈相比，闭磁路式点火线圈具有漏磁少，转换效率高，体积小，质量轻，铁心裸露易于散热等优点，目前已在电子点火系统中被广泛采用。

（3）附加电阻

附加电阻是一种正温度系数的热敏电阻，一般用低碳钢丝、镍铬丝或纯镍丝制成，具有受热时电阻值迅速增大，而冷却时电阻值迅速减小的特性。因此，将其用在点火系统的一次电路，来稳定一次电流，改善高速时的点火特性。

2. 分电器

电子点火系统的分电器主要由配电器、点火提前角调节机构、信号发生器等组成，如图 4-10 所示。

（1）配电器

配电器安装在分电器内部的上方，由固定安装在分电器壳上的胶木制分电器盖和由分电器轴带动旋转的分火头组成。胶木制分电器盖的中央有一高压线插孔称为中心电极，其内侧装有带弹簧的炭柱，压在分火头的导电片上。分电器盖的四周均匀分布着与发动机气缸数相

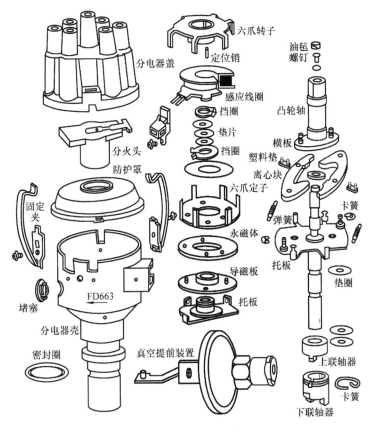

图 4-10 电子点火系统分电器

等的侧电极（各分缸高压线插孔），可通过分缸高压线与各气缸火花塞相连。分火头随分电器轴一起旋转，当点火控制器切断点火线圈初级绕组（次级产生高压电）时，分火头上的导电片总是正对某一侧电极，此时来自点火线圈次级绕组的高压电经中心电极引入到分火头上，跳过分火头与侧电极之间较小的气隙，经侧电极、分缸高压线引入各缸火花塞上跳火，点燃气缸内的可燃混合气而使发动机做功。

（2）点火提前角调节机构

气缸内的气体压力在活塞运行到上止点后相对于曲轴转角12°～15°时达到最高值，发动机才能发挥最大的热效率。因此，我们将这一点火时刻称为点火提前角（曲轴从点火开始时刻转到上止点所转过的角度）。

最佳点火提前角应根据发动机转速、混合气的浓度及混合质量、燃油品质等诸多因素来确定。当发动机转速一定时，点火提前角应随发动机负荷的增大而适当减小，随发动机负荷的减小而适当增大；当发动机负荷一定时，点火提前角应随发动机转速的升高而适当增大，随发动机转速的降低而适当减小；当使用高辛烷值汽油时，因其抗爆性好，点火提前角应适当增大。

综上所述，点火提前角调节机构一般设有两套：一套是能根据发动机转速的变化而自动调节点火提前角的装置，称为离心式点火提前调节机构；另一套是能根据发动机负荷不同而自动调节点火提前角的装置，称为真空式点火提前调节机构。

离心式点火提前调节机构如图 4-11 所示。当发动机转速升高时，重块在离心力的作用下克服弹簧拉力向外甩开，其上的销钉推动断电器凸轮带动离心提前机构横板沿原旋转方向，相对于分电器轴转动一个角度，使凸轮提前顶开触点，即点火提前角增大，如图 4-12 所示。当发动机转速降低时，离心重块的离心力相应减小，弹簧将重块拉回一些，点火提前角减小。

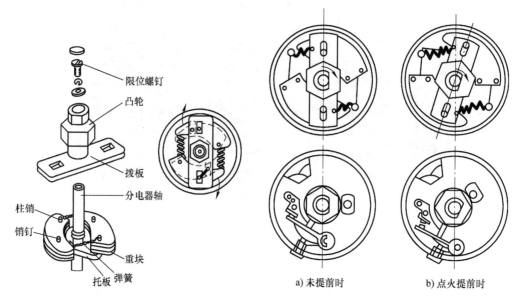

图 4-11 离心式点火提前调节机构　　图 4-12 离心式点火提前调节原理

随着发动机转速升高，气缸漏气量减小，可燃混合气燃烧速度加快，但可燃混合气燃烧速度的增加较发动机转速的增加要小。因此，随发动机转速升高，点火提前角的增幅应适当减小。为此，离心式点火提前调节装置中设置一细一粗两个弹簧。细弹簧在发动机转速较低时起作用，而粗弹簧要在发动机转速达到一定值、重块上的离心力较大时才能起作用。由于重块在发动机高速时有两个弹簧起作用，相应的点火提前角的增幅也就较小，更符合发动机对点火提前角的要求。

真空式点火提前调节机构如图 4-13 所示。

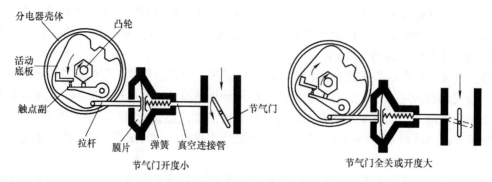

图 4-13 真空式点火提前调节机构

真空式点火提前调节机构中膜片的左侧通大气，右侧通过真空软管与节气门全关时位于其前方的进气管道相通。

发动机怠速运转时，节气门全关，节气门前方的真空度几乎为零。真空点火提前调节机构的膜片在弹簧力作用下向左拱曲至最大，拉杆拉动活动底板连同断电器触点，沿分电器轴旋转方向转动至最大角度，使点火提前角最小或不提前。

发动机小负荷工作，节气门开度较小，这时小孔位于节气门后方，真空度较大，真空点火提前调节机构的膜片克服弹簧力向右拱曲，拉杆拉动活动底板连同断电器触点，沿分电器轴旋转方向的逆向转动一个角度，使凸轮提前顶开触点，点火提前角增大。

随发动机负荷增加，节气门开度增大，吸气孔处的真空度逐渐减小，真空点火提前调节机构的弹簧推动膜片使点火提前角逐渐减小。

（3）辛烷值调节器

当使用的汽油标号改变时，应采用辛烷值调节器调节点火提前角。辛烷值调节器安装在分电器壳体上，其典型结构如图4-14所示，主要由固定板、调节板、锁止板、调整螺杆、调整螺母等组成。调整时，先拧松锁止螺钉，同方向旋转两调整螺母，即可使分电器壳体（相当于触点）相对分电器轴（相当于分电器凸轮）顺时针或逆时针转动，改变点火提前角。若壳体（触点）转动的方向与凸轮工作时转动的方向相同，则点火时刻推后（提前角减小）；若壳体（触点）转动的方向与凸轮工作时转动的方向相反，则点火时刻提前（提前角增大）。

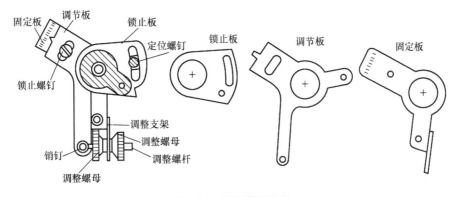

图 4-14 辛烷值调节器

3. 信号发生器

目前，电子点火系统和微机控制点火系统采用的信号发生器主要有三种：电磁感应式、霍尔效应式和光电式。

（1）电磁感应式信号发生器

采用电磁感应式信号发生器的分电器总成如图4-15所示。其电磁感应式信号发生器如图4-16所示，主要由磁性转子、永久磁铁、铁心、感应线圈等组成。

电磁感应式信号发生器的工作原理如下。

磁性转子安装在分电器轴上，分电器轴由凸轮轴驱动。发动机运转时通过凸轮轴带动磁性转子转动。磁性转子转动时，磁路中的气隙就会周期性地发生变化，并使感应线圈铁心内的磁通量随之周期性的变化，如图4-17所示。

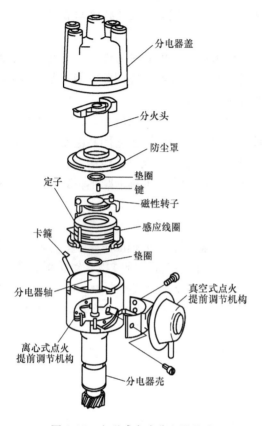

图 4-15 电磁感应式分电器总成

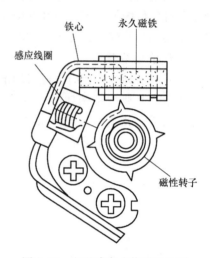

图 4-16 电磁感应式信号发生器

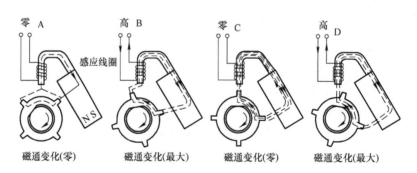

图 4-17 磁性转子转动时,线圈中磁通量变化过程图

线圈中产生的感应电动势的变化如图 4-18 所示。磁性转子顺时针方向旋转时,转子凸齿与铁心之间的气隙减小,磁路磁阻减小,磁通量 Φ 增多,磁通量变化率增大,感应电动势 E 为正。当转子凸齿接近铁心边缘时,Φ 急剧增多,磁通变化率最大,E 最高(B 点)。转子转过 B 点后,虽然 Φ 仍在增多,但磁通变化率减小,E 降低。

当磁性转子转到凸齿的中心线与铁心中心线对齐时,虽然气隙最小,Φ 最大,但磁通量不可能继续增加,磁通量的变化率为零,E 为零。

当磁性转子顺时针方向继续旋转,凸齿离开铁心时,凸齿与铁心之间的气隙增大,磁路磁阻增大,磁通量 Φ 减少,磁通量变化率为负,感应电动势 E 为负。转子凸齿离开铁心边缘时，Φ 急剧减少，磁通变化率达到负向最大值，E 也达到负向最大值。转子继续转动，虽然 Φ 仍在减少，但磁通变化率减小，E 升高。

当磁性转子转到两个凸齿的中间与铁心中心线对齐时，虽然气隙最大，Φ 最小，但磁通量不可能继续减少，磁通量的变化率为零，E 为零。

综上所述，磁性转子每转过一个凸齿，感应线圈中就会产生一个周期的交变电动势，即电动势出现一次最大值和一次最小值，感应线圈也就相应地输出一个交变电压信号。

电磁感应式信号发生器不需要外加电源，永久磁铁起着将机械能转变为电能的作用。发动机转速变化时，转子凸齿转动的速度也发生变化，铁心中的磁通变化率也随之发生变化。转速越高，磁通变化率就越大，感应线圈中的感应电动势也就越高。

(2) 霍尔效应式信号发生器

1) 霍尔效应。霍尔效应的原理如图 4-19 所示。当电流 I 通过放在磁场中的半导体基片（即霍尔元件），且电流方向与磁场方向垂直时，在垂直于电流和磁场的半导体基片的横向侧面上将产生一个电压 U_H（通常称之为霍尔电压）。霍尔电压的高低与通过的电流和磁感应强度成正比，可用式 (4-2) 表示，即

$$U_H = \frac{R_H}{d} IB \tag{4-2}$$

式中　R_H——霍尔系数；
　　　d——半导体基片厚度；
　　　I——电流；
　　　B——磁感应强度。

由式 (4-2) 可知，当通过的电流 I 为一定值时，霍尔电压 U_H 随磁感应强度 B 的变化而变化。

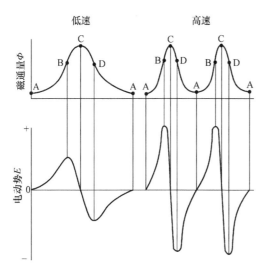

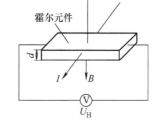

图 4-18　磁路中磁通及信号线圈中感应电动势的变化　　图 4-19　霍尔效应原理

2) 霍尔效应式信号发生器的工作原理。采用霍尔效应式信号发生器的分电器结构如图 4-20 所示。信号部分的组成构造如图 4-21a 所示，其工作原理如图 4-21b 和图 4-21c 所示。

在与分火头制成一体的触发叶轮的四周，均匀分布着与发动机气缸数相同的缺口。触发叶轮由分电器轴带着转动，当触发叶轮的本体（没有缺口的地方）转到对着装有霍尔集成块的地方时（叶片在气隙内），通过霍尔集成块的磁路被触发叶轮短路，如图4-21b所示，此时霍尔集成块中没有磁场通过，不会产生霍尔电压；当触发叶轮转到其缺口对着装有霍尔集成块的地方时（叶片不在气隙内），永久磁铁所产生的磁场在导板的引导下，垂直穿过通电的霍尔集成块，于是在霍尔集成块内产生一个霍尔电压 U_H。由于这个霍尔电压 U_H 是 mV 级的电压，信号很微弱，需要进行信号处理，这一任务由集成电路完成。这样霍尔元件产生的霍尔电压 U_H 信号，经过放大、脉冲整形，最后以整齐的矩形脉冲（方波）信号 U_g 输出，如图4-22所示。

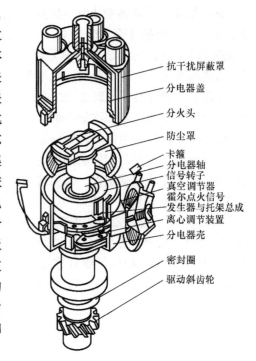

图4-20 霍尔效应式分电器总成

（3）光电式信号发生器

光电式信号发生器通常用在微机控制的点

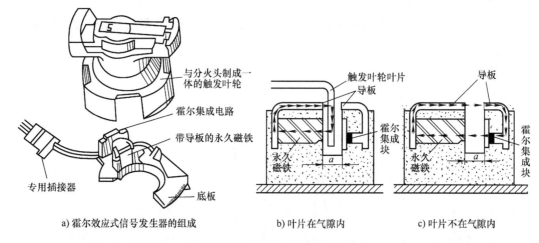

a) 霍尔效应式信号发生器的组成　　b) 叶片在气隙内　　c) 叶片不在气隙内

图4-21 霍尔效应式信号发生器

火系统上。采用光电式信号发生器的分电器总成如图4-23所示，安装有分电器轴的遮光盘上开有内、外两层缺口，内层缺口数与发动机气缸数相同，外层缺口数为360个。在遮光盘的上下两面分别装有发光二极管和光电晶体管，如图4-24所示。工作时遮光盘（信号盘）随分电器轴一起转动，当遮光盘遮住了发光二极管发出的光线而使光电晶体管感受不到光时，光电晶体管截止；当遮光盘的缺口转到装有光电元件的位置时，光电晶体管感受到发光二极管发出的光时，光电晶体管导通，产生点火信号电压，输出到点火模块。点火模块根据该信号来控制点火线圈一次电流的通断来产生二次电压。

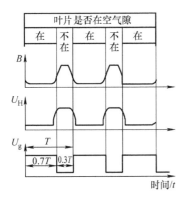

图 4-22 霍尔效应式信号发生器的输出信号

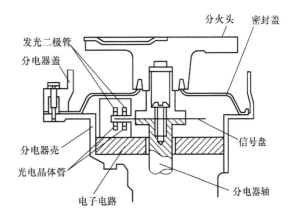

图 4-23 光电式分电器总成

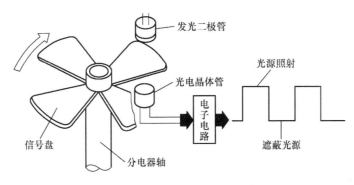

图 4-24 光电式信号发生器的工作原理

4. 点火控制器

点火控制器根据信号发生器发出的信号，控制点火线圈一次电路的通、断，使点火线圈二次产生高压电。使用的信号发生器类型不同，点火控制器内部的结构和工作原理也不同，下面分述之。

（1）与电磁感应式信号发生器配用的点火控制器

图 4-25 所示为与电磁感应式信号发生器配用的点火控制器工作原理图。信号转子上有与发动机的气缸数相同的凸齿。永久磁铁的磁通经信号转子凸齿、线圈铁心构成回路。当信号转子由分电器轴带动旋转时，转子凸齿与信号线圈铁心间的空气间隙将发生变化，磁路的磁阻随之改变，使通过线圈的磁通量发生变化，因而在线圈内感应出交变电动势。

点火控制器的工作原理如下。

1）接通点火开关，信号转子不转动，点火线圈初级绕组有电流流过。

接通点火开关时，蓄电池的电压使 VT_1 导通，其直流电路为：蓄电池（或发电机）正极→点火开关→R_3→R_1→VT_1（集电极）→信号线圈→搭铁→蓄电池（或发电机）负极。

这时，VT_1 的集电极电压降和信号线圈、电容 C_1、VD_1 和 VD_2 并联电路产生的电压降，使得 P 点处于高电位，导致 VT_2 导通。进尔 VT_3 截止，VT_4 和 VT_5 导通，电流经蓄电池正极→附加电阻（R_f）→点火线圈初级绕组→VT_5→搭铁→蓄电池负极，形成回路，点火线圈初级绕组有电流流过，点火线圈储能。

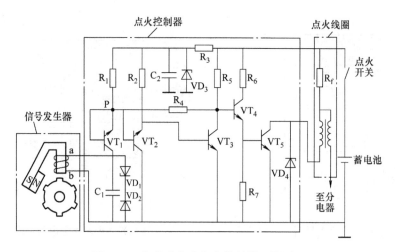

图 4-25 电磁感应式点火控制器工作原理

2）接通点火开关，信号转子转动，产生 a 高、b 低的电压，点火线圈初级绕组有电流流过。

信号发生器转子转动，并产生 a 高、b 低的电压时，信号电压与 VT_1 的正向电压降叠加，P 点电位会升高，使 VT_2 加深导通。电路状况与上述一致，使点火线圈初级绕组流过的电流进一步增加。

3）接通点火开关，信号转子转动，产生 b 高、a 低的电压，点火线圈初级绕组电流被切断，次级绕组产生高压电。

信号发生器转子转动，产生 b 高、a 低的电压时，信号电压与 VT_1 的正向电压降叠加后，使 VT_2 的基极电位降低，VT_2 截止。VT_2 的截止使 VT_3 的基极电位上升而导通，VT_3 的导通使 VT_4 的基极电位下降而截止，晶体管 VT_5 没有正向偏置电压而截止。于是一次电流被切断，在次级绕组中产生高压，经配电器按点火次序分配到各缸火花塞点火，点燃可燃混合气使发动机做功。

电路中晶体管 VT_1 的基极和发射极相连，相当于发射极为正、集电极为负的二极管，起温度补偿作用。其原理如下：当温度升高时，VT_2 的导通电压会降低，使 VT_2 提前导通而滞后截止，从而导致点火推迟；VT_1 与 VT_2 的型号相同，具有同样的温度特性系数，故在温度升高时，VT_1 的正向导通电压也会降低，使 P 点电位 U_P 下降，正好补偿了温度升高对 VT_2 工作电位的影响，而使 VT_2 的导通和截止时间与常温时相同。

电路中其他元件的作用是：R_3、VD_3 为电源稳压电路，使 VT_2 导通时不受电源系统电压波动的影响；VD_1、VD_2 为信号稳压，削平高速时感应线圈产生的峰值电压；VD_4 的作用是防止一次电流被切断时产生的高压击穿 VT_5；C_1 是信号滤波，C_2 是电源滤波；R_4 为正向反馈电阻，加速 VT_2 的导通和截止。

（2）与霍尔效应式信号发生器配用的点火控制器

霍尔效应式点火控制器一般多由专用点火集成块 IC 和一些外围电路组成，霍尔效应式点火控制装置的工作电路如图 4-26 所示，其点火控制器的基本工作过程如下。

1）接通点火开关，信号转子不转动，点火线圈初级绕组有电流流过。

接通点火开关时，点火控制器 IC 集成块第 3、6、7、16 脚有蓄电池电压，此时集成块

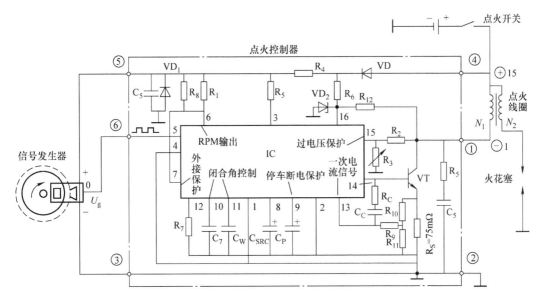

图 4-26 霍尔效应式点火控制装置的工作电路

控制 VT 导通，蓄电池（或发电机）电流经其正极→点火开关→点火线圈初级绕组→点火控制器大功率晶体管 VT→反馈电阻 R_s→搭铁→蓄电池（或发电机）负极，构成回路。点火线圈初级绕组储能。

如果点火开关接通一段时间，未起动发动机（或停车时未及时断开点火开关），霍尔传感器就有可能使点火线圈初级绕组长时间通过大电流而损坏。在此电路中设置了停车断电保护电路，外接的电容 C_P 设定了停车以后晶体管 VT 的导通时间（即 C_P 的充电时间），一旦 VT 的导通时间超过了电容 C_P 设定的时间，VT 会自动缓慢地截止而切断点火线圈初级绕组的电流通路。

2）接通点火开关，信号转子转动，产生高电位，点火线圈初级绕组有电流流过。

接通点火开关，发动机转动，当霍尔信号发生器输出信号 U_g 为高电位时，该信号通过点火控制器插座⑥端子和③端子进入点火控制器。此时，点火控制器通过内部电路与上述情况一致，点火线圈初级绕组中有电流流过。

3）接通点火开关，信号转子转动，产生低电位，点火线圈初级绕组电流被切断，次级绕组产生高压电。

当霍尔信号发生器输出信号 U_g 下跳为低电位时，该信号通过点火控制器插座⑥端子进入点火控制器，控制大功率晶体管 VT 立即截止，切断点火线圈一次电路，次级绕组产生高压电。

（3）与光电式信号发生器配用的点火控制器

光电式点火控制装置的工作原理如图 4-27 所示。

1）接通点火开关，遮光盘未挡住光线通道时，点火线圈初级绕组有电流流过。

光电晶体管 V 受光导通时，晶体管 VT_1 获得正向偏压而导通。VT_1 导通后为 VT_2 提供正向偏压 U_{R_4}，使 VT_2 导通。VT_2 导通后，VT_3 处于截止状态。功率晶体管 VT 获得正向偏压 U_{R_6} 导通，从而使点火线圈初级绕组通电，储存能量。

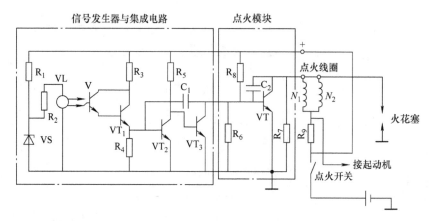

图 4-27 光电式点火控制装置的工作原理图

2)接通点火开关,遮光盘挡住光线通道时,点火线圈初级绕组电流被切断,次级绕组产生高压电。

当光电晶体管 V 失光时,由导通转为截止,VT_1 失去基极电流由导通转为截止,VT_2 也截止,VT_3 因此获得正向偏压由截止转为导通。VT 失去正向偏压 U_{R_6} 由导通转为截止,点火线圈初级绕组电流被切断,点火线圈次级绕组产生高压电,经配电器分送至各缸火花塞。

其他元件的作用:稳压二极管 VS 用以保证发光二极管 VL 获得稳定的工作电压。电容 C_1 为正反馈电路,用以提高功率管 VT 的开关速度,减少功率损耗,防止发热。电阻 R_7 用以保护功率晶体管 VT。当 VT 由导通转为截止时,在次级绕组产生二次电压的同时,初级绕组也产生 300V 左右的自感电动势,R_7 可为其提供回路,防止 VT 被击穿损坏。电阻及 R_8 与电容 C_2 也具有 R_7 的作用,同时 C_2 还具有滤波功能。电阻 R_9 为点火线圈的附加电阻。

5. 火花塞

火花塞的工作条件极其恶劣,它要受到高压、高温以及燃烧产物的强烈腐蚀。因此要求火花塞必须具有足够的机械强度,能够承受冲击性高压电的作用,能承受剧烈的温度变化且具有良好的热特性,并要求火花塞的材料能抵抗燃气的腐蚀。

(1)火花塞的结构

火花塞的结构如图 4-28 所示。在钢制壳体的内部固定有高化铝绝缘陶瓷体,使中心电极与侧电极之间保持足够的绝缘强度。绝缘体内的上部装有导电金属杆,通过接线螺母与分缸高压导线相连,下部装有中心电极。导电金属杆与中心电极之间用导电玻璃密封。中心电极用镍锰合金制成,具有良好的耐高温、耐腐蚀和导电性能。壳体下部的螺纹与气缸盖螺纹端面结合处配有密封垫圈,保证壳体与缸盖之间密封良好。

(2)火花塞的型号与类型

根据国家专业标准 QC/T 430—2014《道路车辆 火花塞产品型号编制方法》的规定,火花塞型号由三部分组成。

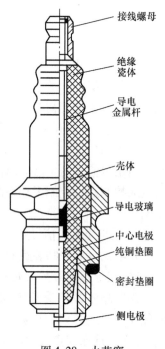

图 4-28 火花塞

第一部分为字母，以单或双字母表示火花塞结构类型及主要形式尺寸。各字母的含义见表4-1。

表4-1 火花塞结构类型及主要形式尺寸

字 母	螺纹规格	安装座形式	螺纹旋合长度/mm	壳体六角对边/mm
J	M8×1	平座	19	16
W	M9	平座	19	16
A	M10×1	平座	12.7	16
B	M10×1	平座	19	16
CZ	M12×1.25	锥座	11.2	16
DZ	M12×1.25	锥座	17.5	16
C	M12×1.25	平座	12.7	17.5
D	M12×1.25	平座	19	17.5
CH	M12×1.25	平座	26.5	17.5
DE	M12×1.25	平座	12.7	16
DF、DK	M12×1.25	平座	19	16
DH	M12×1.25	平座	26.5	16
VH	M12×1.25	平座	26.5	14
E	M14×1.25	平座	12.7	20.8
F	M14×1.25	平座	19	20.8
FH	M14×1.25	平座	26.5	20.8
H	M14×1.25	平座	11	20.8
KE	M14×1.25	平座	12.7	16
K	M14×1.25	平座	19	16
KH	M14×1.25	平座	26.5	16
G	M14×1.25	平座	9.5	20.8
CL	M14×1.25	矮型平座	9.5	20.8
L	M14×1.25	矮型平座	9.5	19
Z	M14×1.25	平座	11	19
M	M14×1.25	矮型平座	11	19
N	M14×1.25	矮型锥座	7.8	19
P	M14×1.25	锥座	11.2	16
Q	M14×1.25	锥座	17.5	16
QH	M14×1.25	锥座	25	16

(续)

字母	螺纹规格	安装座形式	螺纹旋合长度/mm	壳体六角对边/mm
R	M18×1.5	平座	12	26
RF	M18×1.5	平座	19	26
RH	M18×1.5	平座	26.5	26
SE	M18×1.5	平座	12.7	20.8
S	M18×1.5	平座	19	20.8
SH	M18×1.5	平座	26.5	20.8
T	M18×1.5	锥座	10.9	20.8
TF	M18×1.5	锥座	17.5	20.8
TH	M18×1.5	锥座	25	20.8

第二部分为阿拉伯数字，表示火花塞热值，见表4-2。

表4-2 火花塞的热特性参数

热值代号	3	4	5	6	7	8	9
裙部长度/mm	15.5	13.5	11.5	9.5	7.5	5.5	3.5
热特性	热型←	——中型——				——→冷型	

火花塞的发火部位吸热并传递给发动机的性能，称为火花塞的热特性。实践证明，当火花塞绝缘体裙部的温度保持在500~900℃时，落在绝缘体上的油滴能立即烧去，不形成积炭，这个温度称为火花塞的自洁温度。低于这个温度时，火花塞常因产生积炭而漏电，导致不点火；高于这个温度时，则当混合气与炽热的绝缘体接触时，可能早燃而引起爆燃，甚至在进气行程中燃烧，产生回火现象。

火花塞的热特性主要取决于绝缘体裙部的长度。绝缘体裙部长的火花塞受热面积大，传热距离长，散热困难，裙部温度高，称为热型火花塞，适用于低速、低压缩比、小功率发动机；反之，裙部短的火花塞受热面积小，传热距离短，容易散热，裙部温度低，称为冷型火花塞，适用于高速、高压缩比、大功率发动机。

第三部分为汉语拼音字母，表示火花塞派生产品、结构特性、材料特性及特殊技术要求等，见表4-3。

表4-3 火花塞电极的特征参数

字母	含义	字母	含义	字母	含义
R	电阻型火花塞	C	Ni-Cu复合电极	Q	四侧极
B	半导体型火花塞	N	铱金电极	P	铂金电极
H	环状电极火花塞	S	银电极	G	钇金电极
Y	沿面放电型火花塞	V	V形槽中心电极	0	加强的中心电极
F	半螺纹	U	U形槽侧电极	1	细电极
E	绝缘体突出型点火位置3mm	X	点火间隙1.1mm及以上	2	快热结构
K	绝缘体突出型点火位置5mm	L	绝缘体突出型点火位置4mm	3	瓷绝缘体涂硅胶
Z	绝缘体突出型点火位置7mm	D	双侧极	4	整体接线螺杆
T	绝缘体突出型点火位置3mm以下	J	三侧极		

三、电子点火系统的其他控制功能

1. 闭合角控制

闭合角（断电触点闭合时间，即点火线圈初级绕组通电时间）的概念是从传统点火系统引入的，传统点火系统采用触点来控制点火线圈初级绕组通电的时间。因此，初级绕组通电时间的长短与触点的间隙密切相关：触点间隙小，则触点相对闭合时间（触点在一个闭合和断开周期中，闭合时间与总时间之比）就长；触点间隙大，触点相对闭合时间就短。

为解决传统点火系统触点相对闭合时间随触点间隙、发动机转速、发动机气缸数增加而减小的问题，在电子点火系统和微机控制的点火器中增加了闭合角控制电路。

常见的闭合角控制电路如图4-29所示。信号发生器发出的点火控制信号为高电位时，由于VT_1导通，VT_2、VT_3截止，点火线圈初级绕组中电流被切断，点火线圈次级绕组产生高电压；信号发生器发出的点火控制信号为低电位时，由于VT_1截止，VT_2、VT_3导通，点火线圈初级绕组有电流流过。

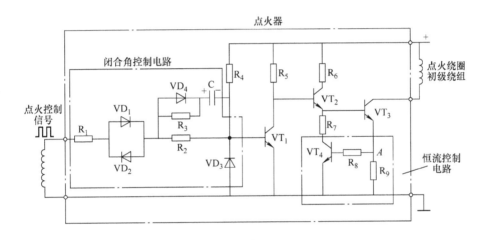

图4-29 闭合角和恒流控制电路

由R_1、R_3、VD_1、VD_2、VD_3、VD_4、C组成闭合角控制电路，其工作原理如下。

点火控制信号正脉冲（上正、下负）时，信号电流同时对电容C充电，充电电路：信号电压+→R_1→VD_1→VD_4→C→VT_1发射极→信号电压-。

而当点火控制信号正脉冲消失（上负、下正）时，电容C放电，放电电路：C+→R_3→VD_2→R_1→信号线圈→VD_3→C-。

电容C放电使VT_1反偏截止，VT_2、VT_3导通，初级电路接通。当发动机转速升高时，点火控制信号正脉冲电压随之升高，正脉冲消失时电容的放电时间将会延长，使得VT_1的截止时间延长，VT_2、VT_3的导通时间延长，即初级通路的时间相对增加了。这样就使得点火次级电压不会随发动机转速上升而下降。

2. 恒流控制

为保证在任何工况下（特别是高转速时）都能实现稳定的高能点火，电子点火系统配备的多是专用的高能点火线圈。为了增大初级电流，并使初级电流尽快上升到所要求的电流值，其初级绕组的电阻和电感都比较小，初级电流的稳定值比较大。在不加控制的接通状态下，一般初级电流可达 20～30A。在低转速时，长时间通过大电流，浪费电能，会使点火线圈和点火控制器过热而很快烧坏，为此采用恒流控制电路。

恒流控制的方法有多种，现以如图 4-29 所示的恒流控制电路进行说明。

当点火线圈初级电流增大到某一限定值时，A 点的电位使 VT_4 的导通电流增大，致使 VT_4 的基极电流下降，从而限制了初级电流的继续升高。这实际上是通过增加初级回路电阻的方法来限制初级电流。这样一种控制方式还可以使点火线圈的初级电流受转速变化的影响大为减少。如在发动机转速低时，点火线圈初级电流有足够的时间上升，当电流上升到一定的值，A 点的电位使 VT_4 导通，VT_3 的基极电流下降，初级回路的等效电阻值上升，因而就限制了初级电流增至过大。发动机转速越低，这种限制作用就越大，而在发动机转速很高时，点火线圈初级电流没有足够的时间上升，A 点的电位不能使 VT_4 导通，VT_3 的基极电流未被减少，故初级电流的上升未受到其回路等效电阻增大的限制。

3. 停车断路保护

具有停车保护作用的电子点火系统工作波形如图 4-30 所示。当发动机熄火而点火开关处于 ON 位置时，点火信号发生器因停车后长时间不能发出点火（切断初级电流）信号，而使初级电路处于长时间的接通状态。设置停车保护装置后，当初级电路接通时间大于某一设定时间 T_P 时，停车保护装置将发出信号，切断点火线圈的初级电流，使点火线圈得到保护。

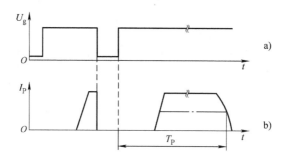

图 4-30　停车保护装置的工作波形示意图

四、典型电子点火电路

1. 富康轿车电子点火系统电路

富康轿车电子点火系统电路如图 4-31 所示。

富康电子点火系统采用电磁感应式信号发生器，信号发生器与配电器一起安装在分电器总成内。其工作原理与前述电磁感应式信号发生器配用的点火控制器电路原理相同。

2. 桑塔纳电子点火系统电路

桑塔纳电子点火系统电路原理如图 4-32 所示，点火系统电路如图 4-33 所示。

桑塔纳电子点火系统采用霍尔效应式信号发生器，信号发生器与配电器一起安装在分电器总成内。其工作原理与前述霍尔效应式信号发生器配用的点火控制器电路原理相同。

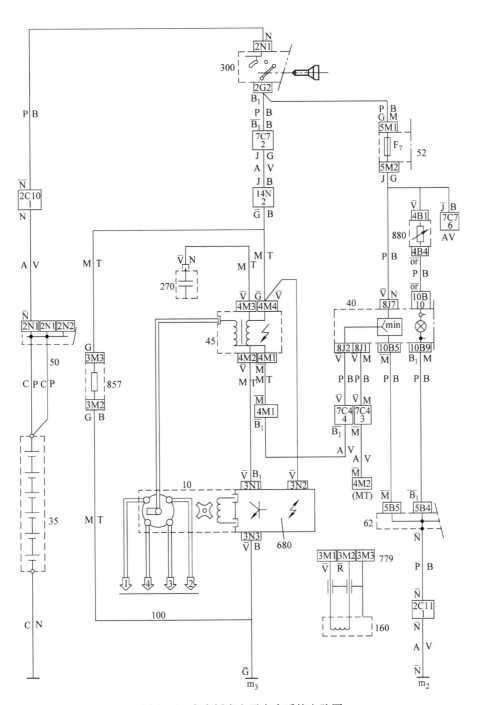

图 4-31 富康轿车电子点火系统电路图

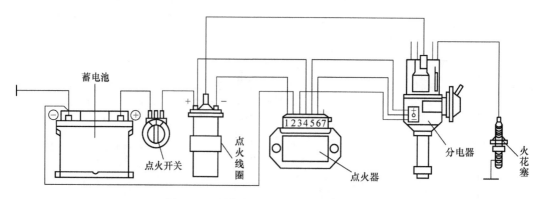

图4-32 桑塔纳电子点火系统电路原理图

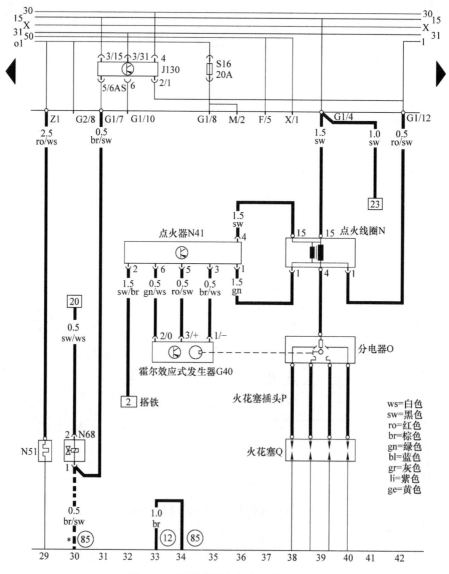

图4-33 桑塔纳轿车点火系统电路图

实训十二　电子点火系统零部件性能的检测

一、实训目的

掌握电子点火系统零部件性能检测的方法。

二、设备器材

1）电子点火系统零部件各4套。
2）万用表、塞尺、蓄电池、辅料等4套。

三、教学组织

学生分4个小组，在教师指导下完成工作任务单的内容。

四、任务工作单

1. 点火线圈的检查

（1）分离式点火线圈

检查初级绕组电阻：用万用表 $R\times 1\Omega$（数字万用表置 $OHM\times 200\Omega$）档测量端子"＋"与端子"－"之间的电阻，如图4-34所示。传统点火系统应为 $0.5\sim 1.0\Omega$（20℃）；电子点火系统应为 $1.5\sim 3.0\Omega$（20℃）。若电阻值为∞，说明初级绕组断路，应更换点火线圈。

检查次级绕组电阻：用万用表 $R\times 1k\Omega$（数字万用表置 $OHM\times 20k\Omega$）档测量端子"＋"与中心高压线端子间的电阻，如图4-35所示。测得的电阻值应为 $5\sim 12k\Omega$（20℃）。若电阻值为∞，说明次级绕组断路；若测得的电阻值过小，说明次级绕组短路，均应更换点火线圈。

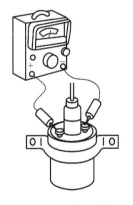
图4-34　初级绕组的检查

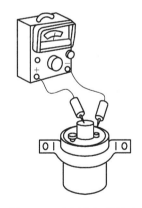
图4-35　次级绕组的检查

试灯检验法：将220V交流电试灯接在初级绕组的接线柱上，灯亮则表示无断路故障，否则便是断路。当检查绕组是否有搭铁故障时，可将试灯的一端与初级绕组相连，另一端接外壳，若灯亮，便表示有搭铁故障；否则为良好。短路故障用试灯不易查出。

对于次级绕组，因为它的一端接于高压插孔，另一端与初级绕组相连，所以检验中，当试灯的一个触针接高压插孔，另一触针接低压接线柱时，若试灯发出亮光，说明有短路故障；若试灯暗红，说明无短路故障；若试灯根本不发红，则应注意观察，当将触针从接柱上移开时，看有无火花发生，若没有火花，说明绕组已断路。因为次级绕组和初级绕组是相通的，若次级绕组有搭铁故障，在检查初级绕组时就已反映出来了，无需检查。

（2）安装在分电器内部的点火线圈

先将所有分缸高压线火花塞的一端拔出，然后拆下分电器盖，用万用表 $R \times 1\text{k}\Omega$（数字万用表置 OHM $\times 20\text{k}\Omega$）档检查点火线圈的电阻值，如图4-36所示。若不符合要求，更换点火线圈或分电器总成。

2. 分电器的检查

电子点火系统用分电器主要包括信号发生器、点火提前调节装置。

（1）信号发生器的检测

1）磁感应式信号发生器的检测

① 检查导磁转子与定子（铁心）之间的气隙，如图4-37所示。若气隙不合适，应予以调整。有些气隙是不可调的，若间隙不合适，只能更换信号发生器总成。检测参数见表4-4。

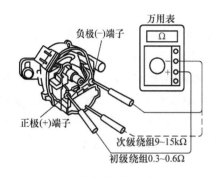

图4-36 点火线圈电阻值的检测

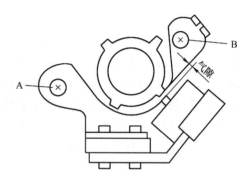

图4-37 磁感应式信号发生器气隙的检测

表4-4 磁感应式信号发生器检测参数

汽车厂牌	气 隙/mm	感应线圈电阻/Ω	备 注
丰田	0.2～0.4	140～180	
日产	0.3～0.5	140～180	
三菱	0.3～0.5	500～700	
本田		600～800	
克莱斯勒	0.2～0.25	920～1120	
伏尔加 24-10		900	
标致		900～1200	
国产 JFD667		400～600	
解放 CA1091		600～800	
切诺基	0.2～0.4	400～800	
福特		400～800	

(续)

汽车厂牌	气 隙/mm	感应线圈电阻/Ω	备 注
丰田（2JZ-GE 发动机用）	0.2~0.4	125~200（冷态） 160~235（热态）	G1（G2）
		190~290（热态）	Ne-G1
丰田（2TE-FE 发动机用）	0.2~0.4	125~190	G1（G2）
		155~240	Ne-G

② 选用万用表直流电压档，并将其正负表笔分别接在信号发生器输出的两个端子上，用起动机带动发动机转动，观察万用表指针，应间歇摆动，若万用表指针指"0"不动，进行下面的检查。

③ 检查感应线圈的电阻，若电阻无穷大，则说明线圈断路。电阻过大或过小都需更换信号发生器总成。

2）霍尔效应式信号发生器的检测

方法一：

① 先拆下分电器总成，断开点火开关，拔出分电器盖上的中央高压线并搭铁，将万用表拨到直流电压档，并将万用表的正表笔接在插接器信号输出线"0"端子上，负表笔接在插接器的"-"端子上。

② 接通点火开关，用起动机带动发动机旋转（按分火头的旋转方向转动分电器驱动轴），同时观察电压表上的读数。当触发叶轮的叶片位于霍尔效应式信号发生器的空气隙中时，其电压值应为9V左右；当触发叶轮的叶片不在空气隙中时，其电压值应为0V左右。在电源电压正常的情况下，若电压表读数与上述不符，则说明霍尔信号发生器出了故障，应予以更换。

方法二：

① 拔下分电器盖上的中心高压线，使线端距发动机机体6~8mm，转动发动机使霍尔信号发生器转子的缺口正对霍尔信号发生器。接通点火开关，用钢锯片插入霍尔信号发生器，迅速拔出钢锯片。若能跳火，说明霍尔信号发生器良好；否则说明霍尔信号发生器损坏。

② 先测量点火器端子4、端子5之间的电阻值，按该电阻值选择一个电阻，串联于蓄电池正极与信号发生器端子"+"之间，蓄电池负极与信号发生器端子"-"相连，为信号发生器的霍尔集成电路提供一定值的电源电压。将万用表拨至 $R \times 1\Omega$ 档，用负表笔接信号发生器端子"0"，正表笔接信号发生器的端子"-"。用手转动分电器轴，观察万用表的电阻值。若随分电器轴的转动，电阻值在"0"与"∞"之间交替变化，说明霍尔信号发生器良好；若电阻值始终为"0"或"∞"，说明霍尔信号发生器存在故障。

3）光电式点火信号发生器。光电式点火信号发生器的常见故障有：光电/发光元件沾污、损坏，内部电路断路或接触不良等，使信号减弱或无信号产生，造成发动机不能工作。光电式点火信号发生器的检测方法如下。

① 打开分电器盖，检查光敏、发光元件表面是否脏污，线路连接是否良好。

② 从发动机上拆下分电器总成，拆下分电器线路插接器，用导线将插接器的两个电源端子（"+"与"-"）分别与蓄电池的正负极相连（注意正负极性不能接错）。

③ 选用万用表直流电压档,并将万用表的正表笔与插接器的信号输出端子相接,负表笔搭铁或接插接器的端子"－",然后按分火头的旋转方向慢慢转动分电器轴,若插接器信号输出端子的电压在 0~1V 摆动(不同的车型,具体摆动幅度稍有不同),说明信号发生器良好;否则,需更换分电器。

(2) 点火提前角调节机构的检测

点火提前角调节机构的性能检查只能在汽车专用电器实验台上进行,在此不进行检测。

3. 点火控制器的检查

(1) 磁感应式点火控制器的检测

磁感应式点火控制器的检查如图 4-38 所示。

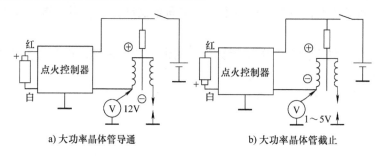

图 4-38 磁感应式点火控制器的检测

① 松开分电器上的线路插接。

② 接通点火开关,选用一个 1.5V 的干电池替代信号发生器,将它的正、负极分别接点火控制器的信号输入端,如图 4-38a 和图 4-38b 所示,用万用表测量点火线圈"－"接线柱与搭铁之间的电压。两次测量的结果应分别为 12V 和 1~5V,否则说明点火控制器有故障。

(2) 霍尔效应式点火控制器的就车检测(以桑塔纳为例)

① 在点火线圈正常的情况下,将插头从点火控制器上拔下,电压表接在端子 2 和端子 4 之间,接通点火开关,测得电压值应与蓄电池电压值相近。

② 断开点火开关,重新将插头插在点火控制器上,拔下霍尔信号发生器上插头,将电压表接在点火线圈"＋"和"－"接柱上,接通点火开关,此时,电压应不小于 2V,并在 1~2s 后必须下降到零。

③ 快速将分电器盖的中央高压线拔出并搭铁,电压值应在瞬间上升到 2V。

④ 断开点火开关,将电压表接到点火控制器的 5、6 端子上,接通点火开关,额定电压应不小于 5V。否则应更换点火器。

4. 火花塞的检查

(1) 火花塞绝缘以及二极间电阻值的检测

目前汽车普遍采用电阻型火花塞,测量高压线插头与外壳之间绝缘电阻值为 3~15MΩ。检查方法是将万用表拨到 $R \times 1k\Omega$(数字式万用表拨到 $OHM \times 20k\Omega$)档,两只表笔分别连接中心电极和高压线插头进行测量。若电阻值为"∞",说明电阻断路,应更换火花塞;若电阻值过小,则不能抑制无线电干扰信号,亦应更换火花塞。

(2) 电极间隙的检测

在一般情况下,汽车每行使 15000~20000km(长效火花塞 30000km)或电极严重烧蚀时，应检查调整火花塞的电极间隙，方法如图 4-39 所示。

电极间隙应当使用火花塞专用量规进行测量和调整，桑塔纳轿车 JV/AFE 型发动机的标准间隙为 0.7～0.9mm，AJR 型电喷发动机为 0.9～1.1mm，切诺基汽车为 0.84～0.97mm。其他车辆用火花塞的标准间隙可参照《维修手册》规定进行调整。

5. 其他部件的检修

（1）火花塞插头的检测

用万用表 $R \times 1k\Omega$（数字式万用表拨到 OHM ×20kΩ）档检查火花塞插头的电阻，如图 4-40 所示其阻值应在（1±0.4）kΩ（有屏蔽）和（5±0.1）kΩ（无屏蔽）之间。若电阻过大或过小均应更换。

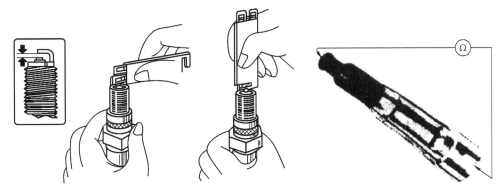

图 4-39　火花塞间隙的检测　　　　图 4-40　火花塞插头电阻的检测

（2）高压线的检修

用万用表 $R \times 1k\Omega$（数字式万用表拨到 OHM ×20kΩ）档检查点火线圈与配电器之间高压线的电阻，如图 4-41 所示其阻值应为 0～2.8kΩ，配电器与火花塞之间的高压线组件的电阻应为 0.6～0.7kΩ。若电阻过大或过小均应更换。

（3）抗干扰插头电阻的检修

用万用表 $R \times 1k\Omega$（数字式万用表拨到 OHM ×20kΩ）档检查抗干扰插头两端的电阻，如图 4-42 所示，其阻值应为（1±0.4）kΩ。若电阻过大或过小均应更换。

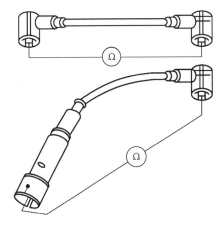 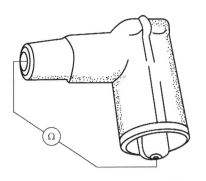

图 4-41　高压线电阻的检测　　　　图 4-42　抗干扰插头电阻的检测

实训十三　电子点火系统故障的诊断

一、实训目的

掌握电子点火系统电路故障的诊断方法。

二、设备器材

1）电子点火系统试验车 4 台。
2）试灯、万用表、辅料等 4 套。

三、教学组织

学生分 4 个小组，在教师指导下完成工作任务单的内容。

四、任务工作单

1. 磁感应式电子点火系统故障的诊断

（1）连接线路的检查

① 首先查看各导线有无短路、接触不良、断路等现象。导线的插接件浸入泥水后极易导致短路或接触不良现象，应重点检查。

② 点火控制器多数是靠其外壳与车身搭铁（即接地），或通过专用搭铁线搭铁，再与蓄电池负极连接一起构成回路的。如果搭铁不良，就会导致点火系统工作时好时坏，甚至完全不工作。

（2）点火控制器电源电路的检查

接通点火开关，将万用表红表笔接点火控制器电路的正接线柱，即如图 4-43 所示中的端子"＋"（也可接在点火线圈的正接线柱上），万用表的负表笔接点火控制器电路的外壳（搭铁处），测得的电压值应为 12V。若电压不符合要求（无电压或电压偏低），则断开电子点火控制器端子"＋"与外电路的连线，再测与端子"＋"断开的连线上的电压。若电压恢复正常，则可能是电子点火控制器电路有故障，应检查其是否有短路或漏电现象。

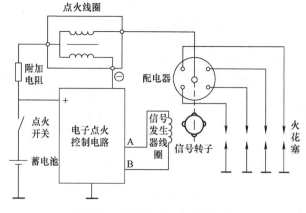

图 4-43　磁感应式点火系统电路

(3) 点火线圈的检测

点火线圈的检测方法与传统点火系统对点火线圈的检测方法相同，但点火线圈初级绕组、次级绕组的电阻值因车型不同而异。

(4) 信号发生器的检测

信号发生器是否有故障，除了采用更换新件来进行比较鉴别外，还可采用以下方法进行判断。

1) 测量电压法。拔下分电器上信号发生器与点火控制器的连接插头，将万用表拨至交流电压档，将其两表笔接在信号发生器输出插头上，起动发动机带动信号转子转动，仔细观察万用表有无信号电压指示。若无电压指示，则说明信号发生器有故障。

2) 测量电阻法。检测信号发生器线圈的电阻值时，应该先把线圈从线束插接器上拆下来，然后用万用表电阻档对其进行测量。

若测得的电阻为∞，说明该电路有断路故障，应首先检查插接件的焊接处，然后再检查信号发生器线圈内部，仔细观察线圈在何处断路；若测得的电阻值与标准值（规定值）相比显得过小，则说明信号发生器线圈匝间可能存在短路现象，应予以排除或更换。

(5) 点火控制器的检查

点火控制器实质上是一个利用输入信号控制晶体管导通与截止的晶体管开关电路。因此，可以在点火控制器的输入端接上一节1.5V的干电池，用以模拟信号发生器输出的信号电压，然后利用测量点火线圈初级绕组某端对地的电压或观察次级绕组对地的火花来判断点火控制器的好坏。以图4-38所示的电路为例，具体检测方法如下。

① 将1.5V干电池的正、负极与点火控制器的信号输入端连接好。

② 用万用表电压档测量点火线圈初级绕组右端的⊖线柱与搭铁之间的电压，此值应约为1~2V。

③ 保持原状态不变，仅将干电池极性对调后连接，此时万用表的读数应为12V。若测得的结果符合上述规律，说明点火控制器工作正常，反之则说明有故障。

(6) 火花塞、分电器的检测

火花塞间隙应在规定值一般为1.0~1.1mm。

分电器主要检查分火头、分电器盖绝缘是否被破坏（即是否漏电）。检测方法与传统式点火系统相同。

2. 霍尔效应式电子点火系统的故障诊断

(1) 连接线路的检查

检查点火系统的连接导线是否牢固，尤其是导线的插接件较易灌入泥水等杂物而导致接触不良或短路。还应注意检查点火控制器及其相关元器件自身的搭铁是否良好。

(2) 电压的检查

以桑塔纳轿车电子点火系统为例，如图4-32所示，接通点火开关，用万用表测量点火线圈正极和点火控制器④脚上的12V蓄电池电压是否正常。若不正常，应检查供电线路；若正常，再从分电器上拔下信号发生器连线，在连线端面有三个触点，这三个触点一个为信号发生器供电端，该端电压正常值为10.5~11V；一个是信号输出线，正常电压为10.5~11V；还有一个是信号发生器搭铁端。若测得上述电压异常，则点火控制器可能有问题。

(3) 点火线圈和高压线的检查

① 用万用表 $R×1\Omega$ 档测量点火线圈"＋""－"两接线柱间的初级绕组的电阻,其正常值应为 $0.52\sim0.76\Omega$。

② 改用 $R×1k\Omega$ 档测量点火线圈"＋"接线柱与高压端间的次级绕组的电阻,其正常值应为 $2.4\sim3.5k\Omega$。

③ 测量中央高压线,即点火线圈与分电器之间的电阻值,其值应为 $0\sim2.8k\Omega$。

④ 用万用表电阻档检查点火线圈任意一个接线柱与壳体间的电阻,其电阻值应为∞。

若测得的电阻值不符合上述规律,说明被测元件有问题。

(4) 霍尔效应式信号发生器的检测

① 拆下点火控制器接线盒上的橡皮套(在左边刮水器下面),将万用表接在点火控制器接线盒⑥脚与搭铁之间。

② 接通点火开关,先使金属叶片离开霍尔元件与永久磁铁之间的气隙。

③ 找一薄铁片在气隙内往复地插入和拔出,同时观察万用表上电压的指示情况。当薄铁片插入空气隙时,万用表指示电压为 $10.5\sim11V$;当薄铁片离开气隙时,万用表指示电压为 $0.2\sim0.4V$。

如果万用表电压读数与上述规律不符,则说明信号发生器有问题。

(5) 点火控制器的检测

在确认该控制器④、②脚供电电压(12V 蓄电池电压)正常的情况下,可再采用如下的步骤进行检测。

① 断开点火开关,拔下分电器上的点火信号发生器线束插接器。

② 接通点火开关,用万用表电压档检查点火线圈"＋""－"两接线柱间的电压,其值应不小于2V,且在 $1\sim2s$ 后逐渐下降至0V。否则说明点火控制器可能有问题。可采用下述方法来进一步确认。

③ 用一短导线将点火控制器的⑥脚瞬间与搭铁短接,万用表的指示值应立即上升至2V。否则,说明点火控制器或其连接线有故障。

④ 接通点火开关,用万用表电压档测量点火信号发生器线束插接器两外侧端子间的电压,其值应不小于5V。

如果电压小于5V较多,再用万用表测点火模块⑤、③脚间的电压。若电压值仍较低,则说明点火控制器内电路有问题,可能是其内的 VD_1 隔离二极管不良(图4-38)、R_4 电阻变值、C_S 电容漏电等,应修理或更换。

如果测得值不小于5V,说明点火控制器至信号发生器间的连接线路有问题,应进行修理或更换。

(6) 火花塞、分电器的检测

分火头导电片与本体间应不导通。若有电阻存在,说明分火头漏电,应换新件。

火花塞插头电阻额定值:有屏蔽的为 $(5±1)k\Omega$,无屏蔽的为 $(1±0.4)k\Omega$。

防干扰插头电阻额定值为 $(1±0.4)k\Omega$。

分电器与火花塞之间的电阻值为 $0.6\sim7.4k\Omega$。

若实测电阻值与上述正常值相差较大,也说明点火系统有问题,应查找故障原因。

任务三　微机控制点火系统电路及故障诊断

任务目标

1. 了解微机控制点火系统的组成、分类和工作原理。
2. 了解微机控制点火系统的点火控制方式。
3. 掌握微机控制点火系统故障的诊断方法。

一、微机控制点火系统的组成、分类和工作原理

微机控制点火系统可使发动机的点火提前角在各种运行条件下得到更精确的控制，使发动机实际点火提前角接近理想点火提前角。

1. 微机控制点火系统的组成

微机控制点火系统的基本组成如图4-44所示。

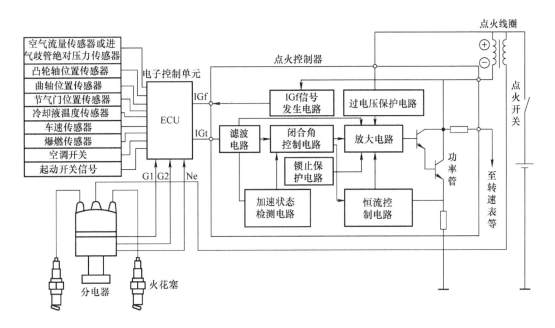

图4-44　微机控制点火系统的基本组成

传感器（包括各种开关）主要有曲轴位置传感器、空气流量传感器（或进气歧管绝对压力传感器）、冷却液温度传感器、进气温度传感器、氧（O_2）传感器、节气门位置传感器、车速传感器、爆燃传感器、空调开关信号等。

电子控制单元（ECU）的作用是根据发动机各传感器输入的信息及内存的数据，进行运算、处理、判断，然后输出指令（信号）控制有关执行器（如点火控制器）动作，实现对点火系统的精确控制。

执行器根据电子控制单元或其他控制元件的指令（信号），执行各自的功能。

2. 微机控制点火系统的分类

微机控制点火系统按有无分电器，可分为有分电器（配电器）的微机控制点火系统和无分电器的微机控制点火系统两大类。目前有分电器的微机控制点火系统已逐步被淘汰，而广泛应用无分电器的微机控制点火系。按微机控制的方式，微机控制点火系统可分为开环控制和闭环控制两种。

开环控制是指微机检测发动机各种工作状态信息，并根据这些信息从内部存储器中调出相应的点火提前角（这一点火提前角是综合考虑到经济性、动力性、排放等要求，并经过大量的试验优化的结果），然后输出控制信号对点火时刻进行控制。这种控制方式对控制结果不予以反馈。

闭环控制是指微机以一定的点火提前角控制发动机工作的同时，还不断地检测发动机的有关工作状态，然后将检测到的有关信息反馈给控制单元（ECU），控制单元根据需要对点火提前角进行修正，如图4-45所示。闭环控制的反馈信号可以有多种，如爆燃信号、转速信号、气缸压力信号等。目前广泛采用的是通过检测爆燃传感器的爆燃信号来判断点火时刻的早晚，进而实现点火提前角的最佳控制。

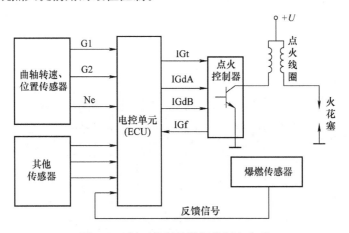

图4-45 闭环控制的微机控制点火系

3. 微机控制点火系统的工作原理

以雷克萨斯LS400采用的微机控制点火系统（图4-46）为例进行说明。

发动机运转时，曲轴位置传感器产生脉冲信号Ne，用于检测发动机转速和曲轴转角基准位置，凸轮轴位置传感器产生脉冲信号G1、G2，用来检测发动机1缸、6缸压缩行程上止点位置。发动机ECU根据G1、G2、Ne信号以及各种传感器传送来的信号确定点火提前角和点火时刻，使发动机点火始终处于最佳时刻。

当ECU确定点火时刻时，在到达发动机理想点火时刻之前的某个预定时刻，就将ECU中的晶体管VT_1导通，向点火控制器1发出点火信号IGt"1"，使点火控制器1中的晶体管VT_2导通，并将点火线圈的初级电流接通。当达到点火时刻时，ECU将晶体管VT_1截止，向点火控制器发出点火信号IGt"0"，使点火控制器中的VT_2截止，将点火线圈的初级电流切断，并在次级绕组中产生高压，使火花塞跳火。

当点火线圈初级电流被切断并产生自感电动势时，点火控制器向ECU反馈点火确认信号IGf。如果ECU在某一段时间内未收到点火确认信号IGf，则表明点火系统有故障，ECU

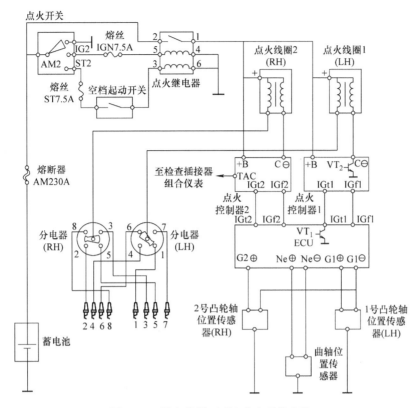

图 4-46 雷克萨斯 LS400 点火系统电路

将自动切断燃油喷射,防止发动机未点火而喷油过多使发动机呛死。

二、微机控制点火系统的主要元件

微机控制点火系统与上述两种点火系统比较,其信号发生器、点火线圈的工作原理均相同,但结构上有所区别。本节主要从结构上叙述,并着重介绍原理上的不同点。

1. 信号发生器

微机控制点火系统有两个信号发生器,一个用来产生凸轮轴位置信号(G 信号、判缸信号,用于判断 1 缸或其他气缸压缩行程上止点);一个用来产生曲轴位置信号(Ne 信号、转速信号,用于计算发动机转速、点火提前角)。如果是有分电器的微机控制点火系统,则两个信号发生器通常安装在分电器中;如果是无分电器的微机控制点火系统,则凸轮轴位置传感器一般安装在凸轮轴的前端,曲轴位置传感器可以安装在曲轴前端,也可以安装在飞轮齿圈的位置。

(1)磁感应式信号发生器

日产公司微机控制点火系统采用的磁感应式信号发生器如图 4-47 所示,该信号发生器安装在曲轴前端的带轮之后。在带轮后端设置一个带有细齿的薄圆齿盘(用以产生信号,称为信号盘),它和曲轴带轮一起装在曲轴上,随曲轴一起旋转。在信号盘的外缘,沿着圆周每隔 4° 有 1 个宽度为 2° 的齿,共有 90 个齿,并且每隔 120° 布置 1 个凸缘,共 3 个。安装在信号盘边沿的传感器盒是产生电信号的信号发生器。信号发生器内有 3 个在永久磁铁上绕有感应线圈的磁头,其中磁头②产生120°信号(即G信号、凸轮轴位置信号),磁头①和磁头③共同产生曲轴1°转角信号(即Ne信号、曲轴位置信号)。磁头②对着信号盘的120°凸缘,磁头①和磁头③对着信号盘的齿圈,彼此相隔3°曲轴转角安装。

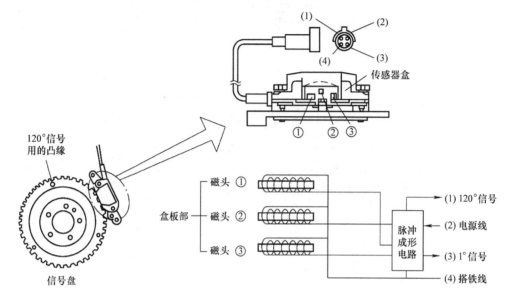

图4-47 日产公司磁感应式信号发生器

信号发生器内有信号放大和整形电路,外部有四孔插接器,孔1为120°信号输出线,孔2为信号放大与整形电路的电源线,孔3为1°信号输出线,孔4为搭铁线。通过该插接器将曲轴位置传感器中产生的信号输送到发动机ECU。

发动机转动时,信号盘的齿和凸缘引起通过感应线圈的磁场发生变化,从而在感应线圈里产生交变的电动势,经滤波整形后,即变成脉冲信号。发动机旋转一圈,产生3个120°脉冲信号,磁头①和磁头③各产生90个脉冲信号(交替产生)。因为磁头①和磁头③相隔3°曲轴转角安装,而它们又都是每隔4°产生一个脉冲信号,所以磁头①和磁头③所产生的脉冲信号相位差正好为90°。将这两个脉冲信号送入信号放大与整形电路中合成后,即产生曲轴1°转角的信号,如图4-48所示。

产生120°信号的磁头②安装在上止点前70°的位置(图4-49),故其信号亦可称为上止点前70°信号,即发动机在运转过程中,磁头②在各缸上止点前70°位置均产生一个脉冲信号。该信号产生后,发动机ECU即得知某一缸正处于上止点前70°,与此同时发动机ECU根据其他传感器提供的信号计算出最佳点火提前角,再根据发

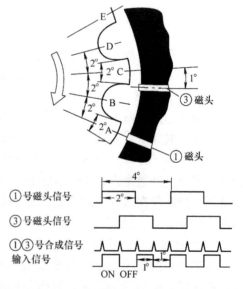

图4-48 产生曲轴1°转角的信号的原理

动机曲轴位置提供的信号，准确计数在气缸运转到最佳点火提前角时点火。

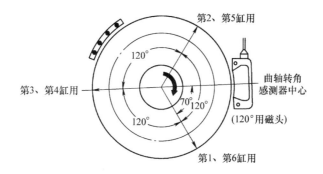

图 4-49 磁头②与曲轴的位置关系

（2）霍尔效应式信号发生器

美国通用公司的霍尔效应式信号发生器采用触发叶片的结构形式，安装在曲轴前端，如图 4-50 所示。在发动机的曲轴带轮前端固装着内外两个带触发叶片的信号轮，与曲轴一起旋转。内信号轮为凸轮轴位置传感器，圆周上设有 3 个触发叶片和 3 个窗口，3 个触发叶片的宽度不同，分别为 100°、90°和 110°弧长，3 个窗口的宽度亦不相同，分别为 20°、30°和 10°弧长。由于内信号轮的安装位置关系，宽度为 100°弧长的触发叶片前沿位于第 1 缸和第 4 缸上止点（TDC）前 75°，90°弧长的触发叶片前沿在第 6 缸和第 3 缸上止点前 75°，110°弧长的触发叶片前沿在第 5 缸和第 2 缸上止点前 75°。外信号轮为曲轴位置传感器，圆周上均匀分布着 18 个触发叶片和 18 个窗口，每个触发叶片和窗口的宽度为 10°弧长。

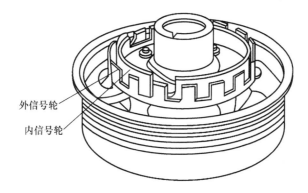

图 4-50 通用公司霍尔效应式信号发生器

在内外信号轮侧面各设置一个霍尔信号发生器，它们产生的信号脉冲信号如图 4-51 所示。内信号轮每旋转 1 周产生 3 个不同宽度的电压脉冲信号（称为 3X 信号），脉冲周期均为 120°曲轴转角的时间。脉冲上升沿分别产生于第 1、第 4、第 3、第 6 缸和第 2、第 5 缸上止点前 75°，作为发动机电子控制单元（ECU）判别某一气缸距上止点的角度和计算点火时刻的基准信号。外信号轮每旋转 1 周产生 18 个脉冲信号（称为 18X 信号），1 个脉冲周期相当于曲轴旋转 20°转角的时间，ECU 再将 1 个脉冲周期均分为 20 等份，即可求得曲轴旋转 1°所对应的时间，并根据这一信号，控制点火提前角的时刻。

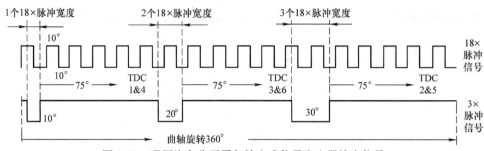

图 4-51 通用汽车公司霍尔效应式信号发生器输出信号

（3）光电式信号发生器

微机控制点火系统采用的光电式信号发生器与晶体管点火系统相同，在此不再赘述。

2. 分电器的结构形式

目前，在微机控制点火系统中分电器的结构形式有四种。第一种是将信号发生器和配电器组装在一起的分电器；第二种是将信号发生器、点火控制器、配电器组装在一起的分电器；第三种是将信号发生器、点火线圈、配电器组装在一起的分电器；第四种是将信号发生器、点火控制器、点火线圈、配电器组装在一起的分电器。

（1）带信号发生器、配电器的分电器

带信号发生器、配电器的分电器结构如图 4-52 所示，主要由凸轮轴位置传感器、曲轴位置传感器、分火头、分电器盖、壳体等组成。其功能主要是为发动机控制单元提供凸轮轴位置和曲轴位置信号。

（2）带信号发生器、点火控制器、配电器的分电器

带信号发生器、点火控制器、配电器的分电器如图 4-53 所示，主要由凸轮轴位置传感器、曲轴位置传感器、点火控制器、分火头转子、分电器壳体、分电器盖等组成。这类分电器不但可以为发动机控制单元提供凸轮轴位置和曲轴位置信号，还可通过点火器控制外置点火线圈初级绕组的电流通断。

（3）带信号发生器、点火线圈、配电器的分电器

带信号发生器、点火线圈、配电器的分电器如图 4-54 所示，主要由凸轮轴位置传感器、曲轴位置传感器、点火线圈、分火头、分电器盖、分电器壳体等组成。这种点火系统采用外置点火控制器，分电器可为发动机控制单元提供凸轮轴和曲轴位置信号，其特点是采用内置点火线圈，取消了中心高压线，使点火系统比较紧凑。

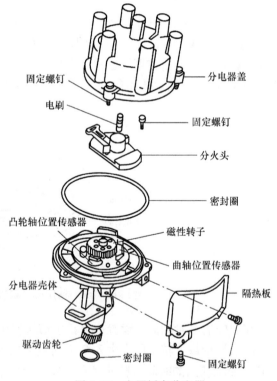

图 4-52 皇冠轿车分电器

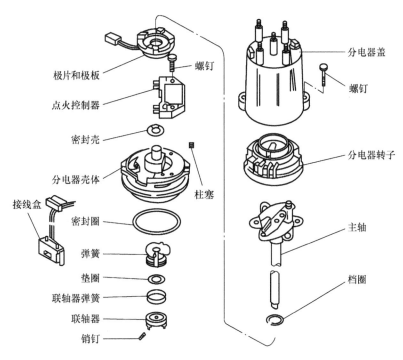

图 4-53 大宇轿车分电器

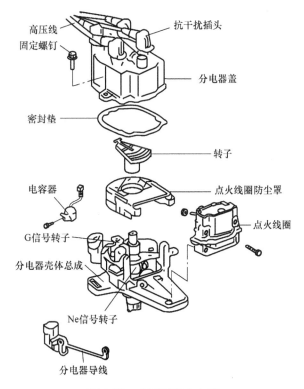

图 4-54 丰田轿车分电器

（4）带信号发生器、点火器、点火线圈、配电器的分电器

带信号发生器、点火控制器、点火线圈、配电器的分电器如图 4-55 所示，主要由凸轮轴位置传感器、曲轴位置传感器、点火控制器、点火线圈、分火头、分电器盖、壳体等组成。这种点火系统将点火系统部件全部组装在一起，使点火系统更加紧凑。

3. 点火线圈

微机控制点火系统若采用配电器，则点火线圈的结构形式与传统点火系统相近，仅安装方式不同，在此不再赘述；若不采用配电器，则点火线圈有三种结构形式：一是分组点火配用的点火线圈；二是独立点火配用的点火线圈；三是二极管点火配用的点火线圈。

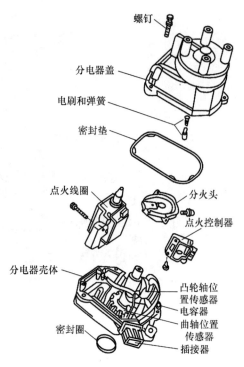

图 4-55 本田雅阁分电器

（1）分组点火配用的点火线圈

分组点火配用的点火线圈采用小型闭磁路点火线圈，如图 4-56 所示。它由初级绕组、次级绕组、铁心、高压二极管、外壳、低压接柱、高压接柱等组成。每组点火线圈供应两缸同时点火，如图 4-57 所示。当初级绕组电流被切断时，两个气缸中都有跳火现象发生，在能量分配上，压缩行程的气缸压力较高，所需跳火电压高，而排气行程气缸压力接近大气压，所需电压低，因此能保证压缩行程气缸有足够的点火能量。

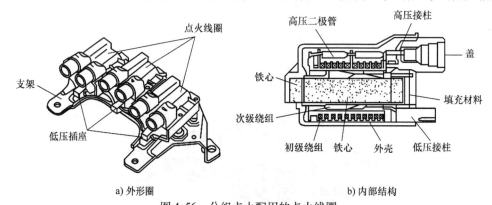

a) 外形图　　　　　　　　　　b) 内部结构

图 4-56 分组点火配用的点火线圈

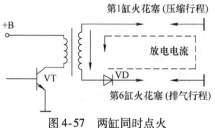

图 4-57 两缸同时点火

在点火器大功率晶体管 VT 导通瞬间，初级绕组将产生反向的感应电动势，同时次级绕组也会产生 600～1000V 的电压，此时气缸中气压低，火花塞可能跳火，为避免这种跳火，在电路中设置有高压二极管 VD。

（2）独立点火配用的点火线圈

独立点火方式是指每一气缸配用一个点火线圈，如图 4-58 所示。这种点火线圈的内部结构与上述点火线圈相同，不同点是点火线圈安装在气缸盖上，没有分缸高压线，点火能量损失小，各缸的点火时刻更准确。

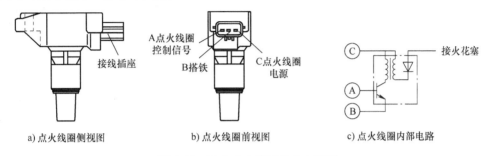

a) 点火线圈侧视图　　b) 点火线圈前视图　　c) 点火线圈内部电路

图 4-58　独立点火配用的点火线圈

（3）二极管点火配用的点火线圈

二极管配电方式如图 4-59 所示，是利用二极管的单向导通特性，对点火线圈产生的高压电进行分配的同时点火方式。与二极管配电方式相配的点火线圈有两个初级绕组、一个次级绕组，相当于是共用一个次级绕组的两个点火线圈的组件。次级绕组的两端通过 4 个高压二极管与火花塞组成回路，其中配对点火的两个活塞必须同时到达上止点，即一个处于压缩行程上止点时，另一个处于排气行程上止点。微机控制单元根据曲轴位置等传感器输入的信息，经计算、处理，输出点火控制信号，通过点火控制器中的两个大功率晶体管，按点火顺序控制两个初级绕组的电路交替接通和断开。当第 1、第 4 缸点火触发信号输入点火控制器时，大功率晶体管 VT_1、初级绕组 A 断电，次级绕组产生实线箭头所示方向的高压电动势，此时第 1、第 4 缸高压二极管正向导通使火花塞跳火。当第 2、第 3 缸点火触发信号输入点火

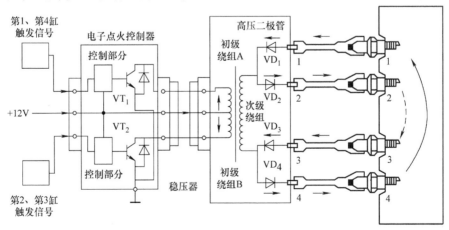

图 4-59　二极管配电点火系统原理图

控制器时,大功率晶体管 VT_2 截止,初级绕组 B 断电,次级绕组产生虚线箭头所示方向的高压电动势,此时第2、第3缸高压二极管导通,故第2、第3缸火花塞跳火。二极管配电方式的主要特点是一个点火线圈组件为4个火花塞提供高压电,因此特别适宜于四缸或八缸发动机。

三、微机控制点火系统的点火控制方式

1. 有分电器的点火控制

有分电器的点火控制如图 4-60 所示,为丰田 5S-FE 发动机微机控制点火系统。该系统将点火线圈、点火控制器、信号发生器等部件设计在分电器内,减少了外部线路的连接,从而降低了故障率。其工作过程如下。

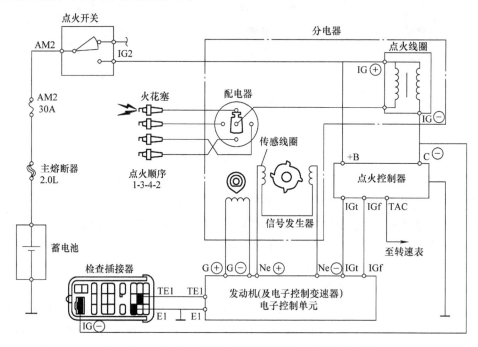

图 4-60 丰田 5S-FE 发动机微机控制点火系统电器图

发动机工作时,发动机电子控制单元(ECU)根据接收到的各传感器信号,通过计算确定该工况下的最佳点火提前角和点火线圈一次电路闭合角,并以此向点火控制器发出点火控制信号(IGt)。点火控制器根据 ECU 的指令,控制点火线圈一次电路的导通和截止。当电路导通时,有电流从点火线圈中的一次电路通过,点火线圈将点火能量以磁场的形式储存起来。当一次电路中的电流被切断时,在其次级绕组将产生很高的感应电动势(15~20kV),再经配电器分配到工作气缸的火花塞。

点火器在接受 ECU 指令工作的同时,还反馈一个点火反馈信号(IGf)给 ECU,ECU 根据 IGf 信号来确认点火器的工作情况。如果 ECU 连续 6 次未收到 IGf 信号,则 ECU 认为点火器工作不正常或不工作,于是 ECU 将停止喷油,以防止溢油。

微机控制的点火系统在进行点火提前角控制时主要依据凸轮轴位置传感器产生的 G 信号和曲轴位置传感器产生的 Ne 信号作为主控制信号。

1）G（凸轮轴位置）信号。G 信号指活塞运行到压缩行程上止点位置的判别信号（判缸信号），它是根据凸轮轴位置传感器产生的信号经过整形和转换而获得的脉冲信号。G 信号在微机控制的点火系统中主要用来确定点火时刻控制基准和气缸的判别（第一缸或第一缸的对应缸的压缩上止点时刻）。G 信号发生时，一般不是活塞运行到压缩上止点的时刻，而是在各缸活塞的压缩上止点前某一时刻相对于曲轴的转角，这一转角值因车型而异。

2）Ne（曲轴位置）信号。Ne 信号指发动机曲轴转角信号，它是根据曲轴位置传感器产生的信号经过整形和转换而获得的脉冲信号。在微机控制的点火系统中，Ne 信号主要用来计量点火提前角和通电时间。如果采用有 24 个转子齿的电磁感应式曲轴位置传感器时，曲轴每转 720°只能向 ECU 输送 24 个 Ne 信号，也就是说曲轴每转 30°，才能给 ECU 输送 1 个转速信号。这一信号对精确控制点火提前角和通电时间微机控制的点火系统而言，是不能满足要求的。故这样的 Ne 信号一般都经过 ECU 进行整形和转换，形成周期为 1°的 Ne 信号。

发动机工作时，ECU 根据 Ne 信号，可准确地计算出曲轴每转 1°所用时间，根据 G 信号，可以计算出各缸所处的工作循环的任一时刻（精确到 1°），从而实现最佳点火提前角的精确控制。

2. 无分电器的点火控制

无分电器的点火控制根据点火线圈的数量和高压电分配方式的不同，可分为独立点火方式、分组点火方式和二极管配电点火方式三种类型。

（1）独立点火方式

独立点火方式的点火控制如图 4-61 所示。其特点是各缸均有一个点火线圈，即点火线圈的数量与气缸数相等。

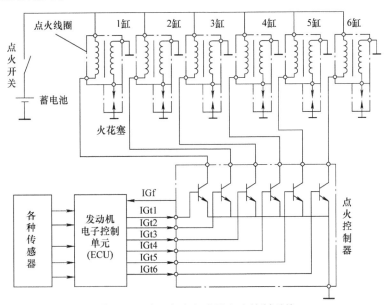

图 4-61 独立点火方式的点火控制系统

因为每缸都有各自独立的点火线圈，所以即使发动机的转速很高，点火线圈也有较长的通电时间（闭合角大），可提供足够高的点火能量。与有分电器的点火控制系统相比，在发动机转速和点火能量相同的情况下,单位时间内通过点火线圈一次电路的电流要小得多,点火线圈不易发热,且点火线圈的体积可以非常小巧,一般直接将点火线圈压装在火花塞上。

独立点火方式的点火控制系统工作时,发动机电子控制单元 ECU 根据各种传感器的信号综合计算,最后确定各缸点火提前角的精确时刻,向点火控制器发出指令 IGt1、IGt2……IGt6,由点火控制器直接控制各缸点火线圈初级电路的搭铁,并产生次级高压直接传给火花塞。与此同时,点火控制器向 ECU 反馈 IGf 信号。

(2) 分组点火方式

分组点火方式的点火控制系统如图 4-62 所示。在设计上将两个活塞同时到达上止点位置的气缸(一个为压缩行程的上止点,另一个为排气行程的上止点)分为一组,共用一个点火线圈。系统中点火线圈的总数量等于气缸数的一半。

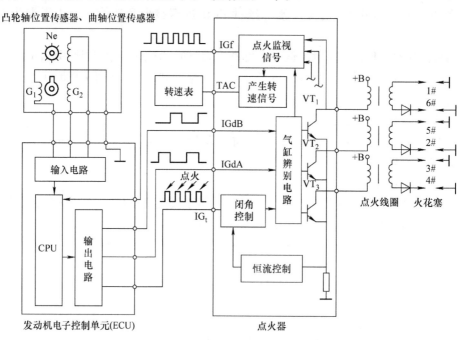

图 4-62 分组点火方式的点火控制系统

以 6 缸发动机为例,第 1、第 6 缸,第 2、第 5 缸及第 3、第 4 缸的活塞分别同时到达上止点,习惯上我们将这两个同时达到上止点位置的气缸称为"对应缸"。设计时将 6 个缸按"对应缸"关系分为 3 组,每一组共用一个点火线圈,同一组中两个缸的火花塞与共用的点火线圈次级绕组串联。当点火线圈初级电路断电时,一个气缸接近压缩行程的上止点,火花塞跳火可点燃该缸的混合气,称为有效点火;而另一气缸接近排气行程的上止点,火花塞跳火不起作用,称为无效点火。由于处于排气行程气缸内的压力很低,加之废气中导电离子较多,其火花塞很容易被高压电击穿,消耗的能量就非常少,所以不会对压缩行程气缸点火产生影响。

与独立点火方式的点火控制系统相比,发动机电子控制单元 ECU 只给点火控制器提供了一个 IGt 信号,但多了 IGdA 和 IGdB 辅助判缸信号。这是因为 IGt 信号只指令点火控制器执行点火,但到底该哪一组共用的点火线圈点火,还需 IGdA 和 IGdB 辅助判断,其判断真值表见表4-5。IGt、IGdA、IGdB三种信号共同控制点火器的工作过程如图4-63所示。

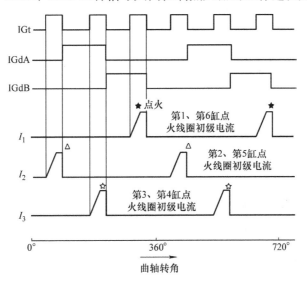

图4-63 分组点火方式的点火控制过程

表4-5 IGdA、IGdB辅助判缸情况

控制结果	信号	
	IGdA信号状态	IGdB信号状态
第1、第6缸点火	0	1
第2、第5缸点火	0	0
第3、第4缸点火	1	0

当IGt信号为高电位时，根据表4-5的控制情况，使相应缸点火的初级电路接通，当IGt信号为低电位时，切断被接通的初级电路，在相应点火线圈的次级绕组产生高压，点燃可燃混合气使发动机做功。例如，在如图4-63所示中，当第1个IGt信号为高电位时，此时的IGdA和IGdB均为"0"，根据表4-5的控制情况，此时第2、第5缸点火线圈的一次电路被接通，当第1个IGt信号变为低电位时，第2、第5缸点火线圈的初级电路被切断，在第2、第5缸的次级绕组产生高压，经火花塞跳火，使发动机做功。

与独立点火方式相比，采用分组点火方式的点火控制系统，其结构和控制电路较简单，所以应用也比较多。但由于保留了点火线圈与火花塞之间的高压线，能量损失略大。此外，串联在高压回路的二极管可用来防止点火线圈初级电路导通的瞬间所产生的次级电压（1000～2000V）加在火花塞上后发生的误点火。

（3）二极管配电的点火方式

二极管配电的点火控制系统如图4-64所示，主要是针对4缸或4的整数倍气缸发动机而设计的点火系统。其特点是：4个气缸共用一个点火线圈，点火线圈为内装两个初级绕组和一个次级绕组两端输出的特制点火线圈，利用4个二极管的单向导电性交替完成对第1、第4缸和第2、第3缸配电过程。二极管配电点火方式的微机控制点火系统对点火线圈要求较高，且受发动机气缸数的限制，故应用不是十分广泛。

四、微机控制点火系统的其他控制功能

微机控制点火系统除了对点火方式进行控制外，主要还具有点火提前角控制、通电时间控制和爆燃控制功能。

1. 点火提前角控制

在微机控制点火系统中，最佳点火提前角通常包括初始点火提前角、基本点火提前角和修正点火提前角。而各车型实际点火提前角的

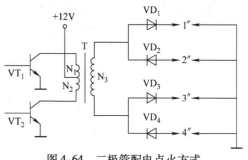

图 4-64　二极管配电点火方式

确定（计算）方法有所不同，目前主要有两种类型。

丰田车系：实际点火提前角 = 初始点火提前角 + 基本点火提前角 + 修正点火提前角

日产车系：实际点火提前角 = 基本点火提前角 × 点火提前角修正系数

下面以丰田车系为例介绍初始点火提前角、基本点火提前角和修正点火提前角。

（1）初始点火提前角

初始点火提前角主要用在发动机起动时，与发动机工况无关，这是因为发动机刚起动时，其转速较低（一般认为在 500r/min 以下），且进气流量信号或进气歧管绝对压力信号不稳定。此时可由 ECU 根据所控制的发动机工作特性预置一个固定的点火提前角，称为初始点火提前角。即是说，ECU 检测到发动机处于起动期间，就按预置的初始点火提前角控制各缸点火，此时，ECU 检测的控制信号主要是发动机转速信号（Ne）和起动开关信号（STA）。初始点火提前角的设定因发动机而异，但一般为压缩行程中活塞到达上止点前 10° 左右。

（2）基本点火提前角

基本点火提前角是由发动机电子控制单元（ECU）根据发动机的转速和负荷所确定的点火提前角，是发动机运行过程中最主要的点火提前角。

基本点火提前角按以下两种情况确定。

① 怠速时的基本点火提前角：怠速时 ECU 根据发动机转速和空调开关是否接通确定基本点火提前角。（丰田）在空调工作时为 8°，在空调不工作时为 4°。

② 正常行驶时的基本点火提前角：该基本点火提前角由微机根据发动机的转速和负荷信号从内部存储器中选出。

发动机在各种工况下的最佳基本提前角是通过大量的台架试验得出的，将试验数据优化后作出了如图 4-65 所示的点火提前角控制脉谱图（MAP），并将其存储在电子控制单元的存储器中，发动机在运行过程中，发动机电子控制单元通过发动机转速和负荷传感器获得发动机的工况信息，根据发动机所处的工况，从存储的数据中得出最佳的点火提前角。

基本点火提前角随发动机转速升高而增大，随进气流量（或进气歧管绝对压力）增加而减小。在怠速工况下，节气门开度传感器怠速触点闭合，此时发动机电子控制单元根据发动机转速和空调开关是否接通确定基本点火提前角。

（3）修正点火提前角

为使实际点火提前角适应发动机的运转状况，以便得到良好的动力性、经济性和排放性，必须根据相关因素（冷却液温度、进气温度、开关信号等）适当增大或减小点火提前

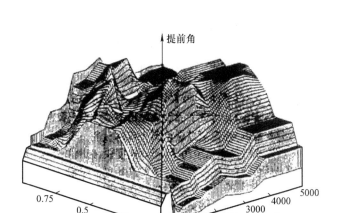

图 4-65　点火提前角随发动机转速与负荷变化的脉谱图

角,即对点火提前角进行必要的修正。

修正的项目主要有暖机修正、过热修正、怠速稳定性修正、空燃比反馈修正。

① 暖机修正。当发动机起动后,在冷却液温度较低时,应增大点火提前角,以使发动机尽快暖机,控制暖机修正量的主要信号有冷却液温度信号、进气流量信号和节气门开度信号。

② 过热修正。发动机正常运行时,为防止发动机冷却液温度过高而导致发动机过热,应减小点火提前角。控制过热修正量的主要信号有冷却液温度信号和节气门开度信号。

③ 怠速稳定性修正。发动机在怠速运行期间,由于发动机负荷变化,会引起发动机转速改变而偏离设定怠速下的目标转速。为了能保持怠速下稳定运转,就必须相应地修正点火提前角。当检测到的实际转速低于怠速目标转速时,应相应增大点火提前角。相反,当检测到的实际转速高于怠速目标转速时,应相应减小点火提前角。控制怠速稳定性修正的主要信号有发动机转速信号、节气门开度信号、车速信号、空调信号等。

④ 空燃比反馈修正。进行空燃比反馈控制时,根据氧传感器的反馈信号调整喷油量来达到理论空燃比,这种喷油量的变化必然引起发动机转速变化。为了稳定发动机转速,点火提前角需根据喷油量的变化进行修正。当喷油量增大时,应相应减小点火提前角。反之,当喷油量减小时,则相应增大点火提前角。

发动机每转一圈,ECU 计算处理后就输出一个提前角信号。因此,当传感器检测到发动机转速、负荷、冷却液温度发生变化时,ECU 就自动调整点火提前角。当 ECU 确定的点火提前角超过允许的最大值（35°～45°）或最小值（-10°～0°）时,发动机很难正常运转,此时 ECU 将以最大或最小点火提前角允许值进行控制。

2. 通电时间控制

对于常用的电感储能式晶体管点火系统来说,初级绕组电路断开瞬间其电流所能达到的值,即初级绕组电路断开电流,与初级绕组电路的通电时间有关。只有通电时间达到一定值时,才能使初级绕组电流上升到足够大,并在初级绕组断路时使次级绕组产生足够高的点火电压。

对通电时间进行控制，就是对点火闭合角进行控制，在产生足够的次级高压的同时，还要防止因通电时间过长使点火线圈过热而烧坏。闭合角的大小决定了点火线圈初级绕组电路的通电时间和储存的能量。为了使点火系统在发动机高速时有足够的点火电压，防止低速时点火线圈过热和减少电能消耗，就必须对闭合角进行控制。

例如，某 6 缸发动机在某工况下的转速为 2000r/min，微机选出的最佳点火提前角为上止点前 30°，此时电源电压为 14V，该发动机在上止点前 70°时开始输入 120°的 G 信号。问该发动机是如何控制点火时刻和通电时间的？

1）首先根据电源电压 14V，查出大功率晶体管导通时间为 5ms（相当于 60°曲轴转角）。

2）微机读到 120°G 信号时，此缸活塞正处在压缩上止点前 70°。这时微机再计数 40 个 1°信号，就到点火时刻（上止点前 30°），也就是在输入第 41 个 1°信号时，功率晶体管截止，发动机点火。实际上，由于 120°G 信号输入 4°后微机才开始计数，因此当微机读到 36 个 1°Ne 信号后，发出信号使功率晶体管截止。

3）6 缸发动机功率晶体管相邻两次截止时间的间隔为 120°，初级电路导通需要 60°曲轴转角，因此从点火时刻到初级电路开始导通的时间为 120°－60°＝60°曲轴转角，即功率晶体管在截止 60°后就接通初级电路，如图 4-66 所示。图中 BTDC 表示上止点前，TDC 表示上止点。

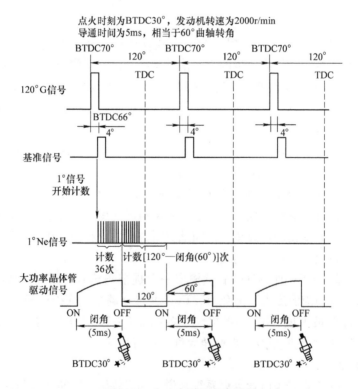

图 4-66 大功率晶体管的控制

3. 爆燃控制

为了避免爆燃发生，应适当减小点火提前角。但是，这种点火提前角的调整难以控制。若调整值偏大，则不利于获得理想的点火时刻；若调整值偏小，如遇劣质燃油或其他偶尔因素，又难免使发动机进入爆燃区。为此，在发动机电子控制系统设置爆燃控制器，它由爆燃传感器、检测电路、控制电路及校正电路组成，如图 4-67 所示。

爆燃传感器将传到气缸体上的机械振动转换成电信号输入到发动机电子控制单元中，发动机电子控制单元检测传感器送来的信号，分析判断有无爆燃及爆燃的强弱。然后输出相应的指令控制校正电路对发动机的点火提前角做出较准确的调整。爆燃强，推迟点火的角度大；爆燃弱，推迟的角度小。每次调整都以一个固定的角度递减，直到爆燃消失为止。尔后又以一个固定的角度递增，当发动机再次出现爆燃时，发动机电子控制单元又使点火提前角再次减小，如此不断调整。这是一种"临界控制"方式，它可使发动机接近爆燃区而又不进入爆燃区，此时缸内燃烧的热效率最高。

如图 4-68 所示为不同转速下爆燃控制点火时刻曲线。从图中可以看出，点火系统采用爆燃控制后，可使得不同转速下点火时刻的控制达到较理想的程度。在没有爆燃控制的点火系统，为避免爆燃现象发生，设定的点火时刻必须留有离开爆燃区的足够余量，从而导致燃烧的热效应降低。

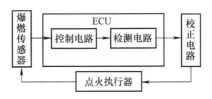

图 4-67 爆燃控制原理

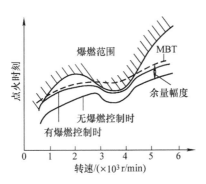

图 4-68 爆燃与点火时刻的关系

五、典型微机控制点火电路

1. 北京现代索纳塔轿车微机控制点火系统（图 4-69）

该点火系统控制模式为分组点火。发动机控制单元 ECU 接收传感器信号，经过运算后向 1 号或者 2 号点火线圈发出点火信号，1 号或 2 号点火线圈分别为第 1、第 4 缸和第 3、第 2 缸火花塞提供点火高压。

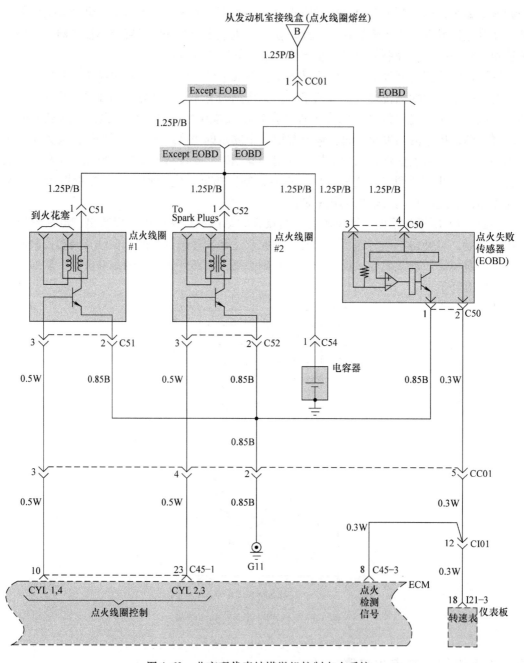

图 4-69　北京现代索纳塔微机控制点火系统

2. 北京现代悦动轿车微机控制点火系统电路（图 4-70）

该点火系统控制模式为独立点火。发动机控制单元 ECU 接收传感器信号，经过运算后向每一缸分别发出点火信号。

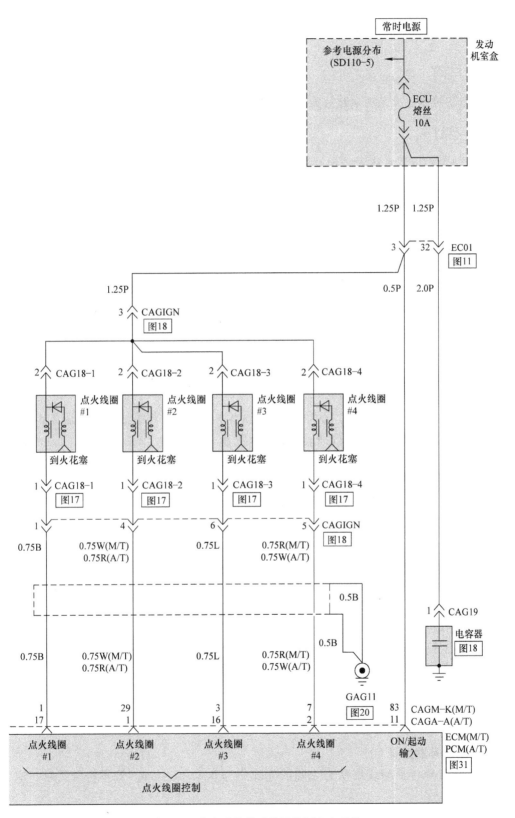

图 4-70 北京现代悦动微机控制点火系统

实训十四　微机控制点火系统故障的诊断

一、实训目的

掌握微机控制点火系统电路故障的诊断方法。

二、设备器材

1）微机控制点火系统试验车 4 台。
2）试灯、万用表、辅料等 4 套。

三、教学组织

学生分 4 个小组，在教师指导下完成工作任务单的内容。

四、任务工作单

以丰田汽车点火系统电路为例，说明不能起动故障的诊断方法。

1. 检查点火系统各连接电路

检查点火系统各部分连接导线接插件是否松脱、折断，导线绝缘橡胶是否老化而出现裂纹，若有，则应插牢、更换或修理线束。

2. 进行跳火试验

跳火试验时为防止在测试过程中汽油从喷油器中喷出，可将喷油器插接器拔出。
1）从火花塞上脱开分缸高压线，并拆下火花塞。
2）将火花塞装回分缸高压线，并将其侧电极搭铁。
3）将点火开关转动至起动档，观察火花塞跳火情况。
若无火花，按下列步骤进行故障诊断。

3. 检测分缸高压线

将高压线从火花塞上脱开，拆下分电器盖，用万用表 $R×1k\Omega$ 档，两只表笔分别连接分缸高压线两端，测量得到电阻值应为 $6\sim25k\Omega/m$。若不符合要求，应予以更换。

4. 检测点火线圈

断开点火开关，用万用表 $R×1\Omega$ 档，两只表笔分别连接点火线圈"＋"端子、"－"端子，测量初级绕组的电阻值，$-10\sim40℃$ 时初级绕组的电阻值应为 $0.3\sim0.6\Omega$；用万用表 $R×1k\Omega$ 档，1 只表笔接点火线圈中心高压插孔，另 1 只表笔接点火线圈的"＋"端子或"－"端子，测量次级绕组的电阻值，$-10\sim40℃$ 时次级绕组的电阻值应为 $9.0\sim15k\Omega$。若小于上述值时为短路；若电阻 ∞ 为断路。若测得的电阻值与规定值相差太大，应予更换。点火线圈各接线柱与外壳之间的电阻，正常情况为 ∞，否则说明点火线圈有漏电现象，应予更换。

5. 检测信号发生器

1）检测信号转子与线圈铁心之间的间隙应为 $0.2\sim0.4mm$。若不符合要求，应予以调整。
2）检测信号发生器线圈电阻值。用万用表 $R×1\Omega$ 档，两只表笔分别连接 G 信号发生器两端，测量电阻值，-10~40℃时 G 信号发生器的电阻值应为 185~265Ω；两只表笔分别连接 Ne 信号发生器两端，测量电阻值，-10~40℃时 Ne 信号发生器的电阻值应为 370~530Ω。若电阻值不符合上述要求，应更换信号发生器。

6. 检测 ECU 发出的点火正时信号

用万用表电压档，两只表笔分别连接发动机 ECU 的 IGf 端子和 E1 端子，起动发动机。电压应为 0.8~1.2V。若有电压，则应更换点火控制器；若无电压，应进一步检测发动机 ECU 与分电器、点火器之间的连接情况，以及发动机 ECU 的 E1 端子搭铁情况。若情况良好，则应更换发动机 ECU。

思考与练习

一、单选题

1. 当发动机负荷增大时，点火提前角应（　　）。
   A. 增大　　　　B. 变小　　　　C. 不能确定
2. 当发动机起动不着火时，下列说法错误的是（　　）。
   A. 可能是蓄电池容量低　　　　B. 可能是无高压电
   C. 可能是不来油　　　　　　　D. 可能是发电机有故障
3. 当发动机转速提高时、点火提前角应（　　）。
   A. 变大　　　B. 变小　　　C. 不变　　　D. 不能确定
4. 对于"发动机对点火系统的要求"来说，下列说法错误的是（　　）。
   A. 当发动机的工况发生变化时，点火提前角要随之变化
   B. 火花塞跳火时，要有足够的能量
   C. 按气缸工作顺序点火
   D. 点火系统产生的高压电要达到 100~200V
5. 点火提前角应该随着发动机的工况的变化而改变，甲认为：点火提前角应随着发动机的转速的提高而减小，乙认为：点火提前角应随着发动机的负荷增大而增大。你认为（　　）。
   A. 甲对　　　B. 乙对　　　C. 甲乙都对　　　D. 甲乙都不对
6. 发动机功率小时、压缩比小、转速低时一般应选用（　　）。
   A. 热型火花塞　　B. 中型火花塞　　C. 冷型火花塞　　D. 都可以
7. 发动机功率大、压缩比大、转速高时应选用（　　）。
   A. 热型火花塞　　B. 中型火花塞　　C. 冷型火花塞　　D. 都可以
8. 国产汽车火花塞的间隙值一般为（　　）。
   A. 0.3~0.4mm　　B. 0.5~0.7mm　　C. 0.8~0.9mm　　D. 1.0~1.1mm
9. 在对电子点火系统的信号发生器进行检查时，对于磁感应式的信号发生器，甲认为应有三个接头，其中一个是电源接头；乙认为应有两个接头，其中无电源接头。你认为（　　）。
   A. 甲对　　　B. 乙对　　　C. 甲乙都对　　　D. 甲乙都不对
10. 在检查点火控制器好坏时，甲认为可在点火控制器的信号输入端输入模拟的点火信

号,检查点火控制器的大功率晶体管的通断情况来确定点火控制器的好坏;乙认为只要总高压线无火,就说明点火控制器已经损坏。你认为(   )。

A. 甲对　　　　B. 乙对　　　　C. 甲乙都对　　　　D. 甲乙都不对

11. 在微机控制的点火系统中,发动机工作时的点火提前角,甲认为是由初始点火提前角和修正点火提前角两部分组成;乙认为是由初始点火提前角、基本点火提前角和修正点火提前角三部分组成。你认为(   )。

A. 甲对　　　　B. 乙对　　　　C. 甲乙都对　　　　D. 甲乙都不对

12. 发动机不能起动,故障由点火系统引发,在检查故障时,将总高压线拔下试火,结果发现无火。甲认为故障可能出现在高压电路;乙认为故障可能是由于点火正时不正确。你认为(   )。

A. 甲对　　　　B. 乙对　　　　C. 甲乙都对　　　　D. 甲乙都不对

13. 甲说冷型火花塞绝缘体裙部短;乙说热型火花塞绝缘体裙部短。你认为(   )。

A. 甲对　　　　B. 乙对　　　　C. 甲乙都对　　　　D. 甲乙都不对

14. 电子点火的火花塞间隙值一般为(   )。

A. 0.3~0.4mm　　B. 0.4~0.6mm　　C. 0.6~0.8mm　　D. 0.9~1.0mm

15. 当改用标号比较低的汽油时,甲认为应将点火提前角适当调大;乙认为应将点火提前角适当调小。你认为(   )。

A. 甲对　　　　B. 乙对　　　　C. 甲乙都对　　　　D. 甲乙都不对

16. ECU对点火提前角实行反馈控制的信号是(   )。

A. 冷却液温度传感器　　　　B. 曲轴位置传感器
C. 爆燃传感器　　　　　　　D. 车速传感器

17. 电子点火系统的次级电压较高的主要原因是(   )。

A. 火花塞间隙大　　　　　　B. 点火线圈性能好
C. 高压线不易漏电　　　　　D. 初级电流大

18. 当汽车加速无力时,若是点火正时的问题,可能的原因是(   )。

A. 点火过早　　B. 点火过迟　　C. 无法确定　　D. 与点火正时无关

19. 当某个气缸不工作时,下列说法错误的是(   )。

A. 个别气缸火花塞不跳火　　　B. 个别气缸高压线漏电
C. 点火正时不准　　　　　　　D. 分电器旁电极漏电

20. 一般来说,缺少(   )信号,电子点火系统将不能工作?

A. 转速　　　B. 冷却液温度　　C. 上止点　　D. 进气量

21. 影响次级电压的因素不正确的是(   )。

A. 发动机气缸数　　B. 火花塞积炭　　C. 电容值大小　　D. 汽车行驶速度

22. 电子控制点火系统中控制点火线圈的是(   )。

A. 发动机ECU　　B. 点火控制器　　C. 分电器　　D. 转速信号

23. 点火闭合角主要是通过(   )加以控制的。

A. 通电电流　　B. 通电时间　　C. 通电电压　　D. 通电速度

24. 混合气在气缸内燃烧,当最高压力出现在上止点(   )左右时,发动机输出功率最大。

A. 上止点前12°　　B. 上止点后12°　　C. 上止点前5°　　　D. 上止点后5°

25. 发动机每完成一个工作循环，曲轴转（　　）周，分电器轴及触发叶轮转（　　）周，霍尔元件被交替地隔离（　　）次，因而随之产生（　　）次霍尔电压。
    A. 2，1，4，4　　B. 2，1，3，4　　C. 2，2，3，4　　D. 2，1，1，4

二、多选题

1. 无分电器式电子点火系统中，点火提前角由（　　）来确定。
   A. 发动机 ECU　　B. 参考传感器信号　　C. 真空提前装置　　D. 离心提前装置
2. 发动机工作时，ECU 根据发动机（　　）信号确定最佳闭合角。
   A. 转速信号　　　B. 电源电压　　　　C. 冷却液温度　　　D. 以上都不对
3. 点火提前角的主要影响因素有（　　）。
   A. 转速　　　　　B. 负荷　　　　　　C. 冷却液温度　　　D. 燃油品质
4. 电磁感应信号发生器主要由（　　）组成。
   A. 感应线圈　　　B. 永久磁铁　　　　C. 信号转子　　　　D. 分电器轴
5. 微机控制点火系统中实际点火提前角由（　　）组成。
   A. 最佳点火提前角　　　　　　　　　B. 初始点火提前角
   C. 基本点火提前角　　　　　　　　　D. 修正点火提前角
6. 影响点火线圈次级电压的因素有（　　）。
   A. 点火线圈的温度　　　　　　　　　B. 电容器的容量
   C. 断电器触点间隙　　　　　　　　　D. 发动机转速与气缸数
   E. 发动机的功率　　　　　　　　　　F. 火花塞积炭
7. 点火系统的功能有（　　）。
   A. 点火时间正时　　B. 最佳的空燃比　　C. 足够点火电压
   D. 足够点火能量　　E. 最佳的点火提前角　F. 最佳的混合气燃烧
8. 电子点火系统主要由点火开关、（　　）组成。
   A. 发动机　　　　B. 电源　　　　　　C. 点火线圈　　　　D. 断电器
   E. 火花塞　　　　F. 点火控制器
9. 点火系统按信号发生器的原理分类有（　　）。
   A. 电磁感应式　　B. 霍尔效应式　　　C. 电容式
   D. 电感式　　　　E. 光电式　　　　　F. 电磁振荡式
10. 微机控制点火系统的组成是（　　）。
    A. 各种传感器　　B. ECU　　　　　　C. 点火控制器
    D. 点火线圈　　　E. 断电器　　　　　F. 火花塞
11. 甲说大功率、高转速、高压缩比的发动机应选用冷型火花塞。乙说中低速低压缩比、小功率的发动机应选用热型火花塞。你认为（　　）。
    A. 甲的说法正确　B. 乙的说法正确　　C. 甲乙都正确　　　D. 甲乙都不正确
12. 点火过早会使发动机（　　）。
    A. 功率下降　　　B. 功率提高　　　　C. 省油　　　　　　D. 产生爆燃
13. 点火装置主要控制内容包括（　　）。
    A. 点火提前角　　B. 火花持续时间　　C. 初级线圈通电时间　D. 以上都不对

14. 霍尔式无触点电感储能电子点火系统主要由电源（　　）及高压阻尼线等组成。
A. 火花塞　　　　　　B. 晶闸管　　　　　　C. 霍尔式无触点分电器
D. 点火控制器　　　　E. 点火线圈

三、判断题

1. 火花塞间隙越大，所需的击穿电压就越高。　　　　　　　　　　　　　（　　）
2. 发动机的最佳点火时间是活塞到达压缩行程的上止点时。　　　　　　　（　　）
3. 转速高或负荷小时，点火提前角应小些。　　　　　　　　　　　　　　（　　）
4. 次级电压的高低与初级电流的大小有关，而与初级电流的变化快慢无关。（　　）
5. 发动机转速越高，次级电压就越高。　　　　　　　　　　　　　　　　（　　）
6. 发动机转速过高或过低，都将导致点火线圈次级电压降低。　　　　　　（　　）
7. 发动机的气缸数越多，则次级电压就越大。　　　　　　　　　　　　　（　　）
8. 负荷大或节气门开大时，点火提前角减小；负荷小或节气门关小时，点火提前角则增大。　　　　　　　　　　　　　　　　　　　　　　　　　　　　　　（　　）
9. 使用辛烷值较高的汽油时，应将点火时间略为推迟；反之，则应提前。　（　　）
10. 发动机冷车起动后的暖机过程中，随冷却液温度的提高，点火提前角也应适当加大。　　　　　　　　　　　　　　　　　　　　　　　　　　　　　　　（　　）
11. 点火提前角必须随发动机的转速和负荷变化而变化。　　　　　　　　（　　）
12. 点火提前角过大，会使爆燃倾向减小。　　　　　　　　　　　　　　（　　）
13. 轻微的爆燃可使发动机功率上升，油耗下降。　　　　　　　　　　　（　　）
14. 发动机起动时，按ECU内存储的初始点火提前角对点火提前角进行控制。（　　）
15. 增大点火提前角是消除爆燃的最有效措施。　　　　　　　　　　　　（　　）
16. 最理想的点火时机应该是将点火正时控制在爆燃即将发生而还未发生的时刻。
　　　　　　　　　　　　　　　　　　　　　　　　　　　　　　　　（　　）
17. 冷却液温度过高后必须修正点火提前角。　　　　　　　　　　　　　（　　）
18. 在发动机控制系统中，点火系统也可以采用闭环控制方法。　　　　　（　　）
19. 一般来说，缺少转速信号、电子点火系统将不能点火。　　　　　　　（　　）
20. 通电时间和闭合角是完全不同的两个概念，不可混为一谈。　　　　　（　　）
21. 起动时点火提前角是固定的。　　　　　　　　　　　　　　　　　　（　　）
22. 排气上止点的气缸点火后不产生功率，电火花浪费在气缸中。　　　　（　　）
23. 发动机发出最大转矩的点火时刻是在发动机即将产生爆燃的点火时刻的附近。
　　　　　　　　　　　　　　　　　　　　　　　　　　　　　　　　（　　）
24. 如果发动机实际点火提前角不合适，发动机很难正常运转。　　　　　（　　）
25. 最佳点火提前角可以大大提高发动机的动力性、经济性和排放性。　　（　　）
26. 点火提角过大过小都会造成冷却液温度升高。　　　　　　　　　　　（　　）
27. 无触点点火系统在使用中无须进行调整保养。　　　　　　　　　　　（　　）
28. 爆燃传感器的作用是通过ECU控制点火提前角处于气缸内混合气刚要发生爆燃而未发生爆燃的临界状态。　　　　　　　　　　　　　　　　　　　　　　（　　）
29. ECU在进行点火提前角自动控制时，需要三个基本输入信号：发动机负荷信号、转速信号、曲轴位置信号。　　　　　　　　　　　　　　　　　　　　　（　　）

30. 在微机控制点火系统中，小负荷时提供较大的点火提前角。（ ）
31. 点火线圈有两接线柱和三接线柱之分，两者的主要区别在于有无附加电阻。（ ）

四、问答题

1. 点火系统的作用是什么？对其有何要求？
2. 发动机转速对点火提前角有什么影响？
3. 发动机负荷对点火提前角有什么影响？
4. 什么是点火提前角？其过大或过小有何危害？
5. 简述电磁感应式信号发生器的工作原理。
6. 简述霍尔效应式信号发生器的工作原理。
7. 简述电子点火系统的组成及各部分的功能。
8. 微机控制点火系统有何优点？
9. 修正点火提前角考虑了哪些因素？这些因素对发动机的点火提前角有何影响？
10. 微机控制的点火系统如何实现最佳点火提前角的精确控制？

项目五

汽车照明、信号系统及电路

教学目标

1. 了解照明、信号系统的组成、功用。
2. 了解照明、信号系统电路的工作原理。

能力目标

1. 掌握前照灯电路故障的诊断方法。
2. 掌握转向灯电路故障的诊断方法。

任务一　汽车照明系统及控制电路

任务目标

1. 了解前照灯的结构、控制电路。
2. 了解雾灯控制电路。
3. 掌握前照灯电路故障的诊断步骤和方法。

汽车照明系统由电源、照明灯具、控制装置等组成。照明系统用于夜间道路照明、车厢内部照明、标示车辆宽度、仪表照明与夜间检修照明等。车外照明装置有前照灯、小灯（位灯）、雾灯、倒车灯、牌照灯等。车内照明装置有顶灯、仪表灯、阅读灯等。工作照明装置有发动机舱灯、行李舱灯、外接工作灯插座等。

一、前照灯

1. 前照灯的作用、组成和基本电路

（1）前照灯的作用

前照灯（俗称大灯、头灯）主要用于夜间行车道路照明，同时也兼作夜间超车信号灯。灯光为白色，有两灯制和四灯制两种配置方式，灯泡功率一般为 40~60W。前照灯有较特殊的光学结构，因为它既要保证夜间车前道路 100m 以上有明亮而均匀的照明，又要具有防眩目装置，以避免夜间两车交会时造成对方驾驶员眩目而发生事故。

(2) 前照灯控制电路的组成

前照灯控制电路主要由灯光开关、变光开关、前照灯继电器及前照灯组成,如图 5-1 所示。

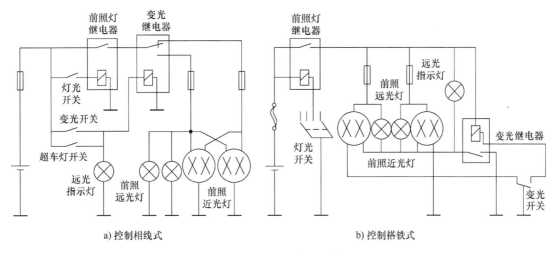

图 5-1　前照灯控制电路

(3) 前照灯的结构

前照灯主要由灯泡、反射镜和配光镜三部分组成。

1) 灯泡。灯泡有充气灯泡、卤钨灯泡、高压放电氙灯、LED 前照灯等几种类型,如图 5-2 所示。

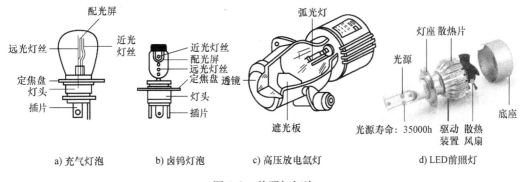

图 5-2　前照灯灯泡

充气灯泡是从玻璃泡抽出空气,再充以 96% 氩和 4% 氮的混合惰性气体制成的,充入的气体在灯丝受热时膨胀,增大压力,可以减少钨的蒸发,提高灯丝的温度和发光效率,延长灯泡的使用寿命。

卤钨灯泡是利用卤钨再生循环反应原理制成的灯泡。其原理是从灯丝发出来的气态钨与卤族气体反应生成卤化钨,卤化钨再受热分解,使钨重新回到灯丝上。如此反复地循环下去,从而防止了钨的蒸发和灯泡的发黑现象。卤钨灯泡尺寸小,灯泡内充入惰性气体的压力较高,工作温度高,故钨的蒸发也得到更有力的抑制。卤钨灯泡发光效率高,亮度是充气灯泡的 1.5 倍,使用寿命是充气灯泡的 2~3 倍。

高压放电氙灯由弧光灯组件、电子控制器和升压器三大部件组成,光色和日光灯非常相似,灯泡里没有灯丝,取而代之的是装在石英管内的两个电极,管内充有氙气等惰性气体及碘化物。其亮度是目前卤素灯泡的3倍左右,克服了传统钨灯的缺陷,完全满足汽车夜间高速行驶的需要。

LED前照灯利用发光二极管的发光特性实现照明,其优点是明亮、节能、具有可靠性,而且点亮速度快,寿命长。因此,LED前照灯将是汽车照明发展的方向,目前汽车照明灯具均有采用LED灯的趋势。

2）反射镜。反射镜用来聚集光线并将其反出去,表面呈抛物型并镀银、铝或铬,再抛光。灯泡安装好后,其远光灯丝正好落在抛物面的焦点上,灯光经反射镜聚合,亮度增强几百倍。近光灯丝安装在抛物面的焦点上方或前方,灯光经反射镜后,照亮车前50m路面。

3）配光镜（又称配光屏、散光玻璃）。它由透镜和棱镜组合而成,外形一般为圆形或方形。其作用是使光线折射向较宽的路面。

(4) 前照灯的分类

前照灯分为可拆式、半可拆式、全封闭式三种。可拆式由于密封性差,易进入灰尘,影响反射镜的反射能力,从而降低照明亮度,故已被淘汰。半可拆式的散光玻璃与反射镜用牙齿紧固结合为一整体,构成泡体,灯泡从泡体后端拆装,维修方便,是目前汽车上前照灯应用最为广泛的一种,如图5-3所示。全封闭式的散光玻璃与反射镜用玻璃制成整体,灯丝直接焊在反射镜的底座上,泡体内充入惰性气体。它可以完全避免反射镜被污染,但灯丝损坏时,需整体更换,维修成本高,如图5-4所示。

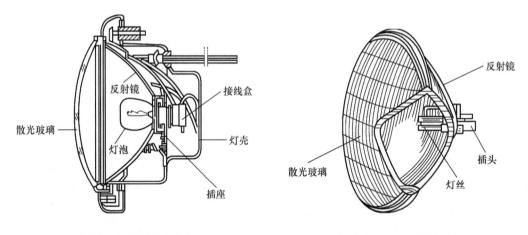

图5-3　半可拆式前照灯　　　　　图5-4　全封闭式前照灯

(5) 前照灯防眩目措施

人的眼睛在黑暗中突然受到强光照射时,会出现暂时性的视觉障碍而看不清,这种现象称为炫目。炫目会使驾驶员在瞬间看不清或视力极差,由此而引发道路交通事故。前照灯通常采用下列防眩目措施。

1）用远、近光变换。近光灯光线经反射镜后,只照亮本车前约50m范围的路面,夜晚会车时,使用近光灯有一定的防眩目作用。

2）用配光屏。在近光灯丝下方安装配光屏,遮住反射镜下半部分光线,避免近光灯束向斜上方照射。若采用非对称式配光,则在近光灯丝下方安装配光屏时,配光屏偏转一个角度,使近光的光形分布不对称,达到防眩目的。前照灯由车灯开关控制,远光与近光的变换由变光开关控制,若作为超车信号时,由超车灯开关控制。

(6) 灯光开关

灯光开关目前采用较多的是一体式组合开关,可用于控制前照灯、雾灯、小灯等。其有拉杆式、旋转式和组合式等多种形式。

如图 5-5 所示为一种一汽丰田威乐轿车使用的组合开关,转动开关端部,便可依次接通小灯(尾灯)、前照灯。将开关向下压,前照灯光由近光变为远光;将开关向上扳,前照灯由近光变为远光,松手后自动变回近光,此位置用来作为夜间行车时的超车信号;转动中间开关,可控制雾灯工作;前后扳动开关,可使左右转向灯工作。

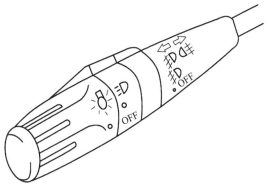

图 5-5 威乐轿车组合开关

(7) 前照灯继电器

前照灯在工作时电流较大,特别是四灯制的汽车如 CA1091 汽车,远光灯开启时电流为 15A 左右,若用车灯开关直接控制前照灯,车灯开关易烧坏,因此在前照灯电路中设有灯光继电器。它由一对触点和一个磁化线圈组成,外形有 4 个引脚,为常开式继电器,如图 5-6 所示。

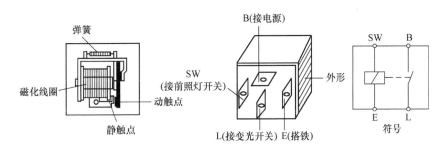

图 5-6 前照灯继电器

2. 对前照灯的要求

为保证车辆行车安全,世界各国交通法规都用法律形式规定了汽车前照灯的照明标准,我国 GB 7258—2017《机动车运行安全技术条件》对汽车前照灯提出了"基本要求""远光光束发光强度要求""光束照射位置要求"三项主要要求,具体参数可查看国标。

3. 前照灯的检测

国内外对汽车前照灯的检测和调整十分重视,因为前照灯光束调整正确与否,将极大地影响行车安全、运输效率和驾驶员的疲劳程度。

目前,汽车前照灯的检测主要采用屏幕检验法或仪器检验法,汽车检测站多用仪器检验法。由于各仪器型号不同,其使用方法也不相同,只能参照仪器说明书进行。下面只介绍屏幕检验法。

1）检测时，将汽车停在水平路面上，按规定充足轮胎气压，汽车轻载（一名驾驶员乘坐）。

2）在距前照灯 5m 处（具体参数见本车说明书）竖一幕布（或利用白墙壁），在屏幕上画出两条垂直线（一条线通过左前照灯的中心，另一条线通过右前照灯的中心）和两条水平线（一条与前照灯离地 H 等高，另一条比 H 低 D，D 值应符合上述光束照射位置要求），比 H 低 D 的水平线与两垂直线分别相交于 a、b 两点，即为光照要求的中心点，如图 5-7 所示。

3）蓄电池充足电情况下，起动发动机（转速为 2000r/min），打开前照灯，让光线投到屏幕上，观察实际光照中心是否符合要求。

若符合要求，可不对照射位置进行调整，反之则应调整前照灯照射位置。

4. 前照灯的调整

若在检测时前照灯照射位置不符合要求，则应进行调整。调整时，把一只前照灯遮住（对四灯制前照灯），然后检查另一前照灯的光束是否对准 a 或 b 点。若不符合要求，可通过调整螺钉来调整。然后以同样的方法调整另一侧前照灯，如图 5-8 所示。

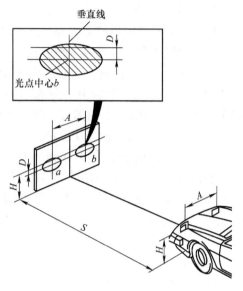

图 5-7　前照灯的屏幕检测法

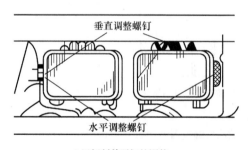

a）四灯制前照灯的调整

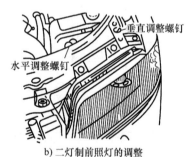

b）二灯制前照灯的调整

图 5-8　前照灯的调整

5. 典型汽车前照灯电路

（1）CA1091 汽车前照灯电路

CA1091 汽车照明系统电路如图 5-9 所示，该电路采用控制相线式电路。前照灯电路分析如下：

前照灯由点火开关、车灯开关、灯光继电器控制。点火开关位于一档时电源被送到灯光继电器 B 接柱，灯光开关前照灯档位时，灯光继电器线圈电路接通，触点闭合，电流经电

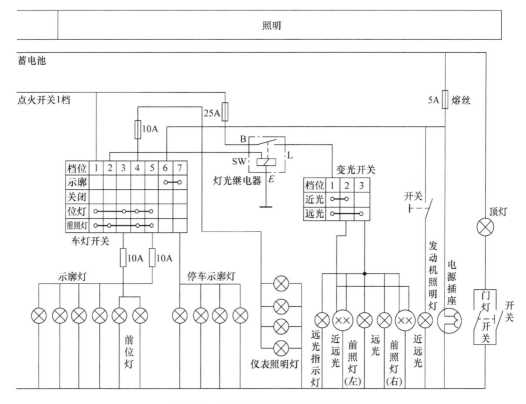

图 5-9 CA1091 汽车照明系统电路图

源正极→电源接触器触点→灯光继电器→变光开关 HL→近光灯或远光灯 H→搭铁，点亮前照灯。该车前照灯采用四灯制，接通远光时，四只前照灯远光灯丝全部点亮，同时仪表板上的远光指示灯点亮；接通近光时，外侧两只近光灯丝点亮。

CA1091 汽车的车灯开关有 4 个档位（示廓、关闭、位灯和前照灯），7 个接线端（1—电源，2—灯光继电器线圈 SW，3—前位灯，4—仪表照明灯，5—示廓灯，6—电源，7—停车示廓灯）；变光开关有 2 个档位（近光和远光）、3 个接线端（1—灯光继电器触点 L 端，2—近光灯，3—远光灯）。

当灯光开关置于前照灯档位时，1 号线与 2、4、5 号线接通，切断了前位灯电路，仪表灯、示廓灯仍继续接通，同时灯光继电器线圈通电，使灯光继电器触点闭合，前照灯点亮，此时可通过变光开关变换远、近光照明。

(2) 威驰轿车前照灯电路

威驰轿车前照灯电路如图 5-10 所示，该电路采用控制搭铁式电路。前照灯电路分析如下：

威驰轿车的前照灯由灯光控制开关和变光开关控制。灯光控制开关位于 Head 位置、变光开关位于 Low 位置时，电流经蓄电池正极→F10 熔断器→10A 的 LH 和 RH 熔断器→左、右前照灯的近光灯丝→变光开关 HL→灯光控制开关 H→搭铁，点亮前照灯近光。与此同时电流经组合仪表点亮组合发光二极管，为仪表照明。

灯光控制开关位于 Head 位置、变光开关位于 High 位置时，电流经蓄电池正极→F10 熔

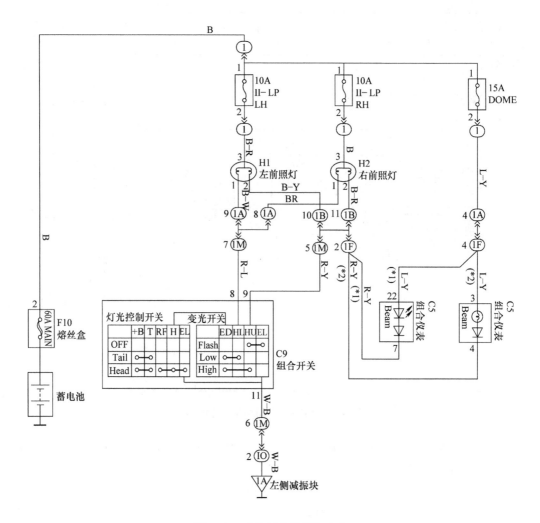

图 5-10 威驰轿车前照灯电路

断器→10A 的 LH 和 RH 熔断器→左、右前照灯的远光灯丝→变光开关 HU→灯光控制开关 H→搭铁,点亮前照灯远光。

二、雾灯

1. 雾灯的作用

雾灯采用波光较长的黄色、橙色或红色。其穿透能力强,用来在雨雾天气行车时道路的照明和发出警告。雾灯有前雾灯和后雾灯两种。前雾灯装于汽车前部比前照灯稍低的位置,左右各一个。后雾灯装于汽车尾部,有些车辆只一个后雾灯。

2. 典型雾灯电路

(1) 威驰轿车雾灯电路

威驰轿车雾灯电路如图 5-11 所示。威驰轿车雾灯电路由组合开关 1 和组合开关 2 共同控制。组合开关1位于TAIL或HEAD位置，组合开关2位于Front位置时，前雾灯继电器线圈电路接通，触点闭合。电流经蓄电池正极→F10熔丝盒→FOR15A熔断器→前雾灯继电器触点→雾灯指示灯和左、右前雾灯→搭铁，点亮前雾灯；组合开关2位于Front + Rear位置时，在接通前雾灯继电器线圈电路的同时接通了后雾灯继电器线圈电路，使后雾灯继电器触点闭合，在点亮前雾灯的同时，电流经蓄电池正极→F10熔丝盒→ECU – B7.5A熔断器→后雾灯继电器触点→雾灯指示灯和左、右后组合灯→搭铁，点亮后组合灯中的雾灯。

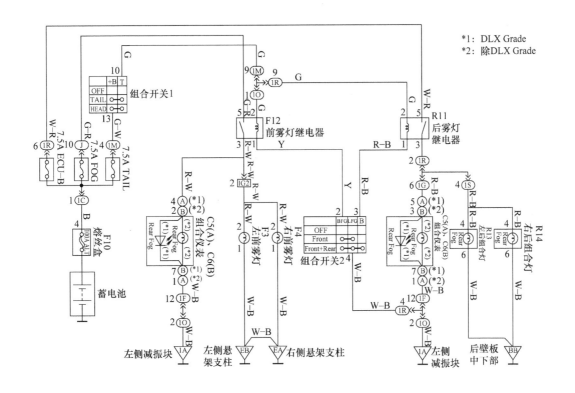

图 5-11 威驰轿车雾灯电路

（2）桑塔纳轿车雾灯电路

桑塔纳轿车雾灯电路如图5-12所示。由灯光开关E1、雾灯继电器J5、雾灯开关E23等组成。灯光开关位于Ⅰ档或Ⅱ档时，由灯光开关来的电流经雾灯继电器线圈搭铁（31线），使雾灯继电器触点闭合，蓄电池电压被送到雾灯开关E23的4号接柱。雾灯开关位于Ⅰ档或Ⅱ档时，电流经X线→雾灯继电器触点→雾灯开关→左右雾灯→搭铁，点亮前雾灯。雾灯开关位于Ⅱ档时，电流经X线→雾灯继电器触点→雾灯开关→后雾灯→搭铁，点亮后雾灯。

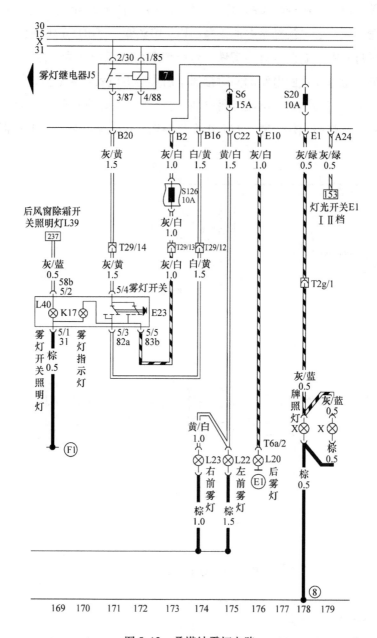

图 5-12 桑塔纳雾灯电路

实训十五 前照灯的检测和调整

一、实训目的

1）掌握汽车前照灯照射位置、照度等参数的检测方法。

2）掌握汽车前照灯的调整方法。

二、设备器材

1）前照灯检测仪 1 套。
2）试验车辆 1 台。

三、教学组织

学生在教师指导下完成工作任务单的内容。

四、任务工作单

以投影式前照灯检测仪（图 5-13）为例说明检测方法和步骤。

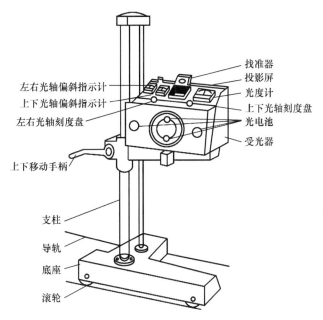

图 5-13 投影式前照灯检测仪

（1）准备检测仪

1）在前照灯检测仪不受光的情况下，检查光度计和光轴偏斜量指示计是否对准机械零点。若指针失准，可用零点调整螺钉调整。

2）检查聚光透镜和反射镜的镜面上有无污物，若有可用柔软的布或镜头纸等擦拭干净。

3）检查水准器的技术状况。若水准器无气泡，应进行修理；若气泡不在红线框内，可用水准器调节器或垫片进行调整。

4）检查导轨是否沾有泥土等杂物，若有应扫除干净。

（2）准备被检测车辆

1）清除前照灯上的污垢。

2）将轮胎气压调整到符合汽车制造厂的规定。

3）检测汽车蓄电池，其应处于充足电状态。

（3）检测前照灯

1）将被检汽车尽可能地与前照灯检测仪的轨道保持垂直方向驶近检测仪，直至前照灯与检测仪受光器之间达到规定的检测距离。根据检测仪器不同，检测距离为3m、1m、0.5m或0.3m，投影式前照灯检测仪检测距离为3m。

2）用车辆摆正找准器使检测仪与被检汽车对正。

3）开亮前照灯，用前照灯找准器使检测仪与被检前照灯中心对正。

4）转动上下、左右光轴偏斜指示旋钮进行调整，调整到上下、左右光轴偏斜指示计指针居中。

5）从光度计读出前照灯发光强度值，从左右光轴偏斜指示计读出前照灯光轴偏斜量，并计入表5-1。

表5-1 前照灯检测记录表

车辆单位		号牌号码	
检测内容	检测结果		结　论
发光强度/cd	左：	右：	
近光光束上下偏移量/(mm/10m)	左：	右：	
近光光束水平偏移量/(mm/10m)	左：	右：	
远光光束上下偏移量/(mm/10m)	左：	右：	
远光光束水平偏移量/(mm/10m)	左：	右：	

（4）调整前照灯光束

若发光强度低于GB 7258—2017《机动车运行安全技术条件》对前照灯发光强度的要求，应更换前照灯。

若光束偏移量超出GB 7258—2017《机动车运行安全技术条件》对前照灯光束偏移量的要求，应对前照灯光束进行调整。

实训十六　前照灯不亮的故障诊断

一、实训目的

掌握汽车前照灯不亮故障的诊断方法。

二、设备器材

1）桑塔纳车辆4辆。

2）工具、万用表、试灯、连接线4套及桑塔纳前照灯配件若干。

三、教学组织

学生分4个小组，在教师指导下完成工作任务单的内容。

四、任务工作单

以桑塔纳轿车前照灯为例（图5-14）说明故障诊断方法和步骤。

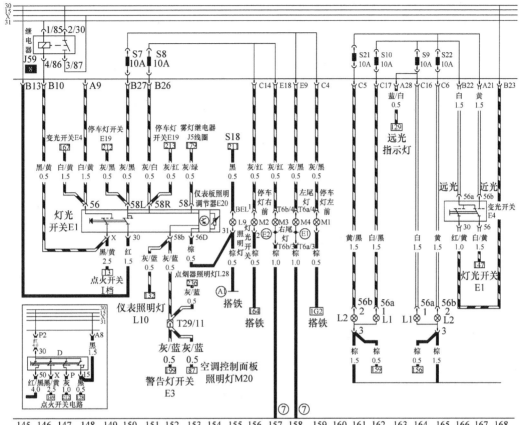

图 5-14 桑塔纳轿车前照灯电路图

桑塔纳轿车前照灯电路原理如图所示，当点火开关位于Ⅰ档时，电源被从蓄电池经常火线30、点火开关 X 接线柱送到灯光开关 E1 的 X 接线柱。在灯光开关 E1 拨到Ⅱ档时，电源经灯光开关 E1 的 56 接线柱送至变光开关 E4 的 56 接线柱，点亮远光灯。如果远光灯和近光灯都不亮，应检查变光开关 56 接线柱之前的电路是否有断路或灯光开关是否有故障。检查步骤如下：

（1）检查点火开关

接通点火开关 D，检查一下其他用电设备是否正常（如空调开关接通时，空调开关 A/C 灯是否点亮），若正常，说明点火开关正常，进行下一步检查。若不正常，说明点火开关损坏，应予以更换。

（2）检查灯光开关

将灯光开关 E1 置于Ⅱ档，检测灯光开关 E1 的 56 接线柱电压是否正常。若不正常，应检查灯光开关 E1 的 X 接线柱与点火开关 D 之间的连接情况。若电压为零，应检查灯光开关 E1 的 X 接线柱电压是否正常。若正常，说明灯光开关 E1 损坏，应予以更换。

若电压正常，进行下一步检查。

（3）检查变光开关

接通点火开关，灯光开关 E1 置于Ⅱ档（前照灯接通）位置，检测变光开关 E4 相线接线柱 56 上的电压是否正常。若电压正常，可用导线短接变光开关 E4 的 56 接线柱和 56a 或 56b 试验，若前照灯亮，说明变光开关损坏，应更换；若前照灯不亮则应检查变光开关 E4 与前照灯之间的连接线路是否断路、前照灯泡是否损坏。若电压为零，则应检测灯光开关 E1 与变光开关 E4 之间的电路是否断路。

任务二　汽车灯光信号系统及控制电路

任务目标

1. 了解转向信号灯、危险警告信号灯系统的组成、控制电路。
2. 掌握转向信号灯电路故障的诊断步骤和方法。

一、灯光信号装置的作用、类型

汽车灯光信号装置的作用是通过灯光信号向环境（如人、车辆）发出警告、示意信号，以引起有关人员注意，确保车辆行驶的安全。汽车主要灯光信号如下：

1) 转向信号灯。装于汽车前后或侧面，用于在汽车转弯时发出明暗交替的闪光信号。
2) 示廓灯与尾灯。这两种都是低强度灯，用于标示汽车夜间行驶或停车时的宽度轮廓。位于前方的灯称为示廓灯（示廓灯、位灯），位于后方的灯称为尾灯。
3) 危险警告灯。当车辆出现故障停在路面上或遇到危险情况时，按下危险警告灯开关，全部转向灯同时闪亮，向周围的行人和车辆示警。危险警告灯与转向信号灯共用。
4) 制动灯。装于汽车尾部，用于当汽车制动或减速停车时，向车后发出灯光信号，以警告随后车辆及行人。

二、转向信号灯的作用及控制电路

转向信号灯的功用是当汽车转弯时，在闪光器（一种使信号灯和指示灯闪烁发光的装置）的控制下，向其他车辆和行人发出明暗交替的闪烁信号，指示汽车向左或向右的行驶方向。转向信号灯控制电路由转向信号灯、闪光继电器和转向开关等组成，如图 5-15 所示。

1. 转向信号灯

用以显示车辆行驶方向。前转向信号灯为橙色，后转向信号灯为橙色或红色。转向信号灯的闪光频率国标中规定 60~120 次/min，日本转向闪光灯规定（85±10）次/min，而且亮暗时间比（通电率）在 3:2 为佳。转向信号灯由转向开关控制，其闪光频率由闪光（继电）器控制。

2. 闪光器

常见闪光器有电热式、电容式、电子式三类，其中电热式有直热翼片式和旁热翼片式两种；电子式有晶体管式和集成电路式两类。电热式闪光器结构简单，成本低，但闪光频率不够稳定，使用寿命短，已被淘汰。而电容式闪光器、电子式闪光器具有闪光频率稳定、性能稳定、可靠等优点，故被广泛应用。

（1）电容式闪光器

电容式闪光器结构原理图如图 5-16 所示。

电喇叭	信号

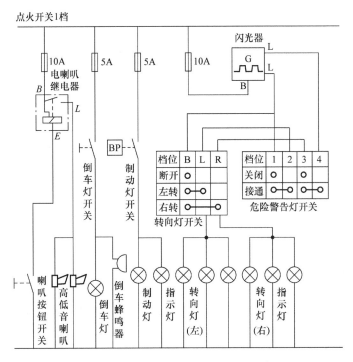

图 5-15　CA1091 汽车信号装置电路

工作原理：汽车转向时，接通转向开关，电流经蓄电池"+"极→点火开关→闪光器接线柱 B→串联线圈 1→常闭触点→闪光器接线柱 L→转向开关→转向信号灯及转向指示灯→搭铁→蓄电池"-"极，构成回路。

流经串联线圈 1 的电流产生的吸力大于弹簧片的作用力，将触点迅速打开，由于流过转向灯灯丝电流时间很短，故灯泡处于暗的状态（未来得及亮）。触点打开后，蓄电池开始向电容器充电，回路为：蓄电池"+"极→点火开关→闪光器接线柱 B→串联线圈 1→并联线圈 2→电容器→闪光器接线柱 L→转向灯开关→转向灯及转向指示灯（左或右）→搭铁→蓄电池"-"极。由于线

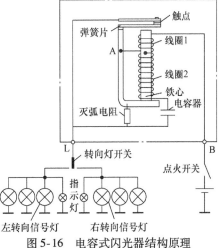

图 5-16　电容式闪光器结构原理

圈 1 和线圈 2 电阻较大，充电电流较小，仍不足以使转向灯亮。同时，两线圈产生的电磁吸力方向相同，使触点维持打开，随着电容器两端电压升高，充电电流逐渐减小，电磁吸力也减小，在弹簧片作用下，触点闭合。随后，电源通过串联线圈 1、触点、转向开关、向转向

灯供电，电容器经并联线圈2、触点放电。由于此时两线圈磁力方向相反，产生的合成磁力不足以使触点打开，此时转向灯亮。随着电容器两端电压下降，流经并联线圈2的电流减少，产生的磁力减弱，串联线圈1产生的电磁吸力又将触点打开，转向灯变暗。如此反复，使转向灯以一定的频率闪烁。

（2）电子式闪光器

无触点电子闪光器如图5-17所示。

工作原理：接通转向灯开关，+12V电源→B接柱→R2→VT3发射极→L接柱→转向灯开关→转向灯→搭铁→电源负极。VT3饱和导通，VT2、VT1截止。由于VT3的发射极电流很小，此时转向灯较暗。同时，电源通过R3对电容器C充电（上+下-），使得VT3的基极电位下降，达一定值时，VT3截止。VT3截止后，VT2通过R1得到正向电流而饱和导通，VT1也随之饱和导通，+12V电源→VT1→L接柱→转向灯开关→转向灯→搭铁→电源负极。

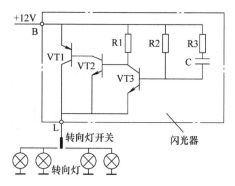

图5-17 无触点电子闪光器结构原理

转向灯中有较大电流通过而变亮。同时，电容器C经R3、R2放电，一段时间后，随着电容器C放电电流减小，VT3基极电位又逐渐升高，当高于其正向导通电压时，VT3又导通，VT2、VT1又截止，转向信号灯由亮变暗。如此循环，使转向灯闪烁。电容器C的充放电时间决定闪光频率。

3. 转向灯开关

转向灯开关一般和灯光开关制成一体，控制转向信号灯时向转向方向拨动开关，即可接通转向灯电路。转向完成后，回正转向盘时，转向灯开关在转向盘带动下自动回位。

三、危险警告信号灯的作用及控制电路

危险警告信号灯的功用是当汽车发生故障在道路上停车、或需要在高速公路上临时停车时，信号灯向其他车辆和行人发出明暗交替的闪烁信号，示意车辆和行人避让。危险警告信号灯通常与转向信号灯共用，由转向信号灯、闪光继电器和危险信号灯开关等组成，如图5-15所示。

危险警告信号灯开关接通时，从点火开关1档来的电流经10A熔断器、闪光器L接线柱被同时送至危险警告信号灯开关的1、4接线柱，并经2、3接线柱送至转向灯开关的L、R接线柱后点亮（并闪烁）所有前后转向灯。这时转向灯开关不起控制作用。

四、典型灯光信号电路

富康轿车信号装置电路如图5-18所示。

（1）转向灯信号电路

转向灯共有六个分别装在前、后、左、右四个角及车中部两侧。转向灯由点火开关（300）、左开关中的转向灯开关（211）控制。例如：向左转向时，点火开关接通至Ⅰ档，转向灯开关拨至左位置，左转向灯闪烁。电路为：蓄电池+→电源盒50（2N1）→插接器

（2C9）1号端子→插接器（2S1）→点火开关Ⅰ档→2G1→2M2→熔断器FU9→4J1→8N2→危险警告信号灯开关常闭触点（589）→8N1→5G2→闪光器（170）→5G5→9MA5→转向灯开关（211）→9MA4→前左转向灯、左中转向灯、左转向指示灯、左后转向灯→搭铁，点亮左转向灯。

（2）危险警告信号灯电路

危险警告信号灯不经过点火开关，直接由危险警告信号灯开关控制，开关闭合时，利用转向灯的闪光继电器使六个转向灯，转向指示灯和危险警告信号指示灯同时闪烁。电路为：蓄电池+→电源盒50（2N1）→插接器（2C9）1号端子→插接器（2M1）→熔断器FU6→8B1→8N3→危险警告信号灯开关常闭触点（589）→8N1→5G2→闪光器（170）→5G5→8N5和8N6→前左右转向灯、左右中转向灯、左右转向指示灯、左右后转向灯→搭铁，点亮所有转向灯。

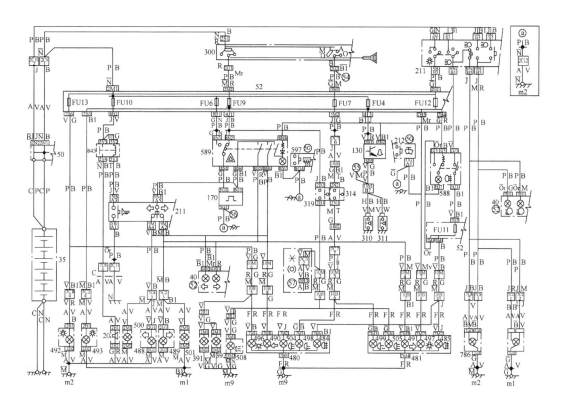

图5-18 富康轿车照明及信号装置电路图

实训十七 转向信号灯故障的诊断

一、实训目的

掌握汽车转向信号灯故障的诊断方法。

二、设备器材

1）桑塔纳轿车4辆。
2）工具、万用表、试灯、连接线4套及桑塔纳轿车转向信号灯配件若干。

三、教学组织

学生分4个小组，在教师指导下完成工作任务单的内容。

四、任务工作单

1. 转向信号灯故障的诊断

现以桑塔纳转向信号灯电路为例，说明转向信号灯故障的诊断方法。桑塔纳轿车转向信号灯电路如图5-19所示。

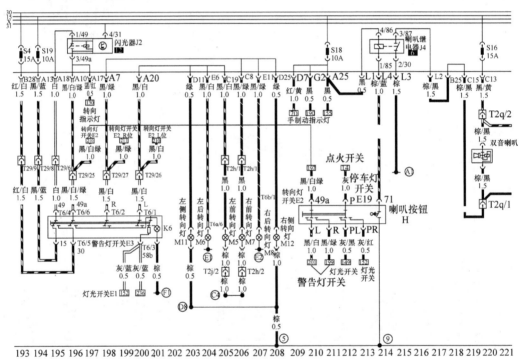

图5-19 桑塔纳轿车信号系统电路图

桑塔纳转向信号灯电路由点火开关、转向灯开关E2、闪光器J2、转向灯等组成。6个转向灯：左前转向灯M5、左后转向灯M6、左侧转向灯M11、右前转向灯M7、右后转向灯M8、右侧转向灯M12，转向灯兼作警告灯用。后转向灯与尾灯、制动灯和倒车灯等组合在一起。

点火开关接通时，15线被供给蓄电池电压，蓄电池电压通过熔断器S19、警告灯开关（其作用是当开关拨到1档时，可利用闪光器，控制所有转向灯同时闪烁，提醒行人、车辆注意）、闪光器内部、被送到转向灯开关49a。当转向灯开关拨至左（或右）位置时，接通左（或右）转向灯电路。电路为：蓄电池＋→点火开关Ⅰ档或Ⅱ档→15 火线→熔断器S19→警告灯开关15 接线柱→警告灯开关49 接线柱→闪光器、转向指示灯→转向灯开关49a 接线柱→转向灯开关 L（或 R）接线柱→左前、左侧、左后转向灯（或右前、右侧、右后转向灯）→搭铁，转向灯闪亮。

(1) 左右转向信号灯都不亮的故障诊断

故障部位及原因：转向信号灯熔断器烧断；蓄电池至转向灯开关之间线路有断路、接触不良的地方；转向灯开关有故障；转向闪光器失灵或损坏。

故障诊断与排除方法：逐段检查电路，蓄电池＋→点火开关→15 火线→熔断器→闪光器→警告灯开关→转向灯开关→转向信号灯、转向指示灯有无断路和短路，闪光器和开关有无损坏。

1）检查点火开关接通时，15 火线上是否有蓄电池电压。若无电压，则应检查蓄电池至点火开关电路是否断路，点火开关是否良好；若有电压，进行下一步检查。

2）检查转向灯开关拨至左（或右）侧时，闪光器是否有触点闭合的声音。若有触点闭合的声音，转向灯不亮，则故障为闪光器触点接触不良或转向灯开关之后的电路某处短路；若无闭合的声音，进行下一步检查。

3）检查熔断器 S19 是否断路。若烧断，应更换；若未烧断，检查闪光器1/49 接线柱是否有蓄电池电压，若无蓄电池电压，则熔断器 S19 至闪光器电路断路；若有电压，进行下一步检查。

4）将闪光器4/31 接线柱直接搭铁，检查闪光器是否有触点闭合的声音。若有触点闭合的声音，则故障为闪光器搭铁不良；若无触点闭合的声音，则应检查转向灯开关拨至左（或右）时，转向灯开关 L（或 R）接线柱是否有蓄电池电压，若无电压，则闪光器 3/39a 接线柱至转向灯开关 L（或 R）接线柱之间的电路断路或转向灯开关损坏。若有电压，则故障为转向灯开关至左右转向灯的电路断路或所有灯烧坏。

(2) 转向灯一边闪亮一边不闪亮故障的诊断

故障部位及原因：不闪亮的一侧转向灯的灯丝烧断；不闪亮一侧转向灯至转向灯开关之间电路有断路或短路故障。

故障诊断与排除方法：拆下闪光器 L 和 R 接线柱上的导线连接在一起，并与闪光器上的 L 或 R 接线柱连接，拨动转向灯开关，转向灯不闪亮，则故障为闪光器损坏；一边闪亮一边不闪亮，不闪亮的一端转向灯至转向开关有短路、断路故障，或灯泡烧坏。

2. 闪光器故障的诊断

目前采用的闪光器有两接线柱式和三接线柱式两种。

(1) 两接线柱闪光器的检测

两接线柱式闪光器，其中一个接线柱与电源相接，另一个接线柱与转向灯开关相接。

检查闪光器是否良好时，可直接将闪光器上的电源（B）接线柱与蓄电池正极相连，在另一接线柱接一灯泡，将灯泡的另一端搭铁，如图5-20 所示。

检测时，若灯泡正常闪亮，说明闪光器良好；若灯泡不闪亮，但闪光器内部有触点闭合的声音，说明闪光器触点接触不良；若灯泡不闪亮，说明闪光器损坏。

(2) 三接线柱闪光器的检测

三接线柱闪光器一个接线柱与电源连接，一个接线柱与转向灯开关连接，一个接线柱搭铁。

检测闪光器是否良好时，可将闪光器上的电源（B）接线柱与蓄电池正极相连，搭铁接线柱与蓄电池负极连接，在转向灯开关接线柱上接一灯泡，将灯泡的另一端搭铁，如图 5-21 所示。

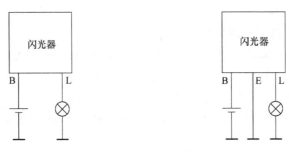

图 5-20　两接线柱闪光器检测　　　　图 5-21　三接线柱闪光器检测

检测时，若灯泡正常闪亮，说明闪光器良好；若灯泡不闪亮，但闪光器内部有触点闭合的声音，说明闪光器触点接触不良；若灯泡不闪亮，说明闪光器损坏。

任务三　汽车声音信号系统及控制电路

任务目标

1. 了解喇叭电路的组成、控制电路。
2. 掌握喇叭的调整、喇叭电路故障的诊断步骤和方法。

一、声音信号装置的作用、类型

汽车声音信号装置的作用是通过声音信号向环境（如人、车辆）发出警告、示意信号，以引起有关人员注意，确保车辆行驶的安全。汽车主要声音信号如下：

1) 电喇叭。按下喇叭按钮时，通过发出声响，警告行人和车辆，以保证行车安全。
2) 倒车蜂鸣器。倒车时，发出蜂鸣声或语音声，提示车后的行人或车辆注意。

二、喇叭及控制电路

汽车上采用的喇叭有气喇叭和电喇叭。但一般中小型汽车上都采用电喇叭，它具有结构简单、使用维修方便、体积小、声音悦耳等优点。电喇叭有普通电喇叭和电子电喇叭两种。普通电喇叭有螺旋形和盆形，目前大多数小型汽车上均采用盆形的普通电喇叭。下面以盆形电喇叭为例，介绍普通电喇叭工作原理。

1. 电喇叭的型号

电喇叭的型号如下所示：

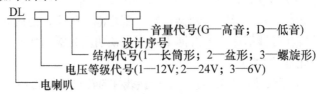

2. 电喇叭结构与原理

（1）盆形电喇叭

盆形电喇叭结构和连接电路如图 5-22 所示。

当按下喇叭按钮时，喇叭线圈的供电电路为：蓄电池 +→喇叭线圈→触点→喇叭按钮→搭铁。喇叭线圈通电后产生电磁吸力，吸动上铁心及衔铁下移，带动膜片向下变形。同时，衔铁下移将触点打开，线圈断电，电磁力消失，上铁心及衔铁在膜片弹力的带动下复位，触点再次闭合，线圈电路再次接通，如此重复，使膜片与共鸣板产生共鸣发声。

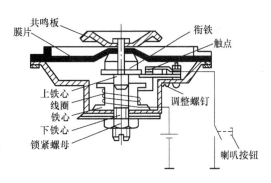

图 5-22　盆形电喇叭电路原理图

（2）电子电喇叭

由于普通电喇叭存在触点易烧蚀、氧化，故障率较高等缺陷。现生产轿车中已开始用无触点的电子电喇叭替代普通电喇叭。其电路如图 5-23 所示。

按下喇叭按钮，电路即通电，由于 VT_1 和 VT_2 的电路参数总有微小差异，两个晶体管的导通程度不可能完全一致。假设在电路接通的瞬间 VT_1 先导通，VT_1 的集电极电位 U_{c1} 首先下降，于是，多谐振荡电路通过 C_1、C_2 正反馈电路有如下的正反馈过程：

$$U_{C1}\downarrow \to U_{b2}\downarrow \to i_{b2}\downarrow \to i_{C2}\downarrow \to U_{C2}\uparrow \to U_{b1}\uparrow \to i_{b1}\uparrow \to i_{c1}\uparrow$$

这一反馈过程使 VT_1 迅速饱和导通而 VT_2 则迅速截止，VT_3 也截止，电路进入暂稳态。这一过程，由于 VT_3 截止，VT_4 和 VT_5 导通，喇叭有电流流过，产生声音。

暂稳态期间，C_1 充电使 U_{b2} 升高，当 U_{b2} 达到 VT_2 的导通电压时，VT_2 开始导通，VT_3 也随之导通。这时，又产生如下正反馈过程：

$$U_{b2}\uparrow \to i_{b2}\uparrow \to i_{C2}\uparrow \to U_{C2}\downarrow \to U_{b1}\downarrow \to i_{b1}\downarrow \to i_{C1}\downarrow \to U_{C1}\uparrow$$

这一反馈过程又使 VT_2 迅速饱和导通而 VT_1 则迅速截止，VT_3 导通，电路进入新的暂稳态。这一过程，由于 VT_3 导通，VT_4 和 VT_5 截止，喇叭中无电流流过，声音消失。这时，C_2 的充电又使 U_{b1} 升高，当 U_{b1} 上升至 VT_1 的导通电压时，VT_1 又导通，电路又产生前一个正反馈过程，又使 VT_1 迅速饱和导通而 VT_2、VT_3 则迅速截止。如此周而复始，形成振荡。此振荡电流信号经 VT_4、VT_5 的直流放大，控制喇叭线圈电流的通断，从而使喇叭发出声音。

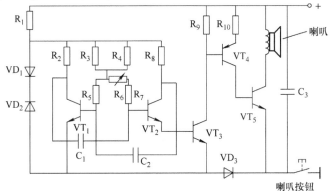

图 5-23　电子无触点电喇叭电路原理图

电路中，电容 C_3 与喇叭的电源并联，可防止其他电路中瞬变电压的干扰。VD_2、R_1 为多谐振荡器的稳压电路，其作用是使其振荡频率稳定。VD_1 用作温度补偿，VD_3 起电源反接保护作用。R_6 可用于调节喇叭的音量。

3. 喇叭继电器

汽车上常装有两个不同音频的喇叭，耗用的电流较大（15~20A），若直接用喇叭按钮进行控制，喇叭按钮容易烧坏。故常采用喇叭继电器控制，其结构与接线方法如图5-24所示。

喇叭继电器由一个磁化线圈和一对常开的触点构成。当按下喇叭按钮时，喇叭继电器线圈通电产生电磁力，触点闭合，大电流通过触点臂、触点流入喇叭线圈，喇叭发音。由于喇叭继电器线圈的电阻较大，因此通过按钮的电流很小，故可起到保护按钮作用。

4. 电喇叭的调整

电喇叭的调整包括音调和音量的调整，如图5-25所示。

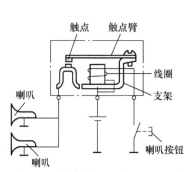

图 5-24 带喇叭继电器的喇叭电路

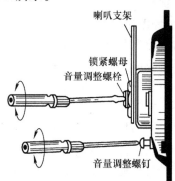

图 5-25 盆形电喇叭的调整

音调（质）的调整靠调整音调调整螺栓与铁心间的气隙来实现，铁心气隙小时，膜片的振动频率高（音调高）；气隙大时，膜片的振动频率低（即音调低）。

音量的调整靠调整喇叭内触点的压力（即控制喇叭线圈的电流大小）来实现，触点的接触压力增大时，喇叭的音量则变大，反之音量变小。

盆形电喇叭音调和音量的调整并不是完全独立的，它们两者实际上是相互关联的。调整时，先松开锁紧螺母，向内旋转音调调整螺栓，使螺栓与铁心之间无间隙后退回3/4圈左右。在调整时，应不断通电测试调整螺母与铁心之间的间隙，直到喇叭能发出较大的"嗒、嗒"吸合声。再调整音量调整螺钉，使喇叭能发出大致正常的响声。在调试中，应两者反复调试获得最佳声音效果。

GB 7258—2017《机动车运行安全技术条件》机动车（手扶拖拉机运输机组除外）应设置具有连续发声功能的喇叭，喇叭声级在距车前2m、离地高1.2m处测量时，发动机最大净功率（或电动机额定功率总和）为7kW以下的摩托车为80~112dB（A），其他机动车为90~115dB（A）。

实训十八 喇叭不响的故障诊断

一、实训目的

掌握汽车电喇叭不响的故障诊断方法。

二、设备器材

1）富康轿车 4 辆。
2）工具、万用表、试灯、连接线 4 套及富康轿车电喇叭配件若干。

三、教学组织

学生分 4 个小组，在教师指导下完成工作任务单的内容。

四、任务工作单

富康轿车喇叭电路如图 5-26 所示。喇叭不响时电路故障的诊断步骤如下：

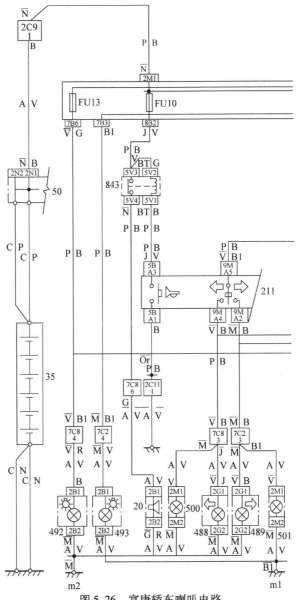

图 5-26　富康轿车喇叭电路

1）用万用表电压档测量喇叭继电器的 5V3 接线柱上是否有蓄电池电压。若无蓄电池电压，则说明蓄电池 +→2N1→2C9 的 1 接线柱→2M1→熔断器 FU10→8B2→5V3 之间的电路断路，用万用表分别检测上述各点，故障在有蓄电池电压和无蓄电池电压的一段电路上；若有电压，但比蓄电池电压低，则可用万用表先检查蓄电池"+"接线柱与"-"接线柱之间的电压。若电压正常，则说明蓄电池"+"极至喇叭电源接线柱之间的一段有接触不良之处。若电压低，应对蓄电池进行充电。若 5V3 接线柱上有蓄电池电压，则进行下一步检查。

2）用连接线直接连接喇叭继电器的 5V3 和 5V4 接线柱。若喇叭不响，则应检查 5V4→7C8 的 6 接柱→2B1 之间的电路是否断路。若电路良好，则喇叭不响的故障为喇叭本身损坏；若喇叭响声正常，则喇叭不响的故障为继电器触点烧蚀或接触不良引起，或由喇叭控制电路故障引起，应进行下一步检查。

3）用万用表检查喇叭继电器 5V2 接线柱上是否有蓄电池电压。若无蓄电池电压，则连接 5V1 接线柱与 5V2 接线柱的内部电路断路；若有蓄电池电压，进行下一步检查。

4）用连接线将喇叭继电器的 5V1 接线柱直接搭铁。若喇叭不响，则故障为喇叭继电器线圈断路；若喇叭响，则应检查喇叭继电器 5V1→5BA3→5BA1→2C11 的 1 接线柱→搭铁之间的电路是否断路。检查时逆向检查至 5BA1 点之间一段电路的各点与搭铁之间的电阻。若电阻为 ∞，则为此点之前的电路断路。

思考与练习

一、单选题

1. 前照灯灯泡功率一般为（   ）。
   A. 20 ~ 40W   B. 40 ~ 60W   C. 60 ~ 80W   D. 80 ~ 100W
2. 电喇叭配用喇叭继电器的目的是（   ）。
   A. 为了喇叭能通过较大的电流   B. 为了使喇叭的声音更响
   C. 为了提高喇叭触点的开闭频率   D. 为了保护按钮触点
3. 转向信号灯的闪光频率应控制在（   ）之间。
   A. 60 ~ 100r/min   B. 60 ~ 120r/min
   C. 85 ~ 100r/min   D. 85 ~ 120r/min
4. 照明系中所有灯都不亮，其常见原因是（   ）。
   A. 所有灯已坏   B. 灯总开关损坏
   C. 变光开关损坏   D. 灯光继电器损坏
5. 灯光继电器常见故障是（   ）。
   A. 触点烧蚀   B. 触点间隙不当   C. 触点松动   D. 触点氧化
6. 为了防止夜间会车炫目，将前照灯远光灯切换为近光灯，近光灯灯丝位于（   ）。
   A. 反射镜焦点处   B. 反射镜焦点上方或前方
   C. 反射镜焦点下方   D. 反射镜焦点以外任一位置
7. 当车辆遇到危险时，可将危险警告灯开关打开，使（   ）同时闪烁。
   A. 示廓灯和雾灯   B. 左右前照灯   C. 全部转向灯   D. 雾灯和前照灯

8. 下列不属于转向灯系统的是（　　）。
A. 转向信号灯　　　B. 转向指示灯　　　C. 闪光器　　　D. 变光开关
9. 电喇叭的音量调整是通过触点压力来实现的，触点（　　），音量就高。
A. 压力越大　　　B. 压力越小　　　C. 接触时间越长　　　D. 接触时间越短
10. 关于电子闪光器，下述（　　）的说法是正确的。
A. 无故障报警功能　　　　　　　　　B. 容易发热
C. 闪光频率稳定，亮暗分明　　　　　D. 结构复杂，成本高

二、多选题

1. 白炽灯泡充以体积分数约96%的氩和约4%的氮的混合惰性气体，其目的是（　　）。
A. 减少钨的蒸发　　　B. 增强发光效率　　　C. 聚合平行光束
D. 延长灯泡的寿命
2. 关于前照灯，下述说法是正确的是（　　）。
A. 应能保证车前明亮而均匀的照明
B. 应能防止炫目
C. 使驾驶人至少能看清车前100m以内路面上的障碍物
D. 使驾驶人至少能看清车前100m以外路面上的障碍物
3. 按前照灯光学组件结构不同，前照灯有（　　）等类型。
A. 组合式　　　B. 封闭式　　　C. 半封闭式　　D. 可拆式
4. 电喇叭在触点间并联了电容，其目的是（　　）。
A. 灭弧　　　B. 避免触点烧蚀　　　C. 减小触点张开时的火花
D. 使其声音悦耳
5. 在用前照灯检测仪调整前照灯前，车辆必须要做的准备工作是（　　）。
A. 前照灯灯罩清洁　　　　　　　　B. 轮胎气压符合标准
C. 打开空调等辅助用电器　　　　　D. 车辆必须停在平坦路面
6. 雾天正确使用灯光的方式是（　　）。
A. 开启雾灯　　　　　　　　　　　B. 开启小灯
C. 开启远光灯和雾灯　　　　　　　D. 仅开启警告信号灯
7. 警告信号灯的使用情境有（　　）。
A. 道路行驶中，发生故障时　　　　B. 被牵引时
C. 车队行驶时　　　　　　　　　　D. 用于提醒他人让路的场合

三、判断题

1. 汽车前照灯远光应在车前50m路面上得到明亮而均匀的照明。（　　）
2. 前照灯的光学组件中包括反射镜、聚光玻璃和灯泡。（　　）
3. 前照灯的近光灯丝位于反射镜的焦点上，远光灯丝位于焦点的前上方。（　　）
4. 安装喇叭继电器的目的是为了保护喇叭按钮。（　　）
5. 喇叭音调的大小取决于通过喇叭线圈中电流的大小。（　　）
6. 多数电喇叭都是采用双线制的接线方式，即电喇叭上两个线端中的一端搭铁（与外壳相连），另一端是引出线。（　　）
7. 电喇叭音量可通过调整喇叭触点的接触压力改变其大小。（　　）

8. 倒车信号灯及蜂鸣器均由装在仪表板上的倒车灯开关控制。　　　　（　　）
9. 高亮度氙灯有传统灯泡的灯丝，充有氙气及微量金属或金属卤化物。（　　）
10. 在紧急遇险状态时，全部转向灯可通过危险警告灯开关接通同时闪烁。（　　）
11. 高压放电氙灯由弧光灯组件、电子控制器和升压器三大部件组成。（　　）
12. 前照灯光学系统主要由灯泡、反射镜和配光屏组成。　　　　　　（　　）
13. 要点亮雾灯前，要先点亮示廓灯。只有在示廓灯开关闭合的情况下，再闭合雾灯开关，雾灯才能够点亮。（　　）

四、问答题

1. 汽车照明系统由哪几部分组成？各有何作用？
2. 怎样检测与调整汽车前照灯？
3. 汽车照明系统常见的故障及原因有哪些？
4. 汽车转向信号的闪光继电器种类有哪些？简述各自的工作原理？
5. 汽车转向信号系统有哪些常见故障？怎样进行判断与排除？
6. 简述汽车电喇叭及喇叭继电器的工作原理。
7. 怎样进行汽车电喇叭的调整？

项目六

汽车仪表、报警系统及电路

教学目标

1. 了解仪表、报警系统的组成、功用。
2. 了解各种仪表、报警装置的工作原理。

能力目标

1. 掌握仪表及传感器的检测方法。
2. 掌握报警电路故障的检测、诊断步骤和排除方法。

任务一　汽车仪表及控制电路

任务目标

1. 了解仪表的种类及工作原理。
2. 掌握仪表及传感器的检测方法。

一、汽车仪表的作用及控制电路

1. 仪表的作用

为使驾驶员随时了解汽车各主要系统的工作是否正常，及时发现和排除可能出现的问题，在汽车驾驶员易于观察的转向盘前方台板上都装有各种指示仪表、警告灯及电子显示装置。

汽车上常用的指示仪表有电流表（或电压表）、机油压力表、冷却液温度表、燃油表、发动机转速表、车速里程表等。不同车型装用的个数及结构类型有所不同。

（1）电流表

电流表用于指示蓄电池的充、放电状态和电流值，同时监视电源系统的工作情况。目前电流表主要用在货车和大型客车上。小型汽车上大多采用充电指示灯来指示蓄电池充电系统的状态，或采用电压表指示电源系统的电压。

（2）机油压力表

机油压力表用来指示发动机主油道机油压力的大小，从而监视润滑系统的工作情况。目前小型汽车上采用机油压力警告灯显示发动机主油道压力。

(3) 冷却液温度表

冷却液温度表用来指示发动机工作时冷却液的温度。目前小型汽车上采用冷却液温度指示灯指示发动机冷却液温度。

(4) 燃油表

燃油表用来指示燃油箱内存油量的多少。

(5) 发动机转速表

发动机转速表用来指示发动机瞬时工作转速。

(6) 车速里程表

车速表指示车辆行驶速度，里程表显示汽车行驶里程，两个表一般做成一体。

2. 仪表电路

汽车仪表电路主要由电源、各种指示仪表、与仪表配合的传感器组成，如图6-1所示。通常仪表电源由点火开关提供（点火开关处于Ⅰ、Ⅱ档时）；各种仪表和指示灯组合装在一起，形成组合式仪表板（图6-2），各种传感器信号用排线插接器接入仪表板（图6-3）；传感器安装在被检测装置之上。

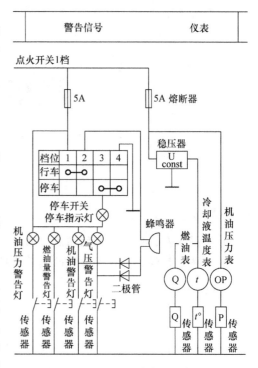

图6-1 CA1091汽车仪表系统电路

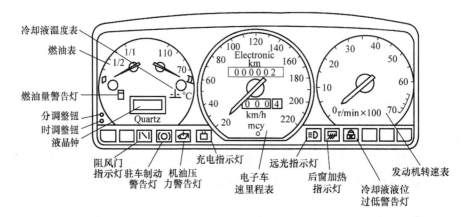

图6-2 桑塔纳2000组合仪表外形

二、机油压力表

机油压力表电路由电源、点火开关、机油压力表、机油压力表传感器等组成，如图6-4所示。常用的机油压力表有电热式、电磁式和动磁式三种。其中应用最为广泛的是电热式机油压力表，一般与电热式机油压力传感器配合使用。

(1) 机油压力表及传感器的结构

机油压力传感器安装在发动机主油道上。传感器内有膜片，膜片的上部顶着弓形弹簧

项目六 汽车仪表、报警系统及电路

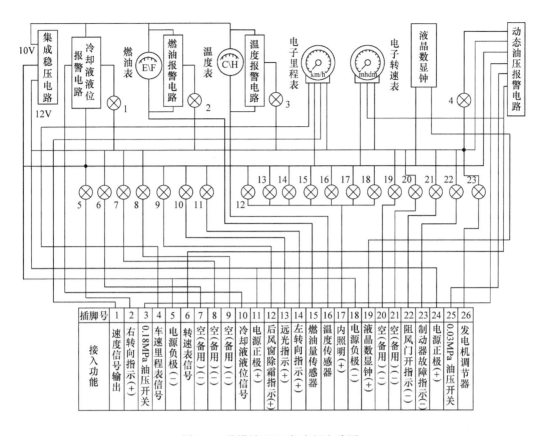

图 6-3 桑塔纳 2000 仪表板电路图

1—发动机冷却液液位过低警告灯　2—燃油量过少警告灯　3—发动机冷却液温度过高警告灯　4—机油压力警告灯
5—右转向指示灯　6~8、19、20—备用　9—后窗除霜指示灯　10—远光指示灯　11—左转向指示灯
12~18—仪表照明灯　21—阻风门开指示灯　22—驻车制动警告灯　23—充电指示灯

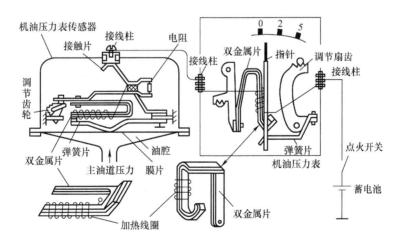

图 6-4 电热式机油压力表电路

片，弹簧片的一端与外壳固定搭铁，另一端焊接的触点与双金属片触点接触，双金属片上绕有加热线圈，加热线圈通过接触片与接线柱连接，电阻与加热线圈并联。膜片下方油腔与发动机主油道相通，机油压力可直接作用在膜片上。

机油压力表内有特殊形状的双金属片，双金属片上绕有加热线圈，两线端分别与两接线柱连接，它一端固定在调节扇齿上，另一端与指针相连。

(2) 机油压力表的工作原理

接通点火开关时，电流由蓄电池正极→点火开关→接线柱→机油压力表双金属片上的加热线圈→接线柱→传感器内接触片→分两路（一路流经传感器内双金属片上的加热线圈，另一路流经电阻→双金属片）→传感器内双金属片的触点→弹簧片→搭铁→蓄电池负极，构成回路。由于电流流过表内和传感器内双金属片上的加热线圈，双金属片受热变形。

当机油压力很低时，膜片几乎没有变形，作用在传感器内触点上的压力很小。当电流流过而温度略有上升时，传感器内双金属片就受热弯曲，使触点分开，切断通电回路，一段时间后，双金属片冷却伸直，触点又闭合，电路又被接通。故触点闭合时间短，打开时间长，流过机油压力表内加热线圈的平均电流值小，使机油压力表内双金属片弯曲变形程度小，指针偏转角度很小，显示为较低的油压。

当机油压力升高时，膜片向上拱曲，使触点压力增大，传感器内双金属片需要在较高温度下，才能使触点分开，即其上的加热线圈需要通过较大电流。触点分开后稍加冷却就很快闭合。故触点打开时间短，而闭合时间长，通过机油压力表内加热线圈的平均电流值大，指针偏转角度增大，显示出较高的油压。

(3) 机油压力表的特点

表内双金属片为 π 形，目的是使机油压力的显示值不受外界温度的影响。绕有加热线圈的一边称为工作臂，另一边称为补偿臂。当外界温度变化时，工作臂的附加变形被补偿臂的相应变形所补偿，使机油压力表的读数不变。因此在安装传感器时，其壳体上的箭头"向上"，不应偏出垂直位置 ±30°，这样可保证工作臂位于补偿臂之上，工作臂产生的热气上升就不会影响补偿臂，使显示值更为准确。

三、冷却液温度表

冷却液温度表电路由电源、点火开关、冷却液温度表、冷却液温度表传感器等组成，如图 6-5 所示。常用的冷却液温度表有电热式和电磁式两种。其中电热式冷却液温度表与电热式机油压力表的结构和工作原理相似。

(1) 冷却液温度表及传感器的结构

冷却液温度表安装在仪表板上，由塑料支架、两个串联线圈 L_1、L_2、带指针的衔铁等组成。热敏电阻式的冷却液温度表传感器安装在气缸盖出水口上，传感器由外壳、接线端子、负温度系数热敏电阻（有些车型采用正温度系数热敏电阻）组成。

(2) 冷却液温度表的工作原理

接通点火开关时，电流由蓄电池正极→点火开关→电阻 R→线圈 L_1→分两路（一路流经冷却液温度传感器热敏电阻，另一路流经线圈 L_2）→搭铁→蓄电池负极，构成回路。

当冷却液温度低时，传感器中热敏电阻的阻值大，电流经 L_1 后，大部分流入 L_2 中，产生的合成磁场使带指针的衔铁向左偏转，使表针指向低温刻度；当冷却液温度高时，传感器

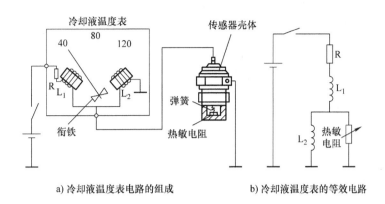

a) 冷却液温度表电路的组成   b) 冷却液温度表的等效电路

图 6-5 电磁式冷却液温度表电路

中热敏电阻的阻值减小，L_2 中的电流相对减少，产生的合成磁场使带指针的衔铁向右偏转，使表针指向高温刻度。

四、燃油表

燃油表电路由电源、点火开关、燃油表、燃油量传感器等组成，如图 6-6 所示。常用的燃油表有电热式、电磁式、电子式三种。其中电热式燃油表的结构和工作原理与电热式机油压力表基本相同，下面主要介绍电磁式和电子燃油表。

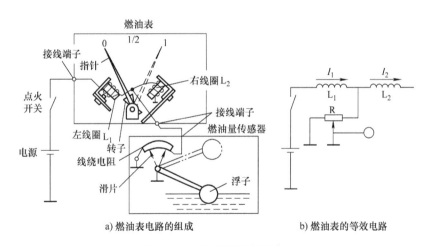

a) 燃油表电路的组成   b) 燃油表的等效电路

图 6-6 电磁式燃油表电路

1. 电磁式燃油表

（1）电磁式燃油表的结构

燃油表安装在仪表板上，由两个绕在铁心上的线圈、转子、指针、分流电阻等组成。燃油量传感器装在燃油箱内，通常采用浮筒传感器。浮筒传感器由电阻、滑杆、浮子组成。

（2）电磁式燃油表的工作原理

当燃油箱无油时，浮子下沉，滑线电阻上的滑片移至最右端，将右线圈 L_2 短路，电流由蓄电池正极→点火开关→接线柱（上）→左线圈 L_1→接线柱（下）→浮子滑片→滑杆→

搭铁→蓄电池负极。左线圈产生的磁场使转子带动指针左偏，使指针在"0"位上。

当燃油量增加时，浮子上升，滑线电阻部分接入，这一部分电阻与右线圈并联，同时又与左线圈串联，电流由蓄电池正极→点火开关→接线柱（上）→左线圈→接线柱（下）→两路（一路经滑线部分电阻；另一路经右线圈）→搭铁→蓄电池负极。左线圈由于串联了电阻使左线圈中的电流相对减小，磁场减弱，而右线圈中有电流通过，电流相对增大，合成磁场使转子带动指针右偏，指示出燃油箱中的燃油量。

当燃油箱中装满燃油时，浮子带着滑片移到电阻的最左端，电阻全部接入电路中。此时左线圈中电流更小，磁场更弱，而右线圈中电流增大，磁场加强，转子便带着指针向右移，使指针指在"1"（满）位上。

2. 电子燃油表

（1）电子燃油表的结构

电子燃油表电路如图 6-7 所示。

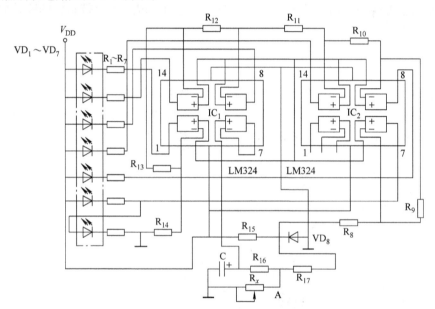

图 6-7 电子燃油表电路图

电路由两块 IC 电压比较器及相关电路、发光二极管显示器、浮筒传感器三大部分组成。R_x 是传感器的可变电阻，电阻 R_{15} 和二极管 VD_8 组成稳压电路，给 IC_1、IC_2 两块电压比较器反向输入端提供基准电压信号。电容 C 和电阻 R_{16} 组成延时电路，接到电压比较器的同向输入端，R_x 产生的变化电压信号经延时后与基准电压信号进行比较放大。

（2）电子燃油表的工作原理

当燃油箱内加满燃油时，R_x 阻值最小，A 点电位最低，IC_1、IC_2 两块电压比较器输出为低电平，6 只绿色发光二极管全部点亮，而红色发光二极管 VD_1 熄灭，表示燃油箱已满。

当燃油箱内的燃油量逐渐减少时，R_x 阻值逐渐增大，A 点电位逐渐增高，绿色发光二极管 VD_7、VD_6、VD_5……VD_2 依次熄灭。燃油量越少，绿色发光二极管亮的个数越少。

当燃油箱内燃油用完时，R_x 的阻值最大，A 点电位最高，IC_1、IC_2 两块电压比较器输出为高电平，6 只绿色发光二极管全部熄灭，而红色发光二极管 VD_1 点亮，表示燃油箱无油。

五、车速里程表

车速里程表都由车速表和里程表两部分组成，有磁感应式和动圈式车速里程表两种，其原理都是利用永久磁铁磁场和新产生的磁场相互作用来带动指针偏转显示车速。下面以磁感应式为例介绍车速里程表的结构及原理，如图 6-8 所示。

（1）车速里程表的结构

车速表由永久磁铁、带轴及指针的铝碗、罩壳、刻度盘组成，里程表由 3 对蜗轮蜗杆、中间齿轮、里程计数器等组成。表的主动轴由变速器输出轴通过齿轮啮合及软轴驱动。

（2）车速里程表的工作原理

汽车静止时，在游丝的作用下，铝碗指针位于刻度盘零位。汽车行驶时，主动轴带着永久磁铁旋转，磁力线磁化铝碗，使铝碗产生磁场，永久磁铁磁场与铝碗磁场相互作用产生力矩，如图 6-9 所示，克服游丝的弹力，指针被铝碗带着转动一个与主动轴转速大小成正比例的角度，即在刻度盘上显示出相应的车速。

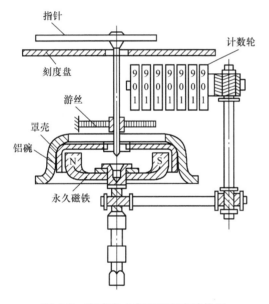

图 6-8　磁感应式车速里程表结构图

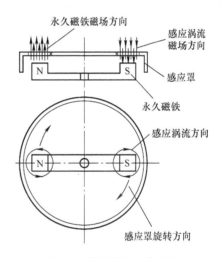

图 6-9　车速表的工作原理

主动轴与蜗轮蜗杆机构具有一定的传动比，汽车行驶时，软轴带动主动轴，并经 3 对蜗轮蜗杆减速后驱动里程表右边第一数字轮，并从右向左逐级传到其余的数字轮，累计出行驶里程。同时，里程表上的齿轮通过中间齿轮，驱动短里程数字轮，并向左逐级传到其余的数字轮，记录短程行驶里程。当需要清除短里程记录时，按一下短里程表复位杆，可使短里程计数器的指示回零。

六、发动机转速表

发动机转速表用来显示发动机运转速度。常用的是电子式转速表，如图 6-10 所示。

（1）发动机转速表的结构

电子式转速表由 R_1、R_2、C_1 组成的积分电路（作用是给开闭脉冲信号整形）、充放电电容 C、放大管 VT、稳压管 VD_2（使电容 C 充电电压稳定，提高转速表的测量精度）、转速表 n 等组成。其转速信号取自于点火系统初级电路的脉冲信号。VD_3 起保护作用，防止 VT 集电极出现瞬间高电压被击穿。

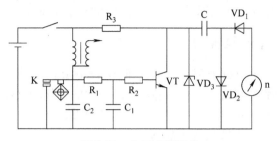

图 6-10 电子式转速表

（2）发动机转速表的工作原理

发动机工作使断电器触点 K 闭合时，晶体管 VT 的基极搭铁无电压处于截止状态，电流经电源正极→R_3→C→VD_2→搭铁→电源负极，给电容 C 充电；当触点断开时，晶体管 VT 的基极电位接近电源电压，VT 由截止转为导通，此时电容 C 上充满的电荷→VT→转速表 n→二极管 VD_1→电容 C 构成放电回路，驱动转速表。触点重复开闭，电容 C 不断进行充放电，使转速表 n 显示通过电流的平均值。断电器触点的开闭频率与发动机的转速成正比，通过转速表 n 的放电电流平均值也与发动机的转速成正比。

七、仪表稳压器

如果仪表是双金属片型的，传感器不是双金属片型的，则系统在工作时蓄电池电压波动会对双金属片型的仪表产生影响，从而造成仪表值有误差。为避免产生这种误差，电热式燃油表、冷却液温度表电路中都串装仪表稳压器。仪表稳压器有电热式和电子式两类。

1. 电热式仪表稳压器

（1）电热式仪表稳压器的结构

如图 6-11 所示，电热式仪表稳压器由双金属片、常闭触点、电热丝、座板和外壳等组成。双金属片上的电热丝一端搭铁，另一端焊在双金属片上。双金属片一端是活动触点，另一端用铆钉固定在调节片上，调节片的一端也用铆钉固定并与电源接线相连。调节螺钉可调节两触点之间的压力。

（2）电热式仪表稳压器的工作原理

电热式仪表稳压器的工作原理如图 6-12 所示。当电源电压偏高时，电热丝中的电流增大，双金属片加热快，触点很快断开，断开的触点需要较长时间冷却才能闭合，这样触点闭合时间短，断开时间

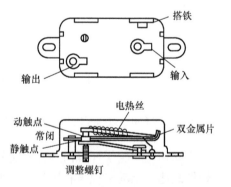

图 6-11 电热式仪表稳压器结构图

长，从而将偏高的电源电压降低为某一输出电压平均值。若电源电压偏低时，电热丝中的电流较小，产生热量少，于是触点断开时间短而闭合时间长，从而将偏低的电源电压提高到同一输出电压平均值。工作时电压波形如图 6-13 所示。

2. 电子式仪表稳压器

电子式仪表稳压器采用汽车专用的三端集成稳压块，它具有结构简单，成本低，稳压效

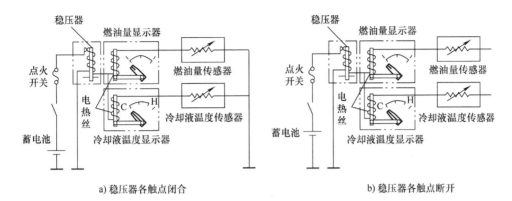

a) 稳压器各触点闭合　　　　　　　　　b) 稳压器各触点断开

图 6-12　电热式仪表稳压器工作原理图

果好，使用寿命长等优点，故被广泛应用。图 6-14 所示为桑塔纳、奥迪轿车仪表板专用的三端式电子稳压器。1 为输出脚，⊥脚为搭铁，2 为电源输入端。该稳压器输出电压为 9.5~10.5V。

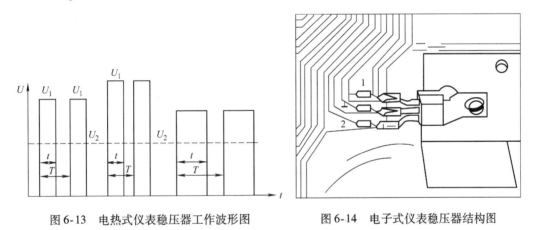

图 6-13　电热式仪表稳压器工作波形图　　　图 6-14　电子式仪表稳压器结构图

八、数字式仪表

1. 数字式仪表的优点

随着现代汽车工业和电子技术的发展，汽车的环保性、安全性、经济性、智能化要求不断提高，驾驶员需要更多、更快地了解汽车运行的各种信息，常规指针式仪表已远远不能满足现代汽车技术发展的要求。因此，汽车数字式仪表的使用比例正在逐年增加。其优点有以下几个方面。

1) 能提供大量、复杂的信息，显示直观。为满足汽车排气净化、节能、安全性和舒适性的要求，汽车电子控制装置必须能迅速、准确地处理各种复杂的信息，并以数字、文字或图形的形式显示出来，供驾驶员了解汽车的运行状况，并及时处理。另外，对于汽车的故障诊断、导航、定位等，数字仪表显示终端也能完成这些任务。

2) 具有高精度和高可靠性。数字式仪表显示为即时值，故精度高，又因没有运动部件，故障率低，可靠性得以提高。

3）可满足小型、轻量化的要求。数字式仪表既可实现各种传感器和控制系统的电子化，又可实现小型轻薄化；既节省了仪表台附近的空间利用率，又可以处理日益增多的信息。

4）具有一表多用的功能。数字式仪表采用数字显示，既可用一组数字分时显示，又可同时显示几个信息，不必为每个信息设置一个指示表，故使仪表系统结构得以简化。

2. 常用显示器件

（1）发光二极管（LED）

它是应用最为广泛的低压显示器件，其结构如图6-15所示。正、负极加上合适正向电压后，其内半导体晶片发光，通过带颜色透明的塑料外壳显示出来。发光的颜色有红、绿、黄、橙等，可单独使用，也可用来组成数字、字母、发光条图。汽车一般用于指示灯、数字符号段或点数不太多的光杆图形显示，如图6-16所示。

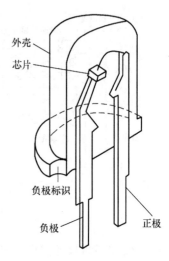

图6-15 发光二极管结构图

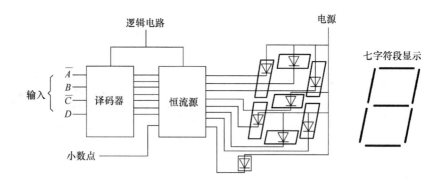

图6-16 发光二极管构成的七字符段显示电路

（2）液晶显示器件（LCD）

液晶是一种有机化合物，在一定温度范围和条件下，既具有普通液体的流动性，也具有晶体的某些光学特性。液晶显示器的结构如图6-17所示。它有两块厚约1mm的玻璃基板，基板上涂有透明的导电材料作为电极，一面电极为图形。两基板间注入10μm厚的液晶，在两玻璃基板的外表面分别贴有偏光板，四周密封。当两电极通一定电压时，位于通电电极范围内（要显示的数字、图形等）的液晶分子重新排列，这样，通电部分电极就形成了在发亮背景下的字符或图形。

（3）真空荧光管（VFD）

真空荧光管实际上是一种真空低压管，它由钨丝、栅极、涂有磷光物质的玻璃组成。其发光原理与电视机中的显像管相似，如图6-18所示。当屏幕接电源正极，灯丝接电源负极时，获得正向电压，电流通过灯丝并加热，在电场力的作用下发射电子，由栅极控制电子流加速，射向屏幕，当电子高速碰撞数字板荧光材料时，数字板发光，通过前面平板玻璃的滤色镜显示出数字。真空荧光管（VFD）为发光型显示器件，具有色彩鲜艳，可见度高，立体感强等优点。但由于真空管需要由一定厚度的玻璃外壳制成,故障复杂的图形用 VFD 制作成本较高,体积大,汽车上它常用作数字显示器。

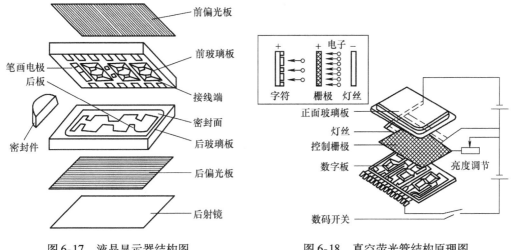

图 6-17　液晶显示器结构图　　　　图 6-18　真空荧光管结构原理图

3. 数字组合仪表

数字式组合仪表由各种传感器、微电脑、显示器三大部分组成。一般都具有自诊断功能,若仪表发生故障,则其故障码会存放在组合仪表的 RAM 存储器里,用专用仪器调码后,可以读出故障内容。图 6-19 所示为杆图式数字仪表,仪表有车速里程表、发动机转速表、机油压力表、电压表、冷却液温度表、燃油表等。组合仪表不可分解,只有普通灯泡的指示灯可以单独更换。若组合仪表在保修期内出现故障,应该整体更换组合仪表。

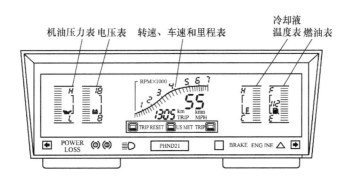

图 6-19　杆图式数字仪表

九、典型汽车仪表板及电路

北京现代索纳塔轿车组合仪表板电路如图 6-20 所示。包括发动机故障报警电路、巡航指示电路、机油压力报警电路、发动机转速表电路、车辆行驶进程表电路等。

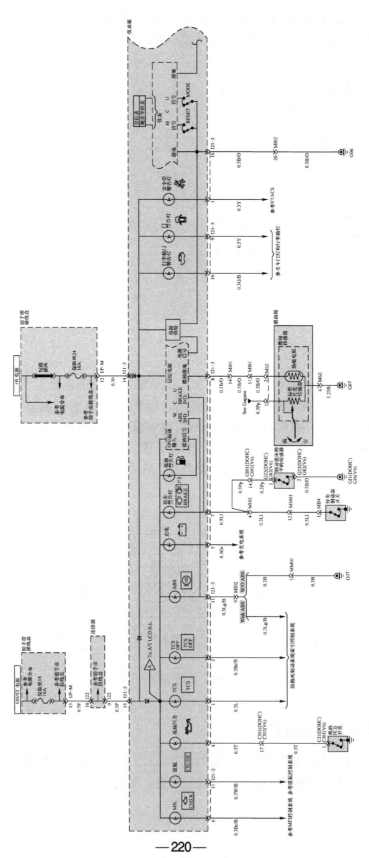

图 6-20 北京现代索纳塔轿车组合仪表板电路

实训十九　汽车仪表的检测和调整

一、实训目的

掌握机油压力表、冷却液温度表、燃油表及其传感器的检测、调整方法。

二、设备器材

1）标准和在用的机油压力表、冷却液温度表、燃油表及传感器各 4 套。
2）检测仪 4 台（套）。
3）蓄电池、万用表、电流表、开关、变阻器、导线等若干。

三、教学组织

学生在教师指导下完成工作任务单的内容。

四、任务工作单

1. 机油压力表及传感器的检测

（1）机油压力表和传感器电阻的检测

用万用表测量机油压力表和传感器电热线圈的电阻值是否符合要求。机油压力表电阻值为 17.5Ω；传感器电阻值为 8~12Ω。

如果电阻值小于标准电阻值，说明电热线圈有匝间短路故障。如果电阻值大于标准电阻值，说明线圈与连接部件接触不良。如果万用表指针不动，说明线圈电路断路，应换用新品。

（2）机油压力表指针偏摆角度的检测与调整

将机油压力表与毫安表（0~300mA）、可变电阻器（0~100Ω）和 12V 蓄电池串联组成检测电路，如图 6-21 所示。接通电路开关，调节可变电阻，当毫安表指示读数分别为 60mA、170mA 和 240mA 时，机油压力表指针应相应地指在"0""2""5"的刻度上，指不准应进行调整或修理。

若机油压力表指针在"0"位有误差，可用旋具或专用工具调整零位调整扇齿。向左拨动（从表背面看），读数增高；向右拨动，读数降低。若最大读数的误差超过 20%，可拨动偏摆角度调整扇齿。向左拨动，读数增高；向右拨动，读数降低。

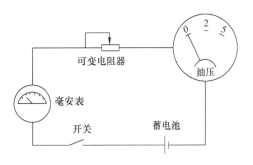

图 6-21　机油压力表检测电路

在机油压力表内，指针与双金属片方框构成的 3 个直角应在一个平面内，否则会使读数不准，故要用镊子将其校正平整。

（3）传感器输出电流的检测与调整

将被检测的传感器与标准的指示表、12V 蓄电池、油压机、机械式油压表组成如图 6-22 所示的检测电路。如果没有油压机，可用汽车液压制动主缸代替。

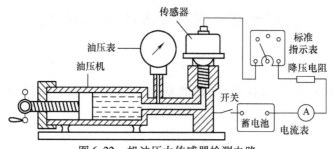

图 6-22 机油压力传感器检测电路

检测时，接通控制开关，摇转油压机手柄，当机械式油压表指示的压力分别为 0、200kPa、500kPa 时，若标准指示表相应地指示 0、200kPa、500kPa 压力，则表明被检传感器工作良好。否则说明传感器工作不正常，应换用新品。

传感器所受压力在 0、200kPa、500kPa 时，传感器输出的电流为 65mA、170mA、240mA。在传感器感受高压时，若输出电流比规定值低，则多为校正电阻值增大所致，可将指示表弹片的张力减弱或改变电阻值来进行校准。

2. 冷却液温度表及传感器检测

冷却液温度表的检测与调整方法与油压表大同小异，下面以北京 BJ2020 系列汽车冷却液温度表的检测与调整为例进行说明。

（1）冷却液温度指示表和传感器电阻的检测

冷却液温度指示表和传感器电阻的检测方法与油压表相同，冷却液温度指示表电阻值为 17.5Ω；传感器电阻值为 8.5~9Ω。

（2）冷却液温度指示表指针偏摆度的检测与调整

冷却液温度表检测电路与机油压力表检测电路相同，在电流强度在 80mA、160mA、240mA 时，冷却液温度表指针偏摆度读数应为 100℃、80℃、40℃。

3. 燃油表及传感器检测

（1）燃油表的检测

燃油表和传感器都可使用如图 6-23 所示的仪器和连接电路进行检查。如果检测燃油指示表，传感器必须是标准的燃油量传感器；如果检测燃油量传感器，指示表就必须是标准的燃油指示表。

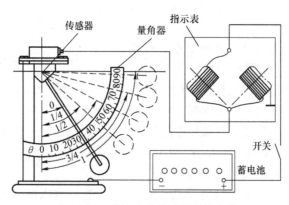

图 6-23 燃油表及传感器检测电路

在检测时，接通控制开关，将浮子臂分别摆到31°和89°位置进行检测，指示表的指针应相应地指在"0"和"1"位置。如果误差不超过10%，指示表或传感器就可继续使用，否则应当进行调整或换用新品。

在没有量角器的情况下，可用手扳动燃油量传感器浮子进行检测。方法是将浮子放在最低位置（相当于31°位置）和抬高到水平位置（相当于89°位置）时，燃油指示表指针应相应地指在"0"或"1"位置。这种方法虽不如仪器检测准确，但操作简便。

（2）燃油表的调整

当燃油量传感器良好，燃油指示表的指针不能摆到"0"位置时，可上下移动左线圈的位置进行调整。当左线圈距离指针转子远些时，磁力便减弱，转子被右线圈吸引过去的角度便增大；反之，当左线圈距离指针转子近些时，转子被右线圈吸过去的角度便减小。与此同时，弯曲右线圈的导磁磁轭，改变其磁路磁阻的大小，也可调整指针的摆角。

（3）燃油量传感器的调整

调整燃油量传感器时，先把铜套固定螺钉拧松，然后移动铜套和滑片，滑片应与电阻接触良好。并注意检查电阻是否烧坏、搭铁是否良好，有无短路、断路等，浮子杆上下摆动是否灵活，否则应予修理或换用新品。

任务二　汽车报警及控制电路

任务目标

1. 了解报警电路的种类及工作原理。
2. 掌握报警电路故障的检测、诊断步骤和排除方法。

一、汽车报警装置的作用及控制电路

为了保证行驶安全和提高车辆的可靠性，现代汽车设置有报警系统，根据汽车的组成系统安装了一些报警装置。

1. 汽车报警装置

（1）蓄电池液面过低报警装置

蓄电池液面过低报警装置用来监控蓄电池电解液的液面高度。当蓄电池电解液液面过低时，蓄电池极板极易产生硫化现象，因此要监控液面高度。

（2）机油压力过低报警装置

机油压力过低报警装置用来监控发动机主油道中的压力，当油压过低时，给驾驶员以警告，以免发动机烧瓦。

（3）冷却液温度过高报警装置

冷却液温度过高报警装置用来监控发动机冷却液温度。冷却液温度过高时点亮仪表板上的指示灯，给驾驶员以警告。

（4）燃油量过少报警装置

燃油量过少报警装置用来监控燃油箱中存油量的多少（用在无燃油表的车辆上）。当燃油箱中存油量少到一定程度时，给驾驶员以警告。

（5）制动系统压力过低报警装置

制动系统压力过低报警装置用在气压制动系统的车辆上，用来监控气压制动系统车辆的主储气筒中气压的高低，当气压过低时，点亮警告灯警告驾驶员及时充气。

（6）制动灯信号断线报警装置

制动灯信号断线报警装置用来监控制动灯电路是否断路。当某一制动灯电路断路时，点亮警告灯，警告驾驶员。

（7）制动片磨损过量报警装置

制动片磨损过量报警装置用来监控制动片的厚度。当制动片磨损量达到规定值时，点亮信号灯，提醒驾驶员及时更换制动片。

（8）制动液面过低报警装置

制动液面过低报警装置用在液压制动系统的车辆上，用来监控制动储液罐中的液压油量的多少，当油量过少时，警告驾驶员。

（9）滤清器堵塞报警装置

滤清器堵塞报警装置用来监控空气滤清器是否堵塞。

（10）车门未关警告灯

车门未关警告灯一般用在轿车上，用来提醒驾驶员有车门未关紧。

（11）驻车制动警告灯

当拉紧驻车制动时灯亮，用于提醒驾驶员驻车制动未解除。

（12）安全带警告灯

当驾驶员和（或）乘员未系安全带时灯亮，用于提醒驾驶员或乘员系好安全带。

除了上述报警装置和警告灯外，还有与汽车其他系统配合使用的警告灯。如 CHECK 警告灯、ABS 警告灯、AIR 警告灯、O/D 警告灯等。

2. 报警电路

报警电路通常由电源、警报开关（传感器）、警告灯（或蜂鸣器）等组成，如图 6-1 所示。

二、蓄电池液面过低报警装置

蓄电池液面过低报警装置由铅棒和加液塞构成的传感器，VT_1、VT_2 构成的放大器，发光二极管构成的警告灯等组成，如图 6-24 所示。

传感器安装在蓄电池单体内（一般为第三个单体正极侧）。当电解液液面高度为 10~15mm 时，铅棒与电解液化学反应后，产生的电动势（约为 +8V）使 VT_1 导通，VT_2 因无正偏压而截止，警告灯中无电流通过而不亮。当电解液液面低于 10mm 时，电解液无法与铅棒接触，电动势为零，故 VT_1 截止，VT_2 得到正偏压而导通。警告灯中有电流通过，警告灯亮，从而提醒驾驶员补充蒸馏水。

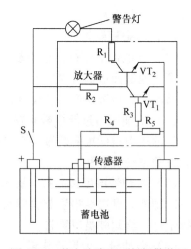

图 6-24 蓄电池液面过低报警装置

三、机油压力过低报警装置

机油压力过低报警装置有膜片式和弹簧管式两种，如图 6-25 所示为最常见的弹簧管式机油压力过低报警装置。它由装在发动机主油道的弹簧管式传感器和装在仪表板上的警告灯两部分组成。传感器内的管形弹簧一端与发动机主油道连接，另一端与动触点连接，静触点经导电片与接线柱连接。当润滑系统机油压力低于允许值时，如 EQ1090 汽车为 50～90kPa，管形弹簧几乎无变形，动静触点闭合，警告灯中有电流通过，灯亮，提醒驾驶员注意。当润滑系统机油压力达到允许值时，管形弹簧变形程度增大，使动静触点分开，警告灯中无电流通过，灯灭。

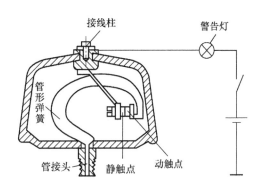

图 6-25 弹簧管式机油压力过低报警装置

四、冷却液温度过高报警装置

如图 6-26 所示为常见的冷却液温度过高报警装置。它由双金属片式温度传感器和仪表板上的冷却液温度过高警告灯两部分组成。当发动机冷却液的温度达到或超过极限温度时，传感器内双金属片受热温度升高，变形程度大，使其内动静触点闭合，警告灯中有电流通过，灯亮，提醒驾驶员及时停车检查和冷却。当发动机冷却液的温度正常时，传感器内双金属片受热温度较低，变形程度小，其内动静触点断开，警告灯中无电流通过，灯灭。

五、燃油量过少报警装置

如图 6-27 所示为常见的燃油量过少报警装置。它由负温度系数热敏电阻传感器和仪表板上的燃油量过少警告灯两部分组成。当燃油箱燃油量较多时，热敏电阻完全浸泡在燃油中，由于其散热快，温度低，阻值大，警告灯电路中相当于串联了一个很大的电阻，流过警告灯的电流很小，灯灭。当燃油减少到热敏电阻露出油面时（规定值以下），温度升高，散热慢，电阻值减小，流过警告灯的电流增大，灯亮。

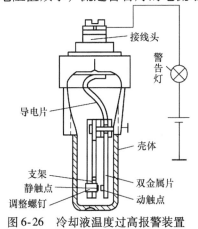

图 6-26 冷却液温度过高报警装置   图 6-27 热敏电阻式燃油量过少报警装置

六、制动系统压力过低报警装置

气制动的汽车必须装备制动系统压力过低报警装置。图 6-28 所示为常见的制动系统低压报警装置。它由装在制动系统储气筒或制动阀压缩空气输入道中的低气压报警传感器和仪表板上的红色警告灯两部分组成。当制动气压下降到规定值时,作用在膜片上的压力减小,复位弹簧使触点闭合,电路接通,警告灯亮。提醒驾驶员注意,否则会因制动系统不能正常工作,造成交通事故。当气压达到规定值后,作用在膜片上的压力增大,压缩复位弹簧使触点断开,电路切断,警告灯熄灭。

七、制动灯信号断线报警装置

图 6-29 所示为制动灯信号断线报警装置。它由电磁线圈与舌簧开关构成的控制器和仪表板上的警告灯两部分组成。汽车制动时,制动灯开关闭合,电流分别经点火开关、制动灯开关、控制器两并联线圈、左右制动信号灯、搭铁,使制动信号灯亮。同时两线圈所产生的磁场相互抵消,舌簧开关维持常开状态,警告灯不亮。当某一侧制动信号灯线路出现故障时,控制器线圈中只有一路有电流通过,通电的线圈产生电磁吸力使舌簧开关闭合,警告灯亮。

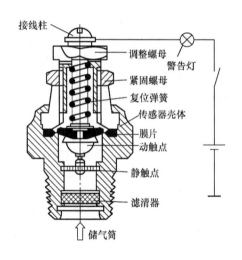

图 6-28 制动系统压力过低报警装置

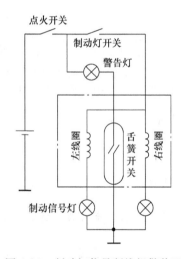

图 6-29 制动灯信号断线报警装置

八、制动片磨损过量报警装置

制动片磨损过量报警装置的作用是当制动摩擦片磨损到使用极限厚度时点亮,发出报警信号。图 6-30 所示为两种结构形式的监测报警装置原理图。

如图 6-30a 所示的装置是将一个金属触点埋在摩擦片内部。当摩擦片磨损至使用极限厚度时,金属触点就会与制动盘(或制动鼓)接触而使警告灯与搭铁接通,仪表板上的警告灯便会亮起,以示警告。

如图 6-30b 所示的装置则是将一段导线埋设在摩擦片内部,该导线与电子控制装置相连。当接通点火开关后,电子控制装置便向摩擦片内埋设的导线通电数秒钟进行检查,如果

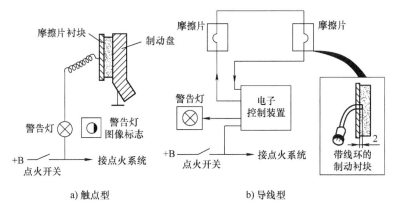

图 6-30 两种结构形式的制动片磨损过量报警装置

摩擦片已磨损到使用极限厚度，并且埋设的导线已被磨断，电子控制装置则使警告灯亮起，以示制动摩擦片需要更换。

九、制动液面过低报警装置

图 6-31 所示为制动液面过低报警装置。它由安装在制动液储液罐内的浮子式传感器和警告灯两部分组成。制动液充足时，浮子式传感器随制动液上浮，处于较高位置，其内永久磁铁与舌簧开关的位置较远，对舌簧开关的吸引力较弱，故舌簧开关仍处于常开状态，警告灯电路无法接通，警告灯不亮。制动液不充足时，浮子式传感器随制动液下浮，当下浮到规定值以下时，永久磁铁与舌簧开关的位置较近，磁力吸动舌簧开关闭合，警告灯电路被接通，警告灯亮。提醒驾驶员注意，防止制动效能下降而出现安全事故。

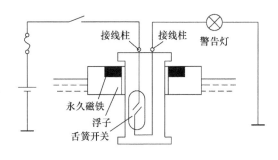

图 6-31 制动液面过低报警装置

实训二十　汽车报警电路故障的诊断

一、实训目的

掌握机油压力过低、冷却液温度过高、制动液面过低报警电路故障的检测、诊断步骤和排除方法。

二、设备器材

1）故障诊断用车辆 4 台。
2）万用表、连接导线等若干。

三、教学组织

学生在教师指导下完成工作任务单的内容。

四、任务工作单

1. 机油压力过低报警装置故障的诊断

常见故障：接通点火开关时，警告灯不亮；发动机正常正作后警告灯常亮。

（1）接通点火开关，警告灯不亮

接通点火开关，警告灯不亮的故障通常由电路断路、警告灯损坏、机油压力传感器触点接触不良所致。

检查时可接通点火开关，拆下机油压力传感器接线柱上的导线直接搭铁，查看警告灯是否点亮。若警告灯亮，故障为传感器触点接触不良；若故障灯仍不亮，则应用万用表逐点检查从接线柱导线至蓄电池正极之间的每一点是否有蓄电池电压。断路点在有电压和无电压的一段电路上。若警告灯前端有电压而后端无电压，则为警告灯损坏，应予以更换。

（2）发动机正常工作后警告灯常亮

这一故障通常由警告灯之后的电路短路或机油压力传感器损坏导致触点无法分开所致。

检查时可先从接线柱上拆下导线，若此时警告灯熄灭，则故障由机油压力传感器触点短路所致，应予以更换；若警告灯仍不熄灭，则故障由警告灯出线端至机油压力传感器的电路搭铁短路所致，应及时排除。

2. 冷却液温度过高报警装置故障的诊断

冷却液温度过高报警装置的常见故障有冷却液温度超过工作温度时，警告灯不亮；接通点火开关后警告灯常亮。

（1）冷却液温度超过工作温度时，警告灯不亮

常见故障原因：冷却液温度传感器损坏、警告灯损坏、电路断路。

检查时，可接通点火开关，拆下传感器接线柱上的导线直接搭铁，查看警告灯是否点亮。若此时警告灯亮，则说明冷却液温度传感器损坏，应予以更换；若警告灯不亮，则应用万用表逐点检查从接线柱导线至蓄电池正极之间的每一点是否有蓄电池电压。断路点在有电压和无电压的一段电路上。若警告灯前端有电压而后端无电压，则为警告灯损坏，应予以更换。

（2）接通点火开关后警告灯常亮

故障原因：冷却液温度传感器触点烧结、警告灯后的电路搭铁短路。

检查时可先从接线柱上拆下导线，若此时警告灯熄灭，则故障由冷却液温度传感器触点烧结短路所致，应予以更换；若警告灯仍不熄灭，则故障由警告灯出线端至冷却液温度传感器的电路搭铁短路所致，应及时排除。

3. 制动液面过低报警装置故障的诊断

常见故障：接通点火开关，无论制动液储油罐内是否有油，警告灯均亮；接通点火开关，制动液储油罐内无油时，警告灯不亮。

（1）接通点火开关，无论制动液储油罐内是否有油，警告灯均亮

此故障原因：浮子卡死、舌簧开关烧结。

检查时,可从储液罐中拆下传感器,用手拨动浮子总成,查看有无卡死现象。若无卡死现象,则故障由舌簧开关烧结引起;若有卡滞现象,应予以排除或更换传感器总成。

(2) 接通点火开关,制动液储油罐内无油时,警告灯不亮

故障原因:电路断路、警告灯损坏、舌簧开关接触不良。

检查时可接通点火开关,测量图 6-31 所示传感器左端接线柱是否有蓄电池电压。

若无蓄电池电压,则点火开关至接线柱之间的电路断路,应排除。

若有蓄电池电压,可从储液罐上拆下传感器,将浮子放到最下端,测量右端接线柱是否有蓄电池电压。若有蓄电池电压,则故障为舌簧开关触点接触不良;若有蓄电池电压,则应检查右端接线柱→警告灯→搭铁电路是否断路,警告灯是否损坏。

思考与练习

一、单选题

1. 机油压力过低报警装置常见的类型是（　　）。

　　A. 膜片式　　　B. 电热式　　　C. 电磁式　　　D. 以上三种均有

2. 下列不属于冷却液温度表类型的是（　　）。

　　A. 电热式　　　B. 电磁式　　　C. 蒸气压力式　　　D. 分流式

3. 电子式转速表,其转速信号取自点火系统的（　　）。

　　A. 点火线圈　　　B. 分电器　　　C. 点火开关　　　D. 点火提前机构

4. 发动机低速运转时,机油压力不应小于（　　）。

　　A. 0.147MPa　　　B. 0.196MPa　　　C. 0.392MPa　　　D. 0.490MPa

5. 机油压力报警电路由安装在发动机主油道的机油压力报警开关和（　　）组成。

　　A. 传感器　　　B. 高压开关　　　C. 低压开关　　　D. 警告灯

6. 仪表照明灯与示廓灯、牌照灯（　　）。

　　A. 混联　　　B. 串联　　　C. 并联　　　D. 不确定

7. 传统汽车的车速里程表的车速信号来自（　　）。

　　A. 点火线圈负极　　　　　　B. 发动机转速传感器

　　C. 变速器的输出轴　　　　　D. 霍尔传感器

8. 在电热式燃油表中,若将通向燃油传感器的电路短路,则燃油表的指示值是(　　)。

　　A. 0　　　B. 1　　　C. 2　　　D. 跳动

9. 下列哪种情况下蓄电池警告灯会熄灭?

　　A. 点火开关打开时　　　　　B. 蓄电池亏电时

　　C. 发电机不发电时　　　　　D. 发电机发电

二、多选题

1. 燃油表的作用是指示汽车燃油箱中存油量的多少,类型有（　　）。

　　A. 热敏电阻式　　　　　　B. 电热式

C. 电磁式　　　　　　　　D. 可变电阻式

2. 常见的汽车仪表有电流表、车速里程表以及（　　）等。

A. 发动机转速表　　　　　B. 冷却液温度表

C. 机油压力表　　　　　　D. 燃油表

3. 警告灯控制电路中报警开关的类型有（　　）。

A. 舌簧式　　　　　　　　B. 热敏电阻式

C. 膜片式　　　　　　　　D. 双金属片式

4. 汽车电子仪表系统能准确、迅速地处理各种复杂信息，并能以（　　）的形式显示出来。

A. 声音　　　　　　　　　B. 图形

C. 文字　　　　　　　　　D. 数字

5. 汽车电子仪表系统显示装置根据工作原理的不同分为（　　）等。

A. 阴极射线管显示器　　　B. 液晶显示器

C. 真空荧光显示器　　　　D. 发光二极管显示器

6. 电子式发动机转速表采集信号的方式不包括（　　）。

A. 点火系　　　　　　　　B. 发动机的转速传感器

C. 发电机　　　　　　　　D. 水泵

三、判断题

1. 机油压力指示表位于驾驶室仪表板上，内有电感不同的一对主线圈和一对副线圈及连接一个指针。（　　）

2. 汽车机油压力传感器可以依靠其内部膜片弯曲程度的大小来传递油压的增高或降低。（　　）

3. 对于电热式机油压力表，传感器的平均电流越大，表指示的压力越大。（　　）

4. 冷却液温度表传感器中触点的压力较大。（　　）

5. 汽车常用电热式冷却液温度指示表配热敏电阻式冷却液温度传感器。（　　）

6. 电热式冷却液温度传感器在短路后，冷却液温度表将指示低温。（　　）

7. 冷却液温度警告灯亮起时应立刻停车熄火，并马上打开膨胀罐壶查看冷却液液位。（　　）

8. 汽油车的发动机转速信号来源于曲轴位置传感器。（　　）

9. 低机油压力警告灯是指示机油液面高低的。（　　）

10. 燃油量过少警告灯装置采用了热敏电阻与警告灯串联的方法来控制警告灯电路的接通和切断。这里的热敏电阻，当燃油量液面低于热敏电阻时，其电阻值将升高而不是降低。（　　）

11. 燃油箱液面警告装置所用的热敏电阻，当燃油箱液面较高时，其阻值较小。（　　）

12. 制动信号灯多与后灯合为一体，采用双丝灯泡或两个单丝灯泡，其中功率大的为制动信号灯。（　　）

四、问答题

1. 汽车常用仪表有哪些？各有何作用？
2. 数字式仪表有何优点？常用显示器件有哪些？
3. 汽车仪表系统有哪些常见故障？如何检修？
4. 汽车常用报警装置有哪些？各有何作用？
5. 参照冷却液温度警告灯的电路图，说明其工作过程。
6. 参照燃油不足警告灯的电路图，说明其工作过程。
7. 参照制动液量警告灯的电路图，说明其工作过程。
8. 为何有些汽车在燃油表与冷却液温度表的电源侧加装电源稳压器？

项目七

汽车辅助电器系统及电路

教学目标

1. 了解汽车辅助电器系统的组成、功用。
2. 了解汽车辅助电器系统电路的工作原理。

能力目标

掌握汽车辅助电器系统电路故障的诊断方法。

任务一　电动风扇及控制电路

任务目标

1. 了解电动风扇的作用及控制电路。
2. 掌握电动风扇电路故障的诊断方法。

一、电动风扇的作用及电路组成

电动风扇主要用来冷却发动机机体和冷却液,对于带空调的车辆,电动风扇还同时用于冷却空调冷凝器。

汽车上的散热器风扇有单风扇和双风扇两种,可以采用串联或并联的方式工作。双风扇常在有空调系统的车辆上采用,因为带空调汽车的空调冷凝器需要更高速的冷却空气。两个风扇,一个安装在散热器前面(主要冷却冷凝器),一个安装在散热器后面(主要冷却散热器)。

电动风扇的控制电路通常由电源、点火开关、风扇继电器、温度控制开关和空调压力开关、风扇等组成。其控制方式一般采用温度控制开关和空调压力开关共同控制的方式,对于电控发动机,风扇也可采用发动机ECU进行控制,其控制原理是发动机ECU根据各传感器信号,控制电磁阀的通电和断电的时间,调节液压回路流量大小,达到自动调节风机转速的目的。

二、电动风扇的控制原理

1. 单风扇控制电路及工作原理

丰田 5S-FE 发动机单风扇控制电路如图 7-1 所示。

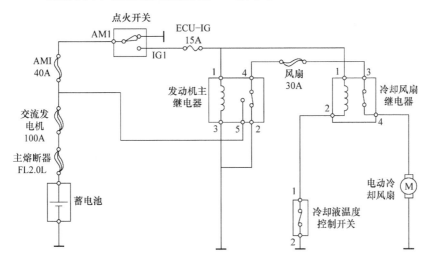

图 7-1　丰田 5S-FE 发动机单风扇控制电路

接通点火开关,发动机主继电器线圈电路接通,发动机主继电器常闭触点断开,常开触点接通,蓄电池电压通过发动机主继电器触点 5、4 送到冷却风扇继电器 3 接线柱。由于点火开关接通时,冷却风扇继电器线圈电路也接通,触点断开,因此风扇不转动。

当发动机冷却液温度达到 93℃时,冷却液温度控制开关断开,冷却风扇继电器线圈电路断路,触点闭合,风扇旋转。

2. 发动机计算机控制的双风扇电路及工作原理

上海通用别克轿车发动机计算机控制的双风扇电路如图 7-2 所示。冷却风扇由两个熔断器(6 号 40A 和 21 号 15A)分别向发动机冷却风扇供电。熔断器位于发动机舱盖下附件熔断器接线盒内。

(1) 冷却风扇低速工作时的电路

动力控制模块 PCM 控制继电器 12 的电磁线圈通电。其电路为:点火开关接通(与电源直接连接)→熔断器 6→继电器 12 线圈→PCM 的低速风扇控制电路搭铁。于是,继电器 12 的线圈中有电流通过,控制继电器 12 触点闭合,向发动机冷却液风扇电动机(左侧)供电。此时由于左侧的冷却风扇电动机与右侧的冷却风扇电动机串联,所以两个风扇低速运转。电流通路为:点火开关接通(与电源直接连接)→熔断器 6→继电器 12 触点→发动机冷却液风扇电动机(左侧)→继电器 9 的动触点→发动机冷却液风扇电动机(右侧)→导线系统搭铁分配器搭铁。

(2) 冷却风扇高速工作时的电路

动力控制模块 PCM 首先经低速风扇控制电路对继电器 12 提供搭铁路径。经 3s 延时后,PCM 经高速风扇控制电路为继电器 9 和继电器 10 的线圈提供搭铁路径。左侧风扇电动机继续由熔断器 6 提供电流。但熔断器 21(15A)为右侧风扇电动机提供电流。各风扇采取不同

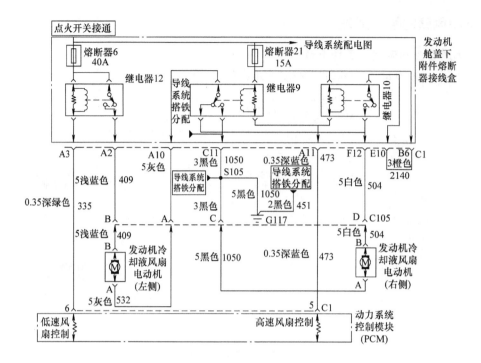

图 7-2 别克轿车发动机计算机控制的双风扇电路

的搭铁路径。因此，风扇高速运行。

左侧风扇电动机电流通路为：点火开关接通（与电源直接连接）→熔断器 6→继电器 12 的触点→发动机冷却液风扇电动机（左侧）→继电器 9 的触点→导线系统搭铁分配器搭铁。

右侧风扇电动机电流通路为：点火开关接通（与电源直接连接）→熔断器 21→继电器 10 的触点→发动机冷却液风扇电动机（右侧）→导线系统搭铁分配器搭铁。

上述控制过程中需要注意的是动力控制模块 PCM 在什么情况下控制继电器 12 搭铁，其条件如下：

① 发动机冷却液温度超过 106℃。
② 按下 A/C 开关，且环境温度高于 50℃。
③ 按下 A/C 开关，制冷剂压力大于 1.31MPa。
④ 点火开关接通且发动机冷却液温度高于 140℃。

对于风扇高速控制，动力控制模块 PCM 延后右侧冷却风扇电动机和继电器 10 控制达 3s。3s 延时后可确保冷却风扇电负荷不超过系统的容量。动力控制模块 PCM 在以下各情况下为继电器 12、继电器 9 和继电器 10 提供搭铁。

① 当发动机冷却液温度超过 110℃。
② 按下 A/C 开关时制冷剂压力大于 1.655MPa。

三、典型电动风扇电路

威驰双电动风扇电路如图 7-3 所示，此电路由散热器风扇电动机、冷凝器风扇电动机和

1号、2号、3号风扇继电器等组成。工作原理如下：

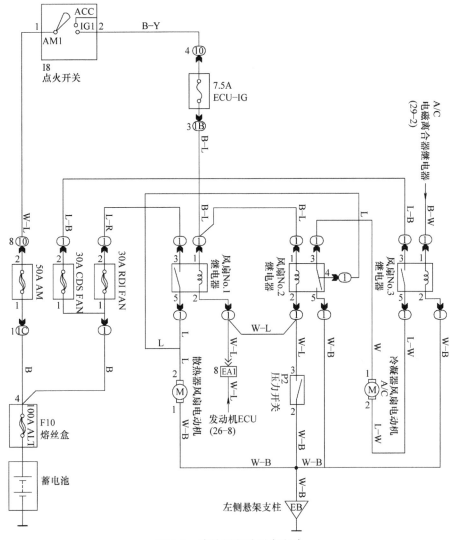

图7-3 威驰双电动风扇电路

1）空调不工作，冷却液温度低于93℃（威驰维修手册得知），发动机ECU不给风扇1号、2号继电器形成搭铁，1号、2号和3号继电器都不工作，散热器和冷凝器风扇不通电，两个风扇均都不能运转。

2）空调不工作，冷却液温度高于93℃，发动机ECU给风扇1号、2号继电器形成搭铁，1号和2号继电器工作，此时，散热器风扇高速运转。由于空调不工作，3号继电器处于断电状态，故冷凝器风扇不工作。如果这时接通空调AC开关，则3号继电器工作，冷凝器风扇高速运转。

3）空调工作，冷却液温度低于93℃（发动机ECU根据冷却液温度传感器判断），发动机ECU不给风扇1号和2号继电器形成搭铁。

空调处于开启情况下，当制冷剂压力低于1226kPa时，压力开关断开，1号和2号继电器也不能通过压力开关搭铁，1号和2号继电器不能工作；但是3号继电器可通过AC开关得电使线圈通电,故 3 号继电器工作,散热器和冷凝器风扇串联,均低速运转。

当制冷剂压力在 1226～3140kPa 之间时,压力开关闭合,1 号和 2 号继电器线圈可以通过压力开关搭铁,3 号继电器通过 AC 开关得电使线圈通电,所以 1 号、2 号和 3 号继电器都能工作,散热器和冷凝器风扇并联,均高速运转。

4)空调工作,冷却液温度高于 93℃ 时,发动机 ECU 同时给风扇 1 号和 2 号继电器形成搭铁(相当于上述压力开关闭合的情况)。这时由于空调 AC 开关也给 3 号继电器线圈供电,因此 1 号、2 号和 3 号继电器都能工作,散热器和冷凝器风扇并联,均高速运转。

实训二十一　电动风扇电路故障的诊断

一、实训目的

掌握电动风扇电路故障的检测、诊断步骤和排除方法。

二、设备器材

1)实验车或实验台架 4 台。
2)万用表、测试灯、连接导线等若干。

三、教学组织

学生在教师指导下完成工作任务单的内容。

四、任务工作单

电动风扇故障诊断,以单风扇控制电路图 7-1 为例。

1. 接通点火开关,风扇即开始旋转故障的诊断

造成故障的原因有:冷却风扇继电器触点烧结短路;冷却液温度控制开关损坏;点火开关→ECU - IG15A 熔断器→冷却风扇继电器线圈→冷却液温度控制开关→搭铁电路断路。

1)检查时,接通点火开关,拔下冷却液温度控制开关的插接器。若风扇仍旋转,则故障由冷却风扇继电器触点短路所致;若风扇停止转动,进行下一步检查。

2)用万用表电阻档检查冷却液温度控制开关 1、2 接线柱之间的电阻,其值应为 0Ω。若电阻为"∞",说明冷却液温度控制开关损坏,应予以更换。

3)拔下冷却风扇继电器,测量端子 1、端子 2 之间的电阻值。若电阻值为"∞",说明继电器损坏,应更换。若电阻为 0Ω,进行下一步检查。

4)检查点火开关→ECU - IG15A 熔断器→冷却风扇继电器线圈 1 接线柱、冷却风扇继电器线圈 2 接线柱→冷却液温度控制开关 1 接线柱、冷却液温度控制开关 2 接线柱→搭铁之间的电路是否断路,若有断路故障,应排除。

2. 冷却液温度达到正常工作温度时风扇不转故障的诊断

造成的故障原因有:冷却液温度控制开关损坏;发动机主继电器损坏;交流发电机 100A 熔断器→发动机主继电器→风扇 30A 熔断器→冷却风扇继电器→电动冷却风扇→搭铁电路断路。

1)检查时,应在发动机冷却液温度达到 93℃ 以上时进行。拔下冷却液温度控制开关插接器，用万用表电阻档测量冷却液温度控制开关上 1、2 接线柱之间的电阻，其值应为∞，否则应更换。

2）拔下发动机主继电器，用万用表电阻档对继电器各接脚之间进行导通性检测，如图 7-4 所示。接线柱 1 与接线柱 3 之间，应导通；接线柱 2 与接线柱 4 之间，应导通；接线柱 4 与接线柱 5 之间，应不导通。若导通性不符合要求，则更换继电器。

3）将蓄电池电压施加在发动机主继电器接线柱 1 与接线柱 3 之间，检查在通电情况下，发动机主继电器各接脚之间的导通情况，如图 7-5 所示。用万用表电阻档检查，接线柱 2 和接线柱 4 之间，应不导通；接线柱 4 和接线柱 5 之间，应导通。若不符合上述要求，则更换继电器。

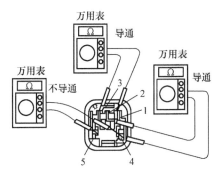 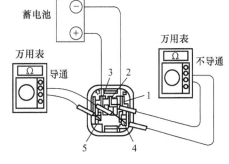

图 7-4 发动机主继电器导通性检查　　图 7-5 通电时发动机主继电器导通情况

4）若上述检查均符合要求，则应检查从交流发电机 100A 熔断器→发动机主继电器→风扇 30A 熔断器→冷却风扇继电器→电动冷却风扇→搭铁电路的断路部位，并予以排除。

任务二　风窗清洁装置及控制电路

任务目标

1. 了解风窗清洁装置的作用及控制电路。
2. 掌握风窗清洁装置电路故障的诊断方法。

风窗清洁装置由风窗玻璃刮水器、风窗玻璃洗涤器与除霜装置三部分组成。其作用是清除风窗玻璃上的雨水、雪、尘土或污物，保证驾驶员有良好的驾驶视线。

风窗玻璃刮水器和风窗玻璃洗涤器电路如图 7-6 所示，由电源、前风窗刮水器和清洗泵组合开关、刮水器电动机、清洗泵、电动刮水机构等组成。

后窗除霜装置由电源、除霜开关、控制电路、除霜器等组成。

一、风窗玻璃刮水器

汽车上采用的风窗玻璃刮水器按动力源的不同有真空式、气动式、电动式三种。因电动式风窗玻璃刮水器（简称电动刮水器）结构简单，动力大，便于维修，目前在汽车上得到广泛应用。一般汽车在前风窗装有电动刮水器，部分汽车后风窗也装有电动刮水器。

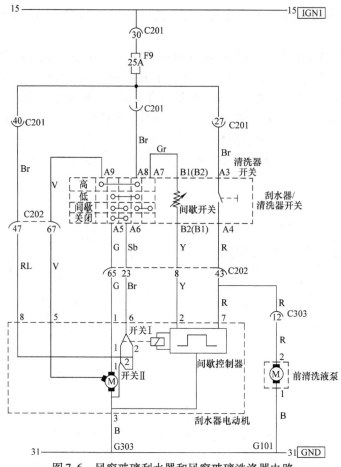

图 7-6　风窗玻璃刮水器和风窗玻璃洗涤器电路

（1）电动刮水器的结构

电动刮水器由直流电动机、传动机构、刮水臂和刮片组成，如图 7-7 所示。由一个微型直流电动机、蜗轮箱组成驱动部分，蜗轮的旋转运动由曲柄、连杆、摆杆变成左右往复摆动，刮水臂装在摆杆轴上。

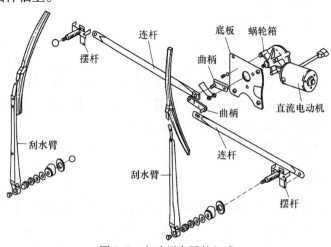

图 7-7　电动刮水器的组成

（2）电动刮水器的变速原理

由于电动刮水器的动力来源是直流电动机，故刮水器的变速就是直流电动机的变速。通常直流电动机可采用两种方式进行变速。

1）改变电动机内部的磁通变速。改变电动机内部的磁通变速的方法适合于绕线式直流电动机，如图7-8所示。

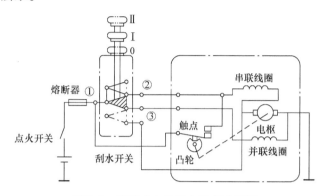

图7-8 绕线式电动刮水器变速原理

当刮水开关在Ⅰ位置（低速）时，电流经由蓄电池正极→点火开关→熔断器→接线柱①→接触片后，分为两路：一路经过接线柱②→串联线圈→电枢→搭铁→蓄电池负极形成回路；另一路经过接线柱③→并联线圈→搭铁→蓄电池负极而形成回路。此时，由于并联线圈的分流作用使电枢中的电流减小，故电动机以低速运转。

当刮水器开关在Ⅱ位置（高速）时，电流由蓄电池正极→点火开关→熔断器→接线柱①→接触片→接线柱②→串联线圈→电枢→搭铁→蓄电池负极形成回路。此时由于并联线圈回路被隔断，电流全部流经电枢，故电动机以高速运转。

2）改变接入的电枢绕组数目变速。改变接入的电枢绕组数目变速适合于永磁式直流电动机，如图7-9所示。

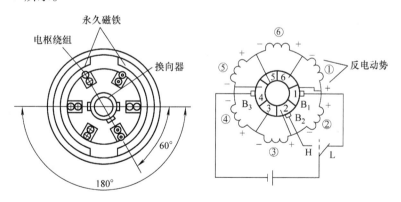

图7-9 永磁式电动刮水器调速原理

其采用三刷式结构，B_1为低速运转电刷，B_2为高速运转电刷，B_3为公共电刷。B_1与B_2相差60°，电枢采用对称叠绕式。

当开关拨向L时，电源电压U加在B_1与B_3电刷之间，电流经过由①、⑥、⑤与②、

③、④组成的两条并联分流回路，每条回路中串联的有效线圈各3个，串联线圈（导体）数相对较多，故反电动势较大，电动机以较低转速运转。

当开关拨向 H 时，电源电压 U 加在 B_2 和 B_3 电刷之间，电流经过由②、①、⑥、⑤与③、④组成的两条并联分流回路，由于线圈②和线圈①、⑥、⑤的绕线方向相反，②产生方向相反的电动势与①反电动势互相抵消，只有两个线圈的反电动势与电源电压平衡，故反电动势较小，电动机以较高转速运转。可见，并联回路中串联线圈（导体）数目减少，能使电动机转速升高。

(3) 刮水器自动复位装置

为了避免刮水器停止工作时刮水片停在风窗玻璃中间影响驾驶员视线，电动刮水器都设有自动复位装置。其功能是在切断刮水器开关时，刮水片能自动停在驾驶员视野以外的指定位置。其电路如图 7-10 所示。

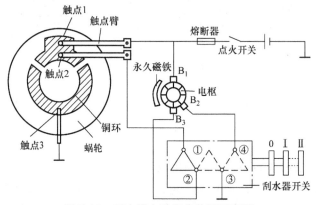

图 7-10 刮水器自动复位装置原理图

当刮水器开关推到 0 档时，若刮水片没有停在规定的位置，由于触点 2、触点 3 均与铜环接触，电流由蓄电池正极→点火开关→熔断器→慢速电刷 B_1→电枢绕组→公共电刷 B_3→刮水器开关接线柱②→刮水器开关接线柱①→触点臂→触点 2→铜环→触点 3→搭铁→蓄电池负极形成电流回路，电动机仍以低速运转，直至蜗轮转到特定位置时，铜环将触点 1、触点 2 短接，电动机电枢绕组被短路。由于电动机存在惯性，不能立即停转，以发电机方式运行，产生很大的反电动势，产生制动力矩，电动机迅速停转，使刮水片停在指定位置。

(4) 刮水器电子间歇控制

汽车在小雨或雾天行驶，风窗玻璃上会形成一层含有水分和灰层的薄层，如果刮水器连续不断地工作，会使玻璃模糊影响视线，引起刮片的颤动，同时也会对玻璃有损伤。电动刮水器电子间歇控制电路可避免上述现象，在雨水聚集过多时再进行工作。控制按其间歇时间的调节可分为可调式和不可调式。下面以同步振荡电路控制的间歇刮水器为例介绍其工作过程，电路如图 7-11 所示。

电路中电阻 R、电容 C、二极管 VD 组成间歇时间控制电路，调整其参数可改变间歇时间的长短。当刮水器开关置 "0" 档，且间歇开关闭合时，电流由蓄电池正极→点火开关→熔断器→复位开关 "上" 触点（常闭）→电阻 R→电容 C→搭铁→蓄电池负极形成充电回路；使电容 C 两端电压上升，达一定值时，VT_1 导通，VT_2 随之导通。继电器 K 中有电流通过，回路为：蓄电池正极→点火开关→熔断器→R_4→VT_2→K→间歇开关→搭铁→蓄电池负

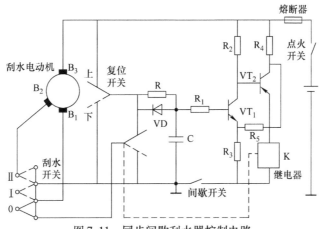

图 7-11 同步间歇刮水器控制电路

极；继电器磁化线圈通电使其常闭触点断开（实线位置），常开触点闭合（虚线位置）。刮水电动机电路被接通，回路为：蓄电池正极→点火开关→熔断器→公共电刷 B_3→电枢→低速电刷 B_1→刮水开关"0"位→继电器常开触点→搭铁→蓄电池负极，形成供电回路，使刮水电动机低速工作。

当复位开关常闭触点被复位装置顶开至常开"下"位置时，电流经电容 C（上端）→VD 和 R→复位开关"下"位置→电容 C；快速放电，一段时间后，VT_1 截止，VT_2 截止，继电器断电，其触点复位，但此时电动机仍运转，回路为：蓄电池正极→点火开关→熔断器→公共电刷 B_3→电枢→低速电刷 B_1→刮水开关"0"位→继电器常闭触点→复位开关常开触点→搭铁→蓄电池负极，只有当复位开关常开触点被复位装置顶回至常闭"上"位置时电动机才停止。电容 C 再次充电，重复周期开始。

二、风窗清洗装置

风窗清洗装置与刮水器配合使用，可以更好地清除附在风窗玻璃上的灰尘和污物，保证驾驶员有良好的视线，同时避免划伤玻璃。

1. 风窗清洗装置的组成

风窗清洗装置的组成如图 7-12 所示，主要由储液罐、洗涤泵、软管、三通、喷嘴等组成。

洗涤泵由永磁直流电动机和离心式液片泵组装成为一体，安装在储液罐上或管路内，喷射压力达 70~88kPa。喷嘴安装在风窗玻璃下面（通常在发动机罩上），其喷射方向可以调整，使水喷射在风窗玻璃的合适位置，使用时应先开洗涤泵后开刮水器。洗涤泵连续工作的时间一般不超过 1min，在喷水停止后，刮水器应继续刮 2~5 次，以达到较好的洗涤效果。

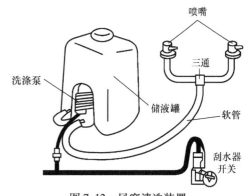

图 7-12 风窗清洗装置

2. 风窗清洗装置控制电路

丰田轿车风窗清洗装置控制电路如图 7-13 所示。其控制开关有 5 个档位，分别是低速档（Lo）、高速档（Hi）、停止复位档（OFF）、间歇刮水档（INT）和喷洗器档。下面分析它们的工作过程。

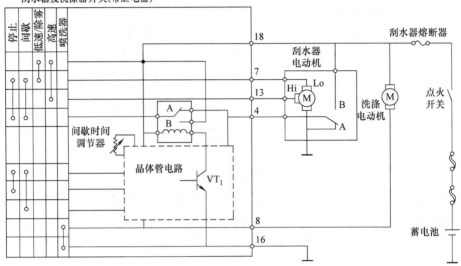

图 7-13　丰田轿车风窗清洗装置控制电路

1）低速档。当刮水开关在低速位置时，电流的回路为：蓄电池正极→点火开关→刮水器熔断器→端子18→刮水器控制开关（低速/除雾）触点→端子7→刮水器电动机低速电刷Lo→公共电刷→搭铁，形成回路，此时电动机低速运行。

2）高速档。当刮水开关在高速位置时，电流的回路为：蓄电池正极→点火开关→刮水器熔断器→端子18→刮水器控制开关（高速）触点→端子13→刮水电动机高速电刷 Hi→公共电刷→搭铁，形成回路，此时电动机高速运转。

3）间隙档。当刮水开关在间歇刮水位置时，晶体管电路 VT_1 先短暂导通。此时电流的回路为：蓄电池正极→点火开关→刮水器熔断器→端子18→继电器线圈→VT_1→端子16→搭铁。线圈中产生磁场，使得继电器常闭触点 A 断开，常开触点 B 接通。这时电动机低速运转，电路为：蓄电池正极→点火开关→刮水器熔断器→端子18→继电器触点 B→刮水器控制开关（间隙）触点→端子7→刮水器电动机低速电刷 Lo→公共电刷→搭铁。

然后 VT_1 截止，继电器的触点 B 断开，触点 A 闭合，电动机转动时，凸轮开关的触点 A 断开，B 闭合，因此电流继续流至电动机的低速电刷，电动机低速运转。此时的电路为：蓄电池正极→点火开关→刮水器熔断器→凸轮开关触点 B→端子4→继电器触点 A→刮水器控制开关（间隙）触点→端子7→刮水器电动机低速电刷 Lo→公共电刷→搭铁。当刮水器转至停止位置时，凸轮开关触点 B 断开，A 接通，电动机停止运转。

刮水电动机停止运转一段时间以后，晶体管电路 VT_1 再次短暂导通，刮水器重复间歇动作，其间歇时间调节器可以调节间歇的时间长短。

4）喷洗档。喷洗器开关接通时，在喷洗器电动机运转时，晶体管电路 VT_1 在预定的时间内接通，使刮水器低速运转1~2次。喷洗泵的电路为：蓄电池正极→点火开关→刮水器熔断器→洗涤电动机→端子8→喷洗器开关端子→端子16→搭铁。刮水器的电路为：蓄电池正极→端子18→继电器触点 B（由于 VT_1 在预定的时间内接通）→刮水器控制开关（间隙）触点→端子7→刮水器电动机低速电刷 Lo→公共电刷→搭铁。此时开始边喷洗边间歇刮水。

5）停止档。当刮水器开关打至"OFF"档位置时，若刮水片没有停在规定位，则刮水器电动机内复位装置将 A 端子接通，电流由蓄电池正极→点火开关→刮水器熔断器→凸轮开关触点 B→端子 4→继电器触点 A→刮水器控制开关（停止）触点→端子 7→刮水器电动机低速电刷 Lo→公共电刷→搭铁。当刮水器转至停止位置时，凸轮开关触点 B 断开，A 接通，电动机停止运转。

三、除霜装置

汽车风窗玻璃在下雪天或气温较低的情况下易结霜，刮水器是无法清除的，严重影响驾驶员视线，因此汽车上安装有除霜装置。汽车前、侧风窗玻璃上的霜层通常是利用空调系统中产生的暖气，达到清除结霜的目的，后风窗玻璃多使用电热式除霜。

自动控制除霜装置由开关、传感器、控制器、电热丝、连接线路组成。传感器安装在后窗玻璃上，采用热敏电阻，结霜越厚，阻值越小。电热丝采用正温度系数的细小镍铬丝，自身具有一定电流调节功能。后窗玻璃除霜装置电路如图 7-14 所示。

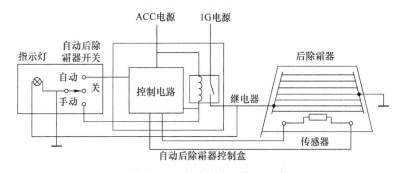

图 7-14 后窗玻璃除霜装置电路

其工作过程如下：

1）除霜开关置"关"位置时，控制电路及指示灯电路被断开，除霜装置及指示灯均不工作。

2）除霜开关置"手动"位置时，继电器线圈可经手动开关直接搭铁，继电器触点闭合，使除霜电路及指示灯接通，除霜装置及指示灯均工作。

3）除霜开关置"自动"位置时，若结霜达到一定厚度，传感器电阻值急剧减小到某一设定值，控制电路使继电器线圈通电，继电器触点闭合。由点火开关 IG 接线柱向电阻丝供电，同时点亮仪表板上的指示灯，表示除霜装置正在工作。当玻璃上结霜减少到某一程度后，传感器电阻值增大，控制电路切断继电器线圈回路，触点断开，电阻丝断电，除霜装置停止工作，同时指示灯灭。

四、典型风窗清洁装置电路

桑塔纳 2000GSi 刮水器电路如图 7-15 所示。其工作过程分 5 个档位。

1. 低速档

前风窗开关置于低速档（慢速档）时，刮水系统低速刮水。其电路为：中央接线盒 X 线→熔断器 S11、15A→中央接线盒 B9→前风窗玻璃刮水器开关 E22（53a→53）→中央接线

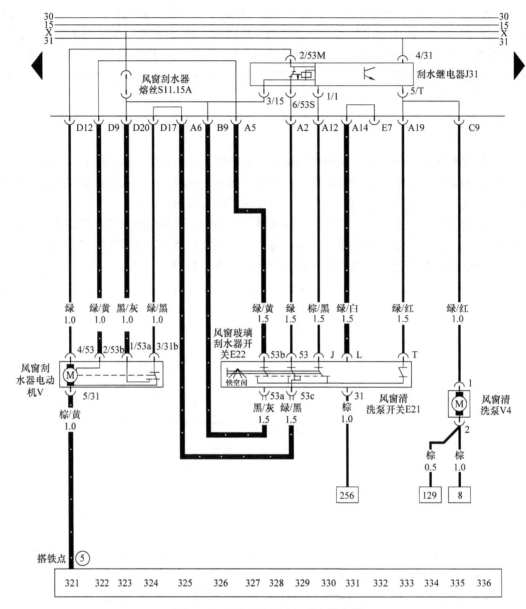

图 7-15 桑塔纳 2000GSi 刮水器电路

盒 A2→刮水继电器 J31（6/53S→2/53M）→中央接线盒 D12→刮水电动机（4/53→5/31）→搭铁。刮水电动机低速转动，刮水器低速刮水。

2. 高速档

前风窗玻璃刮水器开关置于高速档（快速档）时，刮水系统快速刮水。其电路为：中央接线盒 X 线→熔断器 S11、15A→中央接线盒 B9→前风窗玻璃刮水器开关 E22（53a→53b）→中央接线盒 A5→中央接线盒 D9→刮水电动机（2/53b→5/31）→搭铁。刮水电动机快速转动，刮水器快速刮水。

3. 关闭档（复位或 OFF 档）

前风窗玻璃刮水器开关置于空档时，刮水系统处于复位运转状态。

1）如果刮水器尚未回到初始位置（或复位），此时刮水电动机复位装置中复位电源线 1/53a 与复位线 3/31b 接通，刮水电动机继续转动，其电路为：中央接线盒 X 线→熔断器 S11、15A→中央接线盒 D20→刮水电动机（1/53a→3/31b）→前风窗玻璃刮水器开关 E22（53c→53）→中央接线盒 A2→刮水继电器（6/53S→2/53M）→中央接线盒 D12→刮水电动机（4/53→5/31）→搭铁。刮水电动机低速转动，刮水器低速刮水直到复位。

2）如果刮水电动机已回到初始位置，此时刮水电动机复位装置中复位电源线 1/53a 与复位线 3/31b 断开，复位线 3/31b 与搭铁线 5/31 接通，刮水电动机无电源并受到电动机自身产生的自感电动势电磁制动力的作用，刮水电动机停止转动。

4. 间歇档

前风窗玻璃刮水器开关置于间歇档时，刮水系统处于间歇状态运转。

1）刮水器继电器工作分析。此时刮水继电器产生脉冲电流，使其内部常闭触点打开，常开触点闭合（一个脉冲宽度），刮水继电器 3/15 端子与 2/53M 端子接通一个脉冲宽度时间。刮水继电器工作电路为：中央接线盒 X 线→熔断器 S11、15A→中央接线盒 B9→前风窗玻璃刮水器开关 E22（53a→J）→中央接线盒 A12→刮水继电器（1/1→4/31）→中央接线盒 31→搭铁。

2）刮水电动机工作分析。当刮水继电器 3/15 端子与 2/53M 端子接通时，刮水电动机低速运转。其电路为：中央接线盒 X 线→熔断器 S11、15A→刮水继电器（3/15→2/53M）→中央接线盒 D12→刮水电动机（4/53→5/31）→搭铁。刮水电动机低速转动，刮水器低速刮水。

3）复位分析。脉冲结束后，刮水继电器常开触点打开，常闭触点又闭合，此时刮水器尚未复位，刮水电动机继续低速运转直到复位。

待刮水器复位一段时间后，刮水继电器又产生脉冲电流继续工作。如此循环，刮水系统间歇运转。

5. 喷洗档

前风窗玻璃刮水器开关 E21 置于喷洗档时，清洗器工作，刮水系统处于间歇状态运转。

1）刮水器间歇工作，刮水继电器工作电路为：中央接线盒 X 线→熔断器 S11、15A→中央接线盒 B9→刮水器开关（53a→T）→中央接线盒 A19→刮水继电器（5/T→4/31）→31→搭铁。刮水器继电器工作。

2）喷洗泵电动机转动，其电路为：中央接线盒 X 线→熔断器 S11、15A→中央接线盒→刮水器开关（53a→T）→中央接线盒 A19→中央接线盒 C9→清洗泵电动机 V4→搭铁。清洗泵电动机转动，清洗泵工作，喷头喷出水清洗风窗玻璃。

实训二十二　风窗清洁装置电路故障的诊断

一、实训目的

掌握风窗清洁装置电路故障的检测、诊断步骤和排除方法。

二、设备器材

1）实验车或实验台架 4 台。
2）万用表、测试灯、连接导线等若干。

三、教学组织

学生在教师指导下完成工作任务单的内容。

四、任务工作单

风窗清洁装置电路故障诊断以桑塔纳2000GSi为例。

1. 电动刮水器不工作故障的诊断

造成电动刮水器不工作故障的原因有点火开关、刮水电动机、刮水继电器、风窗刮水器开关损坏，电路故障等。

1）检测X线电源。由前述电路工作原理可知，刮水器电源由中央接线盒X线提供。而X线电源由点火开关控制。检测时，转动点火开关至一档，用万用表电压档或试灯，检测点火开关30端子和X端子上是否有蓄电池电压。

若30端子无蓄电池电压，说明蓄电池→30电源线→点火开关30端子之间的电路断路，应修复。

若30端子有蓄电池电压，X端子无蓄电池电压，说明点火开关损坏，应更换。

若30端子和X端子均有蓄电池电压，而中央接线盒X端子上无蓄电池电压，说明点火开关上的X端子至中央接线盒X端子之间电路断路，应修复。

若本项检测正常，进行下一步检测。

2）检测熔断器S11。拔下熔断器S11，观察是否烧断。若烧断，应更换；若良好，插上熔断器进行下一步检测。

3）检测刮水器电动机。拆下刮水片，拆开风窗下刮水器电动机防护板，拔下连接刮水器的插头，用导线将刮水器插座（电动机）端的5/31端子搭铁。用导线分别将4/53端子或2/53b端子（电动机端）搭铁，电动机应分别以低、高速运转。

若电动机不转，应更换；若电动机运转正常，进行下一步检测。

4）检测刮水器继电器（J31）。拔下刮水器继电器，检测继电器插头端各端子输入情况，其值见表7-1。

表7-1 刮水器继电器插头各端子输入情况表

端子	检 测 条 件	正常结果
3/15	接通点火开关	12V
6/53S	接通点火开关，前风窗刮水器开关拨至低速档，检测与搭铁之间的电压	12V
1/1	接通点火开关，前风窗刮水器开关拨至间歇档，检测与搭铁之间的电压	12V
5/T	接通点火开关，前风窗刮水器开关拨至间歇档，检测与搭铁之间的电压	12V
4/31	检测与搭铁之间的通路情况	导通
2/53M	插上刮水器继电器，接通点火开关，前风窗刮水器开关拨至低速档，检测与搭铁之间的电压	12V
2/53M	插上刮水器继电器，接通点火开关，前风窗刮水器开关拨至间歇档，检测与搭铁之间的电压	0～12V变化

若检测结果符合表7-1的要求，应检测或更换刮水继电器；若检测结果不符合表7-1的要求，进行下一步检测。

5）检测前风窗刮水器开关。拔下与前风窗刮水器开关相连接的插头，用万用表电阻档检测前风窗刮水器开关在各档位时，各端子之间的导通情况，见表7-2。

表7-2 刮水器开关处于各档位时各端子导通情况表

端子 档位	53e 复位线	53 低速线	53b 高速线	53a 电源线	J 间歇线	L 悬空	T 喷水电动机	31 搭铁
间隙档	○——|——○			○—|—○			
空档（OFF）	○—○							
低速档		○——|——○						
高速档			○—|—○					
喷水档				○——|——|——|——○			

若检测结果符合表7-2的要求，应更换前风窗刮水器开关；若检测结果不符合表7-2的要求，则应检测和排除中间接线部分的短路或断路故障。

2. 电动刮水器不能复位故障的诊断

造成电动刮水器不能复位故障的原因有前风窗刮水器开关、刮水继电器、刮水电动机复位装置、插接器损坏，电路断路等。

1）检测前风窗刮水开关。前风窗刮水器开关处于空（OFF）档时，用万用表检测53端子与53e端子之间的电阻值，应为"0"。若不为"0"，应更换前风窗刮水器开关；若为"0"，进行下一步检测。

2）检测刮水继电器。拔下刮水继电器，用万用表检测继电器2/53M端子与6/53S端子之间的电阻值，应为"0"。若不为"0"，应更换刮水器继电器；若为"0"，进行下一步检测。

3）检测刮水电动机复位装置。拆下刮水器连接插头，用万用表电阻档分别检测3/31b端子与1/53a端子、5/31端子之间的电阻值。

刮水器处于完全复位状态时，3/31b端子与5/31端子之间的电阻为"0"。若不为"0"，应予以修复或更换刮水器总成。

刮水器处于工作状态（未到完全复位状态）时，3/31b端子与1/53a端子之间电阻为"0"。若不为"0"，应予以修复或更换刮水器总成。

4）检测电路断路情况。若上述检测均正常，应分别检测和排除中央接线盒D20端子→刮水器接线插头1/53a端子之间、刮水器接线插头3/31b端子→中央接线盒D17→A6端子→前风窗刮水器开关53e端子之间、前风窗刮水器开关53端子→中央接线盒A2端子之间的电路断路故障。

3. 风窗清洁装置不喷水故障的诊断

造成风窗清洁故障的原因有前风窗清洗泵开关、清洗泵电动机、熔断器损坏，电路断路，软管或管道堵塞等。

1）检测清洗泵电动机。拔下前风窗清洗泵插头，将清洗泵两端分别接蓄电池正负极，观察清洗泵电动机的运转情况。若电动机不转，应予以更换；若运转正常，进行下一步检测。

2）检测前风窗清洗泵开关。拔下前风窗清洗泵开关上的接线插头，用万用表电阻档检测在清洗泵开关接通时，53a端子与T端子之间的电阻值，应为"0"。

若电阻值不为"0",应更换前风窗清洗泵开关;若电阻值为"0",应检修和排除前风窗清洗泵开关 T 端子→中央接线盒 A19 端子→C9 端子→清洗泵电动机 1 号端子、清洗泵 2 号端子→搭铁之间的电路。

任务三 电动车窗及控制电路

任务目标

1. 了解电动车窗的作用及控制电路。
2. 掌握电动车窗电路故障的诊断方法。

一、电动车窗的作用及电路组成

电动车窗又称自动车窗或电动门窗,它可以使驾驶员或乘客在座位上利用开关,控制车窗玻璃自动上升(关闭)或下降(开启)。

电动车窗系统主要由双向直流电动机、车窗玻璃升降器、控制开关、继电器、断路器等装置组成。电动机有永磁式和双绕组串励式两种。每个车窗都装有一个电动机,通过开关控制它的电流或磁场方向,使车窗玻璃上升或下降。

不同车型所采用的电动车窗的电动机及其控制电路各不相同。电动机控制方式可分成直接搭铁式和控制搭铁式两种。

1. 直接搭铁式

直接搭铁式电动车窗是车窗电动机的一端直接搭铁,车窗的升、降靠电动机内绕向不同的磁场线圈来实现。其控制电路如图 7-16 所示。用驾驶员侧控制开关可分别控制驾驶员侧和乘员侧车窗;用乘员侧控制开关只可控制乘员侧车窗。

2. 控制搭铁式

控制搭铁式电动车窗是控制车窗电动机的搭铁端来实现车窗的升降。其基本控制电路如图 7-17 所示。与上述控制方式相同,驾驶员可控制自身侧和所有乘员侧的车窗,而乘员侧只能控制乘员本身一侧的车窗。

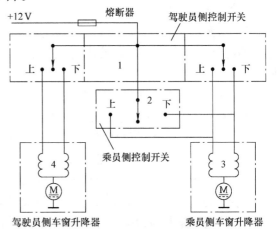

图 7-16 直接搭铁式车窗控制电路

二、电动车窗玻璃升降器

电动车窗玻璃升降器常见的有钢丝滚筒式和齿扇式两种,如图 7-18 和图 7-19 所示。钢丝滚筒式玻璃升降器双向直流电动机前端安装有减速机构,其上安装一个绕有钢丝的滚筒,玻璃卡座固定在钢丝上且可在滑动支架上移动。齿扇式玻璃升降器双向直流电动机带动蜗轮蜗杆减速改变方向后,驱动齿扇,从而使玻璃上下移动,齿扇上安有螺旋弹簧,当门窗下降时螺旋弹簧收缩,当门窗上升时螺旋弹簧伸展,达到直流电动机双向负荷平衡的目的。

项目七 汽车辅助电器系统及电路

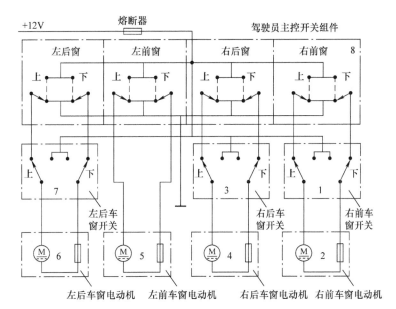

图 7-17 控制搭铁式车窗控制电路

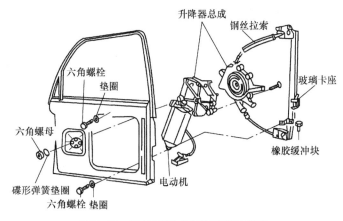

图 7-18 钢丝滚筒式车窗玻璃升降器

控制开关有两套：一套为主控开关，安装在驾驶员侧车门扶手或仪表板上，由驾驶员控制玻璃升降；另一套为分控开关，安装在每个车门扶手上，可由乘客控制玻璃升降。主控开关上还安装有控制分开关的总开关，如果它断开，分控开关就不起作用。对于带有延迟开关的电动车窗系统，可在点火开关关断后约 10min 内，或在车门打开以前，仍提供电源，使驾驶员和乘客有时间关闭车窗。

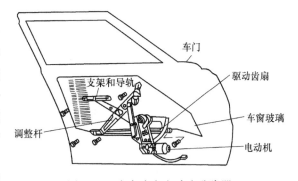

图 7-19 齿扇式车窗玻璃升降器

为了防止电动机过载，在电路或电动机内装有一个或多个双金属片式热敏断路器，用以控制电动机中的电流。若车窗玻璃因某种原因卡住（如结冰），即使操纵开关没有断开，双

— 249 —

金属片式热敏断路器会因电流过大发热,双金属片变形自动断路。

三、电动车窗电路工作原理

1. 采用永磁式直流电动机的电动车窗电路工作原理

如图 7-20 所示为别克凯越轿车电动车窗控制系统线路图。它采用永磁式直流电动机驱动车窗玻璃升降,控制方式是直接搭铁式。基本原理是:通过控制开关改变直流电动机的电流方向,达到改变电动机的运转方向,从而使玻璃上升或下降的目的。

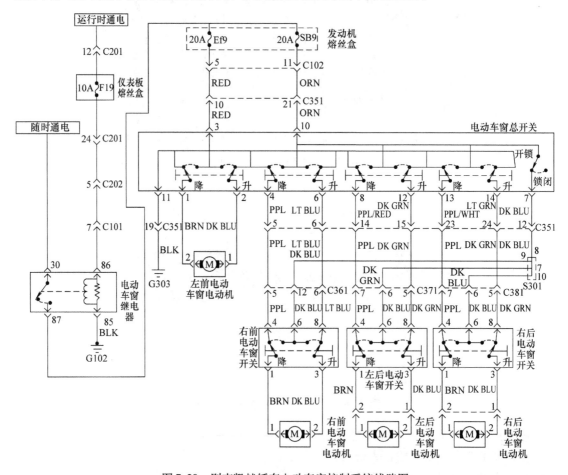

图 7-20 别克凯越轿车电动车窗控制系统线路图

其工作过程如下:

1)当点火开关闭合时,电流由蓄电池正极→仪表板熔丝盒 F19 熔断器→电动车窗主继电器线圈→搭铁,使电动车窗继电器触点闭合,给电动车窗控制电路提供电源。

2)当电动车窗总开关中的锁止开关处于锁闭位置时,所有车窗只能由驾驶员控制升降,其他车窗驱动电动机的搭铁线被切断,无法进行升降操作。如驾驶侧车窗玻璃上升时,由蓄电池正极→电动车窗继电器触点→发动机熔丝盒 Ef9 熔断器→电动车窗总开关 3 接线柱→开关触点→电动车窗总开关 2 接线柱→驾驶员侧控制开关"升"→电动车窗总开关 4 接线柱→2 接线柱→驾驶员侧电动机→1 接线柱→电动车窗总开关 10 接线柱→左前电动车窗电动机 1 接线柱→电动机→左前电动车窗电动机 2 接线柱→电动车窗总开关 1 接线柱→开关触点→电动车窗总开关 11 接线柱→搭铁 G303，完成上升动作。

3）当电动车窗总开关的锁止开关处于开锁位置时，驾驶员可用电动车窗总开关对自身侧和其他车门窗玻璃进行控制，乘员也可用电动车窗开关对自身侧的车窗进行控制。

当驾驶员按下电动车窗总开关相应的右前车窗上升开关时，电流由蓄电池正极→电动车窗继电器触点→发动机熔丝盒 SB9 熔断器→电动车窗总开关 10 接线柱→开关触点→电动车窗总开关 6 接线柱→右前电动车窗开关 8 接线柱→开关触点→右前电动车窗开关 3 接线柱→右前电动车窗电动机→右前电动车窗开关 1 接线柱→开关触点→右前电动车窗开关 4 接线柱→电动车窗总开关 4 接线柱→开关触点→电动车窗总开关 11 接线柱→搭铁 G303，使车窗上升。

当前排乘客按下分开关相应的右侧门窗上升开关时，电流由蓄电池正极→电动车窗继电器触点→发动机熔丝盒 SB9 熔断器→电动车窗总开关 10 接线柱→电动车窗总开关开锁触点→电动车窗总开关 7 接线柱→S301→右前电动车窗开关 6 接线柱→开关触点→右前电动车窗开关 3 接线柱→右前电动车窗电动机→右前电动车窗开关 1 接线柱→开关触点→右前电动车窗开关 4 接线柱→电动车窗总开关 4 接线柱→开关触点→电动车窗总开关 11 接线柱→搭铁 G303，使车窗上升。

其他车窗的升降操纵与上述操纵方法相同。

2. 采用双绕组串励式直流电动机的电动车窗电路工作原理

图 7-21 所示为典型的双绕组串励式直流电动机电动车窗控制电路，控制方式是直接搭铁式。其基本原理是：通过控制开关控制直流电动机内两个绕向相反的磁场绕组的电流，产生相反方向的磁场，使电动机的运转方向改变，从而使玻璃上升或下降。工作过程与永磁式直流电动机电动车窗相同。

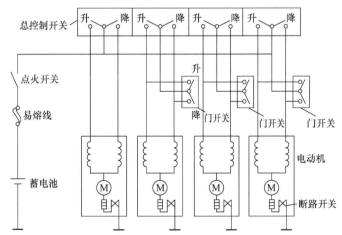

图 7-21 双绕组串励式直流电动机电动车窗控制电路

四、典型电动车窗电路

威驰轿车电动车窗电路如图 7-22 所示。其控制方式是控制搭铁式。电路工作情况如下：

（1）电动车窗供电电路

点火开关接通（IG1）时，动力继电器线圈通电，常开触点闭合，蓄电池经 ALT100A

熔断器→POWER30A 熔断器→动力继电器触点分别送到电动车窗主开关 6 端子、各电动车窗控制开关 4 端子。

（2）左前车窗控制

按下左前车窗控制开关"升"键时，蓄电池电流经 ALT100A 熔断器→POWER30A 熔断器→动力继电器触点→电动车窗主开关 6 端子→左前车窗控制开关"升"触点→电动车窗主开关 4 端子→左前车窗电动机 4 端子、5 端子→电动车窗主开关 9 端子→左前车窗控制开关"降"触点→电动车窗主开关 1 端子→搭铁，电动车窗上升。

按下左前车窗控制开关"降"键时，蓄电池电流经 ALT100A 熔断器→POWER30A 熔断器→动力继电器触点→电动车窗主开关 6 端子→左前车窗控制开关"降"触点→电动车窗主开关 9 端子→左前车窗电动机 5 端子、4 端子→电动车窗主开关 4 端子→左前车窗控制开关"升"触点→电动车窗主开关 1 端子→搭铁，电动车窗下降。

（3）右前车窗控制

右前车窗的升降可以分别由驾驶员侧的"右前车窗控制开关"或前排乘员侧的"右前电动车窗控制开关"分别进行控制。"窗锁开关"断开时，只能对右前车窗进行控制。

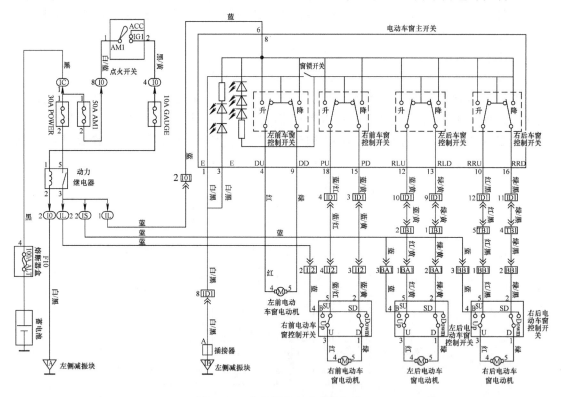

图 7-22 威驰轿车电动车窗电路

1) 驾驶员按下右前车窗控制开关"升"键时，蓄电池电流经 ALT100A 熔断器→POWER30A 熔断器→动力继电器触点→电动车窗主开关 6 端子→右前车窗控制开关"升"触点→电动车窗主开关 18 端子→右前电动车窗控制开关 5 端子、3 端子→右前车窗电动机 4 端子、5 端子→右前电动车窗控制开关 1 端子、2 端子→电动车窗主开关 15 端子→右前车窗控制开关"降"触点→窗锁开关→电动车窗主开关 1 端子→搭铁，电动车窗上升。

2）驾驶员按下右前车窗控制开关"降"键时，蓄电池电流经 ALT100A 熔断器→POWER30A 熔断器→动力继电器触点→电动车窗主开关 6 端子→右前车窗控制开关"降"触点→电动车窗主开关 15 端子→右前电动车窗控制开关 2 端子、1 号端子→右前车窗电动机 5 端子、4 端子→右前电动车窗控制开关 3 端子、5 端子→电动车窗主开关 18 端子→右前车窗控制开关"升"触点→窗锁开关→电动车窗主开关 1 端子→搭铁，电动车窗下降。

3）前排乘员侧按下右前车窗控制开关"升"键时，蓄电池电流经 ALT100A 熔断器→POWER30A 熔断器→动力继电器触点→右前电动车窗控制开关 4 端子→Up 触点→3 端子→右前车窗电动机 4 端子、5 端子→右前电动车窗控制开关 1 号端子→Down 触点→2 端子→电动车窗主开关 15 端子→右前车窗控制开关"降"触点→窗锁开关→电动车窗主开关 1 端子→搭铁，电动车窗上升。

4）前排乘员侧按下右前车窗控制开关"降"键时，蓄电池电流经 ALT100A 熔断器→POWER30A 熔断器→动力继电器触点→右前电动车窗控制开关 4 端子→Down 触点→1 端子→右前车窗电动机 5 端子、4 端子→右前电动车窗控制开关 3 端子→Up 触点→5 端子→电动车窗主开关 18 端子→右前车窗控制开关"升"触点→窗锁开关→电动车窗主开关 1 端子→搭铁，电动车窗下降。

（4）左后车窗控制

与上述右前车窗控制相似，不再赘述。

（5）右后车窗控制

与上述右前车窗控制相似，不再赘述。

实训二十三　电动车窗电路故障的诊断

一、实训目的

掌握电动车窗电路故障的检测、诊断步骤和排除方法。

二、设备器材

1）实验车或实验台架 4 台。
2）万用表、测试灯、连接导线等若干。

三、教学组织

学生在教师指导下完成工作任务单的内容。

四、任务工作单

电动车窗电路故障诊断以威驰电动车窗电路为例。

1. 威驰轿车电动车窗均不工作故障的诊断

造成威驰轿车电动车窗均不工作的故障原因有动力继电器损坏、熔断器烧断、电路断路等。

（1）检测连接动力继电器的电路

在驾驶员侧仪表板下找到动力继电器，拔下该继电器。用万用表电压档或试灯检测继电器插座端 5 端子是否有蓄电池电压。若无电压，更换 POWER30A 熔断器或排除熔断器 2 端子→继电器 5 端子间的断路故障。

接通点火开关 IG1 档，用万用表电压档或试灯检测继电器插座端 1 端子是否有蓄电池电压。若无电压，更换 GAUGE10A 熔断器或排除点火开关 IG1 端子→GAUGE 熔断器→继电器 1 端子间的断路故障。

用万用表电阻档或导通检测仪检测继电器插座端 2 端子与搭铁之间的导通情况。若电阻为∞，应排除 2 端子与搭铁之间的断路故障。

若上述检测均正常，进行下一步检测。

（2）检测动力继电器

用万用表分别检测继电器线圈电阻以及线圈在通电时，触点接线柱间的电阻，均应符合要求。否则更换动力继电器。

（3）检测连接电动车窗主开关的电路

拆下驾驶员侧门上的电动车窗主开关，接通点火开关，用万用表电压档或试灯检测主开关上 6 端子是否有蓄电池电压。

若无电压，则电动车窗均不工作的故障原因为：动力继电器 3 端子→电动车窗主开关 6 端子之间的电路断路。

若有电压，进一步检测电动车窗主开关 1 端子与搭铁之间的导通情况。若断路，则电动车窗均不工作的故障原因为：电动车窗主开关 1 端子→左侧减振块搭铁之间的电路断路。

上述检测若均正常，则电动车窗均不工作的故障原因为电动车窗主开关内部电路断路，应更换电动车窗主开关。

2. 威驰轿车某一电动车窗不工作故障的诊断（以右前车窗不工作为例）

造成威驰轿车某一电动车窗不工作的故障原因有：不工作侧的驾驶员侧控制开关损坏、电动车窗控制开关损坏、窗锁开关损坏、车窗电动机损坏、电路断路等。

（1）检测电动车窗主开关

拆下驾驶员侧门上的电动车窗主开关，拔下连接插头，检测电动车窗主开关各端子导通情况。

用万用表电阻档检测未工作时，1 端子、18 端子、15 端子应导通，否则应更换窗锁开关或右前车窗控制开关。

按下右前车窗控制开关"升"键时，6 端子、18 端子应导通；按下右前车窗控制开关"降"键时，6 端子、15 端子应导通，否则应更换右前车窗控制开关。

（2）检测电动车窗主开关与右前电动车窗控制开关之间的电路

用导线短接电动车窗主开关的 18 端子、15 端子，拆下右前电动车窗控制开关，拔下插头，用万用表检测插头侧 2 端子、5 端子之间的导通情况。若不导通，应排除断路故障；若导通，进行下一步检测。

（3）检测右前车窗电动机

拔下右前车窗电动机与右前车窗控制开关的连接线，在插头端 3 端子、1 端子间连接蓄电池正负极，电动车窗应上升；调换正负极方向，电动车窗应下降。若运转正常，应更换右前车窗控制开关；否则应更换车窗电动机。

任务四 电动座椅及控制电路

任务目标

1. 了解电动座椅的作用及控制电路。
2. 掌握电动座椅电路故障的诊断方法。

一、电动座椅的作用及构造

1. 电动座椅的作用

为了提高汽车乘坐的舒适性，减小驾驶或长时间乘车的疲劳，现代轿车都安装有座椅调整装置。通过控制开关，可方便地调整座椅的前后、上下位置和座椅靠背的倾斜角度。一般前后方向的调节量为100～160mm，座位上下的调节量为30～50mm。全程移动所需时间为8～10s。

2. 电动座椅的构造

如图7-23所示，电动座椅主要由双向直流电动机、传动机构和座椅调节开关、控制器（ECU）等组成。电动座椅按移动的方向数可分为两方向、四方向和六方向三种。

1）两方向：往前和往后移动座椅。

2）四方向：往前、往后、往上和往下移动座椅。

3）六方向：往前、往后、往上、往下、前俯和后仰调整座椅。

电动座椅的移动可由一台或几台电动机控制。其驱动方式是电动机通过齿轮带动齿条（图7-24），或通过蜗杆带动蜗轮。典型的调整开关由一个四位置板钮开关和一对位置开关组成。四位置板钮用来调整前、后和上、下的位置，两只两位置开关分别调整座椅的前俯和后仰。

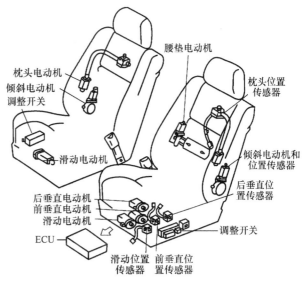

图7-23 电动座椅的结构

二、电动座椅的控制电路

电动座椅控制电路的原理与电动车窗的控制电路相似，通过调整开关控制双向直流电动机的电流方向，如图7-25所示为别克轿车驾驶员座椅控制电路，它有六种可调方式，座椅前部上、下调节，后部上、下调节，座椅前、后调节。

电动座椅前、后调节的电路原理如下：

1）向前调节。将电动座椅开关拨到"前进"位置时，电路中的电流为：蓄电池"＋"→熔断器（发动机舱盖下熔断器盒）→电动座椅开关F端子→前后调节开关"前进"→电动座

—255—

椅开关 E 端子→前进/后退电动机→电动座椅开关 D 端子→电动座椅开关 C 端子→搭铁，前进/后退电动机工作，座椅向前移动。

2）向后调节。将电动座椅开关拨到"后退"位置时，电路中的电流为：蓄电池"+"→熔断器（发动机盖下熔断器盒）→电动座椅开关 F 端子→前后调节开关"后退"→电动座椅开关 D 端子→前进/后退电动机→电动座椅开关 E 端子→电动座椅开关 C 端子→搭铁，前进/后退电动机工作，座椅向后移动。

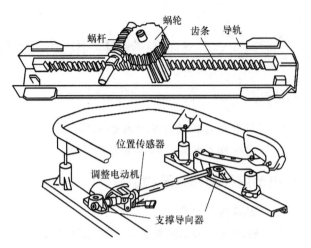

图 7-24 电动座椅前后调整传动机构

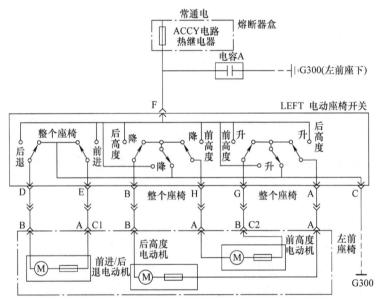

图 7-25 别克轿车驾驶员座椅控制电路

三、典型电动座椅电路

别克君威轿车电动座椅电路如图 7-26 所示。别克君威轿车驾驶员侧和前排乘员侧座椅均可调整，每侧各有三个调整电动机和三个调整开关，分别调整座椅前、后位置，座椅前端垂直位置和座椅后端垂直位置。电路工作情况如下。

1. 电动座椅供电电路

点火开关接通时，蓄电池经熔断器盒的 30A 熔断器为驾驶员侧和前排乘员侧电动座椅供电。

2. 电动座椅前、后调节（以驾驶员侧为例）

按下驾驶员座椅调节"向前"按钮时，蓄电池电流经熔断器盒 30A 熔断器→驾驶员座椅调节开关 A 端子→向前触点→驾驶员座椅调节开关 G 端子→C1 插接器 B 端子→水平调节电动机→C1 插接器 A 端子→驾驶员座椅调节开关 H 端子→向后触点→驾驶员座椅调节开关 D 端子→C311 插接器 B 端子→搭铁（G301），座椅向前移动。

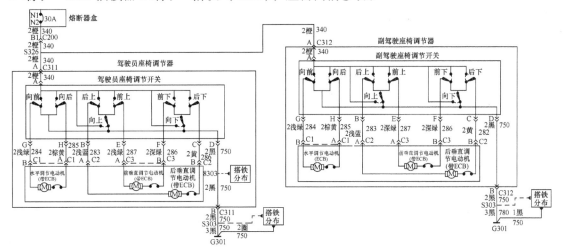

图 7-26　别克君威轿车电动座椅电路

按下驾驶员座椅调节"向后"按钮时，蓄电池电流经熔断器盒 30A 熔断器→驾驶员座椅调节开关 A 端子→向后触点→驾驶员座椅调节开关 H 端子→C1 插接器 A 端子→水平调节电动机→C1 插接器 B 端子→驾驶员座椅调节开关 G 端子→向前触点→驾驶员座椅调节开关 D 端子→C311 插接器 B 端子→搭铁（G301），座椅向后移动。

3. 电动座椅同时向上、向下调节（以驾驶员侧为例）

按下驾驶员座椅调节"向上"按钮时，蓄电池电流经熔断器盒 30A 熔断器→驾驶员座椅调节开关 A 端子→向上触点→分别经后上、前上触点→驾驶员座椅调节开关 B 端子、E 端子→C2、C3 插接器 A 端子→后垂直调节电动机、前垂直调节电动机→C2、C3 插接器 B 端子→驾驶员座椅调节开关 C 端子、F 端子→分别经后下、前下触点→向下触点→驾驶员座椅调节开关 D 端子→C311 插接器 B 端子→搭铁（G301），座椅前、后端均向上移动。

按下驾驶员座椅调节"向下"按钮时，蓄电池电流经熔断器盒 30A 熔断器→驾驶员座椅调节开关 A 端子→向下触点→分别经前下、后下触点→驾驶员座椅调节开关 F 端子、C 端子→C3、C2 插接器 B 端子→前垂直调节电动机、后垂直调节电动机→C3、C2 插接器 A 端子→驾驶员座椅调节开关 C 端子、F 端子→分别经前上、后上触点→向上触点→驾驶员座椅调节开关 D 端子→C311 插接器 B 端子→搭铁（G301），座椅前、后端均向下移动。

4. 电动座椅前端向上、向下调节（以驾驶员侧为例）

按下驾驶员座椅调节"前上"按钮时，蓄电池电流经熔断器盒 30A 熔断器→驾驶员座椅调节开关 A 端子→前下触点→驾驶员座椅调节开关 E 端子→C3 插接器 A 端子→前垂直调节电动机→C3 插接器 B 端子→驾驶员座椅调节开关 F 端子→前下触点→向下触点→驾驶员座椅调节开关 D 端子→C311 插接器 B 端子→搭铁（G301），座椅前端向上移动。

按下驾驶员座椅调节"前下"按钮时，蓄电池电流经熔断器盒 30A 熔断器→驾驶员座椅调节开关 A 端子→前下触点→驾驶员座椅调节开关 F 端子→C3 插接器 B 端子→前垂直调节电动机→C3 插接器 A 端子→驾驶员座椅调节开关 E 端子→前上触点→向上触点→驾驶员座椅调节开关 D 端子→C311 插接器 B 端子→搭铁（G301），座椅前端向下移动。

5. 电动座椅后端向上、向下调节

与上述（4）相似，不再赘述。

实训二十四　电动座椅电路故障的诊断

一、实训目的

掌握电动座椅电路故障的检测、诊断步骤和排除方法。

二、设备器材

1）实验车或实验台架 4 台。
2）万用表、测试灯、连接导线等若干。

三、教学组织

学生在教师指导下完成工作任务单的内容。

四、任务工作单

电动座椅电路故障诊断以别克君威轿车电动座椅电路为例。

1. 别克君威轿车电动座椅均不工作的故障诊断（以驾驶员侧为例）

造成别克君威轿车电动座椅均不工作的故障原因有座椅调节开关损坏、熔断器烧断、电路断路等。

（1）检测驾驶员座椅调节器电源

拔下与驾驶员座椅调节器连接的插接器 C311，接通点火开关，用万用表电压档或试灯检测插头端是否有蓄电池电压。若无蓄电池电压，应排除点火开关→熔断器盒 30A 熔断器→C311 的 A 端子之间的断路故障。若有电压，进行下一步检测。

（2）检测驾驶员座椅调节器搭铁电路

拔下与驾驶员座椅调节器连接的插接器 C311，用万用表电阻档检测 B 端子与搭铁之间的导通情况。若不导通，应排除断路故障；若导通，应更换驾驶员座椅调节开关。

2. 别克君威轿车电动座椅某一方向不工作故障的诊断（以驾驶员侧水平调节电路为例）

水平方向不工作而其他方向工作，说明电源电路、搭铁电路均良好，故障原因为水平方向控制开关损坏、电动机损坏、连接电动机的电路断路。

（1）检测水平调节电动机

拔下与水平调节电动机的 C1 插接器，在电动机端 B 端子、A 端子间连接蓄电池正负极，电动座椅应向前移动；调换正负极方向，电动座椅应向后移动。若运转不正常，应更换水平调节电动机；若运转正常，进行下一步检测。

（2）检测水平调节开关

拔下与驾驶员座椅调节开关相连接的插接器，用万用表检测各端子之间的导通情况。

常规状态下 G 端子、H 端子、D 端子之间应导通；按下"向前"按钮，A 端子、G 端子导通，G 端子、D 端子断开；按下"向后"按钮，A 端子、H 端子导通，H 端子、D 端子断开。若不符合上述状态，应更换水平调节开关。若符合要求，应排除 G 端子、B 端子之间或 H 端子、A 端子之间的断路故障。

任务五　电动后视镜及控制电路

任务目标

1. 了解电动后视镜的作用及控制电路。
2. 掌握电动后视镜电路故障的诊断方法。

一、电动后视镜的作用及电路组成

汽车后视镜位置用人工方法调整一般来说是比较麻烦的，采用电动后视镜，通过开关进行调整后，可使驾驶员获得理想的后视线，确保行车的安全且操作起来十分方便，目前已被广泛应用。

电动后视镜电路主要由控制开关，左右后视镜，左右后视镜的上下、左右驱动电动机及相关配线等组成，如图 7-27 所示为索纳塔轿车电动后视镜控制电路。

每个后视镜安装有两个可以正反转的双向永磁式电动机，一个电动机控制后视镜的上/下移动，另一个电动机控制后视镜的左/右移动。当点火开关处于 ACC 位或 ON 位时，就可通过电动后视镜开关控制后视镜上/下、左/右，调整后视镜的位置。有的电动后视镜还带有伸缩功能，由伸缩开关控制伸缩电动机工作，使整个后视镜回转伸出或缩回。

左、右后视镜转换电路主要由左右后视镜选择开关控制，当选择开关处于向左接通状态时，开关 K4-1、K4-2 的 1 触点、2 触点就接通，左侧后视镜处于位置调整状态；当选择开关处于向右接通状态时，开关 K5-1、K5-2 的 1 触点、3 触点就接通，右侧后视镜处于位置调整状态。

二、电动后视镜电路工作原理

如图 7-28 所示为桑塔纳 2000 轿车电动后视镜控制电路。M11 为左/右选择开关，M21 为左/右调整开关，M22 为上/下调整开关。

1. 左侧后视镜的调整

左侧后视镜调整时，应先将左/右选择开关 M11 拨到左侧，如图 7-28 中虚线所示。

1）调整左侧后视镜向上转动（图 7-28 中虚线所示）。按调整开关（M22）向上。电流由蓄电池正极→点火开关→熔断器→M22 接线柱 1-3→M11（左侧）接线柱 3→左侧上下电动机→M11（中间）接线柱 3→M22 接线柱 3-2→搭铁→蓄电池（-），形成回路，使左侧后视镜镜面向上转动。

2）调整左侧后视镜向下转。按调整开关（M22）向下。电流由蓄电池正极→点火开关→熔断器→M22 接线柱 1-1→M11（中间）接线柱 3→左侧上下电动机→M11（左侧）接线柱 3→M22 接线柱 1-2→搭铁→蓄电池负极，形成回路，使左侧后视镜镜面向下转动。

3）调整左侧后视镜向左转动。按调整开关（M21）向左。电流由蓄电池正极→点火开关→熔断器→M21 接线柱 2-1→M11（右侧）接线柱 3→左侧左右电动机→M11（中间）接

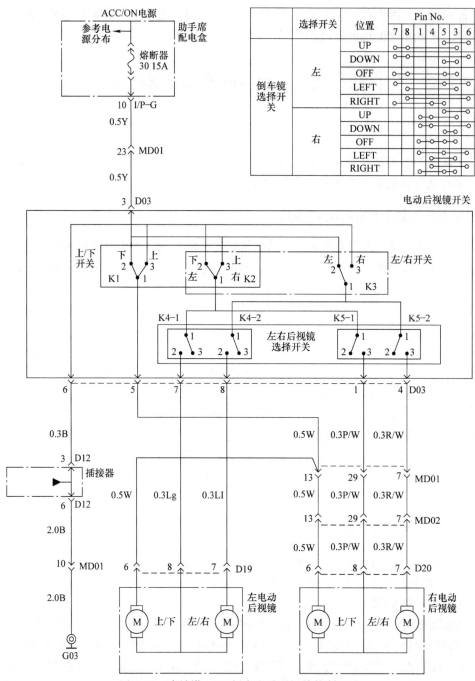

图 7-27 索纳塔 2000 轿车电动后视镜控制电路

线柱 3→M21 接线柱 1-1→搭铁→蓄电池负极，形成回路，使左侧后视镜镜面向左转动。

4）调整左侧后视镜向右转动。按调整开关（M21）向右。电流由蓄电池正极→点火开关→熔断器→M21 接线柱 2-3→M11（中间）接线柱 3→左侧左右电动机→M11（右侧）接线柱 3→M21 接线柱 3-1→搭铁→蓄电池负极，形成回路，使左侧后视镜镜面向右转动。

2. 右侧后视镜的调整

右侧后视镜调整时，应先将左/右选择开关 M11 拨到右侧，选择调整右侧后视镜，再行

项目七　汽车辅助电器系统及电路

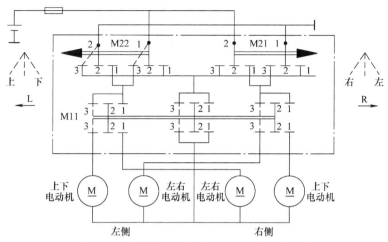

图 7-28　桑塔纳 2000 轿车电动后视镜控制电路

按动调整开关上/下（M22）、左/右（M21）进行调整。具体调整电路不再赘述。

三、典型电动后视镜电路

别克君威轿车电动后视镜电路如图 7-29 所示。电路由控制开关、左右后视镜、后视镜驱动电动机等组成。电路工作情况如下。

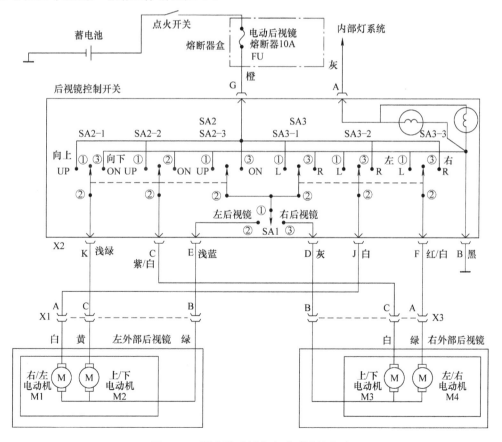

图 7-29　别克君威轿车电动后视镜电路

— 261 —

1. 左右后视镜转换电路

左右后视镜转换电路由 SA1 开关控制,当 SA1 开关的①②触点接通时,左侧后视镜处于位置调整状态;当 SA1 开关的①③触点接通时,右侧后视镜处于位置调整状态。

2. 左侧后视镜位置调整电路

当 SA1 开关的①②触点接通时,操纵控制开关 SA2、SA3,可使左侧后视镜形成如下电路:向上调整的控制电路、向下调整的控制电路、向左调整的控制电路、向右调整的控制电路。

1) 向上调整的控制电路。当控制 SA2 开关处于向左(UP)接通状态时,形成了下述的电流通路:蓄电池正极→点火开关→电动后视镜熔断器(10A)→后视镜控制开关插接器的 G 端子→SA2-1 开关的触点①②接通→后视镜控制开关插接器的 K 端子→左外部后视镜插接器的 C 端子→上/下电动机 M2→左外部后视镜插接器的 B 端子→后视镜控制开关插接器的 E 端子→SA1 开关的触点②①接通→SA2-3 开关的触点②①接通→后视镜控制开关插接器的 B 端子→搭铁→蓄电池负极。

上述这一电流通路使上/下电动机 M2 起动运转,向上移动左后视镜。

2) 向下调整的控制电路。当控制 SA2 开关处于向右(ON)接通状态时,形成了下述的电流通路:蓄电池正极→点火开关→电动后视镜熔断器(10A)→后视镜控制开关插接器的 G 端子→SA2-3 开关的触点③②接通→SA1 开关的触点①②接通→后视镜控制开关插接器的 E 端子→左外部后视镜插接器的 B 端子→上/下电动机 M2→左外部后视镜插接器的 C 端子→后视镜控制开关插接器的 K 端子→SA2-1 的触点②③接通→后视镜控制开关插接器的 B 端子→搭铁→蓄电池负极。

上述这一电流通路使上/下电动机 M2 起动运转,向下移动左后视镜。

3) 向左调整的控制电路。当控制 SA3 开关处于向左(L)接通状态时,形成了下述的电流通路:蓄电池正极→点火开关→电动后视镜熔断器(10A)→后视镜控制开关插接器的 G 端子→SA3-1 开关的触点①②接通→SA1 开关的触点①②接通→后视镜控制开关插接器的 E 端子→左外部后视镜插接器的 B 端子→右/左电动机 M1→左外部后视镜插接器的 A 端子→后视镜控制开关插接器的 J 端子→SA3-2 的触点②①接通→后视镜控制开关插接器的 B 端子→搭铁→蓄电池负极。

上述这一电流通路使右/左电动机 M1 起动运转,向左移动左后视镜。

4) 向右调整的控制电路。当控制 SA3 开关处于向右(R)接通状态时,形成了下述的电流通路:蓄电池正极→点火开关→电动后视镜熔断器(10A)→后视镜控制开关插接器的 G 端子→SA3-2 开关的触点③②接通→后视镜控制开关插接器的 J 端子→左外部后视镜插接器的 A 端子→右/左电动机 M1→左外部后视镜插接器的 B 端子→后视镜控制开关插接器的 E 端子→SA1 开关的触点②①接通→SA3-1 开关的触点②①接通→后视镜控制开关插接器的 B 端子→搭铁→蓄电池负极。

上述这一电流通路使右/左电动机 M1 起动运转,向右移动左后视镜。

3. 右侧后视镜位置调整电路

当 SA1 开关的①③触点接通时,操纵控制开关 SA2、SA3,可使右侧后视镜进行调整,其电路与上述类似,不再赘述。

实训二十五 电动后视镜电路故障的诊断

一、实训目的

掌握电动后视镜电路故障的检测、诊断步骤和排除方法。

二、设备器材

1）实验车或实验台架 4 台。
2）万用表、测试灯、连接导线等若干。

三、教学组织

学生在教师指导下完成工作任务单的内容。

四、任务工作单

电动后视镜电路故障诊断以别克君威轿车电动后视镜电路为例。

1. 别克君威轿车电动后视镜均不工作故障的诊断

造成别克君威轿车电动后视镜均不工作的故障原因有熔断器烧断、开关损坏、电动机损坏、电路断路等。

（1）检测电源电路

拆下后视镜控制开关，拔下后视镜控制开关插接器，接通点火开关。用万用表电压档检测插头端 G 端子是否有蓄电池电压。若无蓄电池电压，应更换电动后视镜熔断器（10A）或排除点火开关→电动后视镜熔断器（10A）→后视镜控制开关 G 端子之间电路断路故障。若有蓄电池电压，进行下一步检测。

（2）检测搭铁电路

用万用表电阻档检测后视镜控制开关插头端 B 端子与搭铁之间的导通情况。若不导通，应排除后视镜控制开关插头端 B 端子→搭铁之间的断路故障。否则进行下一步检测。

（3）检测电路转换开关 SA1

将 SA1 开关拨至左后视镜位置。

当 SA2 开关拨至向上（UP）时，E 端子、B 端子导通；拨至向下（ON）时，E 端子、G 端子导通。

当 SA3 开关拨至向左（L）时，E 端子、G 端子导通；拨至向右（R）时，E 端子、B 端子导通。

若不符合上述要求，更换后视镜控制开关；若符合，进行下一步检测。

（4）检测后视镜电动机

拔下后视镜控制开关插接器，在插头端找到和左侧电动机相连的 K、J、E 三个端子（即与电动机端连接的黄、绿、白三根导线）。让蓄电池的正极和 E 端子相连，负极分别和 K 端子和 J 端子相连，观察后视镜转动情况。若哪个方向不动，可能是电动机损坏也可能是电动机处在该方向上的极限位置。将蓄电池的正负极对调，再分别接到 K、J、E 三个端子上，观察后视镜转动情况。右侧后视镜的检查方法和左侧相似。

2. 别克君威轿车电动后视镜某一侧不工作的故障诊断

造成别克君威轿车电动后视镜某一侧不工作的故障原因有开关损坏、电动机损坏、电路断路等。以左侧电动后视镜为例说明故障诊断检测、诊断步骤。

（1）检测后视镜电动机

拔下左侧后视镜控制开关插接器，在插头端找到和左侧电动机相连的 K、J、E 三个端子。让蓄电池的正极和端子 E 相连，负极分别和 K 端子和 J 端子相连，观察后视镜转动情况。若哪个方向不动，可能是电动机损坏也可能是电动机处在该方向上的极限位置。将蓄电池的正负极对调，再分别接到 K、J、E 三个端子上，观察后视镜转动情况。若正常，进行下一步检测。

（2）检测电路转换开关

与上述相同，不再赘述。

任务六　防盗装置及控制电路

任务目标

1. 了解防盗装置的作用及控制电路。
2. 掌握防盗装置电路故障的诊断方法。

一、防盗系统的组成及工作原理

防盗系统由开关、传感器、防盗 ECU、执行器等组成，如图 7-30 所示。

各个车门开关、发动机舱盖开关、行李舱盖开关、振动传感器等向防盗 ECU 输入状态信号。防盗 ECU 根据输入的信号判断车门是正常打开还是非法打开，从而向防盗执行器发出控制指令。防盗指示灯用于指示防盗系统的工作状态。

防盗 ECU 通常有报警状态设置、防盗检测、定时报警、解除报警状态等几个控制模块组成，当锁好所有车门时，该系统进行约 30s 定时检测，随后防盗指示灯开始断续闪光，表明系统处于预警状态。当防盗与门锁控制 ECU 根据各开关（点火开关、行李舱盖开关等）信号判断车门正常开启时，报警状态解除；判断为非法开启车门时，便控制各执行器动作，使防盗喇叭和汽车喇叭响起来，前灯、尾灯和防盗指示灯闪烁，同时切断发动机起动线路，使起动机不能工作，发动机不能发动。

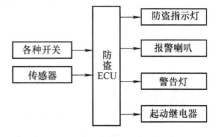

图 7-30　防盗系统的组成

二、汽车防盗系统的电路

以丰田轿车防盗系统为例，其防盗系统与中央门锁控制系统共用一个微电脑，系统零件在车上的布置位置如图 7-31 所示，系统工作电路如图 7-32 所示。其系统电路有如下特点。

1）中央门锁系统具有钥匙联动开闭功能和钥匙禁闭预防功能，即防止钥匙遗忘在点火锁中。

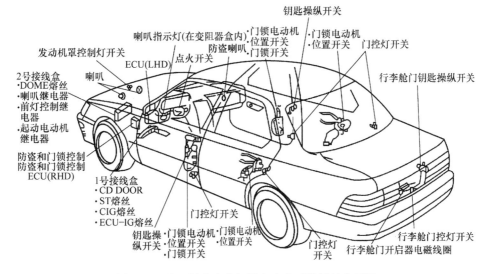

图 7-31　丰田轿车中央门锁和防盗系统零件位置图

2）防盗系统处于报警状态时，喇叭发声，灯光闪烁 1min，同时关闭所有车门并切断起动机电源。

3）防盗系统的故障排除是以中央门锁系统工作正常为前提的，所以在进行防盗系统故障排除之前，应先彻底排除中央门锁系统的故障。

4）当防盗系统被激发时，电脑 ECU 使前灯和尾灯继电器以大约 0.4s 的频率接通和关断，使前灯和尾灯闪烁。若想使它们停止闪烁，须执行下列操作之一。

① 用钥匙打开前左侧或右侧车门。

② 将点火开关转至 ACC 位或 ON 位。

③ 用门锁无线控制系统打开所有车门。

④ 等待约 2min。

三、典型防盗装置电路

1. 别克凯越车遥控防盗系统的组成

别克凯越车遥控防盗系统主要由遥控器、左前和右前车门关闭开关、四个车门开启开关、行李舱盖开启和关闭开关、发动机舱盖开启开关、钥匙提醒开关、防盗控制模块/遥控接收器、转向灯、报警喇叭和安全指示灯组成，如图 7-33 和图 7-34 所示。

遥控器在出厂时每车配备两把，并与车钥匙组装成一体。防盗控制模块/遥控接收器位于地板控制台后部，驻车制动手柄后面。安全指示灯位于驾驶座车门门锁按钮处。

2. 别克凯越车遥控防盗系统的主要功能

别克凯越车遥控防盗系统可以用遥控器实现四个车门的上锁、四个车门与后行李舱盖的开锁以及寻车功能。该系统还可以实现车门自动上锁和行李舱盖自动上锁、防盗报警、转向灯光提示以及自我诊断功能。

遥控防盗系统的上锁功能是指按下遥控器的 LOCK 按钮，四个车门锁实现上锁。遥控防

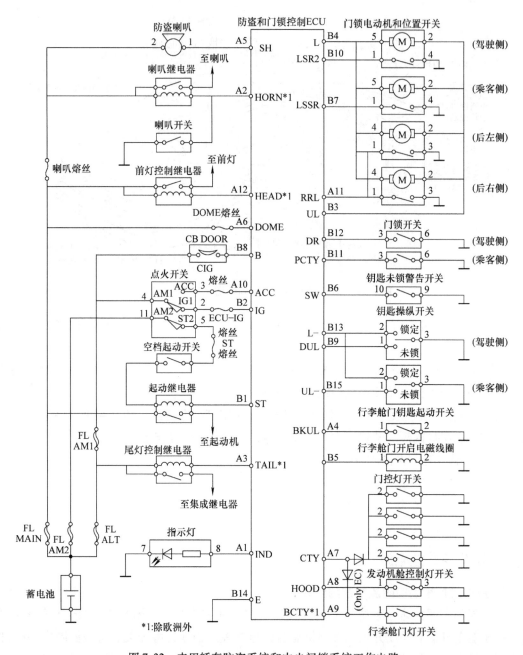

图 7-32 丰田轿车防盗系统和中央门锁系统工作电路

盗系统的开锁功能是指按下遥控器的 UNLOCK 按钮,四个车门锁实现开锁,以及按下遥控器的"行李舱盖开启"按钮,行李舱盖锁实现开锁。

遥控防盗系统的寻车功能是指按下遥控器的 UNLOCK 按钮,防盗控制模块/遥控接收器指令转向灯闪两次,来指示车辆位置,便于车主寻找车辆。

遥控防盗系统的车门自动上锁功能是指按下遥控器的 UNLOCK 按钮 30s 内,当车门或行李舱盖没有被打开时,车门自动实现重新上锁。

项目七 汽车辅助电器系统及电路

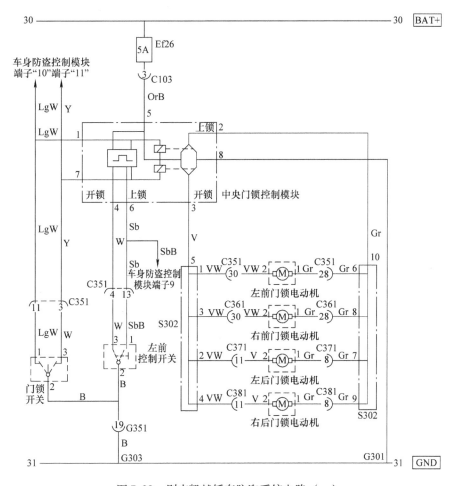

图 7-33 别克凯越轿车防盗系统电路（一）

遥控防盗系统的行李舱盖自动上锁功能是指行李舱盖在关闭时，防盗控制模块/遥控接收器指令行李舱盖自动上锁，而不需要用钥匙转动行李舱盖锁芯上锁。

遥控防盗系统的防盗报警功能是指该系统进入防盗状态后，由于非法开启任一车门、行李舱盖或发动机盖以及非法接通点火开关时，防盗控制模块/遥控接收器指令报警喇叭鸣叫 28s，同时指令转向灯闪烁 28s 以实现报警。

遥控防盗系统的转向灯光提示功能是指当按压遥控器上的按钮时，伴随着转向灯闪烁，以提示相应功能正被执行。例如，按压遥控器的 LOCK 按钮时，转向灯闪一次，以提示该系统正在执行上锁功能；而按压遥控器的 UNLOCK 按钮时，转向灯闪两次，以提示该系统正在执行开锁功能。

转向灯光提示系统相关信息的功能是指转向灯以不同的方式闪烁来提示该系统是否正常和是否被非法操作过。例如，按压遥控器的 UNLOCK 按钮时，当转向灯闪两次，即亮起 0.5s，熄灭 0.5s，再亮起 0.5s，表示该系统正常；当转向灯闪两次，即亮起 1s，熄灭 0.5s，再亮起 1s，表示该系统故障；而当转向灯闪两次，即亮起 0.5s，熄灭 1.5s，再亮起 0.5s，表示该系统被非法操作过。

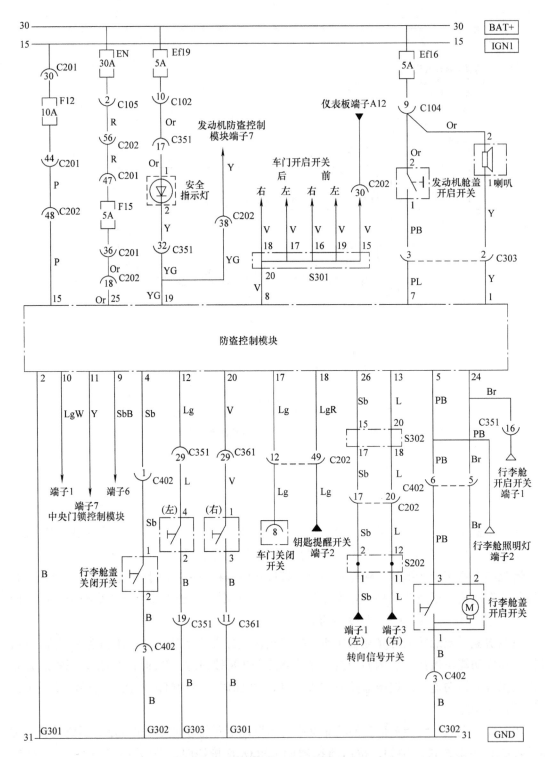

图 7-34 别克凯越轿车防盗系统电路（二）

遥控防盗系统的自我诊断功能是指当系统故障时，会设定故障码并存储相应故障信息，以提示故障内容。

项目七　汽车辅助电器系统及电路

实训二十六　防盗装置电路故障的诊断

一、实训目的

掌握防盗装置电路故障的检测、诊断步骤和排除方法。

二、设备器材

1）实验车或实验台架 4 台。
2）万用表、测试灯、连接导线等若干。

三、教学组织

学生在教师指导下完成工作任务单的内容。

四、任务工作单

防盗装置电路故障诊断以别克凯越轿车遥控防盗系统电路为例。

1. 防盗控制系统不工作故障的诊断

造成别克凯越轿车遥控防盗系统电路故障的原因有钥匙上的电池亏电、门锁开关损坏、防盗控制器损坏、线路断路等。

1）检测钥匙上的电池。若按下钥匙上的 LOCK 键或 UNLOCK 键，防盗装置均不动作，而用门锁开关能正常锁门或开门时，应更换钥匙上的电池。若用遥控或门锁开关均不能起动防盗装置时，应进行下一步检测。

2）检测防盗控制模块电源。检测熔断器 F12、Ef1、F15、Ef19 和 Ef16 是否断路。必要时，更换熔断器；若熔断器完好，应进行下一步检查。

3）检测防盗控制模块 15 端子与电源 15 号线间电路是否断路。断开防盗控制模块线束，接通点火开关。用一端接搭铁良好的测试灯，另一端接防盗控制模块 15 端子（线束侧）。

若测试灯不亮，应排除电路断路故障；若测试灯点亮，应进行下一步检查。

4）检测防盗控制模块 25 端子与电源 30 号线间电路是否断路。断开防盗控制模块线束。用一端接搭铁良好的测试灯，另一端接防盗控制模块 25 端子（线束侧）。

若测试灯不亮，应排除电路断路故障；若测试灯点亮，应进行下一步检查。

5）检测防盗控制模块 19 端子与电源 30 号线间电路是否断路。检测时，断开防盗控制模块线束，用导线将 19 端子（线束侧）搭铁，观察"安全指示灯"是否点亮。

若不亮，应排除电路断路故障或更换"安全指示灯"；若该电路正常，应进行下一步检查。

6）检测防盗控制模块 7 端子与电源 30 号线间电路是否断路。开启发动机舱盖，用一端接搭铁良好的测试灯，另一端接防盗控制模块 7 端子（线束侧）。

若测试灯不亮，应排除电路断路故障或更换发动机舱盖开启开关；若测试灯点亮，应进行下一步检查。

7）检测防盗控制模块 2 端子与搭铁间电路是否断路。断开防盗控制模块线束，用一端接蓄电池正极的测试灯，另一端接防盗控制模块 2 端子（线束侧）。

若测试灯不亮，应排除电路断路故障；若测试灯点亮，应进行下一步检查。

8）检测防盗控制模块是否故障。若上述检测均正常，应检查其他相关电路的接触情况，若检测均正常，更换防盗控制模块。

2. 报警喇叭不工作的故障诊断

造成别克凯越轿车遥控防盗系统电路故障的原因有：熔断器断路、喇叭损坏、防盗控制器损坏、线路断路等。

1）检测熔断器 Ef16 是否断路。必要时，更换熔断器。若熔断器 Ef16 完好，应进行下一步检查。

2）检测报警喇叭 2 端子与电源 30 号线间电路是否断路。断开报警喇叭线束，用一端接搭铁良好的测试灯，另一端接报警喇叭 2 端子（线束侧）。

若测试灯不亮，应排除电路断路故障；若测试灯点亮，应进行下一步检查。

3）检测报警喇叭 1 端子与防盗控制模块 1 端子间电路是否断路。断开防盗控制模块线束，用万用表电阻档检测报警喇叭 1 端子（线束侧）与防盗控制模块 1 端子（线束侧）的电阻。

若电阻为∞，应排除电路断路故障；若电阻为 0，应进行下一步检查。

4）检查报警喇叭是否故障。将报警喇叭两端分别接蓄电池的正负极。

若喇叭不响，更换报警喇叭；若报警喇叭响声正常，应进行下一步检查。

5）检查防盗控制模块是否故障。

若上述检测均正常，应检查其他相关电路的接触情况，若检测不正常，更换防盗控制模块。

思考与练习

一、单选题

1. 改变永磁式电动刮水器转速是通过（　　）。
   A. 改变电动机端电压　　　　　　B. 改变通过电枢电流
   C. 改变正负电刷间串联的有效线圈数　　D. 改变电枢绕组的电阻

2. 中央门锁直流电动机执行机构动作，都是通过改变（　　）方向转换其运动方向。
   A. 电流　　　B. 电压　　　C. 电阻　　　D. 电源的大小

3. 每个电动后视镜应在其背后装（　　）个可逆永磁电动机。
   A. 1个　　　B. 2个　　　C. 3个　　　D. 4个

4. 汽车的电动车窗应装（　　）个可逆永磁电动机，它可以双向旋转，控制车窗玻璃的上升或下降。
   A. 1个　　　B. 2个　　　C. 3个　　　D. 4个

5. 电动座椅前后方向的调节量一般为（　　）。
   A. 30mm　　　B. 80mm　　　C. 120mm　　　D. 180mm

6. 当清洗刮水器刮水片时，可用蘸有（　　）的棉纱轻轻擦去刮水片上的污物，刮水器刮水片不可用有机溶剂清洗和浸泡，否则刮水片会变形而影响其工作。
   A. 酒精　　　B. 香蕉水　　　C. 清洗剂　　　D. 汽油

7. 当电动座椅出现（　　）时，常常会引起座椅运动不灵活或不到位。
   A. 机械故障　　　　B. 断路故障　　　　C. 短路故障　　　　D. 搭铁不良
8. 某汽车电动车窗出现都不能上升或下降故障时，可能的原因有（　　）。
   A. 开关损坏或控制电路出故障　　　　B. 总开关上的安全开关出故障
   C. 熔丝熔断或搭铁不良　　　　　　　D. 电动机故障
9. 电动车窗的（　　）能控制除驾驶员侧以外的车窗，当开关接通时，其他车窗能够自由控制升降；当开关断开时，其他车窗则不能自由控制升降。
   A. 保护开关　　　B. 安全开关　　　C. 点火开关　　　D. 总开关

二、多选题

1. 车窗起动防夹功能的依据可能为（　　）。
   A. 车窗电动机的运转噪声
   B. 霍尔传感器传送来的车窗电动机转速变化数据
   C. 车窗控制模块改变电流方向信号
   D. 电流检测电路检测到的电动机电流变化数据
2. 电动座椅一般由（　　）组成。
   A. 调节开关　　　B. 座椅调节电动机　　　C. 蓄电池　　　D. 过载保护器
3. 电动车窗常见的故障现象有（　　）。
   A. 所有车窗均不能工作
   B. 车窗只能向一个方向运动
   C. 驾驶员侧车窗工作，其他车窗不工作
   D. 车窗运动过程中有卡滞现象
4. 电动刮水及清洗系统在使用过程中应注意的事项有（　　）。
   A. 不要随意拆下电动机
   B. 定期检查刮水器的刮水片
   C. 必须用蘸有汽油的面纱轻轻擦去刮水片上的污物
   D. 刮水器电动机不要随意拆卸
5. 电动后视镜开关可以分别控制电动后视镜的（　　）位置。
   A. 水平　　　　B. 上下　　　　C. 垂直　　　　D. 左右

三、判断题

1. 不打开空调 A/C 开关，且冷却液温度低于93℃时，散热器风扇工作。（　　）
2. 刮水器开关置于间歇位置时，刮水电动机以慢速工作模式间歇刮水。（　　）
3. 汽车后风窗玻璃除霜电热丝应采用常火线供电。（　　）
4. 电动车窗主控开关上的总开关是控制分开关的搭铁线。（　　）
5. 每个电动后视镜都用一个独立控制开关，开关无法使两个电动机同时工作。（　　）
6. 带存储功能的电动座椅，采用了微机控制，它能将选定的座椅调节位置进行存储，只要按指定的按键开关，座椅就会自动地调节到预先选定的座椅位置上。（　　）
7. 除驾驶员侧车窗外，其他车窗都不能工作，可能是驾驶员侧总开关上面的安全开关出现故障引起的。（　　）
8. 倾斜调节电动机可以控制座椅前端上下的升降动作，改变座椅的水平角度，以适应

不同身材驾乘人员的需要。（　　）

9. 在座椅调节过程中，若电动座椅调节电动机电路电流过大、过载熔丝就会熔断。（　　）

10. 对于多数轿车，只要设有玻璃防夹功能，则所有车门玻璃升降都具有该功能。（　　）

11. 对于玻璃防夹功能起了一次作用后，必须要初始化玻璃的上下位置才可再次实现防夹功能。（　　）

12. 每个电动后视镜上有两套调整电动机和驱动器。（　　）

13. 电子感应式刮水器是根据雨量自动调节刮水器的刮水速度的。（　　）

14. 当冬季使用刮水器时，若刮水片被冰冻住或被雪团卡住，应立即断开开关，清除冰块、雪团后方可继续使用，否则，会因刮水片阻力过大而烧坏电动机。（　　）

四、问答题

1. 试分析单风扇控制电路的工作原理。
2. 简述电动刮水器的变速原理。
3. 当关闭电动刮水器时，其刮水片为什么总是停在风窗玻璃的下边缘？
4. 汽车玻璃除霜一般采用哪些方式？最常用的是什么方法？
5. 简述电动车窗的工作过程。
6. 试分析桑塔纳 2000 轿车电动后视镜控制电路，右侧后视镜左右调整过程。
7. 简述电动座椅的工作原理。

项目八

汽车空调系统及电路

教学目标

1. 了解汽车空调系统的组成、功用。
2. 了解汽车空调系统各总成的工作原理。
3. 了解汽车空调系统电路的工作原理。

能力目标

1. 掌握汽车空调系统加注制冷剂的方法。
2. 掌握汽车空调系统电路故障的诊断方法。

任务一 汽车空调系统概述

任务目标

1. 了解汽车空调系统的组成、功用。
2. 掌握汽车空调系统控制面板使用方法。
3. 掌握空调系统各元件所在位置。

一、汽车空调系统的组成及作用

汽车空调是指对汽车驾驶室和车厢内的空气进行调节，使之在温度、湿度、流速和洁净度上能满足人体舒适的需要。汽车空调给车内乘员创造舒适环境，减少疲劳，提高行车安全性，进而增加驾驶里程，提高运输效率。

汽车空调主要包括制冷系统、采暖系统、通风系统、空气净化系统和控制系统。

1. 制冷系统

制冷系统的作用是利用制冷剂在密封的系统内运行，通过热交换器（蒸发器）吸收驾驶室和车厢内的热量，降低车内温度。车辆在夏季正常行驶时，会有大量的热量进入车内，这些热量来自于汽车发动机、阳光照射、车外高温空气和人体散发的热量。空调制冷系统要将这些热量移到车外，以使乘客感到舒适。

制冷系统主要由压缩机、冷凝器、储液干燥器（或积累器）、膨胀阀（或孔管）、蒸发器和电气控制系统组成。由于蒸发器的表面温度低于空气的露点温度，因此制冷系统还有除湿和净化空气的作用。

2. 采暖系统

汽车空调采暖系统是用来为乘室内冬季取暖及车窗玻璃除霜、夏季雨天车窗玻璃除雾。根据热源的不同可分为余热式、独立式和电热式三种。一般后风窗玻璃多采用电热式除霜除雾，使用时通电对玻璃加热即可。

余热式采暖装置又分为水暖式和气暖式两种，即利用发动机工作时冷却液和排气的热量，对车室内进行采暖。主要由加热器、鼓风机、热水阀和水管等组成。

3. 通风系统

通风系统的作用是换气，即将车外的新鲜空气引入车内，车内的污浊空气排出车外。通风方式可采用动压通风或强制通风。动压通风系统由进、出风口和通风管道组成；强制通风系统一般由风扇、风道、风门、出风口等组成，它把车外的新鲜空气引入车内，通过排风口把车内污浊空气排出车外。

按照通风系统的操控方式不同可分为手动式和自动式两种。手动式空调通风系统是驾驶员直接通过空调控制面板上的控制开关来控制通风的风量、进气方式、出风温度及送风的方式等；自动式空调通风系统是空调系统 ECU 根据驾驶员设定的空调工作状态及相关的传感器信号，输出电信号给执行器，自动调节风扇转速和各风门位置。

4. 空气净化系统

空气净化系统包括进入车内空气的净化和车内循环空气的净化。进入车内的空气主要是受到环境的污染，如尘土、烟尘及车辆尾气等。车内循环的空气受到人的活动和工作过程的污染，如人体呼出的二氧化碳及汗液味等，这些都对车内人员的健康不利，因此汽车空调需设空气净化系统。净化方式有两种：一种是采用空气净化器，让车内空气通过静电除尘器、空气过滤除尘器（要根据使用里程定期更换）、活性炭吸附器、负离子发生器和有害气体催化器等装置达到空气净化的目的；另一种是利用光电传感器测出车内空气的污染程度，自动控制新鲜空气风门的开启程度，让车内受污染的空气排出车外，达到净化车内空气的目的。

5. 控制系统

控制系统可以对制冷系统、采暖系统、通风系统的工作进行控制，同时对车内的温度、风量及其流向进行调节，保证空调系统能够正常工作。

控制系统一般由电气系统、真空系统和操纵装置组成。自动汽车空调配备了电子控制系统，由传感器、控制器及执行机构组成的电子控制系统，用于自动调节车内空气的温度、湿度、空气流量和流向，使车内形成冷暖适宜的气流，实现车内环境在各个季节、全方位多功能的最佳调节。

二、衡量汽车空调质量的指标

汽车空调是要使车内空气环境达到人体最适宜的状态。人对车内空气环境的舒适感觉与车内空气的温度、湿度、风速及空气的清新度等因素有关，能否将车内的空气调节到人体感觉最舒适的程度，是衡量汽车空调质量高低的标准。

1. 空气温度

空气温度是汽车空调质量最重要的指标。人感觉最适宜的温度是夏季为 22～28℃，冬季为 16~18℃。在冬季如果温度低于 14℃，人就会有冷的感觉，温度越低，手脚动作越容易僵硬，操作灵活性会越差，对行车安全会有影响；当温度下降到 0℃ 时，会使人产生冻伤。在夏季如果温度高于 28℃，人体就会有热的感觉，温度越高，头昏脑涨、精神不集中、思维迟钝的情况就会越严重，很容易造成行车事故；如果车内温度高于 40℃，就会对人体健康造成伤害。

除了温度的高低对人体舒适性的影响外，温度的分布对人体舒适性感觉也有影响。人体适宜的温度分布是头凉足暖，头部的舒适温度比足部要低 1.5~2℃，温差应在 2℃ 左右。

2. 空气湿度

空气湿度是汽车空调质量的另一项指标，人们通常用空气潮湿、空气干燥来表示空气湿度过高或过低。人体适宜的相对湿度夏季为 50%~60%，冬季为 40%~50%，在此湿度范围内，人会感觉舒畅，皮肤光滑、柔嫩。湿度过低（15%~30%），人体皮肤会干燥，衣服与皮肤摩擦产生静电而使人感觉很不舒服；如果湿度太低，则会使人体皮肤因缺水而造成干裂。湿度过高（90%~95%），人体皮肤水分蒸发不出去，干扰人体正常新陈代谢；湿度太高，人会有"闷"的感觉，对人体健康会有不利影响。

3. 空气流速

空气流速也是反映汽车空调质量的参数之一。空气的流动可促进人体内外散热，适宜的空气流速应在 0.075~0.2m/s 之内。空气低速流动会使人感觉舒适，如果风速过高，人就会有不舒适的感觉。

4. 空气清新度

空气清新度是反映汽车空调质量的另一项指标。清新的空气应该是富氧、少 CO_2（体积分数 <0.03%）和 CO（体积分数 <0.01%）、少粉尘。由于汽车内空间较小，及易造成空气混浊，使人感觉不适，且对乘员身体健康不利。如果 CO_2 的体积分数 >1.0%、CO 的体积分数 >0.03%，则会严重影响乘员的身体健康。

三、汽车空调的工作环境及要求

汽车空调安装在汽车上，其工作环境与室内的空调有较大的差别，因而对汽车空调有特殊的要求。汽车空调工作环境的特殊性主要有如下几方面。

1. 承受频繁的振动及冲击

汽车在行驶时，车辆的颠簸振动、汽车加减速时的惯性力，使汽车空调系统要承受剧烈而又频繁的振动和冲击。因此，要确保汽车空调在这样的工作环境下正常工作，汽车空调的零部件应有足够的强度和抗振能力，而系统管路接头连接必须牢固，防泄漏能力要强。

2. 空调的热负荷大

汽车车内的空间狭小，人员相对密集，人体散发的热量相对较多；车身的隔热差，加之车门窗玻璃和前后风窗玻璃的面积相对较大，车外的热量很容易通过热传导、热对流和热辐射的传热方式进入车内。因此，汽车空调的热负荷比室内空调要大很多，且气流分布难以均匀。在这样的热负荷下，要确保车内空气保持在适宜的温度，就要求汽车空调的制冷量要足够大，具备迅速降低车内温度的能力。

3. 需由汽车发动机承担空调动力源

　　汽车空调需要用车载发动机作为空调的动力源，尤其是使用最为广泛的非独立式汽车空调，发动机既要给空调提供动力，也是汽车的动力源。为尽可能节约发动机有限的动力和降低汽车的油耗，要求汽车空调的效率要高。

　　此外，非独立式汽车空调系统的压缩机由发动机驱动，其制冷能力受发动机转速变化的影响很大。发动机在怠速或低转速工况下，压缩机的转速也低，其制冷能力小；而汽车高速行驶，发动机处于高速运转时，压缩机的转速高，制冷能力也强。因此，要求汽车空调设备的大小选择和控制要合理，空调既要能满足汽车怠速或低速行驶时的制冷需要，又不会在汽车正常或高速行驶时造成浪费。

4. 汽车结构空间有限

　　由于汽车本身结构非常紧凑，可供安装空调设备的位置和空间极为有限。因此，要求汽车空调的结构要紧凑，各部件的体积小、重量轻，以便能在有限的空间顺利安装，且安装了空调后，不至于使汽车增重太多，影响其动力性和经济性。现代汽车空调采用了全铝、薄壁结构、多元平流式冷凝器及多缸化新型压缩机，其重量已经比 20 世纪 60 年代下降了 60%，而制冷能力却增加了 50% 。

四、汽车空调的类型

　　不同类型、不同级别的汽车，其装备的汽车空调也会有所不同，因此，现代汽车空调有多种结构类型，现以不同的分类方法予以概括。

1. 按空调压缩机驱动方式分

　　1）独立式空调。独立式汽车空调由专用空调发动机来驱动制冷压缩机。独立式空调系统的制冷量大，工作稳定，但成本高，体积及质量大。独立式汽车空调多用于制冷量较大的大、中型客车上。

　　2）非独立式空调。非独立式汽车空调由汽车发动机直接驱动制冷压缩机。这种汽车空调结构紧凑，其缺点是制冷性能受汽车发动机工作的影响，工作稳定性较差。小型客车和轿车都采用了非独立式汽车空调。

2. 按空调的功能分

　　1）单独功能型空调。单独功能型汽车空调可以有制冷和采暖两种功能，但是该种类型空调是将制冷系统、取暖系统、强制通风系统各自安装、单独操作，互不干涉，多用于大型客车和载货汽车上。

　　2）冷暖一体型空调。冷暖一体型汽车空调的制冷、取暖和通风共用一台鼓风机及一个风道，冷风、暖风和通风在同一控制板上进行控制。冷暖一体型汽车空调结构紧凑，操作方便，多用于轿车上。

3. 按空调系统的调节方式分

　　1）手动调节空调。由驾驶员通过控制板的功能键完成对空调的温度、通风机构和风向、风速的调节。目前这种空调系统在汽车上还有较多的应用。

　　2）自动控制空调由电子控制器根据各相关传感器的电信号，自动对空调的温度、风量及风向等进行调节，可实现对车内空气环境的全季节、全方位、多功能的最佳调节和控制。自动控制空调又分模拟控制和微机控制两种形式，现代汽车已普遍采用微机控制的自动空调系统。

实训二十七　汽车空调系统的在车认识

一、实训目的

1）掌握汽车空调系统组成的各元件在汽车上的位置。
2）掌握汽车空调控制面板各操作按键的功能，并能正确操作。

二、设备器材

1）实验车或汽车空调试验台4台。
2）汽车防护装置4台套。

三、教学组织

学生在教师指导下完成工作任务单的内容。

四、任务工作单

1. 汽车空调系统组成的各元件在汽车上的位置

汽车空调系统主要由空调压缩机、冷凝器、储液干燥器、膨胀阀、蒸发器、热交换器、鼓风机、冷却风扇、连接管路等组成。如图8-1所示为一般轿车空调系统的组成与安装位置图。

1）空调压缩机。安装在发动机缸体一侧，由发动机传动带带动，其上有一大、一小两根管路与之连接。

2）冷凝器。安装在散热器前面，其上部管路与空调压缩机相连接，下部管路与储液干燥器连接。

3）储液干燥器。一般安装在发动机散热器旁的支架上，最上面有视液镜。其进口管路与冷凝器连接，出口管路与膨胀阀连接。

4）膨胀阀。安装在空调器通风系统总成外，可以看见其外形结构。

5）冷却风扇。安装在发动机散热器后面。有的汽车采用双风扇系统。

6）蒸发器、热交换器和鼓风机。安装在空调通风系统总成内，从车辆外部不能看见。

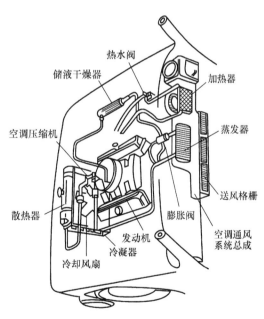

图8-1　轿车空调系统元件位置图

蒸发器位于散热器的前面。作用是当热空气经过其表面时，内部的制冷剂吸收空气中的热量使其冷却。蒸发器通常安装在副驾驶侧的储物箱后。蒸发器将经过节流降压后的液态/气态混合物制冷剂在蒸发器内沸腾汽化，使其吸收蒸发器表面周围的热量而降低温度，风机再将冷空气送入车厢，从而达到车内降温的目的。

鼓风机与蒸发器组装在一起，其作用是使车厢内空气加速流过蒸发器，降低车厢内空气的温度。

2. 掌握汽车空调系统控制面板各操作按键功能及使用

汽车空调系统控制面板如图 8-2 所示。其操作按键功能：

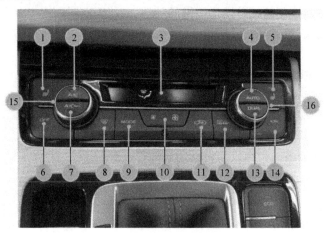

图 8-2　汽车空调系统控制面板图

① 左座椅加热按键。按下座椅加热按键，座椅加热功能开启，指示灯会被点亮；座椅加热功能关闭，相应的指示灯会被熄灭。

② A/C 按键，空调制冷开关。按下按键，指示灯点亮，开启空调制冷系统。再次按下此按钮，按键指示灯熄灭，空调制冷系统关闭。

③ 显示屏。显示左右侧温度、空调自动模式、风量，内外循环状态、加热除霜、双区控制等。

④ AUTO 按键，自动模式。在手动状态下按 AUTO 按键，则空调控制器进入 AUTO 模式，同时功能指示灯被点亮。这时鼓风机风量大小、出风模式、进风方式会自动调整到适合人体舒适的状态。

⑤ 右座椅加热按键。按下座椅加热按键，座椅加热功能开启，指示灯会被点亮；座椅加热功能关闭，相应的指示灯会被熄灭。

⑥ OFF 按键，关闭。按下 OFF 按键，将使空调系统进入系统 OFF 状态。并且在 OFF 模式下，空调 LCD 显示屏需要显示当前的出风模式状态、当前的空气质量状态。

⑦ A/C MAX 按键，最大制冷。按下 A/C MAX 按键，按键指示灯点亮，空调系统按最大制冷模式运行。

⑧ 前除霜按键。按下该键后，鼓风机吹出的空气将流向前风窗和前门玻璃，可以迅速地清除风窗上的雾气或凝霜。关闭除霜模式后，风速、出风模式恢复到除霜以前模式。在最大除霜模式下，触发 AUTO 按键，空调进入 AUTO 状态，设定温度保持当前最新状态，AUTO 指示灯点亮；在最大除霜模式下，触发 A/C MAX 按键，空调进入最大制冷模式。

⑨ 模式按键。在手动操作模式状态下，反复按下模式按键，出风模式将在吹脸、吹脸/吹脚、吹脚、吹脚/除霜、吹脸五种出风模式之间循环切换气流从相应的出风口吹出。

⑩ 风量调节按键。双区为按键，单区为旋钮，当风量增大到最大时，再按下风量增加

按键（右侧），风量不再增大，最大为 7 档。按下风量减小按键（左侧）时，可以实现风量等级的减小。当风量减小到一档时，再按下风量减小按键，风量不再减小。按下风量按键时，AUTO 指示灯会熄灭。

⑪ 内/外循环切换按键。此按键可以实现手动切换车内空气的内、外循环。当模式处于内循环时，指示灯点亮。

⑫ 后窗/外后视镜除霜按键。此按键按下可开启或关闭后窗/外后视镜除雾/除霜功能。

⑬ DUAL 按键，空调单/双区模式切换。按下 DUAL 按键，会在双区和单区模式之间切换。进入双区模式时，DUAL 指示灯会点亮，左/右温度旋钮分别可以设定左/右温区的设定温度；再次按压键钮 DUAL，指示灯熄灭，进入单区模式。

⑭ ION 按键，空气净化。按下 ION 按键，控制器会在开启和关闭负离子空气净化功能之间切换。按下第一次，右侧的指示灯点亮，空气净化器进入自动模式；按下第二次，两个指示灯都点亮，空气净化器进入手动最大模式；按下第三次，两个指示灯都熄灭，空气净化器关闭。

⑮ 左温度调节旋钮。调节驾驶员侧温度：向左旋转温度降低，温度调节旋钮每调节一格为 1℃。

⑯ 右温度调节旋钮。调节驾驶员侧温度：向右旋转温度升高。温度调节旋钮每调节一格为 1℃。

任务二　汽车空调制冷系统

任务目标

1. 了解汽车空调制冷系统的基本原理。
2. 了解汽车空调制冷系统的主要部件作用、工作原理。
3. 掌握汽车空调制冷系统主要部件的拆装方法。

一、汽车空调制冷系统的基本组成

现代汽车空调普遍采用的蒸气压缩式制冷系统通常由压缩机、冷凝器、节流装置、储液干燥器、蒸发器及相应的连接管等组成，如图 8-3 所示的是应用于轿车的空调制冷系统。

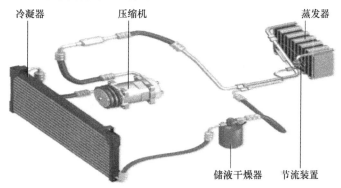

图 8-3　轿车空调制冷系统的组成

1. 压缩机

压缩机是制冷系统的心脏部件，其作用是抽吸和压缩制冷剂并使其不断循环。

2. 冷凝器

冷凝器是制冷系统中的一个热交换器，其作用是将压缩机排出的高温、高压制冷剂蒸气进行冷却，使之转化为液态制冷剂，并通过热对流—热传导—热对流的方式将制冷剂液化过程放出的热量散发到车外空气中。

3. 节流装置

节流装置的作用是对循环流动的制冷剂进行节流，通过其节流作用将冷凝器输出的液态制冷剂进行降温降压，以使送入蒸发器的制冷剂能完全汽化而吸收更多的热量。

4. 储液干燥器

储液干燥器的作用是对循环流动的制冷剂进行过滤、除湿、气液分离，当节流装置根据蒸发器表面的温度对制冷剂循环流量做减少或增加调整时，储液干燥器可临时性地储存一些制冷剂或向系统补充制冷剂。

5. 蒸发器

蒸发器也是制冷系统中的热交换器，通过热对流—热传导—热对流的方式将车内空气的热量传递给制冷剂，使液态制冷剂完成汽化过程，并通过鼓风机强制对流的方式将其送入车内，以实现对车厢内空气的降温和除湿。

二、汽车空调制冷系统的工作原理

1. 汽车空调制冷基本原理

汽车空调制冷系统通过制冷剂的循环流动实现制冷，制冷工作原理如图 8-4 所示。

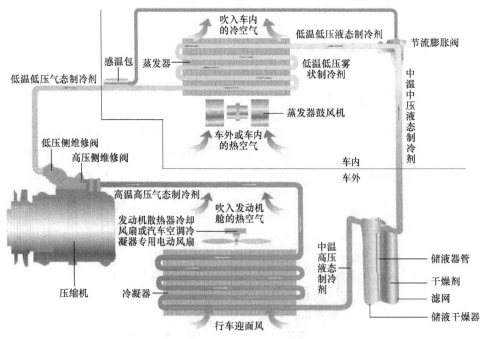

图 8-4 汽车空调制冷工作原理图

当制冷压缩机由发动机驱动时，压缩机对吸入的制冷剂蒸气进行压缩，并通过高压管路送到冷凝器；进入冷凝器的高温高压制冷剂蒸气通过冷却风扇和汽车行驶形成自然风的冷却，成为饱和蒸气并冷凝成高温高压的液体，然后从冷凝器底部流向储液干燥器。

液态制冷剂经过干燥器的过滤、脱水，再经高压管流到膨胀阀，由膨胀阀节流后形成低温低压且雾状（有少量蒸气，并将此种状态的制冷剂称为湿蒸气）的制冷剂。

送入蒸发器的制冷剂在蒸发器内吸热并升温至饱和温度后沸腾，并在汽化过程中吸收蒸发器周围空气的热量；蒸发器周围已被冷却了的空气通过鼓风机风扇吹入车内，使车内空气降温除湿。

在压缩机的抽吸作用下，吸收了大量热量的制冷剂蒸气从蒸发器流出，经过低压管路进入压缩机，再由压缩机压缩成高温高压气体，如此循环制冷。

2. 汽车空调制冷过程

蒸气压缩式制冷过程如图 8-5 所示。制冷系统通过制冷剂的气、液两相转换时所形成的吸热和放热过程实现制冷。围绕制冷剂的气、液转换，制冷工作循环可以归纳为压缩、放热、节流和吸热四个过程。

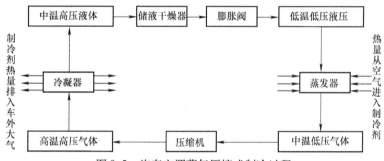

图 8-5 汽车空调蒸气压缩式制冷过程

1）压缩过程。压缩机将从蒸发器中吸入的低压、中温制冷剂蒸气进行压缩，使其成为高压、高温的蒸气并送入冷凝器。压缩过程使制冷剂蒸气达到了液化所需的压力和温度。

2）放热（冷凝）过程。高压、高温的气态制冷剂在冷凝器中冷凝，并与车外空气进行热交换（放热），转变成高温、高压液态制冷剂。这一过程使制冷剂中的热量得以释放并通过冷凝器传递给了车外的空气。

3）节流（膨胀）过程。从冷凝器流出的高压液态制冷剂经储液干燥器除湿、过滤后流经膨胀阀，由膨胀阀节流降压后送入蒸发器。节流过程降低了制冷剂的压力和温度，并产生部分气态制冷剂，以确保制冷剂在蒸发器中能完全汽化。

4）吸热（蒸发）过程。低压、低温的液态制冷剂在蒸发器中汽化（沸腾），并与车内空气进行热交换（吸热），变成低压、中温气态制冷剂；在蒸发器中吸收了热量的制冷剂蒸气被压缩机吸走，使蒸发器中制冷剂的汽化吸热过程得以持续进行。

汽车空调制冷系统以制冷剂为热载体，通过上述四个过程的不断循环，将车内的热量转移到车外，实现车内降温和除湿的空气调节作用。

三、制冷系统的主要部件

1. 压缩机

压缩机是制冷系统中低压和高压、低温和高温的转换装置，是推动制冷剂在制冷系统中不断循环的动力,对输送制冷剂、保障制冷系统正常工作具有十分重要的作用。目前轿车上采用的压缩机主要有曲轴连杆式压缩机、斜盘式压缩机、摆盘式压缩机、旋叶式压缩机、涡旋式压缩机等。

(1) 曲轴连杆式压缩机

曲轴连杆式压缩机的结构如图 8-6 所示,主要由曲轴连杆机构,进、排气阀,润滑机构和曲轴密封机构组成。其工作过程如下:

1) 压缩过程:制冷气体在气缸内从进气时的低压升高到排气压力的过程。

2) 排气过程:制冷气体从气缸向排气管输出的过程。

3) 膨胀过程:活塞从上止点向下移动到进气阀打开的过程。

4) 进气过程:制冷剂从进气气阀进入气缸,直到活塞下行至下止点为止的过程。

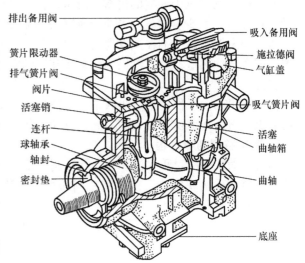

图 8-6 曲轴连杆式压缩机的结构

(2) 斜盘式压缩机

斜盘式压缩机又称双向斜盘式压缩机,结构如图 8-7 所示,主要由缸体、活塞、主轴、斜盘、前后缸盖、密封圈等组成。

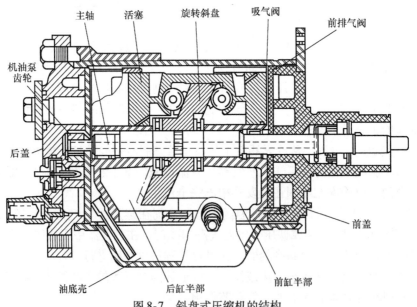

图 8-7 斜盘式压缩机的结构

图 8-8 所示为双向斜盘式压缩机的运动原理图,它的工作原理如下:

当主轴转动时,通过斜盘和滑履的带动,把主轴的回转运动变为双向活塞沿轴向的往复运动,活塞以斜盘主轴为中心,在同一圆周上均匀分布几个活塞,每个活塞作双向工作,所以一个活塞起两个缸的作用,在活塞运动过程中,通过吸排气阀组把低温低压的制冷剂蒸气吸入,同时把高温高压的制冷剂排出,使其进入冷凝器进行热交换。

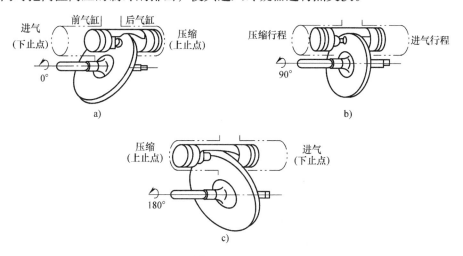

图 8-8 双向斜盘式压缩机的工作原理

(3) 摆盘式压缩机

摆盘式压缩机也称轴向翘板式压缩机,摆盘式压缩机如图 8-9 所示。主要由缸体、主轴、摆盘、活塞、后盖等组成。

如图 8-10 所示为摆盘式压缩机的运动原理图,它的工作原理如下。

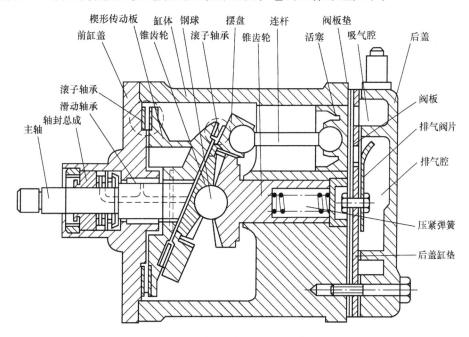

图 8-9 摆盘式压缩机的结构

压缩机工作时,由主轴带动楔形传动板转动,楔形传动板又带动摆盘绕其支点摆动,并推动活塞在气缸内做轴向往复运动,从而完成压缩、排气、膨胀和吸气过程。

压缩机主轴与楔形传动板通过键连接，并由滑动轴承和钢球支承。钢球也是摆盘的支点，摆盘用球形万向节与连杆连接。缸体圆周上均布着与主轴平行的轴向气缸，摆盘绕钢球摆动时，气缸内的活塞做轴向运动。滚子轴承使楔形传动板与摆盘之间成为滚动摩擦，以减小其摩擦阻力和零件的磨损。

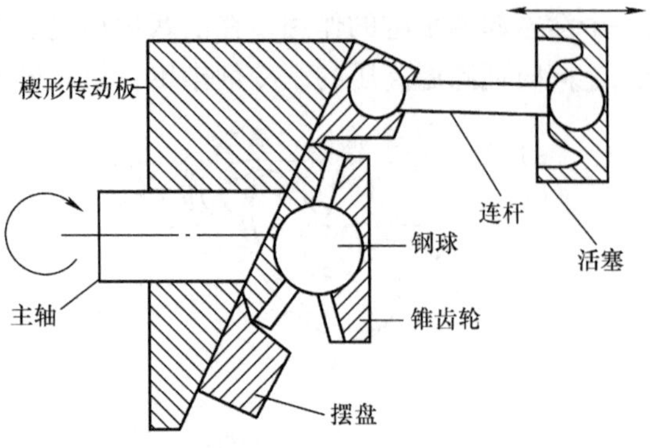

（4）刮片式压缩机

刮片式压缩机又称旋片式压缩机，有正圆形和椭圆形两种。刮片数有2、3、4、5几种，如图8-11所示。

刮片式压缩机的工作原理如下：

在圆形或椭圆形气缸内对圆形气缸偏心或对椭圆形气缸同心地安装一个带有几个刮片的转子，转子一回转，由于离心力和油压的作用，使刮片从刮片槽中向外伸张，碰到气缸壁，把气缸分成几个隔腔，随着轴的旋转，隔腔内的容积发生变化，以进行制冷剂的吸入、压缩、膨胀和排出。

（5）涡旋式压缩机

涡旋式压缩机主要由定子、转子、机体、曲轴及防自转机构等组成，其组成与结构如图8-12所示。

图8-10 摆盘式压缩机的运动原理

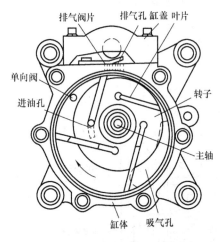

图8-11 刮片式压缩机的结构

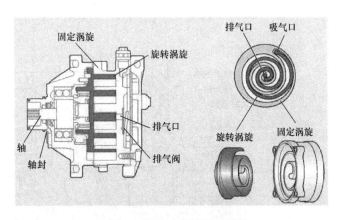

图8-12 涡旋式压缩机的结构

涡旋式压缩机的工作原理如图8-13所示。定子（固定涡旋）和转子（旋转涡旋）通常用铝合金制造，其顶端均设有密封件。定子侧面有排气口及舌簧阀，以防止高压制冷剂蒸气倒流。转子通过带偏心套的旋转机构实现回转运动。其中，转子与定子上的涡旋线型完全相同，只是装配后互相错开180°且相切。转子随曲轴进行回转运动，在运动中通过防自转机构使其保持不发生自转，并且使它的中心在以定子为圆心的圆周上做圆周运动。两涡旋形成的不同空间进行着不同的过程，外侧空间与吸气相通，始终处于吸气过程；中心部位与排气口相通，始终进行着排气过程；上述两空间的中间有两个半月形封闭腔，一直进行的是压缩过程。

从涡旋式压缩机的工作原理可知，由于其工作时基本上是连续吸气和排气，转矩均衡、振动小，而且封闭啮合线两侧的压力差较小，仅为进排气压力的一部分。又由于具有四个压力室，压缩过程中制冷剂泄漏较少。

2. 冷凝器

冷凝器是把来自压缩机的高温高压气体通过管壁和翅片将其中的热量传递给冷凝器周围的空气，从而使高温、高压的气态制冷剂冷凝成高温、高压的液体。

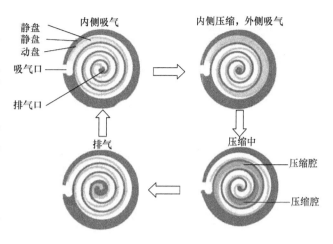

图 8-13 涡旋式压缩机的工作原理

冷凝器主要有管片式、管带式、平流式等类型。

（1）管片式

管片式冷凝器又称翅片式，是冷凝器较早采用的形式，其结构如图 8-14 所示。

管片式冷凝器由圆形的铜管或铝管与套在管子上的翅片组成。翅片通常采用铝片，其作用是增大冷凝器的散热面积，同时也有支承冷凝管的作用。为使翅片与管子紧密接触，确保良好的传热，翅片安装采用了胀管技术。

管片式冷凝器结构简单，加工方便，价格便宜，但散热效果较差。目前只在大中型汽车上还有较多应用。

（2）管带式

管带式冷凝器由弯成蛇形的多孔扁管和折成 V 形或 U 形的散热片组成。管带式冷凝器的结构如图 8-15 所示。

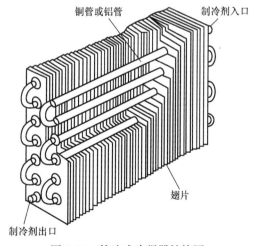

图 8-14 管片式冷凝器结构图

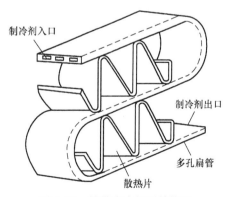

图 8-15 管带式冷凝器结构图

管带式冷凝器采用焊接技术，以确保管子与散热片之间有良好的接触。管带式冷凝器有以下特点：

1)在截面积相等的条件下,椭圆扁管内与制冷剂的接触周长比圆管大得多,因此,管内的换热量有较大的提高。

2)扁管的迎风面积小,具有良好的流形,气体动力性能好,背风面涡流区小。因此,在相同的风速下管外侧的放热系数高于圆管,而流动阻力却低于圆管。

3)结构紧凑。在相同管簇数量的情况下,扁管肋片所占面积小。这样,相同的外形尺寸,扁管的换热面积较大。

4)管子和肋片均为铝材制作,比铜管质量小,成本低。

5)扁管加工成蛇形,省去了许多弯头和弯头焊接工序,简化了工艺,提高了可靠性。

相比于管片式冷凝器,管带式冷凝器的传热效率提高了15%~20%,但其制造工艺较复杂,焊接难度较大,且对材料性能要求高。管带式冷凝器目前只是在轿车上有较多应用。

(3)平流式

平流式冷凝器是在管带式冷凝器的基础上发展起来的。平流式冷凝器改变了管带式单条蛇形扁管的结构形式,采用了两条集流管间连接多条扁管的结构形式,如图8-16所示。

平流式冷凝器工作时,制冷剂由管接头进入圆柱形集流管,然后分流进入椭圆扁管,平行地流到对面的集管,最后通过跨接管回到管接头座。扁管之间嵌有散热片。平流式冷凝器具有空气侧和制冷剂侧压力损失小、传热系数高、重量轻、结构紧凑和制冷剂充注量少等特点,特别适合于R134a制冷剂。

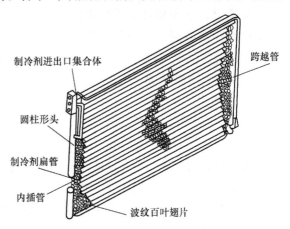

图8-16 平流式冷凝器结构图

与管带式冷凝器相比,在制冷剂相同的情况下,平流式的制冷剂侧压力降只是管带式的20%,而换热性能提高约75%。平流式是最有发展前途的冷凝器,但目前存在有待解决的问题,比如其焊点多且焊点长,工作的可靠性和耐久性有待提高。

3. 蒸发器

蒸发器通常与鼓风机组装成一体。蒸发器将经过节流降压后的液态/气态混合物制冷剂在其管道内沸腾汽化,使其吸收蒸发器表面周围的热量而降低温度,风机再将冷空气送入车厢,从而达到车内降温的目的。蒸发器主要有管片式、管带式、层叠式等类型。

(1)管片式

管片式(或称管翅式)蒸发器的结构外形及蒸发器处的附件如图8-17所示,其结构与管片式冷凝器相同。

(2)管带式

管带式蒸发器结构图如图8-18所示,其结构与管带式冷凝器相同,这里不再赘述。

(3)层叠式

层叠式蒸发器也称之为板翅式蒸发器,是一种全铝结构的新型组合式蒸发器,其结构如图8-19所示。

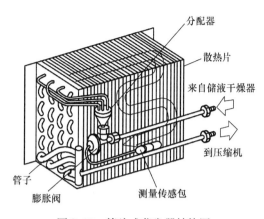

图 8-17 管片式蒸发器结构图

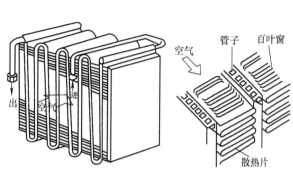

图 8-18 管带式蒸发器结构图

层叠式蒸发器的每一层是用铝制的平板中间夹一层波形翅片,两侧再用封条密封而成。将一个个单层重叠起来进行钎焊,就构成层叠式蒸发器体,再与集流箱焊接就构成了完整的蒸发器。

层叠式蒸发器的传热面积是由隔板与翅片组成的。其传热主要是

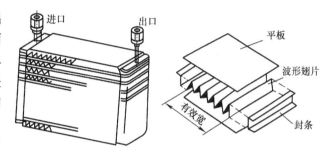

图 8-19 层叠式蒸发器结构图

依靠翅片来完成的。翅片除承担主要的传热任务之外,还起着两隔板间的加强作用。虽然翅片和隔板的板材都很薄(隔板厚 0.5~1mm,翅片厚 0.2~0.5mm),但经钎焊后形成了非常坚固的蜂窝状结构,仍能承受很高的压力。如果在钎焊时,翅片不能全部与隔板焊接在一起,则不但影响到传热效果,而且也影响到隔板的强度。

相比于管片式和管带式蒸发器,层叠式蒸发器的特点如下:

1) 结构紧凑。在这种换热器中,翅片的传热面积占总传热面积的比例很大,在较小的体积内可以有很大的传热面积,结构最紧凑,传热效率也高,比管带式约高 10%。

2) 焊接工艺复杂,要求高,难度大。在两片铝板之间的封条处,只要存在微小的未焊住的缝隙,就会发生制冷剂的泄漏。

3) 通道较狭窄,容易堵塞。堵塞后,清洗也很困难。

4. 储液干燥器

储液干燥器的作用是在制冷系统中,临时性地存储一下制冷剂,根据制冷负荷的需要,随时供给蒸发器,并对系统中的水分和杂质进行干燥和过滤,即存储制冷剂、过滤杂质、吸收湿气。储液干燥器主要由储液罐、干燥剂、过滤器组成,有的储液干燥器还装有检视孔和易熔塞等。最常见的储液干燥器如图 8-20 所示。

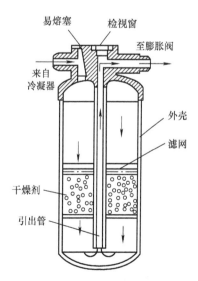

图 8-20 储液干燥器结构图

来自冷凝器的高压液态制冷剂进入储液干燥器后，经滤网过滤、干燥剂除湿后到达储液罐，然后再经引出管、出口流向蒸发器。

易熔塞起高温保护作用，当制冷剂温度达 95~105℃ 时，易熔合金熔化，使制冷剂逸出，以保护制冷系统。检视孔用于观察制冷剂的流动情况，可根据观察情况判断是否缺少制冷剂、制冷剂是否有水分等。

储液干燥器内的干燥剂主要有硅胶和分子筛两种。有的储液干燥器上还装有高低压力器开关，用于制冷系统压力异常时，保护压缩机及空调系统不受损害。

5. 膨胀阀

汽车空调的膨胀阀又称节流阀。在制冷系统中，为了能使液态制冷剂的饱和温度降低，以便能吸收低温物体的热量，就需要降低其压力。此外，低温低压制冷剂的流量也需要适当，流量过小，制冷量不足，车内温度降不下来；流量过大，除了会降低蒸发器的传热性外，还会使压缩机产生液击现象。因此，制冷系统在进入蒸发器的管路上安装了节流装置，通过节流装置的节流降压和流量的自动调节，使制冷系统能正常工作。汽车上采用的节流装置主要有热力膨胀阀、H 形膨胀阀、节流膨胀管等多种类型。

（1）热力膨胀阀

1）内平衡式膨胀阀。内平衡式膨胀阀如图 8-21 所示，主要由节流孔、感温系统、调节机构等组成。

节流孔的直径一般为 1~3mm，其开度由调节机构控制；调节机构包括阀针、阀座、弹簧等部件；感温系统则由金属膜片、毛细管、感温包等组成。金属膜片、毛细管和感温包内部均充满感温液体，其压力作用在膜片的上腔，推动膜片向下运动，带动顶杆推动阀芯运动，使孔口的开度发生变化，以控制节流孔制冷剂流量的大小。

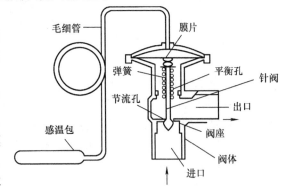

图 8-21　内平衡式热力膨胀阀

内平衡式膨胀阀的工作原理如下：

制冷系统工作时，金属膜片上作用着三个力，上腔是感温系统的液压力，下腔是弹簧力和蒸发压力（即节流后的液体压力，由平衡孔引入）。当作用在金属膜片上的力处于平衡状态时，金属膜片、阀芯稳定在某个位置，节流孔处在某个开度，制冷剂保持在某个流量状态。当蒸发器出口处温度偏高时，感温包液体膨胀，金属膜片上腔的压力增大，推动金属膜片向下拱，并通过顶杆使阀芯开度增大，制冷剂流量增大，蒸发器出口处温度下降，直到温度降至正常范围之内。当蒸发器出口处温度偏低时，则感温包内液体收缩，金属膜片上腔的压力减小，金属膜片在弹簧力作用下向上拱而使阀芯开度减小，制冷剂流量减小，蒸发器出口处温度上升，直到温度升至正常范围之内。

从平衡孔引入膜片下腔的蒸发压力实际上是节流后的压力，它比蒸发器出口的压力略高，这是因为制冷剂经蒸发器后有压力损失，且制冷量越大，蒸发器内部的压力损失也越大。

由于这种平衡压力引自阀内，故称其为内平衡膨胀阀。内平衡膨胀阀结构简单、价廉、维修方便，在制冷量不大的制冷系统中有着广泛的应用。由于内平衡膨胀阀的平衡压力在膨胀阀的出口处，而不是蒸发器的出口处，其感应的温度与压力不匹配，所以控制精度较差，不适宜在制冷量大的空调系统中使用。

2) 外平衡式膨胀阀。外平衡式热力膨胀阀主要由热敏管、压力弹簧、膜片室、阀、毛细管等组成，如图 8-22 所示。

外平衡式膨胀阀与内平衡膨胀阀的区别在于其平衡方式不同，外平衡式膨胀阀是通过外平衡管直接引入蒸发器出口处的压力，与感温系统感应的温度是相匹配的。由于其平衡力不受蒸发器阻力损失的影响，因此，外平衡式膨胀阀适合于需要有大制冷量的空调制冷系统。

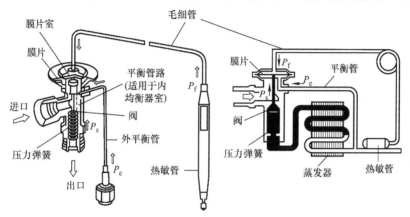

图 8-22 外平衡式热力膨胀阀

图中 P_f 为感温包感受到蒸发器出口温度相对应的饱和压力，P_e 为蒸发器出口蒸发压力，P_s 为过热调整弹簧的压力。当车内温度处在某一工况时，膨胀阀有一定开度，P_f、P_e 和 P_s 应处于平衡状态，即 $P_f = P_e + P_s$。如果车内温度升高，蒸发器出口过热度增大，则感受温度上升，相应的感应压力 P_f 增大，即 $P_f > P_e + P_s$，因此波纹膜片向下移，推动传动杆工作，使得膨胀阀孔开度增大，制冷剂流量增加，制冷量也增大，蒸发器出口过热度相应下降。反之，如果 $P_f < P_e + P_s$，则波纹膜片向上移，传动杆也随之上移，使得膨胀阀孔开度减小，制冷剂流量减小，制冷量也减小，蒸发器出口过热度也相应上升，从而满足了蒸发器热负荷变化的需要。

(2) H 形膨胀阀

H 形膨胀阀是一种整体式膨胀阀，又称块阀，取消了外平衡式普通膨胀阀的外平衡管和感温包，直接与蒸发器进、出口相连，如图 8-23 所示。H 形膨胀阀实际上并没有取消感温包，而是把感温包缩到阀体内的回气通路上，从冷凝器来的制冷剂从入口进入膨胀阀经节流后出来进入蒸发器，在蒸发器中吸收热汽化了的制冷剂后出来，再进入 H 形膨胀阀的另一腔内，使动力元件直接感受蒸发器出口的温度后出来进入压缩机。制冷剂第二次进入 H 形膨胀阀的过程相当于外平衡管的作用，通过膜片、热敏杆及压力弹簧等的作用控制阀口的开度。

(3) 节流膨胀管

节流膨胀管的结构如图 8-24 所示，它是一根细

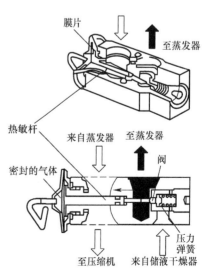

图 8-23 H 形膨胀阀

铜管，装在一根塑料套管内，塑料套管外环形槽内装有密封圈，是一种固定孔口的节流装置，其两端都装有过滤网，以防堵塞。节流膨胀管直接安装在冷凝器出口和蒸发器进口之间，由于其不能调节流量，液体制冷剂很可能流出蒸发器而进入压缩机，造成

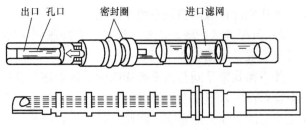

图 8-24 节流膨胀管

压缩机液击，为此装有膨胀管的系统必须同时在蒸发器出口和压缩机进口之间安装一个汽液分离器，实现液、汽分离，避免压缩机发生液击。

由于节流膨胀管没有运动部件，结构简单，成本低，可靠性高，同时节省能耗，许多美国和日本高级轿车都采用这种节流方式。其缺点是制冷剂流量不能根据工况变化进行调节。

6. 连接软管和管路接头

（1）连接软管

由于汽车空调的各总成部件一般分散安装在汽车的各个部位，如压缩机与发动机连成一体，冷凝器与干燥器安装在车架前端上，而蒸发器又安装在车内。当汽车在颠簸的道路上高速行驶时，各部件均产生振动，因而制冷系统这些部件之间不能用刚性金属管连接，只能用柔性橡胶软管连接，而且软管必须具有吸收振动的能力，不能泄漏制冷剂，能承受一定的压力，耐爆裂强度高。

（2）管路接头

汽车空调系统的管路接头可分为以下几种方式：

① 橡胶圈接头方式。这种接头方式现代汽车使用较多。橡胶圈用耐油橡胶做成，优点是密封性高，防振性强，不需要过分拧紧连接螺母，就可以保证密封性，检修时也方便。

② 喇叭口接头方式。这种接头的质量主要靠加工精致和表面粗糙度来控制，连接时螺纹接头要旋紧，使喇叭口与凸缘配合紧密，才能达到密封的要求。

③ 管箍接头方式。这种接头多用于组装车，它是将金属管插入胶管内，再把管箍套于金属管插入处的胶管外围旋紧管箍，从而达到密封的目的。

④ 弹簧锁紧接头方式。这种接头多用于美国车，它是用外罩、卡紧弹簧、内外接头、密封圈，再套用专用工具将其锁紧达到密封的目的。

实训二十八　汽车空调压缩机的拆装

一、实训目的

掌握汽车空调压缩机的拆装方法。

二、设备器材

1）各种汽车空调压缩机 4 台。
2）拆装工具 4 套。

三、教学组织

学生在教师指导下完成工作任务单的内容。

四、任务工作单

1. 拆装空调压缩机

（1）拆卸空调压缩机

1）拆下蓄电池正极线。

2）拆下压缩机电磁离合器连接导线。

3）旋松连接压缩机的高压或低压管道的螺母，排放制冷剂（有条件时应采用回收装置回收制冷剂）。

4）拆卸高、低压管道，并封闭管口，防止灰尘、水汽或其他异物进入系统。

5）拆卸压缩机固定螺栓。

6）拆下压缩机。

7）排出压缩机内的冷冻油，用量筒测量油量，并检查油是否变色，油内是否有杂质。

（2）安装空调压缩机

安装空调压缩机时按照与拆卸相反的顺序进行，并应注意以下几点。

1）安装压缩机时，必须使电磁离合器带轮、发动机带轮的带槽对称面处在同一平面内。

2）以规定力矩拧紧固定螺栓。

3）冷凝器与风扇之间应保持一定间隙，一般不少于20mm，压缩机及其托架和软管之间的间隙为15mm。

4）应更换高、低压管密封垫圈，检查发动机供油系统及冷却系统，防止渗漏。

2. 解体空调压缩机

（1）电磁离合器的拆卸

1）如图8-25所示，使用Y形夹具的3个定位销插入离合器盘上的3个孔中，固定离合器的驱动盘，用套筒扳手拆下主轴上的六角锁紧螺母。

2）拆下锁紧螺母后，用专用拉具拆下压板，并用卡簧钳拆卸内卡簧，如图8-26所示。

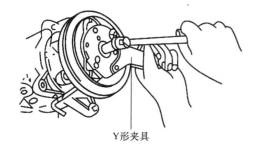

图8-25 拆卸压缩机主轴上的锁紧螺母　　　　图8-26 用卡簧钳拆卸内卡簧

3）用拉拔工具拆卸离合器驱动盘，如图8-27所示，将压缩机带轮和轴承拔出。

4）拆下键和垫片。垫片是用来调整驱动盘和摩擦板之间的间隙的，安装时用它来调整到规定的间隙值。

5）用螺钉旋具拆下电磁线圈安装螺钉，卸下电磁线圈。

（2）压缩机轴封的拆卸

1）拆下离合器总成，使用卡环钳，取下密封座卡环，如图8-28所示。

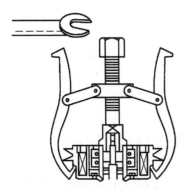
图 8-27 拆卸离合器驱动盘

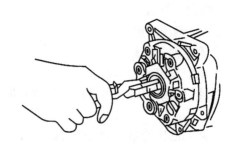
图 8-28 取出压缩机轴密封座卡环

2）使用密封拆卸工具，伸入密封座的位置，然后让其锁紧密封座的内周面，向外拉出密封座。

3）用钩子取出密封件上的 O 形密封圈。

（3）解体空调压缩机

1）按图 8-29 所示顺序（1～6）用内六角扳手松开端盖上的所有螺栓，然后取下螺栓。

2）用木锤轻轻敲击端盖凸缘，使它从压缩机上脱离。当压缩机的前后端盖打开后，就可以容易地抽出其活塞等部件，如图 8-30 所示。

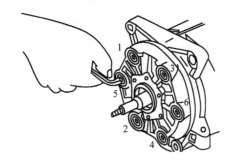
图 8-29 拆卸压缩机端盖螺栓

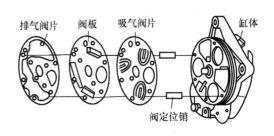
图 8-30 压缩机内部零件拆卸

3）取下气缸垫、O 形圈、簧片阀板。

4）取出内部的活塞组件和轴承等。

（4）压缩机内部零部件的检测及组装

1）检查压缩机活塞和气缸，若活塞和气缸有拉毛现象，则须更换压缩机。

2）检查压缩机轴承，若有损坏则须更换。

3）检查压缩机阀片和阀板。阀板可以用油石打磨平整，阀片、缸垫和 O 形圈损坏则须更换。

4）装配时要清洗干净所有零部件，保证油路畅通，并在各摩擦部位涂上冷冻油。同时，要保持所有接合面清洁干净，并在垫上涂上冷冻油，均匀地压紧螺栓，装上前后盖板。

5）用手转动压缩机检查运转是否顺利。

（5）压缩机组装后的性能检查

将压缩机安装在工作台上就可检查其性能，其检查方法如下。

1) 压缩机内部泄漏检查。在压缩机吸、排气检修阀上装上歧管压力计,并关闭手动高、低压阀,再用手转动压缩机主轴,每秒钟转一圈,共转 10 圈,这时打开手动高压阀,高压表的压力应大于 0.345MPa 或更大,若压力小于 0.310MPa,则说明压缩机内部有泄漏,须重新修理或更换阀片、阀板和缸垫。

2) 压缩机外部泄漏检查。从压缩机吸入端注入少量制冷剂,然后用手转动其主轴,用检漏仪检查轴封、端盖、吸排气阀口等处有无泄漏,若有泄漏须拆卸重新检修,若无泄漏,就可装回发动机上。

任务三 汽车空调采暖、通风、配气与空气净化系统

任务目标

1. 了解汽车空调采暖、通风、配气、空气净化系统的基本原理。
2. 掌握汽车空调滤清器的更换方法。

一、汽车空调采暖系统

采暖是汽车空调的功能之一,是将车外新鲜空气引入热交换器,吸收其中某种热源的热量,从而提高空气的温度,并将热空气送入车内,达到人体保暖和车窗玻璃除霜的目的。

按热源形式的不同,汽车采暖系统大致分为水暖式、气暖式、独立热源式和混合式。

1. 水暖式采暖系统

水暖式采暖系统的基本组成有加热器、鼓风机、热水阀、通风道等,如图 8-31 所示。水暖式是指利用发动机高温冷却液为热源的采暖系统,也称余热式采暖系统。从发动机出来的冷却液温度在 80~90℃,让其中一部分冷却液通过加热器的热交换来加热空气,并将热风送入车内,用以提高车内空气的温度。水暖式采暖的优

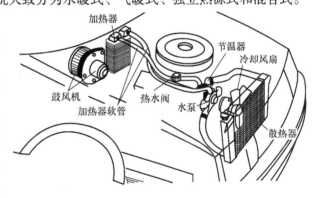

图 8-31 水暖式采暖系统组成

点是利用发动机余热采暖,无须额外消耗能源,在轿车、货车和供暖要求不高的大客车上被广泛使用。水暖式采暖装置的不足之处是产热量不稳定,受到发动机工况的影响。

2. 气暖式采暖系统

气暖式采暖系统利用发动机排气系统的热量采暖,因此也属余热式采暖系统。汽油发动机燃烧产生的热量 36% 通过废气排出,柴油发动机由废气带走的热量也有 30%。气暖式采暖系统是利用发动机排出的废气余热来提高车内空气的温度,将发动机排出的废气引入加热器,通过热交换加热空气,并将热风吹入车内升温。气暖式采暖系统的热交换方式有排气管直接加热、翅片式加热及热管加热等。

其基本组成与原理如图 8-32 所示。在发动机排气管中设有废气控制阀,当需要采暖时,通过废气控制阀将通往消声器的通道关闭,使废气流经加热器,通过加热器的热交换加热空

气,并用鼓风机将热风吹入车内以提高车内的温度。

3. 独立热源式采暖系统

独立热源式采暖装置是在汽车上设置专门的燃烧装置,通过燃料(汽油、柴油、煤油、天然气等)的燃烧来加热空气,并将热空气送入车内以提高车内的温度,因而此种采暖系统也被称为燃烧式采暖系

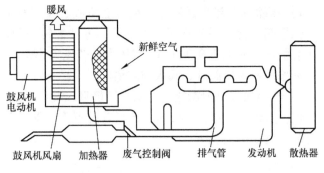

图 8-32 气暖式采暖系统组成

统。燃烧式采暖系统的优点是在汽车行驶时,热源不受汽车运行工况的限制。由于独立热源不依赖于汽车发动机,因此,在停车时也可对车内提供暖气。燃烧式采暖系统在寒冷的冬季还可用于对发动机进气预热、发动机机油的预热和保温、蓄电池的保温等,以解决冷起动困难的问题。独立热源采暖系统在客车上应用较多。

燃烧式暖气系统根据空气加热方式的不同分,有直接加热式和间接加热式两种类型。

(1) 直接加热式采暖系统

燃烧直接加热式采暖系统也称燃烧气暖式,即通过燃烧燃料产生的热量直接加热空气。这种气暖系统由燃烧器、热交换器、燃料供应、空气供应和控制部分组成,如图 8-33 所示。

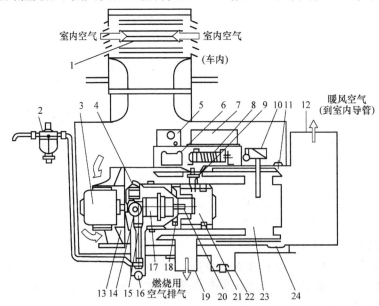

图 8-33 直接加热式采暖系统

1—暖风空气进气口 2—燃油滤清器 3—暖风空气用电动机 4—空气电磁阀 5—开关盒
6—燃烧空气用电动机的通风装置 7—继电器 8—加热电阻器 9—加热塞 10—炉内热敏开关
11—温度熔断器 12—暖风空气出气口 13—暖风空气用鼓风机 14—燃料电磁阀 15—计量泵
16—燃烧用空气进气管 17—燃烧用电动机 18—燃烧空气用风机 19—排气管 20—旋转喷雾器
21—燃烧室 22—排水装置 23—热交换器 24—双金属开关

燃烧器由燃油管、旋转喷雾器、燃烧室、加热电阻器、加热塞等组成。工作时,燃油在燃油泵的作用下,燃油从旋转喷雾器喷出,依靠离心力和空气的切向力将燃油雾化并与空气

混合，可燃混合气被点火引燃后，在燃烧器上部燃烧。燃烧器在高温下工作，因此，其材料通常是耐热的不锈钢。

热交换器紧靠在燃烧器后端，由两个夹层空腔构成，中心是燃烧室。包围燃烧室的第一层空腔通入要加热的空气，第二层空腔通燃烧气体，燃烧气体被引入排气腔。燃油燃烧产生的热量通过金属隔板加热空气，加热后的空气经暖气室送入车内。

燃料与空气供给系统燃料供给系统由燃油滤清器、计量泵、燃油电磁阀、燃油箱和输油管路等组成。空气供给包括燃烧室内助燃空气供给和被加热空气供给。燃烧室助燃空气供应和燃料泵都是由风扇电动机来驱动的，被加热空气由鼓风机将其吹向加热器夹层。

控制系统有手动控制和自动控制两种形式，控制系统用来控制电动机、电磁阀、点火装置及其他自动控制单元，以使采暖系统正常工作。

（2）间接加热式采暖系统

燃烧间接加热式采暖装置也称燃烧水暖式，其组成如图8-34所示。燃烧水暖式采暖系统的组成与燃烧直接加热式采暖系统大体相同，也有燃烧器、热交换器、燃料供应、空气供应和控制部分。

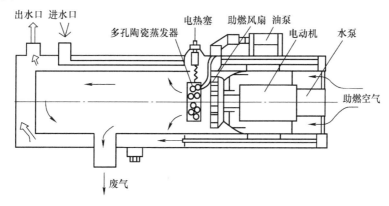

图8-34　间接加热式采暖系统

燃烧水暖式采暖系统的点火燃烧过程与燃烧直接加热式的相似。采暖系统热交换过程：将采暖系统管道上的开关打开，水经管道进入暖气装置，水被加热后通过热水管输送到加热器，并将流经加热器的空气加热。热空气进入车内后，使车内的温度升高。当不需要采暖时，将上述开关关闭即可。

4. 混合式采暖系统

混合式采暖是指汽车空调系统既有水暖装置，又配置了燃烧式采暖系统。混合式采暖系统综合了水暖式和燃烧式采暖系统的优点。在发动机不工作或刚起动，发动机冷却液温度还未达到正常工作温度时，起动燃烧器独立采暖，当发动机正常运转时，则用发动机冷却液独立采暖，或采用两种采暖方式同时工作的混合采暖。混合式采暖系统不仅可保证随时满足汽车采暖需求，而且可节约能源。混合式采暖汽车空调通常在一些豪华大客车上使用。

二、汽车空调通风系统

1. 汽车通风的作用

汽车在行驶中使用空调时，通常需要关闭车窗，以避免冷气或热量流失。在车内狭小的空间内，人员相对比较密集，很容易造成 CO_2 含量过高和氧气缺乏。CO_2 虽不是有毒气体，但如果在空气中含量过高也会对人体造成伤害。研究表明，驾驶员的需氧量在汽车正常行驶时比静止时多 50%；而在复杂情况下，则要比静止时多 350%；当几种不利的气候因素同时起作用时，需氧量则要比静止时多 500%。可见，汽车及时适量地通风，以增加车内空气中氧的含量，降低 CO_2 的含量对车内乘员身体健康和汽车行车安全均十分重要。

将新鲜空气引进车内，使车内空气质量得到改善的过程称为通风。汽车通风系统的作用则是在保持车内适宜温度的情况下，尽量提高车内空气的含氧量，并降低 CO_2、灰尘、烟气等有害气体的含量，为车内驾乘人员提供健康和舒适的环境。

2. 汽车通风的形式

汽车车内通风的主要形式有自然通风、强制通风和综合通风三种。

（1）自然通风

汽车自然通风是利用汽车行驶中的气流压力差，将车外空气引入车内的通风方式。自然通风需要在汽车上设空气引入口和空气排出口，空气引入口设在正压区，车内空气排出口一般设于负压区，通过风门大小的开度来控制通风量。

轿车行驶中车外的气压分布及车内空气流动方式如图 8-35 所示。汽车开动时，车外空气从前迎风面的进气口进入后，在车内循环，然后从车身后部流入行李舱，通过排气栅格排入大气。

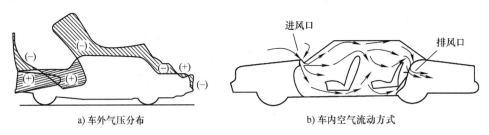

a) 车外气压分布　　　　　　b) 车内空气流动方式

图 8-35　汽车自然通风原理

为了保证车内空气压力为正值，以及进入车内空气的清洁度，选择适当的通风进气口和排风口非常重要。进风口必须选在汽车行驶时的正压分布区。这样，从车外进入的空气经过过滤和进气控制阀的控制，可保证车内为正压区，空气清洁度也有保障。而排气口应选择在负压区，有利于迅速排出车内污浊气体。

轿车、货车的新鲜空气进口都在车头部位，这个位置属于正压区，而且进来的空气也比较清洁。为了避免发动机室对空气的污染，通常用塑料管将室外空气直接引入空调器进气口。

大型客车的进风口布置比较复杂，要根据蒸发器和空调器安装位置来设置。有的城市公交车采用在车顶开天窗的方式实现自然通风。

（2）强制通风

汽车强制通风是用风机强制空气流动的通风形式，强制通风的空气引入口和空气排出口通常也是分别设在正压区和负压区。现代汽车空调大都将制冷系统、采暖系统和强制通风装置组成冷暖一体化的空气调节系统，而强制通风就是冷暖一体化汽车空调的外循环功能，通风量的调节通过控制鼓风机的转速实现。

一些大客车由于车内空间大、人员多,为达到理想的通风效果,通常在车顶部或其他某处设换气扇或抽风机进行强制通风。

(3)综合通风

汽车综合通风是指汽车上同时采用自然通风和强制通风。综合通风结构要复杂一些,但在无须温度调节的季节可由自然通风承担主要的换气任务,使强制通风尽量少用,以节约能源,经济性较好。

三、汽车空调配气系统

1. 空调配气系统的基本组成

汽车空调配气系统根据汽车通风系统来设置。小型轿车大多采用强制通风系统,不同车型其空调强制通风系统的结构形式也不相同,但基本组成相同,其主要组成部件有鼓风机、进气口风门、冷暖空气混合风门及出风口风门等。典型的汽车空调配气系统如图 8-36 所示。该强制通风系统可分为如下三部分:

第一部分为空气进口段,主要由进气口风门和用于形成强制通风的鼓风机组成。

第二部分为冷暖空气混合段,主要由提供暖气的加热器、提供冷气的蒸发器和冷暖空气混合风门组成。

第三部分为空气分配段,主要由使空气吹向面部、脚部和风窗玻璃上的各个风口和相应的出风口风门组成。

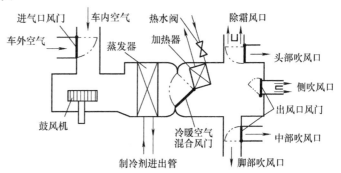

图 8-36 汽车空调配气系统结构

上述三部分中各有一个风门,其作用如下:

1)进气口风门。设在空气进口段的进气口风门用于控制车外空气和车内循环空气的比例。减小车外空气进入的比例,可减少车内冷气或热量的散失,但车内空气的质量下降较快。当车内空气质量较差时,应加大车外空气进入的比例,以增大换气量,使车内空气清新。现在的汽车空调其进气口风门通常只设"车外空气导入"和"车内空气循环"两个位置,即进气口风门在车外空气导入位置时,车外进气口全开,而车内进气口则完全关闭,只有车外空气进入车内;当进气口风门在车内空气循环(再循环)位置时,则车内进气口全开,而车外进气口被关闭,此时,只是车内空气循环。

2)冷暖空气混合风门。设在中段的冷暖空气混合风门用于控制冷暖空气的比例,以实现空调送风温度的调节。当冷暖空气混合风门处在关闭加热器风道位置,并开启制冷系统,此时送入车内的就是最冷的风;当冷暖空气混合风门处在加热器风道全开位置,而制冷系统不工作,此时送入车内的是最热的风;当冷暖空气混合风门在最热和最冷之间改变其位置时,就改变了冷暖空气的比例,也即改变了出风口送出空气的温度。

3)出风口风门。设在出风口处的出风口风门用于调节出风的部位和风的方向。通过调节出风口风门,可以选择不同部位的风口吹风,以使车内有适宜的气流和温度分布。此处的风门若将除霜风口打开，使暖风吹向风窗玻璃，就可除去风窗玻璃上影响视线的霜或雾。

进、出口风门和冷暖空气混合风门有手动操纵和电动或气动驱动两种形式。手动式汽车空调系统由驾驶员通过空调操控面板上的通风控制开关和拉索直接操纵各风门，而自动汽车空调系统则是由控制器通过电动伺服机构或气动伺服机构操纵各风门。

2. 汽车空调的配气方式

汽车空调配气（送风）方式主要有半空调送风、冷暖空气混合送风、全热式送风、并联式送风等。

1）半空调送风方式。半空调送风方式如图8-37所示。车外新鲜空气和车内循环空气经风门调节后，由风机吹向蒸发器冷却，然后由冷暖空气混合风门调节，一部分或大部分进入加热器，冷气出口不再进行调节。

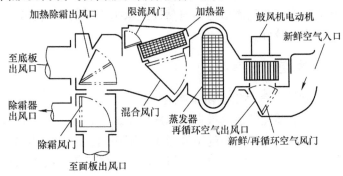

图8-37 半空调送风方式结构

半空调送风方式由空气混合风门来调节其送入车内的空气温度。当制冷系统不工作，将空气全部引到加热器时，则送出的是暖风；如果加热器不工作，则送出的是冷风；如果两者都不工作，则送出自然风。

2）全热式送风方式。全热式送风方式如图8-38所示，与空气混合式的区别在于由蒸发器出来的冷空气全部进入加热器，蒸发器与加热器之间不设风门进行冷热空气的混合比例调节，而是冷空气全部进入加热器再加热后，再由各出风口风门控制其出风的部位和方向。

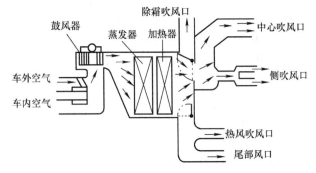

图8-38 全热式送风方式结构

全热式送风方式由于没有冷暖空气混合风门，空气温度的控制由热水阀通过控制其热水量来实现。如果制冷系统工作，关闭热水阀，则从出风口吹出来的是未经加热的最冷空气；随着热水阀的开度增大，出风的温度会随之上升；如果制冷系统不工作而只是接通热水阀，则送出最热的暖风；如果关闭热水阀，且制冷系统也不工作，则从出风口吹出来的为自然风。

全热式送风系统的优点是被处理后的空气参数精度较高，缺点是浪费一部分冷气，亦即为了达到较高精度的空气参数而不惜损失少量冷气。这种配气方式只用在一些高级、豪华的汽车上。

3）并联式送风方式。并联式送风方式如图8-39所示。加热器与蒸发器在通风通道中并联布置，车外或车内空气进入进气口风门后，由鼓风机吹出，再经冷暖空气混合风门进入并联的蒸发器和加热器，经蒸发器冷却后的冷空气和经加热器加热的热空气被吹向出风口，经相应的出风口进入车内。

在最上方和最下方之间调节混合风门的位置，就可改变进入蒸发器和加热器空气的比例，将进入车内空气的温度调节到所需的值。当混合风门处在最下方位置时，从鼓风机吹来的空气只能进入蒸发器，故从出风口吹出最冷的风；如果混合风门在最上方，则空气只能流经加热器，出风口吹出的是最热的风；如果制冷系统不工作，热水阀又关闭，从出风口吹出的就是未经冷却和加热的自然风。

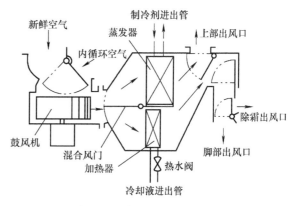

图 8-39　并联式送风方式结构

四、汽车空气净化

为了保持车内空气洁净新鲜，除了通过通风换气以外，还须采用净化装置，以除去车内粉尘和有害气体及气味。汽车空调空气净化系统有空气过滤式和静电除尘式两种。

1. 空气过滤式空气净化系统

空气过滤式空气净化系统（图 8-40）是在空调系统的进风口和排风口处设置空气滤清装置，它仅能滤除空气中的灰尘和杂物，结构简单，工作可靠，只需定期清理过滤网上的灰尘和杂物即可，故广泛用于各种汽车空调系统中。

2. 静电除尘式空气净化系统

静电除尘式空气净化系统（图 8-41）则

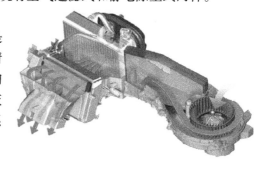

图 8-40　空气过滤式空气净化系统

是在空气进口的过滤器后再设置一套静电除尘装置或单独安装一套用于净化车内空气的静电除尘装置。

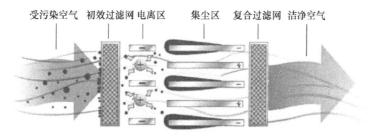

图 8-41　静电除尘式空气净化系统

静电除尘式空气净化系统除能过滤和吸附烟尘等微小颗粒的杂质外，还具有除臭、杀菌作用，有的还能产生负离子（带负电荷的氧离子，也称负氧离子）以使车内空气更为新鲜洁净。由于其结构复杂，成本高，目前只用于某些高级乘用车和豪华旅游客车上。

图 8-42 所示为静电除尘式空气净化系统的空气净化过程框图。

预滤器用于过滤空气中粗大的尘埃杂质。

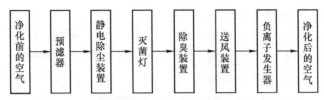

图 8-42 静电除尘式空气净化系统的空气净化过程

除尘装置（亦称集尘器）以静电除尘方式把微小的颗粒尘埃、烟灰及汽车排出的气体中含有的微粒吸附在除尘板上。工作原理：辉光放电（电压高达 6000V）时产生的加速离子通过热扩散或相互碰撞而使浮游尘埃颗粒带电，然后在辉光放电的电场中，在电场力的作用下，克服空气的勃性阻力而被吸附在集尘电极板上。

灭菌灯用于杀灭吸附在集尘板上的细菌，它是一只低压汞放电管，能发射出波长为 353.7nm 的紫外光，其杀菌能力约为太阳光的 15 倍。

除臭装置用于去除车室内的汽油及烟草等气味，一般采用活性炭过滤器、纤维式或滤纸式空气过滤器来吸附烟尘和臭气等有害气体。

任务四　汽车空调控制系统及电路

任务目标

1. 了解汽车空调控制部件及工作原理。
2. 了解汽车空调控制电路及工作原理。
3. 掌握汽车空调电路故障的诊断方法。

一、汽车空调制冷系统的控制部件

1. 电磁离合器

压缩机电磁离合器主要由摩擦板、衔铁、带轮（转子）及电磁线圈组成，如图 8-43 所示。

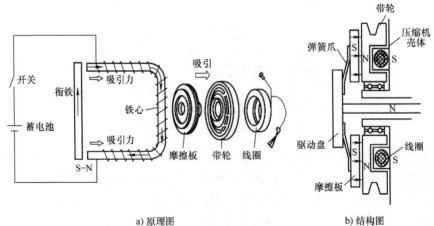

a) 原理图　　　　　　　　　　b) 结构图

图 8-43　电磁离合器结构原理图

电磁离合器有定圈式和动圈式两种。

汽车空调用的电磁离合器的作用是将汽车发动机的动力传递给压缩机主轴,使压缩机运转,完成制冷循环。压缩机的工作或停转由电磁离合器线圈电源的通断进行控制。

电磁离合器的工作原理是当电流通过离合器绕组时产生较强的磁场,衔铁被线圈磁力牢牢吸住,压缩机主轴通过键与毂连接,而衔铁与毂紧箍,这时带轮旋转,通过转板上吸力带动衔铁旋转,主轴即被驱动。当离合器线圈断电时,衔铁被弹簧弹回,带轮只在轴承上空转。

2. 温度控制器

温度控制器又称恒温开关,是汽车空调系统中的一种开关元件,是感受蒸发器表面的温度,通过自身机构的动作从而控制压缩机离合器线圈中电流的通、断致使压缩机产生开与停的动作,起到调节车内温度及防止蒸发器结霜的一种电气控制装置。

汽车空调温度控制器可分为机械压力式和电子式两种。

(1) 机械压力式温度控制器

机械压力式温度控制器主要由毛细管和波纹管构成,其内部充满感温介质,感温管的一端(感温包)插入蒸发器翅片之中,感受蒸发器表面的温度,它的主要功能是通过感温元件内介质的温度变化,导致波纹管内压力发生变化,致使其伸长或缩短,将此信号传递出去。

机械压力式温度控制器的调节机械主要由温度调整旋钮、温度调节螺钉等组成,其作用是使温控器能在最低至最高温度范围内任何一点动作,以控制温度。波纹管式温度控制器的触头开闭机构主要由触点、弹簧等组成。

图8-44 所示为其结构图。波纹管和充满制冷剂的感温毛细管、感温包相连,感温包置于蒸发器翅片冷气通过的位置上。当蒸发器温度变化时感温包中的制冷剂温度也随着变化,对应的压力也发生变化,温度升高,压力就增大,推动波纹管中膜片运动,推动动触点与固定触点闭合,电磁离合器线圈通电,压缩机旋转,制冷系统循环制冷。如果车内温度降到设定的温度以下,膜片向相反的方向运动,弹簧帮助复位,使触点脱开,电磁离合器线圈断电,压缩机停止工作。

旋转温度调整旋钮可调节温度调节螺钉,改变温控器的温度设定值。

(2) 电子温度控制器

电子温度控制器的传感器元件是热敏电阻,装在蒸发器的外侧正面,用以检测蒸发器的出口温度。

热敏电阻有两种:一种具有负感温电阻特性,即温度升高,电阻值下降;一种具有正感温电阻特性,即温度上升,电阻值上升。

由于热敏电阻结构简单,调节精度高,工作可靠,故障少等优点,因而被越来越多的车用空调器所采用。图8-45 所示是空调器热敏电阻特性曲线,图中两曲线之间的部分是温度调节范围。

图8-46 所示是汽车空调电子温度控制器电路。电路中 R_1、R_t、R_2、R_3 及温度设定电位器 R_P 构成温度检测电桥。

当被控温度高于 R_P 设定的温度时,R_t 阻值较小,A 点电位低于 B 点电位,A_2 输出为高电平到 A_1 的同相输入端,致使 A_1 的反相输入端电位低于同相输入端电位,也输出高电平,晶体管 VT 饱和导通，继电器 KA 吸合，动合触点 KA_1 闭合，汽车空调电磁离合器得电动作，带动压缩机运转制冷。

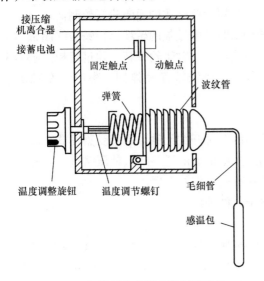

图 8-44　机械压力式温度控制器结构　　图 8-45　空调器热敏电阻的特性曲线

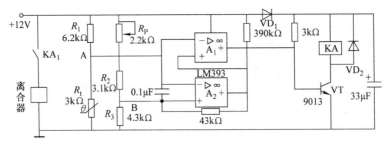

图 8-46　汽车空调电子温度控制电路

随着被控温度逐渐降低，R_t 阻值增大，A 点电位逐渐升高，当被控温度达到或低于 R_P 设定温度时，A 点电位高于 B 点电位，A_2 输出低电平，A_1 也输出低电平，VT 截止，继电器 KA 释放，KA_1 断开，电磁离合器失电，压缩机停止工作。循环以上过程，可保证汽车内温度控制在 R_P 设定的温度附近。

3. 压力开关

汽车空调设有压力开关电路，压力开关也称压力继电器或压力控制器，分为高压开关和低压开关两种，安装在制冷系统的高压侧管路上。当制冷系统中制冷剂压力出现异常时迅速切断电磁离合器电路，而使压缩机停止工作，待压力恢复后，压缩机又正常工作，避免了制冷系统被损坏。

（1）高压压力开关

汽车空调系统在使用中，当出现冷凝器堵塞、冷却风扇不转或制冷剂过量等不正常情况时，系统压力会过高，若不加控制，过高的压力会损坏系统元件，甚至产生管路爆裂。

高压开关安装在高压管路中，一般安装在储液干燥器上，串联在压缩机电磁离合器电路或冷凝器风扇电路中，当系统压力过高时，高压开关动作，切断电磁离合器电路或接通冷凝器风扇高速档电路，防止压力继续升高，避免造成系统损坏。

常开型高压压力开关（图8-47a）串联在冷凝器风扇电路中，金属膜片的上方通高压侧制冷剂，下方作用有复位弹簧。正常情况下，制冷剂压力低于复位弹簧压力，金属膜片向上拱曲变形，触点断开，冷凝器风扇以低速运转；当制冷剂压力异常升高时，制冷剂压力大于复位弹簧压力，金属膜片向下拱曲变形，触点闭合，冷凝器风扇以高速运转，以加强冷却。

常闭型高压压力开关（图8-47b）串联在压缩机的电磁离合器电路中。正常情况下，制冷剂压力低于复位弹簧压力，触点保持闭合状态，电磁离合器接合，压缩机正常运转；当制冷剂压力异常升高时，制冷剂压力将大于复位弹簧压力，金属膜片向下拱曲变形，触点断开，电磁离合器分离，压缩机便停止运转；当制冷剂压力下降到正常值时，金属膜片会向上拱曲变形，使触点恢复闭合，于是电磁离合器恢复接合，压缩机恢复正常运转。

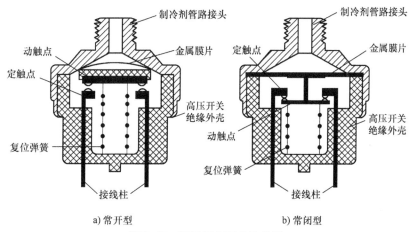

图8-47 高压压力开关结构图

高压压力开关的切断压力和触点恢复闭合压力一般因车型而异，切断压力一般在2.1～3.0MPa范围内，触点闭合恢复压力为1.6～1.9MPa。

（2）低压压力开关

低压压力开关也称制冷剂泄漏检测开关，作用是当气体泄漏，压力降低时，切断电磁离合器电源，以免烧坏压缩机。低压压力开关通常用螺纹接头直接安装在高压管路中，串联在电磁离合器电路中。低压压力开关的触点在常态下是闭合的，其内部结构如图8-48所示。

当制冷剂压力正常时，常闭触点接通压缩机电磁离合器电路，电磁离合器接合，压缩机正常运转；当因发生制冷剂泄漏等故障而使系统压力过低时，制冷剂压力将低于复位弹簧压力，金属膜片会向上拱曲变形，使常闭触点断开，于是电磁离合器分离，压缩机便停止运转，以防止损坏压缩机。

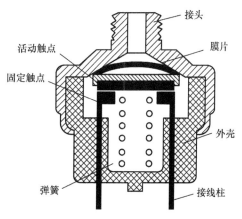

图8-48 低压压力开关结构图

低压压力开关的切断压力一般为80～110kPa，而触点闭合恢复压力为230～290kPa。

（3）高低压组合压力开关

将高压压力开关与低压压力开关装在一个壳体内，即构成高低压组合压力开关。高低压组合压力开关一般串联安装在压缩机控制回路中,同时具有高压保护和低压保护功能。在系统正常时,该开关触点闭合,电磁离合器工作正常;但系统压力过高或系统压力过低时,该压力开关动作,触点断开,使压缩机停止工作。通常,压力低于 0.196MPa 时,低压开关触点断开,压力高于 0.226MPa 时触点恢复闭合;压力高于 3.14MPa 时高压开关触点断开,低于 2.55MPa 时触点恢复闭合。

4. 易熔塞

易熔塞又称熔化螺栓,是制冷系统中的过压保护装置,它安装在储液干燥器上,有一个孔贯穿螺栓中心,孔中填满一种特殊的焊剂。当高压端的压力和温度升至约 3MPa 和 95~100℃时易熔塞中焊剂熔化,使制冷剂排出至大气中,从而防止制冷装置损坏。

5. 减压安全阀

在空调制冷系统中,由减压安全阀代替易熔塞起到了防止环境污染的作用。它安装在压缩机缸体上,如果高压端的压力升至 3.43~4.14MPa,减压安全阀就会开启,以降低压力,通常它和高压开关起双层保护作用,一旦减压安全阀开启就必须予以更换。

6. 急速提升装置

汽车制冷系统在使用时会消耗发动机功率,因此对于排气量较小的发动机,在不开启制冷系统时,调整至正常急速,一旦将制冷系统开启则会因功率消耗而使急速降低,出现发动机急速不稳定的现象,甚至使发动机熄火,因此设计一种装置在开启制冷系统时使发动机急速自动升高,使其维持正常的急速,这种装置就是急速提升装置。

二、汽车空调系统控制电路

汽车空调系统控制电路是为了保证汽车空调系统各装置之间相互协调工作,正确完成汽车空调系统的各种控制功能和各项操作而设置的。由于各制造厂家设计方案不同,汽车空调控制电路亦不完全相同,其功能、调节和控制原理也不尽相同,因而其控制电路由简单到复杂,从单一功能控制到多项功能控制也有所不同,但就基本原理和电路来说却都有相同之处。

汽车空调系统的基本电路一般包括电源电路、鼓风机控制电路、电磁离合器控制电路、发动机转速控制电路和温度控制电路组成,如图 8-49 所示。其工作过程如下。

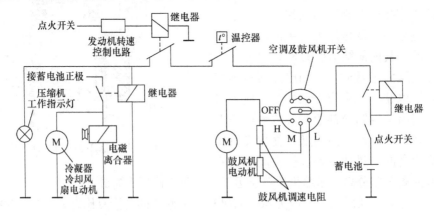

图 8-49 汽车空调控制系统基本电路

(1) 电源电路

电源电路的电流走向：蓄电池正极—点火开关—继电器线圈—搭铁。

空调继电器电磁线圈通电后，其动合触点吸合，于是有电源电流流过。其电流走向：蓄电池—点火开关—空调继电器触点—空调及鼓风机开关，之后分为两路，一路到鼓风机，一路到压缩机电磁离合器线圈。

(2) 鼓风机控制电路

鼓风机电路的电流走向：蓄电池正极—点火开关—空调继电器触点（已经闭合）—鼓风机开关。

因鼓风机开关位置不同，分为以下几种情况：

1) 鼓风机开关处于 OFF 档：由于空调压缩机电磁离合器继电器电磁线圈断路，空调压缩机电磁离合器继电器触点断开，无电源电流，鼓风机与压缩机均停转。

2) 鼓风机开关处于 L 档：蓄电池正极点火开关—空调继电器触点（已经闭合）—鼓风机开关—两个调速电阻—鼓风电动机。此时，鼓风机电路中电阻最大，鼓风机转速最低，鼓风量最小。

3) 鼓风机开关处于 M 档：M 档时，鼓风机电路中电阻居中，鼓风机转速居中，鼓风量居中。电路与上述相近。

4) 鼓风机开关处于 H 档：H 档时，鼓风机电路中电阻最小，鼓风机转速最高，鼓风量最大。

(3) 电磁离合器电路

在点火开关置于点火位置、鼓风机开关开启、空调放大器继电器触点吸合、压力开关闭合（若电磁离合器控制电路还串有其他控制开关，其触点也应处于闭合状态）的情况下，压缩机才能工作。其电流走向：蓄电池正极—空调继电器触点—温度控制器触点—空调放大器触点—压缩机继电器线圈—搭铁—蓄电池负极。

(4) 发动机转速控制电路

为了避免发动机低速时接入空调后引起的发动机熄火或发动机过热现象，一般空调系统都设有发动机转速控制电路。

其工作原理：发动机转速检测电路将点火线圈传来的点火脉冲信号转变成一个连续变化的电压信号，且发动机转速越低，该电压就越高。

当发动机转速低于规定值（如 800r/min）时，空调放大器继电器电磁线圈断电，触点断开，压缩机电磁离合器继电器线圈断电，压缩机停止工作。当发动机转速上升到高于规定值时，空调放大器继电器电磁线圈通电，触点吸合，压缩机电磁离合器继电器线圈恢复通电，压缩机又开始工作。

(5) 温度控制电路

空调系统工作时，当蒸发器表面温度下降到一定值时，其表面就会结霜或结冰，这将影响蒸发器的热交换效率，造成制冷能力下降，因此设有温度控制电路。温度控制电路的传感器是一个具有负温度系数的热敏电阻。它安装在蒸发器出口处，检测蒸发器出风口的冷风温度。

蒸发器出口冷风温度越低，热敏电阻阻值就越大，输入到温度检测电路后，产生的转换电压就越高。当蒸发器出口结霜或结冰时，温度控制电路使空调放大器继电器电磁线圈断电,触点断开,电磁离合器线圈断电,压缩机停转。当蒸发器表面温度回升后,温度控制电路使空调继电器电磁线圈恢复通电,触点吸合,电磁离合器线圈通电,压缩机又开始工作。

如此周而复始,将车内温度控制在适宜范围之内,以防止蒸发器结霜或结冰。

三、典型汽车空调系统电路

1. 桑塔纳轿车空调系统电路

如图8-50所示为桑塔纳轿车空调电路,它由电源电路、电磁离合器控制电路、鼓风机控制电路和冷凝器风扇电动机控制电路组成。其工作过程如下。

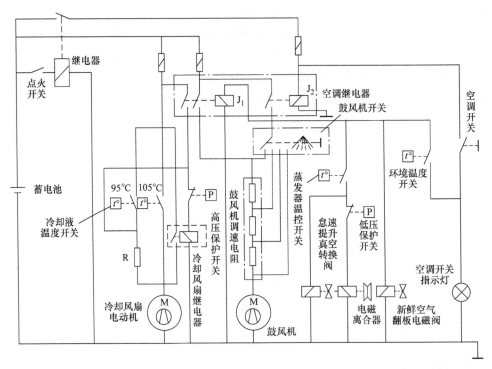

图8-50 桑塔纳轿车空调控制系统电路图

1) 点火开关处于断开(置OFF)位置时,继电器的线圈电路切断,触点张开,空调系统不工作。

2) 点火开关处于起动(置ST)位置时,继电器线圈电路切断,触点张开,中断空调系统的工作,以保证发动机起动时,蓄电池维持足够的电能。

3) 点火开关处于接通(置ON)位置时,继电器线圈电路接通,触点闭合,空调继电器中的线圈J_2通电,接通鼓风机电路,此时可由鼓风机开关进行调速,使鼓风机按要求的转速转,进行强制通风、换气或送出暖风。

4) 当外界气温高于10℃时,才允许使用空调。当需要制冷系统工作时,接通空调开关,空调开关指示灯点亮,表示空调开关已经接通。此时电源经空调开关、环境温度开关可接通下列电路。

① 新鲜空气翻板电磁阀电路接通,该阀动作接通新鲜空气翻板控制电磁阀的真空通路,使新鲜空气进口关闭,制冷系统进入车内空气内循环。

② 经蒸发器温控开关、低压保护开关对电磁离合器线圈供电，同时电源还经蒸发器温控开关接通怠速提升真空转换阀，提高发动机的转速，以满足空调对动力的需要。

③ 对空调继电器中的线圈 J_1 供电，使两对触点同时闭合，其中一对触点接通冷凝器冷却风扇继电器线圈电路；另一对触点接通鼓风机电路，使鼓风机以低转速运转。

低压保护开关串联在蒸发器温控开关和电磁离合器之间，当制冷系统因缺少制冷剂使制冷系统压力过低时，开关断开，压缩机停止工作。

高压保护开关串联在冷却风扇继电器和空调继电器 J_1 的一对触点之间，当制冷系统高压值正常时，触点张开，将电阻 R 串联接入冷却风扇电动机电路中，使风扇电动机低速运转；当制冷系统高压超过规定值时，高压保护开关触点闭合，接通冷却风扇继电器线圈电路，冷却风扇继电器的触点闭合，将电阻 R 短路，使风扇电动机高速运转，以增强冷凝器的冷却能力。同时，冷却风扇电动机还直接受发动机冷却液温控开关的控制，当不开空调开关时，若发动机冷却液温度低于 95℃ 时，风扇电动机不转动，高于 95℃ 时，冷却风扇电动机低速转动。当冷却液温度达到 105℃ 时，风扇电动机将高速转动。

空调继电器中的 J_1 触点在空调开关一接通时即可闭合，使鼓风机低速运转，以防止蒸发器因表面温度过低而结霜。

2. 夏利轿车空调系统电路分析

夏利轿车的空调系统电路如图 8-51 所示，它主要由空调放大器、电磁离合器电路、鼓风机及其控制电路、冷凝器冷却风扇电动机及其控制电路、怠速提升电磁真空转换阀电路、电源电路等组成。

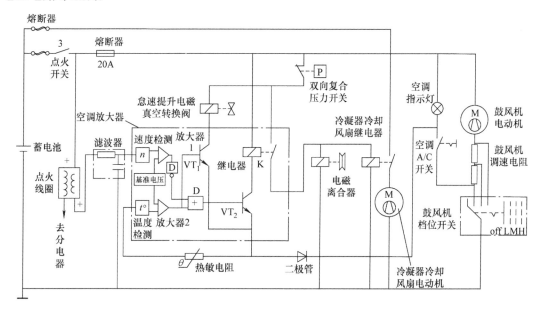

图 8-51 夏利轿车空调系统控制电路

空调放大器是夏利轿车空调系统电路的核心部件，它以日本电装（DENSO）公司的一片汽车空调专用集成电路 SE078 为核心，配以简单的外围电路所组成，具有蒸发器出口侧冷气温度控制、发动机转速控制、怠速提升电磁真空转换阀控制等多重调节和控制功能，使得整个空调系统电路简单，控制精度高。

1) 发动机转速、蒸发器温度均高于设定值时，比较放大器 2 输出高电平，则晶体管 VT_1 饱和导通，急速提升电磁真空转换阀通电，急速提升装置工作，使发动机急速转速升高。比较放大器 1 输出低电平，反相器 D 输出高电平；同时，与门 D 因输入端均为高电平，因此也输出高电平，故晶体管 VT_2 饱和导通，继电器 K 通电，触点吸合，使电磁离合器电路接通，压缩机运转制冷。

2) 蒸发器温度低于设定值，而发动机转速高于设定值时，比较放大器 2 输出低电平，晶体管 VT_1 截止，急速提升电磁真空转换阀断电，使急速提升装置停止工作。同时，也给与门 D 输入低电平而使与门 D 输出低电平，晶体管 VT_2 也截止，继电器 K 断电，触点断开，电磁离合器断电使压缩机停止运转。尽管发动机转速高于设定值，比较放大器 1 输出低电平，反相器 D 也输出高电平，但压缩机不会工作。

3) 蒸发器温度高于设定值，而发动机转速低于设定值时，比较放大器 2 输出高电平，使晶体管 VT_1 导通，急速提升装置工作，同时给与门 D 输入一高电平。而比较放大器 1 因发动机转速低于设定值而输出高电平，经反相器 D 反相后变为低电平输入到与门 D，而使与门输出低电平，故晶体管 VT_2 截止，电磁离合器断电，压缩机不运转。

4) 发动机转速和蒸发器温度均低于设定值时，比较放大器 2 输出低电平，VT_1 截止，急速提升装置不工作，同时，给与门 D 输入低电平。比较放大器 1 输出低电平给与门 D，故与门 D 因输入两个低电平也输出低电平，使晶体管 VT_2 截止，电磁离合器断电，压缩机不运转。

综上所述，压缩机电磁离合器的工作受发动机转速和蒸发器温度的双重控制，只有当两个条件同时满足时，压缩机才能运转制冷，否则，压缩机无法运转制冷；而急速提升装置则仅由蒸发器温度控制，只要蒸发器温度高于设定值，急速提升装置便始终工作，以便为压缩机的接通提供足够的发动机转速。

实训二十九　　汽车空调系统电路故障的诊断

一、实训目的

掌握汽车空调系统电路故障的检测、诊断步骤和排除方法。

二、设备器材

1) 实验车或实验台架 4 台。
2) 万用表、测试灯、连接导线等若干。

三、教学组织

学生在教师指导下完成工作任务单的内容。

四、任务工作单

空调电路故障诊断（以丰田威驰轿车为例，电路见图 8-52）

1. 空调系统不工作故障的诊断

（1）检测环境温度是否低于设定温度

空调不工作时，首先应判断环境温度是否低于设定温度。若环境温度高于设定温度，则进行下一步检测。

(2) 观察 A/C 指示灯是否亮

若 A/C 指示灯不亮,应先排除空调 A/C 指示灯损坏故障,再进行下述 (3)、(4)、(5) 步骤检测;若指示灯亮,进行下述 (6)、(7) 步骤检测。

(3) 检测鼓风机开关

丰田威驰轿车空调工作时,应将鼓风机开关置于 LO 档,并接通空调 A/C 开关。因此,若空调系统不工作,应首先检查鼓风机开关。

拔下与鼓风机相连接的插接器,将鼓风机开关拨至 LO 档,用万用表电阻档测量鼓风机端 1、2 之间的电阻,应为零。若电阻为 ∞,应更换鼓风机开关;若正常,进行下一步检测。

(4) 检测暖风(鼓风机)继电器

接通点火开关,用万用表电压档检测鼓风机插头端端子 2 与搭铁之间的电压值,应为蓄电池电压。

若电压正常,应用导线将端子 2 直接搭铁,若空调正常起动,故障为鼓风机开关 1 接柱至 ID 搭铁点之间断路或搭铁不良。

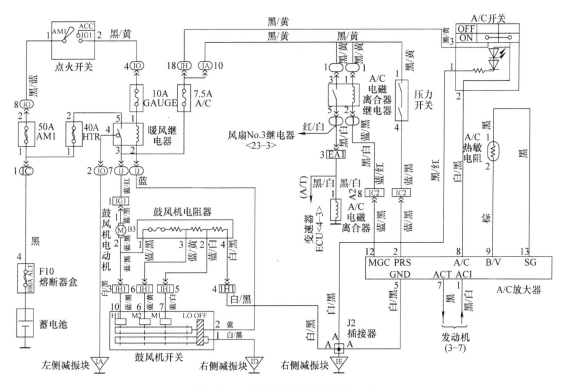

图 8-52 丰田威驰轿车空调系统电路

若无电压,应检查 GAUGE 10A 熔断器是否断路,暖风继电器线圈是否断路,点火开关是否损坏,继电器触点是否烧蚀等,若检测正常,进行下一步检测。

(5) 检测 A/C 开关

拔下与 A/C 开关相连接的插接器,接通点火开关,用万用表电压档检测插头端端子 3

是否有蓄电池电压。

若无电压，应检测 A/C 7.5A 熔断器是否损坏，若没有损坏，应排除暖风继电器端子 3→暖风继电器端子 5、暖风继电器端子 3→A/C 7.5A 熔断器→A/C 开关端子 3 之间的断路故障。

若有电压，应检测插头端端子 1 至 IE 搭铁点之间是否断路。若有断路故障，应予以排除；若没有断路，应更换 A/C 开关。

上述检测均正常，进行下一步检测。

（6）检测 A/C 电磁离合器继电器

拔下与 A/C 放大器相连接的插接器，用导线将插头端端子 12 直接搭铁，观察空调是否工作。

若空调系统能正常工作，应更换 A/C 放大器。

若空调系统仍不工作，应检测 A/C 电磁离合器继电器是否损坏。若损坏应更换；若没有损坏，进行下一步检测。

（7）检测空调 A/C 电磁离合器

拔下与空调 A/C 电磁离合器相连接的插接器，用导线将蓄电池正极与电磁离合器端端子 1 相连接，观察空调 A/C 电磁离合器是否工作。

若不工作，更换空调 A/C 电磁离合器。

若正常工作，应排除 A/C 电磁离合器继电器端子 5→空调 A/C 电磁离合器端子 1 之间的断路故障。

2. 鼓风机不工作或不能调速故障的诊断

（1）检测鼓风机电源电路

拔下与鼓风机电动机连接的插接器，用导线将暖风继电器端子 2 直接搭铁，接通点火开关，用万用表电压档检测插接器插头端端子 1 是否有蓄电池电压。

若无电压，应排除 ALT 100A 熔断器→HTR 40A 熔断器→暖风继电器触点→鼓风机电动机 1 端子 1 之间的断路故障。

若有电压，应将蓄电池正、负极与鼓风机电动机端子 1、端子 2 直接相连，检测电动机是否正常工作。若不工作，更换鼓风机电动机；若工作正常，进行下一步检测。

（2）检测鼓风机开关

拔下与鼓风机开关连接的插接器，用万用表电阻档分别检测鼓风机开关在各档位时，各端子之间的导通状况，见表 8-1。

表 8-1 鼓风机开关各端子导通情况表

档位	端子				
	1	2	7	6	10
OFF					
LO	○——	——○			
M1	○——	——○——	——○		
M2	○——	——○		○	
H1	○——	——○			○

若不符合要求，应更换鼓风机开关；若符合要求，应更换鼓风机电阻器。

任务五　　汽车空调系统的维护

任务目标

1. 了解汽车空调系统维护的内容、方法。
2. 了解汽车空调系统维护设备的构造及工作原理。
3. 掌握汽车空调维护设备的使用方法。

一、汽车空调系统的正确使用

1. 非独立式空调的正确使用

对于非独立式汽车空调，其操作使用是比较方便的，但能否正确使用，对机组的空调性能及寿命、发动机的工作稳定性及功耗都有很大影响。为此，空调使用时应注意以下几点。

1）起动发动机时，空调开关应处于关闭位置，发动机熄火后，也应关闭空调，以免蓄电池电量耗竭。

2）夏日应避免直接在阳光下停车暴晒，尽可能把车停在树荫下，在长时间停车后车厢内温度很高的情况下，应先开窗及通风，用风扇将车内热空气赶出车厢，再开空调，开空调后车厢门窗应关闭，以降低热负荷。

3）在不使用空调的季节，应经常开动压缩机，避免压缩机轴封处因缺油而泄漏，也避免转轴因缺油而咬死。一般一个月应运转 1~2 次，每次 10min 左右。冬季气温过低时，可将保护开关电线短路，待维护运行完毕，再将电路恢复原样。

4）长距离上坡行驶时，应暂时关闭空调，以免散热器开锅。超车时，若本车空调无超速自动停转装置，则应关闭空调。

5）使用空调时，若风机开在低速档，则制冷系统温度开关不宜调得过低。否则易使蒸发器结霜，产生风阻，而且容易出现压缩机液击现象。

6）在空调运行时，若听到空调装置有异常响声，如压缩机响、风机响、管子爆裂等，应立即关闭空调，并及时请专业维修人员检修。

2. 独立式空调的正确使用

对于安装独立式空调的汽车，应严格按照使用说明书的规定起动和运行空调，因这类空调通过遥控装置控制辅助发动机的起动和运行，起动方法要比非独立式空调复杂。

一般使用时的注意事项与非独立式大体相同，但由于辅助发动机有时有单独的燃油箱，因而还要经常注意检查燃油箱的储油情况，并要检查发动机冷却液温度、油压情况。

二、汽车空调系统的日常维护

1）应经常对空调汽车中的制冷装置进行检查，特别应检查各管路接头处是否松动，压缩机轴封处有否泄漏油迹，各连接螺钉有否松动，若发现应予以修理。

2）在出车前瞬时开动制冷系统，观察储液罐玻璃盖孔或玻璃观察窗内制冷剂的状态，看是否缺制冷剂。

3）经常检查各电线插头，防止松动脱落，发生意外事故。

4）经常检查压缩机传动带张力是否正常。

5）应经常清刷冷凝器散热片中的污垢、杂物等，以保持良好的散热效果。

6）大中型客车的车厢内部有一个空气交换口，不能将乘客带的行李、物品放在此口，以免影响空气流通，使蒸发器蒸发能力变差，降低制冷效果。这里的空气滤网应每天清洗，否则车厢的灰尘、杂物会附在它上面，阻止空气流通。

三、汽车空调制冷部件及控制机构的检查

1. 压缩机的检查

起动压缩机，进行下列检查。

1）如果听到异常响声，说明压缩机的轴承、阀片、活塞环或其他部件有可能损坏，或冷冻油量过少。

2）用手摸压缩机缸体（小心高压侧很烫），如果进出口两端有明显温差，说明工作正常；如果温差不明显，可能是制冷剂泄漏或阀片泄漏。

3）如果有剧烈振动，可能传动带太紧，带轮偏斜，电磁离合器过松或制冷剂过多。

2. 换热器表面的检查及清洗

1）检查蒸发器通道、冷凝器表面以及冷凝器与发动机之间是否有碎片、杂物、泥污，要注意清理，小心清洗。

2）冷凝器可用软长毛刷沾水轻轻刷洗，但不要用蒸汽冲洗。换热器表面尤其是冷凝器表面要经常清洗。

3）检查冷凝器表面是否有脱漆现象，注意及时补漆，以免锈蚀。

4）蒸发器表面不能用水清洗，可用压缩机空气冲洗，如果翅片弯曲，可用尖嘴钳小心扳直。

3. 储液干燥器的检查

1）用手摸储液干燥器进出管，并观察视液玻璃，如果进口很烫，而且出口管温度接近气温，从视液玻璃中看不到或很少有制冷剂流过，或者制冷剂很混浊、有杂质，则可能是储液器中的滤网堵了，或是干燥剂散了并堵住出口。

2）检查易熔塞是否熔化，各接头是否有油迹。

3）检查视液玻璃是否有裂纹，周围是否有油迹。

4. 制冷软管的检查

看软管是否有裂纹、鼓包、油迹，是否老化，是否会碰到尖物、热源或运动部件。

5. 电磁离合器及低温保护开关的检查

断开和接通电路，检查电磁离合器及低温保护开关是否正常工作。

1）小心断开电磁离合器电源，此时压缩机会停止转动，再接上电源，压缩机应立即转动，这样短时间接合试验几次，以证明离合器工作正常。

2）天冷时，若压缩机不能起动，可能是由于低温保护开关或低压保护开关起作用，可将保护开关短路或将蓄电池连接线直接连到电磁离合器（连接时间不能超过5s）。若压缩机仍不转动，则说明离合器有故障。

3）在低温保护开关规定的气温以下仍能正常起动压缩机，则说明低温保护开关有故障。

4）若有焦味，可能是电磁离合器烧坏。

6. 发动机转速控制机构的检查

首先弄清该车空调系统中有哪几种发动机转速控制机构，然后进行检查。

1）低速保护（怠速继电器）。确认怠速保护的转速限值，首先将发动机在高于此限值上运转，确认压缩机工作正常，然后让发动机降速至限定值以下，若压缩机自动停转，则说明怠速继电器工作正常。否则要调整怠速继电器限定值或调整发动机怠速转速。

2）高速保护（超车继电器）。令发动机正常运转，然后短时间让发动机高速运动（模拟超车）几秒钟，观察压缩机能否自动停转，并能否在几秒钟后又恢复正常。若有故障，则检查线路是否有松脱等现象，对症修理。

3）怠速稳定（怠速提升装置）。起动发动机，不开空调保持怠速运行，测定怠速转速，一般应在600～700r/min，然后开空调，检查发动机转速是否提高（应自动提升至900～1000r/min）及怠速工况是否稳定。若过高或过低，则调整真空促动器的调整螺钉或拉杆位置；若发动机转速不提高，则检查线路是否正常，真空源是否正常，真空管路是否漏气、压扁等。

7. 感温包保温层的检查

检查膨胀阀感温包与蒸发器出口管路是否贴紧，隔热保护层是否包扎牢固。

8. 换热器壳体的检查

检查蒸发器壳体有无缝隙，冷凝器导风罩是否完好，冷凝器与散热器之间距离是否合理，蒸发器箱体内是否有杂质。

9. 电线连接的检查

检查电线插头是否正常，连接是否可靠。

10. 压缩机传动带轮及连接传动带的检查

1）检查传动带张紧力是否适宜，表面是否完好，配对的带轮是否在同一平面。传动带新装上时正好，运转一段时间会伸长，因此需要进行两次张紧。传动带过紧会使传动带磨损，并导致有关总成的轴承损坏；过松则使转速降低，制冷量、冷却风扇风量不足。

2）若用一般V带，新装上的传动带张紧力应为40～50N，运转后张紧力应为25N左右。

3）若齿形带的张紧力不足，将会降低传动的可靠性。但张紧力过大传动带会发出异响，一般调整在15～18N比较合适。

调整齿形传动带张紧力的办法是，使齿形传动带张紧直至运转时发出异响，然后逐渐减小张紧力直到异响消失为止。

4）保证传动带直线运转是非常重要的，可用加减垫片的方法调整轴向位置。

11. 冷凝器风扇的检查

检查冷凝器风扇工作时是否有异常声响，是否有异物塞住叶轮，是否碰到其他部件，尤其要检查冷凝器风扇电动机的轴承是否缺油、咬住，压缩机运转时，冷凝器辅助风扇是否同步转动。

12. 定期检查压缩机油面

压缩机有视油镜的，可以通过视油镜查看油面是否在线以上。在侧面有放油塞的，可略松开放油塞，如果有油流出就是油量正好；若没有油流出，则需要添加冷冻油。如果有油尺的，根据说明书规定用油尺检查。

四、汽车空调系统维护常用设备

1. 电子检漏仪

电子检漏仪如图 8-53 所示,该仪器的最大优点是灵敏度极高,它能探测出系统制冷剂的微量泄漏,并且用警铃及指示灯显示检出的信号,操作比较方便直观。

检测时,将电子测漏仪的探头放在距测试点 5mm 处缓慢移动(30mm/s),电子检漏仪通电后会发出微弱的鸣叫声,当检测到有制冷剂泄漏时,会发出短促、连续的鸣叫声。

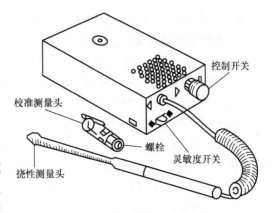

图 8-53 空调电子检漏仪

泄漏量越大,鸣叫声越大,也越短促。制冷管路的管接头有泄漏时,应更换新的 O 形密封圈。

2. 紫外线荧光灯检漏仪

某些汽车空调系统在制造过程中,将一种彩色(多为红色)荧光染料充注到制冷系统中,使之与制冷剂一起在管路中循环流动。如果系统中出现制冷剂泄漏,荧光染料就会伴随着制冷剂一起泄漏出来,并在泄漏处留下痕迹。

检查制冷剂泄漏时,如图 8-54 所示,用一盏特制的紫外线荧光灯照射制冷系统的每个元器件及管路。在紫外线的照射下,泄漏出来的荧光染料会发出明亮的光,非常易于发现和识别。紫外线荧光检测法的检测精度很高,对于非常轻微的制冷剂泄漏也能发现。其检测精度与电子检漏仪相仿。

3. 歧管压力表

歧管压力表也称歧管压力表组或歧管压力计,是维修汽车空调系统不可缺少的仪表。它不仅用于制冷系统抽真空、加注制冷剂和添加冷冻油,还用于空调系统的故障检查及排除。

歧管压力表由高压表和低压表组成,还配有手动高低压阀及三个接头,其结构如图 8-55 所示。

图 8-54 紫外线荧光灯检漏

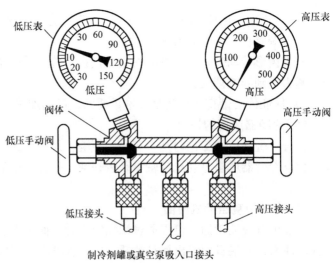

图 8-55 歧管压力表

歧管压力表的高压表通过手动高压阀和高压管接头与制冷系统高压侧相连，用于检测制冷系统高压侧压力，而低压表则是通过手动低压阀和低压管接头与制冷系统低压侧相连，用于检测制冷系统低压侧压力。中间管接头连接真空泵或制冷剂钢瓶。

（1）歧管压力表工作原理

通过调节手动高压阀和手动低压阀，可使歧管压力表在不同的方式下工作。歧管压力表有四种工作方式，如图8-56所示。

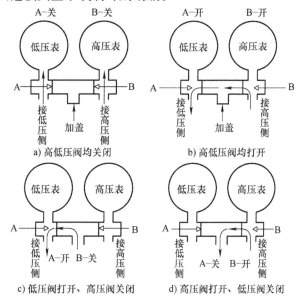

1）高压阀B和低压阀A同时关闭，如图8-56a所示。此时可进行高、低压侧压力检测。

2）高压阀B和低压阀A同时打开，如图8-56b所示。此时可进行制冷剂加注、抽真空操作，同时可检测高、低压侧压力。

3）只开启手动低压阀A，手动高压阀B关闭，如图8-56c所示。此时低压管路、中间管路及低压表相通，可进行低压侧加注气态制冷剂或排放制冷剂，同时可检测高、低压侧压力。

图8-56 歧管压力表工作方式

4）只开启手动高压阀B，手动低压阀A关闭，如图8-56d所示。此时高压管路、中间管路及高压表相通，可进行高压侧加注液态制冷剂或排放制冷剂，同时可检测高、低压侧压力。

（2）歧管压力表使用注意事项

在使用歧管压力表进行空调制冷系统相关检修项目时，应注意如下事项：

1）压力表连接软管时，要用手拧紧，不能使用扳手，以免拧坏接头螺纹。

2）使用时，要将软管中的空气排干净。

3）不使用时，软管要与管接头连接起来，以防止灰尘、杂物或水进入管内。

4）歧管压力表为精密测量仪表，应细心维护，保持仪表及软管接头的清洁，并应轻拿轻放。

4. 真空泵

真空泵（图8-57），用于制冷系统的抽真空，以排除制冷系统内部的空气和水分。该真空泵是叶片式真空泵，主要由转子、定子（气缸）、叶片及气阀等组成。

转子与定子内圆偏心安装，之间形成月牙形空腔。工作时，叶片在弹簧的弹力和离心力的作用下沿径向滑出，其外端紧贴于气缸内壁，形成吸气腔和排气腔。转子转动时，吸气腔容积逐渐增大，腔内压力下降而吸入气体；排气腔容积逐渐减小，压力升高而排出气体。如此循环，将吸气端容器内的空气抽出，达到抽真空的目的。

需要说明的是，真空泵抽真空过程中并不能直接将制冷系统中的水分抽出，而是通过抽真空降低了系统内的压力，使水的沸点降低了，水在较低的温度下沸腾，从而以水蒸气的形式被真空泵抽出。

5. 制冷剂加注回收一体机

在传统的车用空调维修作业中，一般将用过的空调制冷剂直接排放到大气中去，不再使用。这样，一方面造成制冷剂的无端浪费，另外，也促进了环境破坏（臭氧层空洞日益扩大），劣化了人类的生存环境。

为进一步保护环境，坚持科学发展观，倡导和推动循环经济，我国相继加入了《保护臭氧层维也纳公约》《蒙特利尔议定书》《京都议定书》等一系列国际环境保护公约，通过立法禁止使用对环境有害的制冷剂（如R12），并明确规定，空调制冷系统中的残余制冷剂不得随意排放，应该回收利用。

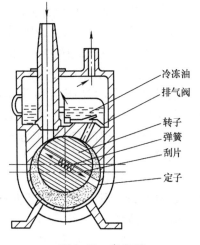

图 8-57 真空泵

回收制冷剂除了可以带来较好的社会效益外，其巨大的经济效益也是不容忽视的。至于回收的制冷剂，由于 R134a 性能稳定，不易分解，不易与其他物质发生化学反应，所以车用空调中残余制冷剂的性质与性能并没有发生变化，只是在制冷剂中混入了杂质，因而影响了制冷效果。只要把这些杂质充分过滤掉，回收再生的制冷剂与未使用过的新制冷剂相比，其性能是完全相同的。

回收制冷剂中常见的杂质有冷冻油、空气、水分等，只需对这三种杂质分别进行净化，就可以达到再生净化制冷剂的目的。

制冷剂回收加注一体机如图 8-58 所示。制冷剂回收加注一体机集制冷剂回收、加注、抽真空、除油、除水气、除杂质等功能于一体，能够把混入制冷剂中的冷冻油分离出来，并可加入相应的新油，实现制冷剂的回收再利用。

除具有压力检测、显示及高压保护功能之外，制冷剂回收加注一体机一般还配有电子计量装置（电子秤），以确保制冷剂的充注量符合空调系统的要求。

为进一步规范制冷剂的循环利用，交通运输部还出台了部颁标准 JT/T 774—2010《汽车空调制冷剂回收、净化、加注工艺规范》，提出了明确的制冷剂回收、净化、加注作业工艺流程，使得我国车用空调制冷剂的循环利用有章可循、有法可依。

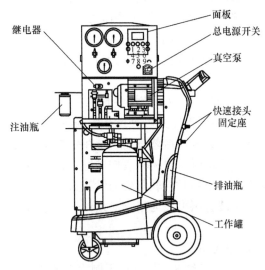

图 8-58 制冷剂回收加注一体机

实训三十　汽车空调制冷剂的加注

一、实训目的

掌握汽车空调系统抽真空、加注冷冻油、制冷剂的步骤和方法。

二、设备器材

1) 汽车空调制冷系统实验台架或实验车 4 台。
2) 制冷剂加注回收一体机、真空泵、歧管压力表、罐装制冷剂、工具等若干。

三、教学组织

学生在教师指导下完成工作任务单的内容。

四、任务工作单

1. 空调制冷剂的加注

（1）空调系统抽真空

1）放空制冷剂。汽车空调若要重新加注制冷剂，必须在加注前将剩余的制冷剂排出，排出步骤如下。

① 将压力表组接入系统，如图 8-59 所示（在放出制冷剂时，将中央软管与真空泵脱开），调整控制器至最冷位置。

② 发动机转速调至 1000～1200r/min，并运行 10～15min，然后关闭发动机。

③ 缓慢地开启高、低压手动阀，让制冷剂经过中央软管排出。

④ 中央软管开口端应裹上白抹布，若有冷冻油排出，必显示在抹布上。这时，应关小手动阀，至刚好无冷冻油排出。

⑤ 若表座上高、低压力表读数均为 1 个大气压，说明系统已放空。

2）系统抽真空

① 将压力表组上的高、低压手动阀打开，将中央软管接在真空泵进口上。

② 拆除真空泵排气口护盖。

③ 起动真空泵。

④ 打开高、低压手动阀，观察压力表，表针应向下偏摆，略有真空显示。

⑤ 真空泵运转过 10min 之后，检查低压表读数是否大于 79.8kPa。如果真空度不到 79.8kPa，应关闭高、低压手动阀，使真空泵停转，检查汽车空调系统管道是否有泄漏，根据情况修理。如果没有找到泄漏，继续进行抽真空。

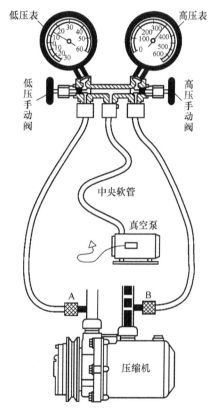

图 8-59 汽车空调制冷剂加注时各元件连接图

⑥ 将空调系统压力抽真空至接近 100kPa 时，关闭高、低压手动阀及真空泵，放置 5～10min，如果压力上升大于 3.4kPa，说明系统有泄漏，应检查排除后，再进行抽真空工序。

⑦ 如果低压表指针保持不动，继续进行抽真空（30min 以上），关闭高、低压手动阀

后，再关闭真空泵。

（2）加注制冷剂

1）安装制冷剂罐

① 按逆时针方向旋转注入阀蝶形手柄，直至阀针完全退回。

② 将注入阀装到制冷剂罐上（图 8-60），逆时针方向旋转板状螺母，直至最高位置，然后顺时针拧动制冷剂注入阀，直到注入阀嵌入制冷剂密封塞。

③ 将板状螺母顺时针方向旋转到底，再将压力表组上的中央软管接到注入阀管接头上，用手拧紧板状螺母。

2）从制冷系统低压侧充入气态制冷剂

① 在对制冷系统检漏、再次抽真空后，关闭歧管压力表的高、低压手动阀，断开真空泵，将中间软管与制冷剂瓶连接好，如图 8-61 所示。

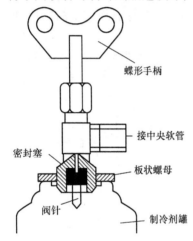

图 8-60　注入阀与制冷剂罐的安装

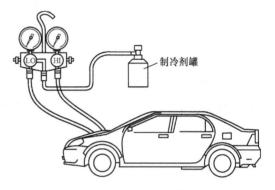

图 8-61　低压侧充注制冷剂管路连接图

② 将蝶形手柄旋入，使针阀刺破制冷剂罐，拧松中央软管歧管压力表一侧的螺母，听到制冷剂排放的声音后，立刻拧紧螺母。此过程的目的是将中央软管中的空气排出。

③ 打开歧管压力表的低压手动阀，制冷剂罐正立（正立时罐的上部为气态，下部为液态，防止液态制冷剂进入制冷系统的低压侧对空调压缩机的进、排气阀片造成"液击"），使制冷剂以气态的形式进入制冷系统的低压侧。当低压侧的制冷剂压力不再增加时，关闭歧管压力表的低压侧手动阀。

④ 起动发动机，打开空调开关，将鼓风机开关打到高速档，同时将车门打开。

⑤ 再次打开歧管压力表的低压手动阀，让制冷剂继续进入制冷系统。达到规定值后，关闭歧管压力表的低压手动阀和制冷剂罐。

⑥ 重新安装制冷剂罐，重复上述②～⑤步骤，加注第 2 缸制冷剂。

在向制冷系统加入制冷剂时，加入制冷剂过多或加入制冷剂不足都将会使制冷效果变差，如何确定制冷剂的加注量符合规定是非常重要的，一般情况下有两种方法：一种方法是将发动机转速控制在 2000r/min，鼓风机转速开到高速档，此时制冷系统低压侧的压力应为 147～192kPa，高压侧的压力应为 1373～1668kPa，对于不同车型，此值略有不同；另一种方法是如果制冷系统的储液干燥器有观察窗，可在上述条件下通过储液干燥器的观察窗观察制冷剂的流动情况,若流动的液态制冷剂中有气泡出现,说明制冷剂不足,需要继续加注制冷剂,直到气泡消失才说明制冷剂的加注量符合规定。

3) 从制冷系统高压侧充入液态制冷剂。

① 在对制冷系统检漏、再次抽真空后,关闭歧管压力表的高、低压手动阀,断开真空泵,将中间软管与制冷剂瓶连接好,如图8-62所示。

② 将蝶形手柄旋入,使针阀刺破制冷剂罐,拧松中央软管歧管压力表侧的螺母,听到制冷剂排放的声音后,立刻拧紧螺母。此过程的目的是将中间注入软管中的空气排出。

③ 打开歧管压力表的高压手动阀,制冷剂罐倒立(此时不准打开低压手动阀,不准

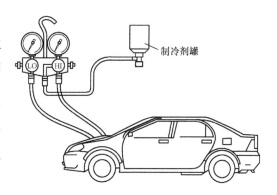

图 8-62 高压侧充注制冷剂管路连接图

起动发动机),使制冷剂以液态的形式进入制冷系统的高压侧。当高压侧的制冷剂压力不再增加时(大约注入400~600g制冷剂,或感觉制冷剂罐中的制冷剂重量不再下降时),关闭歧管压力表的高压侧手动阀。

④ 将制冷剂罐正立,起动发动机,打开空调开关,将鼓风机打到高速档,打开所有车门。打开歧管压力表的低压手动阀,让制冷剂以气态的形式进入制冷系统的低压侧。

⑤ 重新安装制冷剂罐,重复上述②~④步骤,加注第2缸制冷剂。

⑥ 达到标准后,拆下歧管压力表,结束制冷剂的加注。

(3) 拆除歧管压力表

① 关闭歧管压力表的高、低压手动阀。

② 关闭制冷剂罐上的注入阀。

③ 关闭发动机。

④ 断开歧管压力表与制冷系统的连接软管,用布块盖在检修阀上,动作要快,防止制冷剂喷射到手上。

⑤ 装上制冷系统检修阀上的防尘盖。

(4) 为制冷系统补充制冷剂

当汽车的制冷系统由于制冷剂不足造成制冷效果不理想,经过检查不需要对制冷系统进行排放、拆卸等维修时,这时可直接对制冷系统进行制冷剂的补充加注,方法如下。

① 在将歧管压力表、制冷系统及制冷剂罐连接之前,要将所有连接软管中的空气排出。关闭歧管压力表的高、低压手动阀,将中央软管与制冷剂罐接好并将制冷剂罐打开。然后慢慢打开高压手动阀,在高压软管开口端听到"嘶嘶"声后,立刻将高压软管与高压检修阀连接上,关闭高压手动阀。用同样的方法排出低压侧软管中的空气。

② 关闭高压侧手动阀,打开低压侧手动阀,将制冷剂罐正立,起动发动机,打开空调开关,将鼓风机打到高速档,打开车门。

③ 当达到规定的充注标准后,关闭低压手动阀,停止充注。

④ 充注完毕后,拆除歧管压力表。

（5）加注冷冻油

1）直接加注法。将冷冻油按标准量称好或用洁净的量杯量好，直接倒入压缩机内。这种方法只在更换蒸发器、冷凝器和储液干燥器时使用。

2）真空吸入法。先抽真空，然后开始加冷冻油，如图8-63所示。

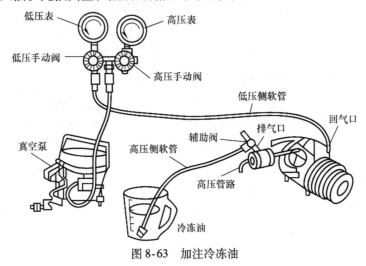

图 8-63　加注冷冻油

① 关闭高压手动阀。
② 关闭辅助阀。
③ 把高压侧软管从歧管压力表上拆下，插入油杯内。
④ 打开辅助阀，使冷冻油从油杯吸入制冷系统。
⑤ 当油杯中的冷冻油快被抽空时，立即关闭辅助阀，以免吸入空气。
⑥ 把高压侧软管接头拧在软管压力表上，打开高压侧手动阀，开动真空泵，先为高压侧软管抽真空，然后再打开辅助阀，为系统抽真空，以便排除随油进入系统里的空气。此时，冷冻油在高压侧，系统运转后冷冻油就返回压缩机。

任务六　汽车空调系统故障的诊断

任务目标

1. 了解汽车空调系统故障诊断的常用方法。
2. 了解汽车空调制暖系统故障的原因及排除方法。
3. 掌握汽车空调制冷系统不制冷故障的诊断、排除方法。

一、汽车空调故障诊断的常用方法

1. 看

用眼睛观察整个空调系统各个零件是否处于正常工作状态。起动空调，观察储液干燥器的观察窗，看制冷剂是否适量。

如果观察到连续不断的气泡出现，说明制冷剂严重不足，如果每隔 1~2s 就会有气泡出现,表示制冷剂不足,如图 8-64 所示。

如果观察窗几乎透明,发动机转速变化时可能会出现气泡,说明制冷剂适量。看各接头处是否有油污,沾有灰尘。如果有油污和灰尘,则可能泄漏。观察冷凝器表面脏不脏,散热片是否倒伏变形。

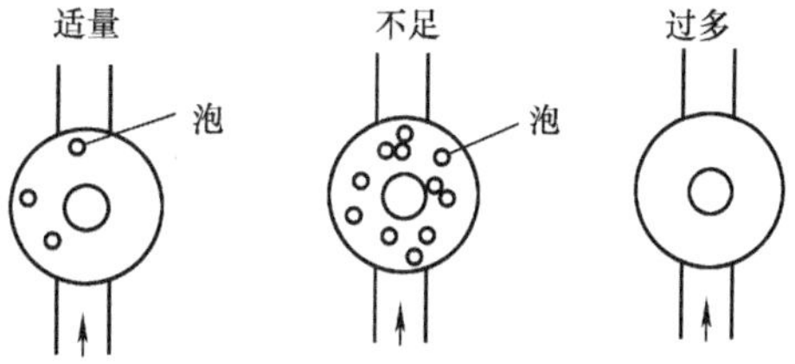

图 8-64 储液干燥器视液镜

2. 听

用耳朵聆听运转中的空调系统有无异常声音。如果有噪声则可能是电磁线圈老化,吸力不足,通电后由于打滑而产生噪声,也可能是离合器片磨损造成间隙过大使离合器打滑。听压缩机是否有液击声。如果有液击声,可能是制冷剂过多或膨胀阀开度过大,应释放制冷剂或调整膨胀阀。除此之外,就是压缩机内部损坏。

3. 摸

高压管路比较热,如果某处特别热或进出口有明显温差,说明这个地方堵了。用手感觉压缩机的进气管和排气管之间应该有明显的温度差,前者发凉,后者发烫。用手感觉比较冷凝器进入管和排出管的温度,正常情况下,前者热一些,冷凝器上部温度比下部温度要高。用手摸储液干燥器,前后温度应一致。冷凝器输出管到膨胀阀输入管之间是制冷剂高压、高温区,温度应该均匀一致。

低压管路比较凉,用手摸膨胀阀,前后要有明显的温差,即前热后凉。膨胀阀出口到压缩机之间的软管应该凉而不结霜,正常情况应为结霜后即化,用肉眼看到的只是化霜后结成的水珠。

用手感觉车内出风口有凉的感觉,车内保持适应人体的正常温度。

如果高压管路、低压管路没有明显温差,说明制冷系统不工作或系统泄漏,制冷剂严重不足。

4. 测

1) 检漏仪。用检漏计检查各接头是否有泄漏。

2) 歧管压力表。用歧管压力表检查制冷系统的压力。运转压缩机,发动机转速 2000r/min,观察歧管压力表。在一定的大气湿度内,轿车制冷系统工作时的高、低压范围其正常状况是:高压端压力应为 1.421~1.470MPa;低压端压力应为 0.147~0.196MPa。若不在此范围内,则说明系统有故障。

3) 万用表。用万用表检查空调电路故障。

4) 温度计。用于检测各处温度。

① 蒸发器:在不结霜的前提下,蒸发器表面温度越低越好。

② 冷凝器:正常工作时,冷凝器入口温度为 70~90℃,冷凝器出口温度为 50~65℃。

③ 储液干燥器:正常情况下应为 50℃。如果上下温度不一致,说明储液干燥器堵塞。

二、空调制冷系统的故障诊断

汽车空调制冷系统是一个完全封闭的循环系统,其中任何一个零部件损坏都会使制冷能力下降或不能制冷。如果汽车发动机出现故障,可马上拆开检查。而制冷系统出现故障时,是不能随便拆检的。由于系统对密封性要求很高,给故障的诊断带来了困难。

汽车制冷系统的常见故障一般分为电气故障、功能部件的机械故障、制冷剂和冷冻油引起的故障等。这些故障发生之后，集中表现为系统不制冷、制冷不足或产生异响。

制冷系统的故障一般是靠直观检查或利用仪表配合检查来诊断的。

一般来说，制冷系统的性能是否正常，车内的空气温度、湿度是否达到规定的指标，是判断制冷系统故障的主要依据。

在测试制冷系统性能之前，一定要先起动发动机，使其稳定在一定转速之上，持续2min以后，再依次进行检查。先起动制冷系统，将控制开关拨到最大制冷量和最小送风量的位置，检查有无冷气进入车厢。再使发动机继续运转，用温度表检测蒸发器送风口的温度，如果测得送风口温度在0~5℃，此时车厢里的温度可保持在最适合人体的温度20~25℃。注意，检查时车身的密封情况应该正常。

汽车制冷系统可在静态或动态两种状态下进行检查。

1. 静态检查

发动机停机，制冷压缩机也不运转，按下列项目逐一检查，若发现故障即予以修复。

1）检查压缩机传动带，要求松紧适宜。可用两个手指压传动带的中间位置，能压下7~8mm为宜。

2）检查压缩机传动带是否端正而不歪斜，检查压缩机在发动机体上安装是否牢固。

3）检查冷凝器翅片，应整齐、无损、干净。

4）检查蒸发器和空气过滤网，应干净和通风良好。

5）检查制冷剂管路和接头，若接口处有了油污，表示该处有泄漏。

6）检查制冷剂管路是否有擦伤或折断。

2. 动态检查

动态检查即开机检查。此时，发动机和压缩机都处于运转状态，操作时必须十分小心，保证安全。

动态检查时，先起动发动机，接通电磁离合器使压缩机运转，此时蒸发器鼓风机会送风，冷凝器风扇会排风，系统投入运行，然后再检查其他问题。

现列举一些故障项目加以说明。

（1）整个制冷系统不运转

① 检查电源。压缩机不运转，风扇也不旋转，很可能是电源方面的问题，例如，熔断器熔断，电线插头锈蚀，开关损坏，电线断路等。

如果是熔断器熔断，说明电路有短路处，应该先查找短路的原因，千万不要先换熔断器，否则会烧坏整条电路的电线，应该仔细检查各路电线的绝缘层有无破损，检查各种电器，例如鼓风机的电动机、电磁离合器内部有无短路等。

② 检查各风机的直流继电器。由于风机的用电量较大，蒸发器风机的电流可达10A以上，一般都装有专用直流继电器，用小电流来控制大电流，实行分路供电。应该检查继电器线圈是否烧坏，触头是否完好。

③ 检查温度控制器。对于压力式（机械式）温控器，应检查感温包的工质是否泄漏，各结构触点有无损伤；对于热敏电阻式及电子式温控器，可先检查调温电阻是否损坏，热敏电阻的特性是否正常，然后再检查放大器部分。

④ 检查压力开关。向制冷系统内充入 $3 \times 10^5 Pa$ 的制冷剂，若制冷系统能恢复工作，则说明低压开关是正常的；若不能恢复工作，则说明低压开关有故障。这时可把被检查的低压

开关短路，若系统开始工作，则说明该低压开关有毛病。

（2）噪声

如果制冷系统有噪声产生，通常表示即将会有连带的故障发生。例如，压缩机的固定螺栓松动会产生噪声，若不及时修复还会造成更大的故障。此外，如果传动带太松、带轮歪斜、风扇支架松动、电磁离合器打滑等都会产生噪声。

（3）冷气不足

在一般情况下，环境气温为21℃时，蒸发器出风温度应为7~10℃，如果高于此温度，就说明冷气不足。

三、空调暖风系统故障诊断

1. 空调暖风系统的工作原理

汽车空调暖风系统通常利用发动机冷却液作为热源，利用鼓风机将送入热交换器中的车外或车内的空气与已变为热水的发动机冷却液进行热交换，空气因吸收热量而成为暖风，被吹入车厢内。

汽车空调暖风系统如图8-65所示，冷却液通过热水阀流入暖风装置中的热交换器，然后再流回水泵。热水阀的作用是调节所需热水流量。通过这种装置进入暖风装置的冷却液流量主要是由发动机所带动的水泵来决定的，因此采暖能力会受到发动机转速的影响。

暖风装置除供车内取暖以外，还可对车窗玻璃起到除雾去霜的作用；在不取暖时，还可起到动压通风与强制通风的作用。

暖风装置所用的鼓风机一般与汽车空调制冷装置共用。

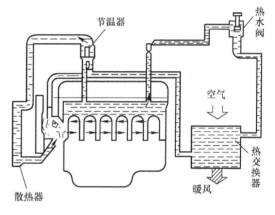

图 8-65 汽车空调暖风系统

2. 暖风系统不制热故障

汽车暖风系统不制热故障的原因及排除方法见表8-2。

表8-2 汽车暖风系统不制热故障原因及排除方法

故障现象	故障原因	排除方法
不制热或制热不足	空调机鼓风机损坏	用万用表测电阻，若阻值为零则更换
	鼓风机继电器损坏	同上
	热风管道堵塞	清除热风管道堵塞物
	风门卡滞	检查风门转换开关和拉索
	冷却液不足	补充冷却液
	冷却水管阻塞	排除阻塞或更换水管
	加热器芯管内部有空气	排出管内空气
	加热器芯管内积垢堵塞	用化学方法除垢
	发动机石蜡恒温器失效	更换石蜡恒温器
	热水开关失效	拆修或更换
	发热器漏风	更换发热器壳

(续)

故障现象	故障原因	排除方法
吹风机不转	熔断器熔断 鼓风机电动机烧毁 鼓风机调速电阻断路	更换熔断器 更换电动机 更换调速电阻
漏水	软管老化,接头不紧,热水开关关不紧	更换水管,拧紧接头,修复热水开关
过热	调温风门调节不当 发动机节温器损坏 鼓风机调速电阻损坏	调整调温风门的位置 更换节温器 更换电阻
除霜热风不足	除霜风门调整不当 出风口阻塞 供热不足	重新调整 清除 见本表不制热或制热不足故障排除
加热器芯有异味	加热器漏水	检查进出水管接头并卡死,若加热器管漏水,则更换水管

实训三十一　汽车空调制冷系统故障的诊断

一、实训目的

掌握汽车空调系统不制冷、制冷量不足故障的诊断步骤和排除方法。

二、设备器材

1) 汽车空调制冷系统实验台架或实验车 4 台。
2) 万用表、连接线、工具等若干。

三、教学组织

学生在教师指导下完成工作任务单的内容。

四、任务工作单

空调系统不制冷故障诊断

以桑塔纳轿车为例,电路如图 8-66 所示。

(1) 空调系统不制冷故障的诊断

空调系统一般存在三类故障:电路故障、机械故障、制冷剂及冷冻油失常。当出现故障时,应首先排除机械和制冷剂的故障,再根据空调电路的基本原理排除电路故障。空调系统不制冷可按图 8-67 中所示程序检查。排除步骤及方法如下:

1) 开启空调后观察蒸发器鼓风机、冷凝器散热风扇是否转动,若鼓风机、冷凝器散热风扇转动,则进入下一步,若鼓风机、冷凝器散热风扇转动,则按下面步骤进行检查。

① 首先检查调整压缩机传动带,若传动带松弛或断裂须调整或更换。传动带挠度不大于 10mm/50N 为正常。

调整方法:先以 25N·m 的力矩按张紧多楔传动带的方向张紧传动带,然后以 20N·m 的力矩拧紧固定螺栓。

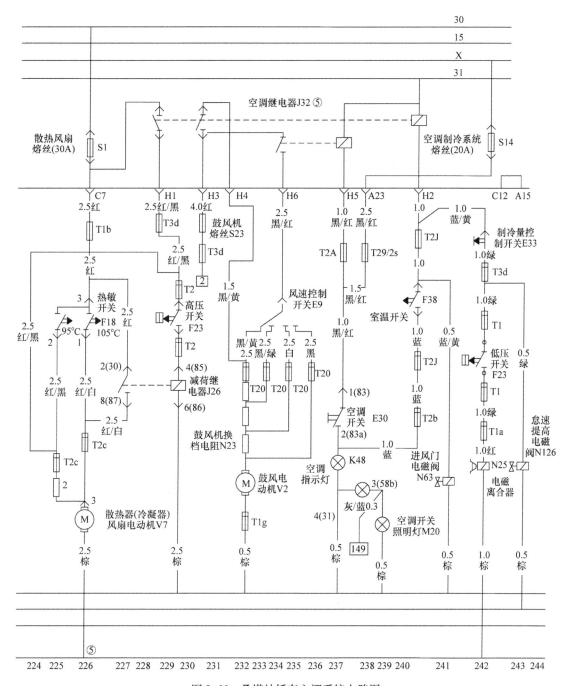

图 8-66 桑塔纳轿车空调系统电路图

② 压缩机传动带正常，检查电磁离合器是否接合。电磁离合器不接合，检查修理电磁离合器线圈，用万用表电阻档测量电磁离合器线圈进线与压缩机壳体之间电阻值，其值应为 $(3.60\pm0.2)\ \Omega$，若不在规定范围，应更换电磁离合器线圈。

③ 电磁离合器接合，检查压缩机是否旋转，不旋转须拆检或更换压缩机。

④ 压缩机工作，检查急速提高电磁阀 N16、室温开关 F38 和压力开关 F73，若损坏应换

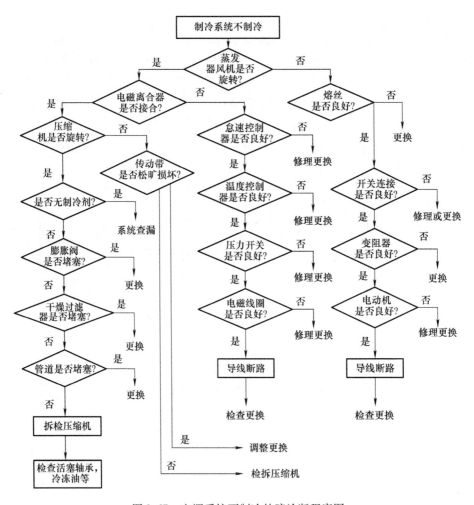

图 8-67 空调系统不制冷故障诊断程序图

用相同型号新件。

⑤ 急速提高电磁阀、室温开关和压力开关正常,则开启空调,通过观察窗检查制冷剂是否符合要求。

制冷系统起动后不久,观察窗内的气泡消失,说明制冷剂正常;若观察窗仍有气泡,并且表面结霜,说明干燥器内有水,必须更换制冷剂。若起动后没有气泡,但停机 1min 后有气泡慢慢流动,说明制冷剂过多,须从低压端放出多余制冷剂。若制冷效果不好,且观察窗一直清晰,说明系统内无制冷剂,须补充制冷剂。若观察窗内布满油斑,说明制冷剂漏尽。

通过以上检查,如发现制冷剂过少,则应进一步检查蒸发器和系统管路是否泄漏。若有泄漏部位,应予以修复,然后抽真空补充制冷剂。

⑥ 经以上检查都正常,而空调仍不制冷,则需拆检膨胀阀是否脏堵或冰堵。若堵塞则清洗或更换膨胀阀。

⑦ 膨胀阀正常,则检查储液干燥器是否堵塞或装反,若堵塞应进行清洗或更换新的储液干燥器;若是装反须重新进行安装并补充制冷剂。

⑧ 储液干燥器正常,应检查制冷管路是否堵塞。

2) 开启空调后观察，若鼓风机不转动按下面步骤进行检查。

① 开启空调后若送风系统不工作，应首先检查鼓风机熔断器，若烧断，更换相同规格的熔断器。只需熟悉熔断器的位置和熔断器与其他电器设备的对应关系就可以。阅读随车手册，可找出熔断器盒所在的位置。查看熔断器盒可知每个熔断器的功用和所连接设备。

② 如鼓风机熔断器完好，检查鼓风机各接线柱或搭铁端是否松脱，并重新连接好各松动、脱开的线束。

③ 鼓风机正常，检查或更换鼓风机继电器。

④ 鼓风机继电器正常，检查修复或更换鼓风机开关。

(2) 空调系统制冷量不足故障的诊断

空调系统工作时，凡是能使膨胀阀出口的制冷剂流量下降的因素都可能使系统制冷量下降。另外，凡能引起系统内高压、低压两侧的温度和压力超过或低于标准值的一切因素也会引起系统制冷不足。系统制冷不足故障分析的具体步骤如下。

1) 开启空调后，首先检查出风口风量是否正常，如出风口风量正常，按下述程序进行检查。

① 先检查空调系统压缩机运转是否正常，若压缩机运转不正常，应拆检压缩机。

② 若压缩机运转正常，先通过储液干燥器的观察窗检查制冷剂是否符合要求。

若从观察窗中观察到每隔 1~2s 就会有气泡出现，表明制冷剂不足。制冷剂不足或制冷剂有泄漏，造成制冷效果降低。

若观察到大量气泡，说明制冷系统中进入空气，须更换储液干燥器、检漏、抽真空后重新补充制冷剂。

③ 制冷剂符合要求，用压力表检测系统压力，若低压侧呈真空，高压侧压力也低，储液干燥器或膨胀阀前后管路挂霜，说明系统堵塞，须更换储液干燥器或清洗、调整膨胀阀。

④ 系统压力正常，检查通风口密封性。检查循环活门关闭是否严密，关闭不严会使车外热空气进入车厢内。检查活门电磁阀是否动作，真空管是否漏气，根据情况更换损坏的电磁阀或漏气的真空管。

⑤ 检查送风部分，若有漏风现象，须用密封胶进行密封，并重新固定暖风散热器外壳与驾驶室固定支架。

2) 开启空调后，若出风口风量不正常，按下列程序进行检查。

① 检查鼓风机是否转动，如果鼓风机转动正常，检查空气过滤器是否堵塞，若堵塞，拆下压力舱护板，松开夹板的定位装置并折叠夹板。从壳体上取下灰尘和花粉滤清器，进行清理。

② 检查蒸发器通风道空气导管是否移位，如移位应重新安装。若空气导管被灰尘杂物堵塞，应清理风道、蒸发器表面灰尘和杂物。

③ 若鼓风机转动缓慢，则检查蓄电池接线端子是否松脱或锈蚀，并进行修理和紧固。

3) 鼓风机不转动，则开启鼓风机开关检查高、中、低速各档运转情况。

① 若高速时能转动，中低速不转，应检查或更换变阻器。拆下连接板夹子，打开连接板，用万用表电阻档检查，电阻 1 阻值为 3.3Ω，电阻 2 阻值为 0.8Ω；无串联电阻时，鼓风电动机应导通。

② 若高、中、低速都不转，检查鼓风机和变阻器，若损坏应予以更换。

思考与练习

一、单选题

1. 汽车制冷系统的蒸发器在（　　）。
   A. 车前　　　　B. 车内　　　　C. 车外　　　　D. 车后
2. 目前汽车上采用的制冷剂是（　　）。
   A. R12　　　　B. R22　　　　C. R134a　　　　D. CO_2
3. 从压缩机出来的制冷剂是（　　）。
   A. 高温高压的液体　　　　　　B. 低温低压的液体
   C. 高温高压的气体　　　　　　D. 低温低压的气体
4. 保持制冷系统中制冷剂循环的是（　　）。
   A. 压缩机　　　B. 蒸发器　　　C. 冷凝器　　　D. 膨胀阀
5. 通过热对流—热传导—热对流的方式将制冷剂液化过程放出的热量散发到车外空气中的是（　　）。
   A. 压缩机　　　B. 蒸发器　　　C. 冷凝器　　　D. 膨胀阀
6. 压缩机中采用双向活塞的是（　　）。
   A. 曲柄连杆式压缩机　　　　　B. 斜盘式压缩机
   C. 摇盘式压缩机　　　　　　　D. 涡旋式压缩机
7. 将高温高压制冷剂气体进行冷却的是（　　）。
   A. 压缩机　　　B. 蒸发器　　　C. 冷凝器　　　D. 膨胀阀
8. 汽车制冷系统安装在车内的部件是（　　）。
   A. 压缩机　　　B. 蒸发器　　　C. 冷凝器　　　D. 电磁离合器
9. 同时受蒸发器出口温度和压力控制的膨胀阀是（　　）。
   A. 内平衡式膨胀阀　　　　　　B. 外平衡式膨胀阀
   C. 电磁式膨胀阀　　　　　　　D. 孔管
10. 完全利用汽车行驶时产生的气流压力差，将车外空气引入车内的通风方式称为：
    A. 压力通风　　B. 自然通风　　C. 强制通风　　D. 综合通风
11. 由蒸发器出来的冷空气全部进入加热器的送风方式称为（　　）。
    A. 半空调送风方式　　　　　　B. 并联式送风方式
    C. 全热式送风方式　　　　　　D. 冷暖混合式送风方式
12. 汽车空调制冷系统制冷剂的多少可以从视液镜中进行观察。若制冷剂适量，则视液镜中（　　）。
    A. 偶尔出现气泡　B. 出现泡沫　　C. 无气泡　　　D. 有长串油纹
13. 从高压侧充注制冷剂时，应（　　）。
    A. 开启高压阀，开启发动机　　B. 开启高压阀，关闭发动机
    C. 关闭高压阀，关闭发动机　　D. 关闭高压阀，开启发动机
14. 下列汽车空调部件中，不是热交换器的是（　　）。
    A. 冷凝器　　　B. 蒸发器　　　C. 鼓风机　　　D. 供暖散热器

15. 汽车空调制冷压缩机，一般来说，排气管比吸气管的直径要（　　）。
   A. 大些　　　　　B. 一样大　　　　C. 小些　　　　　D. 大小不一定
16. 制冷剂在蒸发器中的过程是（　　）。
   A. 吸热汽化过程　　　　　　　　B. 降温冷凝过程
   C. 吸热冷凝过程　　　　　　　　D. 降温汽化过程

二、多选题

1. 冷凝器的结构类型有（　　）。
   A. 管片式　　　　B. 管带式　　　　C. 层叠式　　　　D. 平流式
2. 对于蒸气压缩制冷系统而言，部件（　　）是不可或缺的。
   A. 压缩机　　　　B. 冷凝器　　　　C. 节流装置　　　D. 蒸发器
3. 汽车空调制冷系统常用的节流装置有（　　）。
   A. 膨胀阀　　　　B. 集液器　　　　C. 储液干燥器　　D. 孔管
4. 汽车空调的通风装置通常具有（　　）功能。
   A. 通气方式控制　　　　　　　　B. 空气温度调节
   C. 通风量调节　　　　　　　　　D. 送风方式调节
5. 汽车通风系统的作用是在保持车内适宜温度的前提下，尽量降低（　　）。
   A. 二氧化碳　　　B. 灰尘　　　　　C. 烟气　　　　　D. 湿度
6. 空调制冷系统当管道中压力过高时，采用的保护方式是（　　）。
   A. 打开压缩机电路　　　　　　　B. 切断压缩机电路
   C. 打开冷凝器风扇　　　　　　　D. 关闭冷凝器风扇
7. 汽车空调制冷系统处于高温区的部件是（　　）。
   A. 冷凝器　　　　B. 蒸发器　　　　C. 储液干燥器　　D. 膨胀阀
8. 汽车空调常用的检漏设备有（　　）。
   A. 压力表　　　　B. 电子检漏仪　　C. 紫外线灯　　　D. 检修阀

三、判断题

1. 非独立式汽车空调制冷系统是由单独的发动机驱动的。（　　）
2. 压缩机的电磁离合器是发动机和压缩机之间的一个动力传递机构。（　　）
3. 膨胀阀的作用是调节和控制进入冷凝器的液态制冷剂数量，使之适应制冷负荷的变化。（　　）
4. 空调控制面板上的功能选择键主要用于空调系统取暖、制冷、冷暖风或除霜控制空调控制系统中的常闭型高压压力开关、低压压力开关都是串联在压缩机电磁离合器电路中的。（　　）
5. 空调控制系统中的高、低压组合压力开关在系统压力过高或过低时均起作用。
   　　　　　　　　　　　　　　　　　　　　　　　　　　　　　　　（　　）
6. 汽车空调采暖系统的热源一般来自发动机冷却液和废气。（　　）
7. 在压缩机加注冷冻油时，加注量可随意确定。（　　）
8. 冷凝器不是热交换器，它的作用只是将气态制冷剂变成液态制冷剂。（　　）
9. 冷凝器应安装在车上不易通风的地方，让制冷剂更容易液化。（　　）
10. 膨胀阀根据蒸发器温度可以自动调节膨胀阀的开度。（　　）

11. 汽车空调制冷系统中制冷剂注入量越多，则制冷效果越好。　　　　　（　　）
12. 汽车空调系统高压特别低时，说明制冷剂量很少。　　　　　　　　（　　）

四、问答题
1. 汽车空调系统由哪几部分组成？各有什么功能？
2. 简述汽车空调制冷系统工作原理。
3. 膨胀阀有什么作用？简述内平衡式膨胀阀的工作过程。
4. 空调系统的检漏通常采用哪些仪器？

参 考 文 献

[1] 胡光辉. 汽车电气 [M]. 2版. 北京：北京理工大学出版社，2015.
[2] 吴涛. 汽车电气系统检修 [M]. 2版. 北京：电子工业出版社，2014.
[3] 刘振革，高瑞霞. 汽车电气设备构造与维修 [M]. 北京：机械工业出版社，2017.
[4] 杨智勇，修玲玲，张宇. 汽车电气系统检修 [M]. 北京：人民邮电出版社，2018.
[5] 刘冬生，黄国平，黄华文. 汽车电气设备构造与维修 [M]. 北京：机械工业出版社，2017.
[6] 王升平，胡胜，姚建平. 汽车电气设备构造与维修 [M]. 北京：机械工业出版社，2020.